現代ヨーロッパ経済

第6版

田中素香・長部重康・久保広正・岩田健治［著］

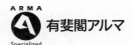

ARMA
Specialized
有斐閣アルマ

　本書は2001年の初版以来幸いにして多くの読者に恵まれ，版を重ねてきた。EU（欧州連合）経済の過去と現在，EU統合の発展，世界におけるEUの位置などを解説してきたが，このたび，第6版を刊行する。

　第6版は，それ以前の版とは大きく異なる環境の下で執筆されている。第1に2020年に始まった新型コロナ・パンデミックと世界不況，第2にEUの「グリーン復興」と欧州グリーン・ディール，第3に中国の覇権国としての台頭，である。これらは，人々の生活様式に変更をもたらし，EUと世界を大転換へと巻き込んでいる。その大転換の中で，EUもEU離脱のイギリスも2050年の気候中立に向けたグリーン革命の先頭を走り，また世界の新情勢に立ち向かっている。ヨーロッパが挑戦する "2つのG"――グリーン化とグローバル化――を強く意識して，第6版を世に送る。

　第2次大戦後のヨーロッパは統合によって形成され，発展した。20世紀後半は冷戦時代にあったが，基本的に西側先進国主導の世界経済であり，EUもその枠内で発展を遂げてきた。今日，西欧・南欧・北欧・東欧の27カ国からなるEUは，人権，民主主義，法の支配の尊重，多国間主義の通商政策，気候変動政策などへの先進的な取り組みを，世界パワーとして牽引し，新たにインド太平洋戦略など新政策を展開している。大転換期の世界情勢に対応するにはEUに結集するほかに道はない。域内に対立を抱えつつも，EU――とりわけ欧州委員会と欧州議会――の権限が強化され，連邦的な対応が強まっているのは，必然的な道筋とみることもできる。EUを離脱したイギリスは，EU離脱の経済的苦境に直面し，イギリス内4カ国（イングランド・ウェールズ・スコットランド・北アイル

ランド）の融和に腐心しつつ，格差是正などの新政策に着手するとともに，気候変動対策に取り組む。対外的には「グローバル・ブリテン」の方針に沿って挑戦を進める。旧英連邦とのつながりの再強化，インド太平洋での役割の積極化などである。

　本書の特徴は，それら EU 統合に関わる展開を総合的・多面的に解説するとともに，明確な主張を打ち出している点にある。EU は内部対立や危機を抱えるが，新型コロナ危機対策としての復興基金創設に示されるように，連帯を強め，2020 年代の世界に挑戦している。とりわけ気候変動対策，2050 年を目標に気候中立（climate neutral or carbon neutral）を達成するパリ協定の目標に向けて世界の最先端で戦略を練り，法制を提案・実行している。しばらく前まで日本では「EU 崩壊」論が流行ったが，今ではグリーン化の進め方など日本が EU に学ぶ点が多くなっている。

　EU やイギリスがインド太平洋への関与を深め，気候変動対策で日・EU 連携が進む今日，価値観を共有する日本にとって，米中両超大国の対抗の時代のパートナーとしての EU の重要性はますます高まっている。イギリスも EU との連携を深めていくであろう。EU の世界史的意義を再評価すべき時である。

　本書が，時宜にかなったヨーロッパ経済・EU 経済統合のテキスト，参考書として引き続きお役に立てることを念願している。経済中心の EU 辞典として利用する際には，第 5 版までの各版も合わせて参照していただければ，より詳細な理解が可能になるであろう。

　刊行においては，有斐閣書籍編集第 2 部の長谷川絵里氏のお世話になった。第 3 版以来のご縁である。記して，謝意を表したい。

　　2022 年 1 月

著者を代表して

田　中　　素　香

　この「はしがき」に着手した 2001 年 6 月 8 日，テレビはブレア首相率いるイギリス労働党の地滑り的な勝利を報じた。EU 統合への反対を掲げた保守党は完敗し，これによってイギリスのユーロ参加に道が開けるかもしれない。

　西欧諸国が経済統合をスタートさせて 50 年経ったが，とりわけソ連崩壊後，経済統合はまさに驚嘆すべきスピードで進んだ。グローバリゼーションや域内の紛争に有効に対応するために，ヨーロッパは EU にまとまるほかない。1990 年代から経済統合は〈単一市場〉と〈単一通貨〉，つまり EU 諸国経済を単一の EU 国民経済に転化する方向に向かっている。

　当時の EU 12 カ国はソ連崩壊の 1991 年の末に通貨統合に合意し，93 年には単一市場をスタートさせるとともに，EC（欧州共同体）は EU（European Union；欧州連合。「欧州同盟」という訳語が使用されることもある）に発展した。統合は経済だけでなく，ヨーロッパ秩序を確保するために政治・安全保障面の統合へと踏み込んだのである。1990 年代前半に起きた，ドイツ統一，ソ連崩壊，通貨危機，不況などを切り抜け，EU 11 カ国は 99 年に単一通貨ユーロを導入した。2002 年早々にユーロ現金が流通し，各国通貨は回収されて，同年 3 月にはユーロの専一流通となる。これで通貨統合は完了するが，国際金融大国イギリスが参加すれば，ユーロはさらに強化される。

　ソ連の崩壊は EU 拡大（構成国の増大）にも新次元を開いた。中立主義が意味を失い，1995 年にスウェーデン，フィンランド，オーストリアが加盟した。2005 年頃から，中・東欧諸国などが EU に加盟し，10〜15 年後に EU 構成国は 27 カ国か，それ以上となっ

ている可能性が強い。

　EU はすでにアメリカに匹敵する経済規模をもつが，今後の構成国の増大によって，人口約 5 億人，アメリカを超える経済的超大国となる。しかし政治統合は未発達で今後も急速な発展は難しいため，アメリカのように集中化された政治・軍事力をもついわゆる超大国にはならないであろう。政治・軍事・外交面では地方分権的な独特の国として立ち現れ，従来とは違った国家関係のあり方を示すであろう。21 世紀の世界ではますます地域経済統合が進むので，EU 統合の知識は今後世界経済を語るうえで欠くことのできないものとなろう。また現在，世界各地で 120 近い自由貿易協定が結ばれ，地域経済統合は世界経済の一潮流となっているが，ヨーロッパ統合はそれらの地域経済統合の「モデル」としての意義をもつ。

　この意味で EU を中核に据えたヨーロッパ経済論が必要とされている。本書はその点を意識して，EU の経済統合，共通政策を基礎において，現代ヨーロッパ経済を説明している。しかし単一市場・単一通貨のもとでも各国経済の特徴はしっかりと残存しているので，仏独英の EU 三大国およびその他の構成国の経済動向についても説明しておいた。

　同じ経済的スーパーパワーであっても，アメリカと比べると，国境を越える労働力移動が低調な点に EU 経済の特徴がある。政治統合の進展もそれによって制約されている。この点を関連する諸章で掘り下げた。EU では 1990 年代末に 10 を超える諸国で社会民主党系の政権が成立し，雇用政策や ICT（情報通信技術）推進政策に EU が深くかかわるようになった。それらの政策の仕組みはわが国でも大いに参考になると考え，積極的に取り上げた。また中・東欧への拡大，対外経済関係，国際通貨としてのユーロなど，EU 経済と世界経済とのかかわりも重視した。EC／EU の最新時点までの発展を戦後世界経済の展開のなかに位置づけ，また日本経済を念頭において叙述を進めている点も本書の特徴といえるであろう。

本書は，大学の3〜4年生向けのテキストとして作成されている。現代ヨーロッパ経済を系統だって理解するために序章から終章までを通して読んでほしい。しかし各章は相対的に独立しており，ヨーロッパ経済または経済統合の事典ともなる。大学1〜2年生，大学院生，社会人にとっても，参考書として役立つと確信している。

　本書の刊行にあたって，有斐閣書籍編集第2部の伊藤真介氏にひとかたならぬお世話になった。氏に本書の執筆を依頼され，長部・久保・岩田氏に協力をお願いして快諾を得たのは1999年春であった。4人はかなり長い間東京で開催されたEU研究会のメンバーであり，EUに対する考え方も似ているとひそかに考えていた。しかしEUはまさに激動の時期を経過しつつあり，刊行までに2年余りが過ぎた。当初の予定よりは大部の本になったが，それだけ内容は充実したと考えている。伊藤氏の寛容と辛抱強い編集の努力に感謝の言葉をささげたい。

　2001年6月

著者を代表して

田　中　素　香

著者紹介

➡ 田 中 素 香（たなか そこう）

1945 年生まれ。1967 年，九州大学工学部卒業，1969 年，九州大学経済学部卒業

1971 年，九州大学大学院経済学研究科修士課程修了

現在，東北大学名誉教授，中央大学経済研究所客員研究員，国際貿易投資研究所（ITI）客員研究員

主著　『EMS: 欧州通貨制度』(編著，有斐閣，1996 年)，『拡大するユーロ経済圏』(日本経済新聞出版社，2007 年)，『ユーロ危機とギリシャ反乱』(岩波新書，2016 年)

執筆分担　序章，第 1 章〜第 5 章，第 7 章，第 8 章，第 10 章，第 11 章（第 **3** 節），終章

➡ 長 部 重 康（おさべ しげやす）

1942 年生まれ。1967 年，東京大学文学部卒業

1976 年，東京大学大学院経済学研究科博士課程修了

現在，法政大学名誉教授，国際貿易投資研究所（ITI）客員研究員

主著　『権謀術数のヨーロッパ』(講談社，1992 年)，『現代フランスの病理解剖』(山川出版社，2006 年)，『日・EU 経済連携協定が意味するものは何か』(編著，ミネルヴァ書房，2016 年)

執筆分担　第 9 章，第 11 章（第 **1** 節，第 **2** 節），第 12 章

➡ 久 保 広 正（くぼ ひろまさ）

1949 年生まれ。1973 年，神戸大学経済学部卒業

現在，摂南大学経済学部教授，神戸大学名誉教授，国際貿易投資研究所（ITI）客員研究員

主著　『EC「統合市場」のすべて』(日本経済新聞社，1989 年)，『欧州統合論』(勁草書房，2003 年)，『現代ヨーロッパ経済論』(共編著，ミネルヴァ書房，2011 年)

執筆分担　第 6 章，第 11 章（第 **4** 節），第 14 章

➡ 岩 田 健 治（いわた けんじ）

1960 年生まれ。1987 年，東北大学文学部卒業

1993 年，東北大学大学院経済学研究科博士課程修了

現在，九州大学大学院経済学研究院教授

主著　『欧州の金融統合』(日本経済評論社，1996 年)，『EMS: 欧州通貨制度』(共著，有斐閣，1996 年)，『ユーロと EU の金融システム』(編著，日本経済評論社，2003 年)

執筆分担　第 13 章，第 15 章

●**本書とは何か**　　本書は，ヨーロッパ経済論をはじめて学ぼうとする大学生，ビジネスパーソンを対象とした，最新の本格的テキストです。統合への試行錯誤の長い歴史をもち，大小多数の国によって構成され，多くの課題を抱えつつ歩みを進める複雑な現代ヨーロッパ経済の全体像を，統合の歴史と現状を中心に解説しています。

●**本書の構成**　　本書は 4 部 17 章からなり，各章は「サマリー」「キーワード」「本文」「*Column*」「演習問題」「参考文献」で構成され，現代ヨーロッパ経済の内容が立体的かつ確実に学習できるよう工夫されています。

●**サマリー**　　各章の冒頭に「サマリー」が付けられています。その章で学ぶ内容のポイントや位置づけなどが示され，本文内容の的確な理解への橋渡しがされています。

●**キーワード**　　重要な概念や用語は，本文中ではゴシック体で表示され，各章の冒頭に「本章で学ぶキーワード」として一覧を掲載してあります。

●***Column***　　本文中に，全体で 7 つの「*Column*」が挿入されています。本文の内容に関連した論点や事例が解説され，本文の理解を深められるよう工夫されています。

●**演習問題**　　各章末に，その章の内容に関連した「演習問題」が付けられています。より進んだ学習やゼミなどの討議課題として利用してください。

●**参考文献**　　各章末に，その章で取り上げた重要文献や，さらに学習を進める際の推薦文献が「参考文献」としてリストアップされています。読者が入手しやすい必読文献が選択されています。

●**年表・主要欧文略語一覧・索引**　　巻末には，EU 統合の歩みをまとめた「年表」，フルネームを表示した「主要欧文略語一覧」，さらにキーワードを中心に基礎タームが検索できるよう「索引」が収録されています。学習に有効に役立ててください。

目　次

第2章　関税同盟と単一市場　42
EU 経済システムの漸次的形成

第 **II** 部　現代ヨーロッパ経済の動き

第 **6** 章　*EU 経済と産業*　　　　　　　　　　　　　182

競争力強化に励む欧州産業

第*7*章　ユーロ圏の金融危機と金融政策　　201
リーマン危機・ユーロ危機・新型コロナ危機への対応

第 8 章　*EUの地域格差・人の移動とEU地域政策*　237
格差をめぐる新事態と EU の対応

Column 一覧

凡例
既 EU 加盟国
第 5 次拡大による新規加盟国（第 1 陣，第 2 陣）
第 6 次拡大　　加盟候補国

原加盟国（1952 年 7 月）　ベルギー，　ドイツ（西），　フランス，　イタリア，　ルクセンブルク，　オランダ —— EU 6
① 1973 年 1 月　デンマーク，　アイルランド，　イギリスが加盟 —— EU 9
② 1981 年 1 月　ギリシャが加盟 —— EU 10
③ 1986 年 1 月　スペイン，　ポルトガルが加盟 —— EU 12
④ 1995 年 1 月　オーストリア，　フィンランド，　スウェーデンが加盟（1990 年には東西ドイツ統一により，東ドイツが編入）—— EU 15
⑤(1) 2004 年 5 月　エストニア，　ラトビア，　リトアニア，ポーランド，チェコ，　スロバキア，ハンガリー，　スロベニア，　キプロス，　マルタ　の計 10 カ国が加盟（第 1 陣）—— EU 25
⑤(2) 2007 年 1 月　ブルガリア，ルーマニアが加盟（第 2 陣）—— EU 27
⑥ 2013 年 7 月　クロアチアが加盟 —— EU 28
　イギリス，2020 年 2 月 1 日離脱（移行期に入る），同年 12 月 31 日完全離脱
　※　　　はユーロ加盟国（19 カ国）
加盟候補国　北マケドニア，トルコ，モンテネグロ，セルビア，アルバニア
潜在的候補国　ボスニア・ヘルツェゴビナ，コソボ，モルドバ

	面　積 (1,000 km²)	人　口 (1,000 人)	GDP (億ユーロ)	1人当たりGDP (指数) ユーロ表示	PPS表示
EU 27	4,046	448,821	139,640	85.6	93.1
ユーロ加盟19カ国		342,741	119,350	95.6	98.7
ドイツ	357	83,093	34,490	114.0	112.7
フランス	547	67,456	24,260	98.7	98.3
イタリア	301	60,339	17,900	81.4	88.5
スペイン	540	47,104	12,450	72.6	84.4
オランダ	42	17,345	8,102	128.2	119.1
ポルトガル	92	10,286	2,133	56.9	73.2
ベルギー	31	11,486	4,762	113.8	109.9
オーストリア	84	8,878	3,976	123.0	117.9
フィンランド	337	5,522	2,406	119.6	102.9
アイルランド	70	4,927	3,561	198.4	181.6
ルクセンブルク	3	622	635	280.6	242.1
ギリシャ	132	10,725	1,834	47.0	61.4
スロベニア	20	2,089	484	63.6	82.0
キプロス	9	880	223	69.5	84.0
マルタ	0.3	505	134	72.8	92.2
スロバキア	49	5,453	939	47.3	68.2
エストニア	45	1,325	281	58.3	78.0
ラトビア	65	1,913	305	43.7	64.4
リトアニア	65	2,794	488	47.9	76.8
ユーロ未加盟8カ国			–	–	–
デンマーク	43	5,817	3,127	147.6	120.5
スウェーデン	450	10,279	4,742	126.7	111.8
ポーランド	313	38,390	5,323	38.1	68.1
チェコ	79	10,669	2,239	57.6	86.6
ハンガリー	93	9,771	1,461	41.0	69.0
ブルガリア	111	6,976	612	24.1	49.6
ルーマニア	238	19,370	2	31.7	64.6
クロアチア	57	4,067	542	36.6	69.0
EU加盟候補国					
北マケドニア	26	2,077	112	14.8	35.3
トルコ	781	82,579	6,800	22.6	56.9
モンテネグロ	14	622	50	21.9	46.4
セルビア	77	6,945	460	18.2	38.0
アルバニア	29	2,854	137	13.1	29.0
参　考					
イギリス	245	66,833	25,230	103.6	97.4
日　本	378	126,140	45,400	98.8	86.6
アメリカ	9,631	326,949	191,460	160.8	131.2
中　国	9,600	1,433,784	131,453	–	–
ロシア	17,098	145,872	12,799	–	–
世　界	135,641	7,713,468	756,307	–	–

(注)　1　各国1人当たりGDPはEU15 = 100とした指数表示。同PPSは各国の物価水準
　　　　を考慮した購買力平価指数（生活水準指数）。
　　　2　数値は2019年。面積は2012年。
(出所)　面積はUN［2012］*Demographic Yearbook*。EU関係はEuropean Commission
　　　　［2020］*Statistical Annex of European Economy*, Autumn。その他は外務省等のサイト。

序 章 現代ヨーロッパ経済をみる眼

21世紀のヨーロッパと世界を考える

●本章のサマリー

EUの起源は，ヒットラー戦争の惨禍を反省し，不戦共同体，そして民主主義・人権・法の支配の運命共同体を構築すると西欧諸国が決意した1950年代初頭に遡る。その決意を経済的繁栄により具体化していくという方法論により，以来70年にわたり統合を推し進め，現代ヨーロッパの経済・政治・価値のシステムをつくり出した。EUの基本的価値やEU単一市場・ユーロは今やEU諸国民の生活の基盤となっている。

単一市場，ユーロ，共通通商政策などはEUが権限をもち，経済的連邦ということができる。EUの諸機関（欧州委員会，欧州議会，EU司法裁判所，欧州中央銀行）は連邦的な権限を強めている。2010年代にはEUの南北・東西の加盟国の対立が目立ったが，東西対立やブレグジットはEU統合が連邦的性格を強めていることと関わっている。また，南北対立はドイツ路線と南欧の対立によるものだったが，打開の方向がみえてきた。

中国が台頭する中で，EUはアメリカ，日本，ASEANやアジア諸国と協力して民主主義，法の支配の世界的な主役を務める。経済統合の最先進地域であるEUに関する知識は，世界経済や東アジアの将来を考えるうえでも不可欠である。

KEY WORDS

本章で学ぶキーワード

単一市場　統一通貨　経済統合　関税同盟　国民経済形成型統合　広域国民経済　グリーン復興　EUの基本的価値　インド太平洋協力戦略　日EU・EPA

経済統合と現代ヨーロッパ経済

本書は EU（欧州連合）を中心に据えた現代ヨーロッパ経済のテキストである。今日では**単一市場**が EU 規模で発展し，**統一通貨**ユーロがユーロ圏を流通し，ECB（欧州中央銀行）により金融政策も統一されている。こうして EU レベルで，そしてとりわけユーロ圏レベルで統一的な経済システムが出現し，運動している。それを体系的に説明することが現代ヨーロッパ経済論の課題である。EU 各国経済の学習は重要で，本書も第Ⅲ部で多くのページを割いているが，それだけでは現代のヨーロッパ経済はわからない。

現代ヨーロッパ経済をつくり出したのは 70 年に及ぶ**経済統合**である。EU の経済統合は図序-1 のように 4 つの段階を経て，現在はイギリス離脱後の第 5 段階を展望する時期にきている。最初の 2 つの段階は，石炭・鉄鋼，農業，貿易（**関税同盟**）などの経済部門の統合，「部門統合」の段階であった（1970 年代まで）。そこでは加盟国間の商品の自由移動の障壁を除去したが，サービスや資本移動は統合の対象にならず，金融・財政政策も各加盟国が担う，国民経済並立の時代で，EU 経済はまだ存在しなかった。

統合の第 3 段階に EC 単一市場を形成し，域内で商品・サービス・資本・人の自由移動が保証された。現地で「4 つの自由」と呼ばれる自由移動は，従来一国内の制度だった。その制度を多数国（EU 規模）に拡張した。つまり，**国民経済形成型統合**が EU 規模で進む段階に発展した。第 4 段階は統一（共通）通貨ユーロを誕生させ，連邦型の ECB が金融政策を実施する。通貨も国（国民経済）の制度だが，それをユーロ圏 19 カ国が単一中央銀行制度の下で共同して運営している。

EU 統合とは何か

西欧諸国はドイツ（ヒットラーとナチス）が引き起こした第 2 次大戦の惨禍を反省し，排外主義的ナショナリズムを克服して運命共同体を構築する決意により 1950 年代初頭に EU 統合を開始した。以来 EU は統合を推し

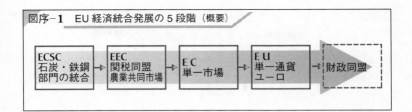

図序-1　EU 経済統合発展の 5 段階（概要）

ECSC
石炭・鉄鋼
部門の統合　→　EEC
関税同盟
農業共同市場　→　E C
単一市場　→　E U
単一通貨
ユーロ　→　財政同盟

進め，現代ヨーロッパの経済・政治・価値のシステムをつくり出した。民主主義や人権はヨーロッパ人の価値基準として定着し，EU 単一市場やユーロはその生活の基盤となっている。「経済的連邦」といってよい。

　他方で，外交・安全保障や財政の統合は加盟国の全会一致制の下にあり，政治統合は遅れている。しかし，2009 年に発効したリスボン条約によって，欧州議会の権限が拡張されるなど，連邦的な発展に向けて一定の前進があった。重要な EU 法令は EU 理事会（閣僚理事会）と欧州議会の共同決定であり，外国と EU の間の条約・協定は欧州議会の承認がないと発効しない。

　ユーロ圏では域内自由移動・統一通貨という経済的な国（**広域国民経済**）をつくったが，EU 財政は規模が小さく，危機国を救済する安定化機能をもたない。ここがユーロ圏・EU の弱さである。ユーロ圏諸国の経済の相互依存は非常に強いので，たとえばギリシャの財政危機がすぐにユーロ圏全体に波及する。財政統合・政治統合なしには危機が繰り返され，「南北分断」など EU の連帯が危機に瀕する。したがって，財政統合を進めざるをえない。

　EU 統合のもう 1 つの特徴は，ヨーロッパの世界経済・世界政治の変動への対応である。20 世紀後半は経済と通貨の統合で対応できたが，2010 年代以降中国の台頭が著しく，ロシアと連携しつつ世界の民主主義を動揺させている。アメリカの覇権は弱体化し，国内に社会分断の重荷を抱えている。この世界政治・地政学の変動に，すべてが中小国の EU 加盟国個々では対応しきれず，連邦的な発展

が不可欠になる。「ヨーロッパ主権」「戦略的自立」といった議論がEUで進み，仏独英3大国はインド太平洋への関与を開始した。

　「通貨統合でEU統合は終わり」と述べた専門家もいるのだが，この見解はEU統合とは何かを見誤っている。EU統合とはヨーロッパが直面する困難・危機を克服するプロジェクトである。通貨統合で終わるはずがない。20世紀には「パックス・アメリカーナ」（アメリカの覇権）の下で世界が比較的安定していたので，EUはそのアメリカに経済統合で挑戦すればよかった。2020年代以降の時代には，中国・アメリカ・世界を視野に入れた財政・政治・軍事面のEU統合が必要になってくる。

ポスト・リーマン危機から2020年代へ──EU統合の転換

　本書第5版の序章で，「ユーロ圏はやがて財務省を置き，財政同盟に着手して，政治統合・財政統合（初期段階）へ進展するであろう」と展望した。2020年がその画期となるだろう。

　2020年7月にEU首脳会議が合意した復興基金では，EU（欧州委員会）が債券を発行して100兆円もの資金を調達し，新型コロナ危機からの復興（グリーン復興）を進める加盟国に配分する。加盟国はグリーン化に37％以上，デジタル化に20％以上をつぎ込む義務があり，いずれも経済成長率を高める投資になる。欧州委員会は21年から債券発行を開始し，利子の支払いなどのために資金調達を続ける。返済には2058年までかかる。環境関係のEU税などが必要になり，EUは財政同盟の段階へ統合を進めることになる。図序-1の統合の第5段階である。財政統合が伴っていないというEU通貨統合の弱点が連邦化の方向で打開される道がみえてきた。

　第6段階は安全保障・軍事面の統合だが，2021年8月のアフガニスタン危機におけるアメリカの独断的な軍事力引き揚げを受けて，EUは危機即応部隊を5000人規模で形成する方針を打ち出した。加盟国全会一致制を避けるために有志国のみで形成するなど工夫し，22年のフランスの議長国の時期に具体化する方向である。経済面

の覇権国的地位にあるドイツよりもフランスの地位が高まるなど，EU統合に新局面が開ける可能性もある。

ブレグジット（Brexit：イギリスのEU離脱）によって初めて加盟国が減る。EU，イギリス双方にとってデメリットも多いが，財政統合や軍事統合の障害だったイギリスの離脱は好都合でもある。イギリスも主権を回復して発展できれば，双方にとってメリットになりうる。

ポーランドやハンガリーの政府が自由なジャーナリズムを抑圧し政府寄り以外の裁判官を排除するなど法の支配に背反し，共産主義時代のような政策を進めて，EUとの対立を深めている。こうした対立面から「EU分断」といわれることがある。だが，EU加盟により経済的繁栄を達成できているのだから，現行路線を強行しEU離脱に進むとすれば，国民の強い反発を招くであろう。日本は2008年をピークに人口が減り，経済も振るわないが，独仏英の3大国はいずれも人口が増え，EU 27も2000年の4億2700万人から20年には4億4800万人に増えている。経済が危機に陥ると，単一市場統合，通貨統合を打ち出して成功させてきた。新型コロナ禍に対してはグリーン復興の長期プロジェクトをまとめ上げ，2050年の「気候中立」（温暖化ガス排出実質ゼロ）に向けた長期計画を組織的に進めている。幾度も戦争の災禍に見舞われながら国を建て直し続けたそのしぶとさ，思慮深さが生きている。日本では「EU崩壊」論など英米の論調に乗せられた世論が2010年代には主流になったが，グリーン復興や価値観外交，安全保障面の統合の進展により，20年代に評価は大きく変わるであろう。

| 現代ヨーロッパ経済を学ぶ意義

現代ヨーロッパ経済を学ぶ意義はどこにあるのだろうか。

第1に，世界経済におけるEU経済と世論のウェイトがある。イギリスが離脱してもEUは27カ国4億4800万人，経済規模（国内総生産：GDP）はアメリカに次ぐ。ユー

ロは国際通貨としてドルに次ぐ。経済・通貨問題において世界経済はEU抜きには論じられない。EU離脱後のイギリスの動きも重要である。

第2は，**EUの基本的価値**の重要性である。民主主義，法の支配，人権，少数民族保護などの政治的価値，自由で開放された市場経済など経済的価値を基本条約に明記し，その実行をEU全域で確保する。域内ではポーランド・ハンガリーと対立し，ロシアのクリミア支配・中国の人権抑圧には制裁を行った。

第3は，2050年の「気候中立」を目指して世界をリードしていることである。EUが進める「グリーン復興」の法律・制度・進め方など日本が学ぶことは非常に多い。西欧諸国では若者が自分たちの時代の環境の安全を求めてグリーン化運動の先頭に立っている。日本の若者にはその点も学んで欲しい。

第4に，地政学の時代を迎えて日本にとってEUの重要性がひときわ高まっていることである。中国の独裁主義と人権抑圧，軍事力をもって中国の利益を他国に押しつける外交政策は脅威である。EUは気候変動対応では中国と協調しつつ，民主主義と世界の平和・安定においては中国への批判を強め，インド太平洋への関心も高めている。2021年9月には台湾との協力強化，日韓台との半導体・データ流通協力を盛り込んだ「**インド太平洋協力戦略**」を打ち出した。安全保障を含めて，日本とEUおよびEU主要国との連携が強まっている。日本とEUは日EU・EPA（日EU経済連携協定）とSPA（戦略的パートナーシップ協定）で結ばれており，互いの連携，多面的な協力が強まっている。この点からもEUを学ぶ意義は大きい。

最後に日本との共通性がある。明治維新以降西欧諸国は日本の制度づくりに無数の手本を提供し，日本は多くを学んだ。「ヨーロッパ経済社会モデル」は経済面の自由化＝競争と住民福祉とを両立させようとする。30年にわたる経済停滞に陥った日本が，EUや加盟

国の社会づくりから学ぶ点はなお多いのではないか。

　本書はつねに世界経済や時代との関わりを考え，また日本経済を念頭に置いて叙述を進めていく。

　　[注]　EU の通貨単位は 1999 年からユーロである。それ以前は ECU（欧州通貨単位）であった。ユーロは ECU を 1 ユーロ＝ 1 ECU で継承したので，本書では 98 年以前についても通貨単位にユーロを使用している。

[EU あるいは EU 経済と関係の深いウェブサイト]
欧州委員会：http://europa.eu/
　　欧州委員会は EU の政策形成機関である。重要な資料を獲得でき，この URL を通じて EU のすべての機関にアクセスできる（英語などヨーロッパ言語）。
日本外務省：http://www.mofa.go.jp
　　「各国・地域」の「欧州」をクリックすると EU や EU 加盟国の情報にアクセスできる。
ECB（欧州中央銀行）：http://www.ecb.int/
　　ECB 月報や WP など，ユーロに関する数多くの情報にアクセスできる（英語）。
駐日欧州連合代表部：http://www.euinjapan.jp/
　　日本語，英語で毎週の EU の動きや日本における講演会などの情報を伝える。
日本 EU 学会：http://www.eusa-japan.org/
　　創立 30 年を超える日本 EU 学会の活動，アジア太平洋 EU 学会に関するさまざまな情報に日本語，英語でアクセスできる。
欧州政策研究センター（CEPS：https://www.ceps.eu/）とブリューゲル（http://bruegel.org/）
　　ともに EU 問題を研究するブリュッセルのシンクタンク。報告書等を英語で読むことができる。Zoom 会議にも自由に参加できる。

第I部 EU統合の展開

第1章

世界の地域経済統合と EU 統合の独自性

時代に適応できるヨーロッパの構築

●本章のサマリー

　世界は 1990 年代から「地域経済統合の時代」に入った。その中で EU の経済統合の水準は群を抜いて高い。EU は単一市場，統一（共通）通貨をもち、その他の多数の分野でも加盟国と権限を共有する。

　20 世紀の EU 統合は，西欧先進諸国間の水平的統合に南欧諸国などを包摂し、EC／EU の超国家機関の下で統合を深化させた。根底に「西欧の復興」を目指す政治的意志があった。21 世紀初頭に中・東欧諸国など 12 カ国が加盟し，EU は内部に経済発展段階や歴史を異にする諸国を抱える垂直的統合の困難な道へと踏み込んだ。

　本章は，スタートから今日までの EU 統合の基本的な知識を提供する。地域経済統合・EU 統合とは何か，統合の深化と拡大はどのように進んだのか，EU にはどのような機関があり EU の運営はどのように行われているのか，中・東欧諸国を含めた 21 世紀統合においてどのような問題が起きているのか。これらの基本的なテーマについて体系的に説明する。最後に，中・東欧諸国を包摂した 21 世紀 EU 統合の課題と困難性を示す。本章により，EU 統合の基礎知識を身につけることができる。

本章で学ぶキーワード

4 つの自由　自由貿易協定（FTA）　経済統合　深化　拡大　超国家機関　関税同盟　単一市場　通貨統合　統一通貨　EU 法　ポピュリズム　EU 首脳会議（欧州理事会）　欧州委員会　EU 理事会（閣僚理事会）　欧州議会　EU 司法裁判所　規則　指令　汎欧州統合　ブレグジット（Brexit）　EU 主権

1 地域経済統合について

●世界経済の潮流

地域経済統合の時代

今日 300 を超える地域統合協定（Regional Integration Agreement：RIA）が発効済みである（WTO 発表）。RIA は一定の地域で複数の国が相互の経済障壁（関税および非関税障壁）を削減あるいは廃止し，域内の経済自由化を進める協定である。協定国の間で商品，サービス，企業活動などの国境をまたぐ移動が容易になり，通商と経済の発展に刺激が与えられる。

一国の内部では，商品，サービス，資本，人（労働力）という 4 つの生産要素の移動の自由が保証されている（この 4 要素の自由移動を「4 つの自由」〔four freedoms〕と呼ぶ）。一物一価，単一利子率，同一労働に対する賃金水準の平準化，利潤率の平均化などの経済法則が一国内部で作用するのは，この移動の自由があるからである。低いところから高いところへ要素が移動して，単一化・平準化へと動いていく。

ところが国際間では，関税や数多くの非関税障壁（Non-Tariff Barrier：NTB）があり，通貨も違うので，自由移動は困難である。非関税障壁とは関税以外の経済障壁である。税関でのパスポートチェックや荷物検査，税制・税率の違い，製品規格や認証制度などは典型的な非関税障壁である。国民的制度の違いが国際間の自由移動を阻害するのである。

地域経済統合の発展

第 2 次大戦後，GATT（関税と貿易に関する一般協定）と IMF（国際通貨基金）の下で，自由・無差別・多国間主義に基づくグローバルな経済自由化が主として先進国間で進んだ。GATT は輸入数量制限を撤廃し，関税を引き下げた。IMF は貿易に伴う為替管理を撤廃した。IMF ＝ GATT 体

制の下で商品貿易の障壁は著しく低下し，GATT は 1995 年に WTO（世界貿易機関）に引き継がれた。

　RIA は冷戦体制崩壊（1991 年）以降急増した。その理由として，第 1 に，開発途上国が経済を自由化し，先進国企業・銀行が進出して地域統合を進める新しい時代になった。低賃金・低コストの新興国が先進国企業を引きつけ，製造・輸出基地となり，やがて販売市場としても発展する。第 2 に，ICT（情報通信技術）やコンテナ船などの運輸の革命によりコストは劇的に低下し，国境を越えて子会社や支店を情報ネットワークで容易に結びつけられるようになった。第 3 に，2002 年開始の WTO ドーハ開発ラウンドが行き詰まり，EU を含めて多くの国が比較的短期間に合意できる地域統合へ動いた。

　RIA の多くは**自由貿易協定**（Free Trade Agreement：FTA）である。FTA の原型は域内の輸入数量制限と工業品関税を廃止する自由貿易地域だが，1980 年代末以降，サービス分野と資本移動の自由化，税関相互支援，原産地規則，技術規格，衛生規則，公共調達，環境政策などの協力を実施し，知的財産権，電子商取引，競争政策などで協議機関の設置，さらに専門職の自由移動や紛争処理機構創設も行うようになった。21 世紀の FTA は企業の自由移動と活動の自由を保証する広範な分野を含み，「新型 FTA」「第 2 世代 FTA」といわれる。2010 年代には EU，アメリカ，中国，日本など GDP 巨大国を含む「メガ FTA」が課題とされるようになった。

　経済統合論では，国家主導の「制度的統合」，企業主導の「機能的統合」を区別する。EU は制度的統合の典型で，EU 統合による新しい制度づくりに対応して企業が動き，域内経済の相互依存度が高まる。機能的統合では，企業の地域ネットワーク（輸出入，決済，資本移動，子会社・支店網など）が形成され，国家が後追いして自由化や税関・貿易手続きの簡易化（facilitation）などを進める。東アジアでは機能的統合が主流である。

経済統合の利益 **経済統合**は，経済発展水準の近接する諸国間の水平的統合と発展水準に格差のある諸国の間の垂直的統合とに区別できる。水平的統合のベネフィット（便益）は，①財・サービス価格の低下，②規模の経済，③競争の増大，の３点にある。

統合によって経済障壁が低下すると，輸入される財・サービスの価格が低下し，消費者は低価格の消費財を，企業はより安価な投入財を購入できる。「規模の経済」（economies of scale）は，大規模生産の利益であって，経済統合によって市場規模が拡大し最適生産規模を実現しやすくなる。

経済統合により参加国の市場参加者（企業や金融機関など民間の機関や個人）の間で競争が強まる。品質のバリエーションの拡大，デザインやサービスへの選択も広がり，企業は生き残りのための経営改革や設備投資などを要求される。地域統合は経済革新のための経済政策といえる。輸入価格の低下，規模の経済，競争の強まりは，投資，消費，貿易を刺激し，経済成長を引き上げる効果をもつ。西欧には成熟した資本主義国が多く，寡占経済である。経済統合は国際寡占競争を引き起こして，最適規模の達成を企業に迫る。経済統合は経済若返りの経済政策であった。

経済障壁が低下すると，競争で有利な比較優位部門は大市場を得ていっそう有利になるが，比較劣位部門は不利となり，統合の反対勢力となりやすい。政府は産業構造転換をスムーズに進めて失業を吸収し，さらにセーフティネットを準備する必要がある。

消極的統合と積極的統合 EU 統合理論では，統合による超国家的な制度構築を積極的統合（positive integration），経済的障壁の引き下げを消極的統合（negative integration）と呼ぶ。後者を「否定的統合」とする誤訳を目にするが，FTA は EU でいう「消極的統合」である。EU では関税同盟，単一市場統合，通貨統合などいずれも消極的統合と積極的統合とが

セットで進められた。

2 統合の深化による広域国民経済の形成

●統合深化の 4 段階

| EU の基本条約 | EU 経済統合は，西欧中心の 20 世紀統合 |

と欧州全体を包括する 21 世紀統合とに区
分される。

　戦後世界経済は先進資本主義圏，社会主義圏，開発途上国圏に三
分されたが，後進地域の東欧をソ連圏が包摂したので，西欧諸国は，
不戦と民主主義，「西欧の復興」を目指す共同の意志に支えられて
統合を進めた。情勢に応じて進む進化的（evolutionary）統合方法を
採用し，統合の**深化**（deepening：縦への統合）と**拡大**（widening,
enlargement：横への統合）を徐々に進めた（図1-1）。深化は基本条
約の改正を通じて進んだ（図1-1 の諸条約を参照）。今日の EU はリ
スボン条約による。

　冷戦体制崩壊後マーストリヒト条約によって EC（欧州共同体）
は EU に発展した。経済統合（第 1 の柱）に第 2，第 3 の柱が追加
され，EU は「3 本柱構造」となった。経済統合・通貨統合を定め
た EC 条約の分野では超国家的統治，他の分野では政府間統治（国
家協力。決定は全会一致）が行われた。共通外交・安全保障政策
（CFSP）と欧州安全保障・防衛政策（ESDP），司法・内務協力
（CJHA）およびそれに代わる警察・刑事司法協力（PJCC. アムステル
ダム条約以降）である。また EU 条約に EU の共通規定が置かれ，
EU の目的と目的実現の手段などを定めた。

　21 世紀早々に野心的な EU 憲法条約が合意されたが（2002〜04
年），2005 年フランス，オランダは国民投票で批准を拒否した。憲
法条約の連邦的色彩（EU 国歌，EU 旗，EU 外相の呼び名など）を拒
否するイギリス，チェコ，ポーランドなどの要求を容れたリスボン

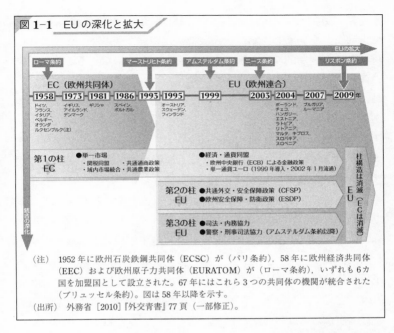

図 **1-1** EU の深化と拡大

（注） 1952年に欧州石炭鉄鋼共同体（ECSC）が（パリ条約），58年に欧州経済共同体（EEC）および欧州原子力共同体（EURATOM）が（ローマ条約），いずれも6カ国を加盟国として設立された。67年にはこれら3つの共同体の機関が統合された（ブリュッセル条約）。図は58年以降を示す。
（出所） 外務省［2010］『外交青書』77頁（一部修正）。

条約が07年12月に調印されたが，アイルランドが国民投票で批准拒否，09年投票をやり直し，同年12月リスボン条約が発効した。EU の性格を規定する EU 条約，EU の運営について定める EU 運営条約の2つの条約からなる。それまでの「3本柱構造」から EU に1本化されたが，第2の柱関連は政府間主義で運営されており，事実上の2本柱構造である。

憲法条約着手からリスボン条約発効まで10年近くかかった。加盟国数は30に迫り，今後条約改正は難しい。ただマイナーな改正は欧州理事会の合意で実施できるようになった。

統合の第1段階——
ECSC 段階：1951〜
57年

EU 統合は大きく5段階を経ている。第2段階以降の詳細は第2章以下に譲り，本章では，第1段階のみ詳しく述べる。

第2次大戦直後西欧経済は困窮し，超大国アメリカ，ソ連の谷間

で没落に直面していた。1950年5月仏外相シューマンが「シューマン宣言」を発表し、第2次大戦で敵国だった西ドイツと不戦体制構築という画期的な統合構想を示した。戦略物資である石炭と鉄鋼の両部門に超国家機構を構築し、連邦形成への第1歩とする。西欧の復興は西ドイツの強力な経済なしにはありえないと認識したのである。西ドイツ首相アデナウアーは、主権回復を保証し西ドイツに西欧市場開放への道を開くシューマン宣言を歓迎した。遅れてイタリアとベネルクス3国が参加し、51年6カ国が欧州石炭鉄鋼共同体（ECSC）を創設するパリ条約に調印した。

国家主権の一部を超国家機関に委譲する統合方式は戦前までは夢だったが、その理想主義が実現した。それは、ドイツの敗戦と国の分裂、イタリアの混乱、フランスでも戦時中の親ドイツ政権が崩壊し国家体制が動揺し、他方で、戦争の災厄を被ったベネルクス3国が超国家的統合方式を強く支持し関税同盟でも先行していたなどの内因に加えて、ソ連軍の西欧侵攻も予想される冷戦激化への画期的な対応が求められていたことなど外因も働いたからである。イギリスは大英帝国という「コミュニティ」を戦後復興の基盤にする方針をとっており、ECSCへの加盟を見送った。

ECSCの主要な課題は、①執行機関である「最高機関」（High Authority）が6カ国の石炭・鉄鋼両産業を管理、②戦時設定の高い関税・数量制限・差別待遇・補助金などの障壁に取り巻かれている両部門の貿易を自由化し共同市場を形成、の2つだった。両部門の労働者のための住宅建設など福祉政策も実施し、労働組合の支持も強かった。条約は1952年に発効、翌53年にまず石炭、次に鉄鋼の共同市場が開設され、5年間で自由市場の形成を目指した（イタリアは遅れた）。石油革命の犠牲になった石炭部門と対照的に鉄鋼部門は生産が大きく伸びた。50年の鉄鋼生産高は、西ドイツの1400万トンからイタリアの230万トンまで大差があり、西ドイツ独り勝ちの懸念もあったが、高度成長の中で西ドイツ以外の国の生産が伸

びた。ECSC は，不戦体制構築と共同市場形成の両面で成功し，63
年に仏独友好条約が結ばれ，両国の国民レベルの関係改善も進んだ。
「シューマン宣言」発表の 5 月 9 日は「ヨーロッパ・デー」，EU の
祝日となっている。

　ソ連とワルシャワ条約軍の西欧侵攻が懸念される中で，1951 年
欧州防衛共同体（EDC）の設立を 5 カ国は受け入れたが，西ドイツ
軍の自立を懸念するフランス議会が 54 年に批准を否決した。この
後 EU で政治・軍事統合はタブーとなり，軍事面はアメリカ主導の
NATO（北大西洋条約機構）が担い，EU は経済面を担当する分業体
制となった。ソ連圏との安全保障交渉は 70 年代から EU 各国政府
が協力して，欧州政治協力（EPC）により対応した。

> 統合の第 2 段階〜第 5
> 段階

第 2 段階〜第 5 段階の統合の深化を簡単に
説明しておこう。

〈統合の第 2 段階（EEC 段階：1958〜69 年）〉

　1957 年 3 月 15 日ローマで ECSC 6 カ国は EEC 条約と欧州原子力
共同体（ユーラトム：EURATOM）条約に調印した。当時 IMF＝
GATT による経済自由化がアメリカ主導で進み，アメリカと競争す
るために関税同盟の形成が必須となっていた。

　アメリカの戦前・戦中・戦後の革新的技術が 1950 年代から次々
に西欧や日本に導入され，高度経済成長が続いた。EEC（欧州経済
共同体）は順調で，67 年には 3 共同体（EEC，ECSC，EURATOM）
の理事会・委員会が合同し，EC（欧州共同体）となった。関税同盟，
共通農業政策は条約の予定通り 60 年代末に実現したが，仏政権の
抵抗などもあって 70 年代から 80 年代前半までの 15 年間は統合の
「暗黒時代」になった。数少ない成果として，EMS（欧州通貨制度）
創設と欧州議会第 1 回直接選挙（いずれも 79 年）がある。

〈統合の第 3 段階（市場統合段階：1985〜92 年）〉　1974・75 年の世
界不況を画期に先進資本主義圏の成長率は半減し，ソ連の成長率も
鈍化した。冷戦時代の後期である。俊敏な米英両国は市場重視・自

由化路線により競争力を高め，劣勢となった EU 諸国は 85 年**単一市場統合**を掲げた。徹底した障壁除去を進めて，93 年 12 カ国 3 億 2000 万人の単一域内市場がスタートした。

〈統合の第 4 段階（通貨統合段階：1993〜2002 年）〉　1991 年ソ連崩壊，冷戦体制が終結し，時代が変わった。マーストリヒト条約により EC は EU（欧州連合）に発展し，**通貨統合**に進んだ。99 年に**統一通貨ユーロの導入**（非現金分野），2002 年 1 月にユーロ現金流通を開始，3 月初めにユーロの専一流通となった。

〈統合の第 5 段階（財政同盟期）〉　通貨統合は財政統合を伴っておらず，ユーロ圏は危機対応とその後の南北対立などで苦しんだ。しかしその後ユーロ制度の改革は進み，財政統合には 2020 年の「復興基金」により着手した。17 年 12 月 EU 25 カ国は常設軍事協力枠組み（PESCO）に合意した。端緒的だが，安全保障・軍事統合への進展の第一歩とみることもできる。

3 資本主義ヨーロッパの統一に向けて
●統合の「拡大」

6 次にわたる EU の拡大

EU の基本条約は「ヨーロッパのすべての国は EC/EU の構成国となるよう申請することができる」と規定している。米ソ両超大国に対抗するには加盟国を増やし経済規模を拡大する必要があった。20 世紀に EC 6 から EU 15 になった。21 世紀には東欧諸国などが加盟へと進み，2007 年に EU 27，13 年には EU 28 となった。20 世紀の水平的統合から，21 世紀には経済格差と社会意識の落差もある東欧諸国との垂直的統合となり，困難も拡大した。20 年にイギリスが離脱し，加盟国が初めて縮小した。

世界植民地帝国イギリスは第2次大戦後も英連邦諸国と戦前型の経済再建路線を目指し，EEC原加盟国は経済統合による「先進国ブロック」構築路線をとった。イギリスの工業品と英連邦諸国の第1次産品との垂直貿易は停滞し，EECの「水平貿易」（工業品相互の貿易）は急増，経済成長率に大きな差がついた。イギリスと独仏両国の経済規模は逆転し，格差はさらに拡大した。

イギリスは1959年にスウェーデン，ノルウェー，デンマーク，ポルトガル，スイス，オーストリアとEFTA（欧州自由貿易連合）を組織して対抗したが，EFTAの貿易は伸びず，EECに圧倒された。イギリスは一転して61年8月にEEC加盟を申請したが，「イギリスはトロイの木馬」という疑念がEECで高まった。アメリカは戦後ソ連圏との対抗のため欧州統合を後押ししてきたが，EECの台頭に警戒感を抱いた。アメリカ議会は62年通商拡大法において，アメリカとEECを合計して世界輸出の80％以上を占める品目の関税をお互いにゼロとする権限を大統領に賦与した。イギリスがEECに加盟すると，多くの主要工業品がこの関税ゼロ品目に該当する。EEC関税同盟を無効化するために米英が加盟を仕組んだとみたフランスのド・ゴール大統領は拒否権を発動し，加盟交渉は63年に挫折，2度目の申請もフランスが拒否権発動，3度目の申請によりイギリスはデンマーク，アイルランドとともに73年に加盟が実現し，EC9となった。5年間の過渡期を設けて徐々にECへ編入された。ノルウェーは加盟条約が国民投票で否決され，加盟できなかった。

イギリスは自由貿易主義であり，ドイツ，オランダなどとともに，フランス，イタリア，ベルギーの保護主義に対する拮抗力となった。他方，イギリスの慣習法制度と大陸のラテン法制度など，文化的な差異がある。イギリスはEU拡大を支持する反面，共同体や統合深化には否定的で，原加盟国との間に離齬と対立が生じた。

南への拡大——第2次
拡大（ギリシャ），第
3次拡大（スペイン，
ポルトガル）

1974・75 年に戦後最大の世界不況が起き，
60 年代から輸出主導の高度成長を遂げて
きた「南欧 NICs」の軍事政権（ギリシャ），
独裁政権（スペイン，ポルトガル）が相次
いで崩壊，民主主義，労働条件と生活水準の改善を求めて，ギリシ
ャは 75 年，他の 2 国は 77 年に EU 加盟を申請した。国民 1 人当た
りの所得水準は，EU 12 平均を 100 として，スペイン 73，ギリシ
ャ 57，ポルトガル 45 であった（1984 年，購買力平価基準）。

第 1 次拡大で EC はヨーロッパで圧倒的な経済圏となり，吸引効
果（magnet effect）と覇権効果（hegemony effect）を発揮，さらなる
拡大へと進んだ。ギリシャは 1981 年に加盟（第 2 次拡大），スペイ
ンとポルトガルは地中海農産物輸出への仏伊両国農民の強い反対な
どもあって，遅れて 86 年に加盟し（第 3 次拡大），EC 12 となった。
過渡期を経て新加盟国は 8 年目にフル・メンバーになった。

北への拡大——第4次
拡大（スウェーデン，
オーストリア，フィ
ンランド：1995 年）

冷戦終了で EFTA 諸国の中立主義は無用
となり，EU・EFTA は EEA（欧州経済領域）
を 1994 年に形成，加盟の方が有利とみて
スウェーデン，オーストリア，フィンラン
ドが 95 年に加盟，EU 15 となった。国民投票で加盟拒否のノルウ
ェーと，アイスランド，リヒテンシュタイン（スイスと関税同盟形成，
通貨はスイス・フラン）は EEA（と EFTA）に残り，EEA 条約も国民
投票で拒否したスイスは EFTA に残った。スイスはその後 100 を
超える個別部門ごとの条約を EU と結んで，単一市場加盟国並みの
有利な立場を築いた。

第 4 次拡大の新加盟国はいずれも小国で共同体意識がきわめて強
く，高い税収で北欧型・アルペン型の高度福祉国家を形成した。し
かしグローバル化が進み，EU 単一市場に加盟して経済活性化を目
指した。フィンランドには安全保障の観点もあった。

だが，単一市場の自由移動に対しては中小企業・労働組合・右翼

政党などの EU 批判が強い。スウェーデンでは高度福祉国家を守る意識が強く, 2003 年 9 月の国民投票でユーロ導入は大差で否決された。スイスは 21 年春に EU スイス協定交渉を断念した。移民政策など EU への反発があり, EU との距離が広がりそうである。

| 東への拡大——第 5 次
拡大 (2004 年と 07 年) | 「第 5 次拡大」は 2 次にわたる。1990 年代半ばに 12 カ国が加盟を申請した。中欧 5 カ国とバルト 3 国, キプロス, マルタは |

2004 年 5 月に加盟, 加盟条件を満たせなかったブルガリア, ルーマニアは遅れて 07 年 1 月に加盟し, EU 27 となった。

大陸の 10 カ国は 3 地域に分かれる。①中欧 5 カ国:ポーランド, チェコ, ハンガリー, スロバキア (「ヴィシェグラード 4」) とスロベニア, ②バルト 3 国:エストニア, ラトビア, リトアニア, ③東バルカン 2 カ国:ブルガリア, ルーマニア, である。

これら諸国の歴史は複雑である。たとえばポーランドは 18 世紀にロシア, プロイセン, オーストリアに国土を分割されて消滅し, 1918 年に復活している。だが, 上の地理的 3 区分はほぼ歴史的区分に重なる。①の中欧 5 カ国あるいはそれらの国の一部はかつてのハプスブルク帝国の領土に組み込まれて一定の工業化, 市民社会化, 西欧文明・文化を経験したが, 西欧に対して農産物や軽工業品を輸出する周辺ないし準周辺的な地位にあった。ヴィシェグラード 4 は第 2 次大戦後ソ連の軍事占領下に社会主義体制へ移行し, 農業集団化により旧支配層の地主階級を除去し, 重化学工業化を進めた。旧東ドイツを含めてソ連圏の先進国となり, 70 年代以降大衆消費社会に進んだ。民主化運動や共産党独裁への市民反対派も形成され, 89 年から市民革命へと進んだ。スロベニアは旧ユーゴスラビアの「自主管理社会主義」の下で同国北端の工業国として発展し, 91 年ユーゴスラビアから独立, EU 加盟を目指した。

バルト 3 国はドイツ騎士団など外部勢力への従属の長い歴史をもつ独自の国家圏といえる。エストニアはハンガリー, フィンランド

と民族的・言語的に近い。ラトビアとリトアニアはバルト民族である。3カ国とも第1次大戦後に独立，第2次大戦後はソ連の共和国となり，1991年にソ連から独立し，EU加盟を目指した。

東バルカン2カ国はギリシャや西バルカン諸国とともにオスマン・トルコの5世紀にわたる支配を受け，市民社会の歴史をもたない。第2次大戦後ソ連圏に組み込まれ，個人独裁制の下で産業発展は遅れ，縁故主義，汚職，悲惨な人権状態などを経験した。

ほぼ50年続いた共産主義体制から転換する低所得国をEUに加盟させるのはEUにとって挑戦であったが，西欧諸国の大企業にとっては熟練工を有する低賃金生産基地の獲得，大銀行にとっては金融支配地の拡大を意味し，大歓迎だった。

1993年，EUは加盟のための「コペンハーゲン基準」を定めた。①政治的基準（EUの基本的価値である民主主義，法治主義，人権尊重，少数民族への非差別を守る体制の構築），②経済的基準（市場経済が機能し，EU加盟後競争力を維持できる），③その他の基準（単一市場などEU法の総体〔「アキ・コミュノテール」〕を加盟までに導入する），の3つの基準を満たさなければ，EUに加盟できない。この「基準」設定と前後して，EUは加盟申請国と欧州協定を締結した。欧州協定は，加盟に向けた指導・援助とEUとのFTAを取り決めていた。「指導・援助」ではEU法やEU諸政策の導入を細かく指導し，資金・技術援助を行う。FTAによってEUとの経済障壁を低減・撤廃し，低賃金の中・東欧諸国へEUその他先進諸国の多国籍企業を誘致し，経済・貿易の発展と競争力強化をはかった。多国籍企業誘致の決め手となる開発途上国の「グッド・ガバナンス」（良い統治）はEU法により保証された。

西欧企業の東欧進出が加速し，双方を結ぶ生産ネットワークが形成され，相互貿易が飛躍的に発展した。中・東欧諸国の経済成長率は1990年代半ばから高まり，2007年までユーロ圏のほぼ2～3倍の高さであった。大陸の10カ国はWTOに加盟し，IMF8条国と

なり，中欧4カ国はOECD（経済開発協力機構）にも加盟した。他方，東バルカン2カ国は経済基盤の脆弱さ，縁故主義や腐敗問題が残り，経済成長は鈍く，EU諸国への移民流出が加速している。

中・東欧諸国はEU単一市場に参加して，中欧から順に，製造業だけでなく，流通，サービス，インフラなど経済の全部門に西欧・北欧企業の進出を受け入れて経済発展を遂げた。「従属型」の経済発展モデルといえる。30年間に1人当たり国民所得は倍増したが，中・東欧諸国加盟の問題は今日も数多く残っている。第1に，ソ連の強権から独立した自国の主権をEUに引き渡すことに強い反発がある。今日では世論調査でのEU加盟支持率は圧倒的に高くなっているが，国民主権意識は強く，移民の加盟国割当の峻拒など統合を受け入れない意識はなお強い。第2に，「反西欧・反EU」の右派ポピュリズム政権がポーランド，ハンガリーでは2010年代に形成され，司法やジャーナリズムの独立性を侵害するなど，EUの基本的価値と対立している。ハンガリーのオルバン政権は親中・親ロの外交方針をとり，独仏のEU主導に反発するために中ロを利用する。中国はEU分断にハンガリーを利用する。問題は深刻である。

反EUの両国の政府は選挙で勝利しているが，その基盤に「都市と農村の対立」が存在する。多くの中・東欧諸国で首都圏など大都市には教育レベルの高い高所得エリート層が住み，市民も自由主義的・民主主義的な政党を受け入れている。他方，低所得の農村地域や中小都市は国家主義政党やカトリック教会の影響力が強い。ポーランドで政権をとるPiS（法と公正党）は冷戦思考が強く，外交政策は「反ロシア・親アメリカ・反EU」である。保守的なカトリック右派の影響を受け，自由なジャーナリズムや公正な法制度を全体主義型に修正しようとしてEUと対立する。福祉政策などで農村や中小都市に食い込み，第1党の地位を維持する。共産主義時代の「国家依存」の意識が残存する。欧州委員会の「法の支配報告（2020年）」によれば，中・東欧諸国の多くが問題を抱えている。

2013年7月にクロアチアが加盟（第6次拡大）し，EU 28となった。今日，トルコ，モンテネグロ，セルビアは加盟交渉国として交渉中，アルバニア，北マケドニアが加盟候補国，ボスニア・ヘルツェゴビナ，コソボ，モルドバが潜在的加盟候補国である。

トルコはエルドアン政権下でオスマン・トルコの歴史を念頭に独自の動きを強め，EUやNATOと対立し，EU加盟は遠のいた。1992年に始まった「民族浄化」のボスニア戦争では10万人の犠牲者が出た。傷跡は今も残る。西バルカン諸国には民族的・歴史的にロシアとトルコが食い込んでおり，2010年代には中国が「一帯一路」で進出した。対抗策として「西バルカン諸国に早期のEU加盟を」の声もあるが，経済格差が大きすぎるし，反民主主義・政治腐敗など，加盟の前提に問題がある。セルビアの外交政策は親中・親ロでハンガリーと共通し，EUも一部の加盟国も警戒する。アルバニア・北マケドニアとの加盟交渉開始にはブルガリアが言語問題などを理由に反対している。西バルカンのいずれの国も2025年以前の新規加盟は無理であろう。

4 誰がどのようにEUを運営するのか
● EUの制度はどう機能しているのか

EUと加盟国はそれぞれが国家機能を分担していて，EUを「上位国家」，加盟国を「下位国家」と呼ぶ人もいる。日本の人口は約1億2000万人，公務員数（国家公務員と地方公務員。自衛官を含む）は約300万人，年間予算（中央政府）は約100兆円である。これに対してEU 28（28カ国のEU）の人口は約5億1000万人，省庁にあたる欧州委員会の職員数は約3万人，予算は約20兆円（1ユーロ＝130円で換算）であった（2016年）。この数字だけで日本の国家とEUとの違いが理解

できる。

　第2章以下で明らかにするように，EUの主な仕事は単一市場（商品・サービス・資本・人の自由移動）の管理運営，ユーロによる金融政策，競争政策，そして共通通商政策などである。EU予算は農業（農産物の自由移動や農村開発）と地域振興（構造政策）にそれぞれ30％余りがつぎ込まれている。地域振興はEU域内の経済的に遅れた地域を支援する。巨額の予算が必要な福祉政策，教育，治安，国防は加盟国の仕事であり，圧倒的に各国予算による。EUの関与はきわめて小さい。EUが決定する行政事項も実は加盟国の公務員によって担われており，EU職員の仕事は基本的にEUレベルでの政策提案，EU法律案の作成，世界各国に所在するEU代表部の運営など，加盟各国の公務員とは別次元の仕事を担う。

EUの諸機関　EUはEEC時代から超国家的統治体であった。超国家的統治体とは複数の国が共同の機関（超国家機関）を設立し，そこに国家権限の一部を委譲して共同行使する統治の枠組みのことである。関税同盟では加盟国の関税権が超国家機関（EU）に委譲される。単一市場では商品・サービス・資本・人の自由移動を確保するためにEUレベルの規制が行われる。単一市場はEUと加盟国の共有権限に属する。

　EUの運営は主として5つの機関によって行われる。

〈EU首脳会議（欧州理事会）〉　第1にEU首脳会議（正式名称は欧州理事会：European Council）。メンバーは加盟国政府首脳（大統領および首相）と欧州委員会委員長である。その時々のEUの最重要決定を行う（ただし，立法権限はない）。年4回の定例会議と緊急の場合の特別会議においてEUの最高方針を定め，欧州委員会やEU理事会にその立法化を要請する。欧州理事会常任議長は加盟国首脳の特定多数決で選出される。EU Presidentと表示されるので「EU大統領」ともいわれ，EUの「顔」ともいえる。EU首脳会議の準備を行い，会議の継続性を確保する。任期2年半で再任も可。第1代の

ファン・ロンパイは元ベルギー首相，第2代のドナルド・トゥスク
は元ポーランド首相，いずれも2期を務めた。現行（2019年〜）の
第3代シャルル・ミシェルは元ベルギー首相である。日EU・EPA
では2018年6月にトゥスク欧州理事会常任議長とユンケル欧州委
員会委員長が訪日し，安倍首相（いずれも当時）と調印を行った。
その後，EU側は欧州議会とEU理事会が承認し，19年2月に協定
は発効した。

　〈欧州委員会〉　第2に**欧州委員会**（European Commission）。「コミ
ッション」ともいう。本部はベルギーの首都ブリュッセルにあり，
EUの行政府的な役割を担う。各加盟国の推薦で1国1名ずつコミ
ッショナー（委員）が選ばれ，欧州議会が承認を決める（拒否権あ
り）。任期は5年。うち1名が委員長に選出される。コミッショナ
ーは自国の利益から独立しEUの利益のための職務遂行を義務づけ
られる。コミッショナーは多数の総局，事務局，統計局など，行政
機関を率いる。2019年12月，新委員長に元ドイツ国防相のフォ
ン・デア・ライエンが選出された。

　欧州委員会の総局は国の省庁に該当する。農業・農村開発総局を
はじめ，経済・金融，競争，企業産業，域内市場・サービス，環境
など政策部門の総局，通商など対外関係部門の総局，予算などサー
ビス関連の総局など，約30の総局がある。さらに，防衛産業・宇
宙総局が新設された。また，統計局（Eurostat）のような局もある。
総局に総局長，局に局長がおり，これら官僚のトップに「事務総
長」がいる。

　欧州委員会は，第1に，EU法令の提案を行うので，政策を構想
し具体化できる優秀なシンクタンクの機能をもつ。第2に，「条約
の番人」（守護者）としてEU諸条約が正しく実施されているかどう
かを監視する。違反があれば，国や法人をEU司法裁判所に提訴す
る。第3に，経済統合関連の法令・政策の執行を担う。共通政策に
よる共同体予算の執行，EUで採択された法令の執行規定の作成，

加盟国の政府や企業に対する条約規定の適用などを行う。

欧州委員会は対外的に EU を代表する。しかし，共通外交・安全保障政策（CFSP）においては EU 外務・安全保障上級代表が EU を代表する（「EU 外相」に相当）。上級代表は欧州委員会副委員長で，外務理事会の議長も務める。

〈EU 理事会（閣僚理事会）〉　第 3 に EU 理事会（閣僚理事会：EU Council）。加盟国政府の閣僚が集まり EU の政策や法令を決定する（通貨問題は財務相理事会，農業問題は農相理事会など）。EU 理事会では各国の国益が主張され，衝突し，妥協に至る。妥協できない場合もある。理事会の合意が国益によってゆがめられ難点をもてば，共同決定権をもつ欧州議会が法案を訂正して決定するケースも目立つようになった。

〈欧州議会〉　第 4 に欧州議会（European Parliament）。1979 年から議員が直接選挙で選ばれるようになり（5 年に 1 度実施），EU 市民を権限の源泉として EU 統治に正統性をもつ。加盟国別の議席数をイギリス離脱後について示しておこう（表 1-1）。EU 28 の時代にはイギリスの議席数は 73，議席合計 751 であったが，離脱後は 705 となり，人口に応じて厳密に議員数が割り振られ，連邦型になった。

直接選挙で議員が選ばれるその正統性ゆえに，欧州議会は条約改正のたびにその権限を強めた。今日のリスボン条約の下では EU 理事会との共同決定を行う。単独の立法権はないが，将来，EU の下院的な役割を担い，EU 理事会が上院とみなされる形へと進化していくかもしれない。

欧州議会議員は国ごとではなく思想信条別に党派ごとに組織が形成され，各党派が共同綱領や共同計画を掲げて選挙戦に臨む。EU が権限を拡大・強化すると，その権限の行使を精査する欧州議会が EU の統治制度に不可欠となる。また，加盟国政府次元を離れて EU 市民レベルの EU に対する要望を実現することも重要になる。欧州議会の権限拡張はそうした民主主義の要請に応える性格をもち，

表 1-1 欧州議会の国別議席数 (イギリス離脱後)

議席数	加盟国	議席数	加盟国
96	ドイツ	17	ブルガリア
79	フランス	14	デンマーク，スロバキア，フィンランド
76	イタリア		
59	スペイン	13	アイルランド
52	ポーランド	12	クロアチア
33	ルーマニア	11	リトアニア
29	オランダ	8	ラトビア，スロベニア
21	ベルギー，チェコ，ギリシャ，ハンガリー，ポルトガル，スウェーデン	7	エストニア
		6	キプロス，マルタ，ルクセンブルク
19	オーストリア	合 計	705 議席

ここまで強化されてきた。欧州議会は，最大会派のリーダーを欧州委員会の委員長に選ぶ制度（Spitzenkandidaten 制度）を強く主張していて，2009 年には最大会派欧州人民党（EPP）のリーダー・ユンケルが委員長に選ばれた。だが，19 年には EU 首脳会議の特定多数決によりフォン・デア・ライエン委員長が選出された。

〈EU 司法裁判所〉 第 5 に EU 司法裁判所（Court of Justice of the European Union）。単一市場など統合の成果が加盟国の法律などによって無効化されないように，EU 法（EU 基本条約や EU 立法）の加盟国法に対する優越を法的に確保しなければならない。この困難な仕事を EU 司法裁判所が担ってきており，多数の判例を残している。

最近では，2020 年 5 月，ドイツ憲法裁判所が，ECB が実施している証券の購入がドイツ基本法（憲法）に一部違反する可能性があると判決を下し，EU 司法裁判所の判決を批判した。違反があればドイツ連邦銀行は債券購入を停止しなければならないとした。「違反はない」と ECB・ドイツ政府・連邦議会などが判断して事なきを得たが，欧州委員会はドイツ憲法裁判所のこの行動を EU 法違反として EU 司法裁判所に訴訟する方針である。またポーランドとハンガリーは，政府が EU の基本的価値に反する法律を制定して裁判

の公正性を侵害し，あるいはLGBTへの差別を法制化するなどしている。これはEU法の優越を公然と否定する行動であり，EU司法裁判所での判決とそれに対する両政府の対応が注目される。このように，EU司法裁判所をめぐる事態は重大化している。

2019年欧州議会選挙 　欧州議会の直接選挙は過去20年ほどEU諸国の選挙民の関心もメディアの関心も低く，投票率は40％台に下がっていたが，2019年5月の選挙で8ポイント高まって50％を超えた。ポピュリスト政党への警戒感，若者を中心とする気候変動・環境問題への意識の高まり，難民流入などEUの危機に対する「ヨーロッパ意識」の高まりなどによる。

　過去の選挙ではつねに過半数をキリスト教民主党系・中道右派の欧州人民党（EPP）と社会民主党系・中道左派の欧州民主進歩同盟（S&D）の2大会派で占めた。今回は双方とも大きく落ち込んで過半数を割り，中道リベラルの「再生欧州」（Renew Europe）と環境保護派の「緑の党／欧州自由同盟」が議席を伸ばした。極右（排外主義的右派）ポピュリスト政党が仏伊英ハンガリー・ポーランドの5カ国で第1党だったが，EU全体では伸びず，「親EU」会派の議席は10減少したにすぎなかった。

　欧州議会では超国家的に政党が「会派」を組織して活動する。「7カ国以上の議員25人以上」により院内会派をつくることができる。欧州議会の諸活動は会派を構成単位とする。議会委員会のメンバー，議案の提出，活動費などは会派単位であり，会派に所属しないと十全の活動はできない。2020年1月末のイギリス離脱後の会派別の議席数をみておこう（表1-2）。

　EU先進諸国では多党化傾向が進む。かつて分厚い中産階級を抱えて安定していた西欧諸国の政治が，格差拡大や中産階級の分裂によって多党化し，政治が不安定化した。東欧諸国は中道ないしナショナリストの右派と左派，リベラルの3党構造の国が多く，多党化は起きていない。欧州議会選挙で2014年までつねに最大の会派だ

表 1-2 欧州議会の会派の構成 (イギリス離脱後, 2020 年 2 月現在)

会　　派	国　数	議席数	占有率 (%)	特　　徴
欧州人民党 (EPP)	27	187	26.5	中道右派
欧州民主進歩同盟 (S&D)	26	147	20.9	中道左派
再生欧州 (RE)	22	98	13.9	リベラル
緑の党	15	67	9.5	環境保護
ECR	14	61	8.6	保守
ID	10	76	10.8	極右
左派GUE/NGL	7	39	5.5	13政党
無所属NI	13	29	4.1	会派なし
議席合計		704	100	―

(注) 1 欧州民主進歩同盟 (S&D), 左派 GUE/NGL は共産党系。
　　　2 ID は「アイデンティティ＆デモクラシー」, 右派ポピュリスト。フランス
　　　　 29, イタリア 29, ドイツ 11 が上位 3 カ国。
　　　3 ECR は「欧州保守改革グループ」で反 EU 系。英保守党が創設, ポーラ
　　　　 ンド 27, イタリア 6, スペイン・チェコが各 4。
(出所) 児玉昌己 [2021]『現代欧州統合論——EU の連邦的統合の深化とイギリス』
　　　　成文堂, 256 頁より作成。原資料は https://europal.europa.eu/en/search/
　　　　table (スペイン 1 名欠員)。

った EPP から欧州委員会委員長や EU 大統領 (首脳会議常任議長) が選出されることが多く, 「EPP による EU 支配」といわれる事態が多くの東欧加盟国に勢力を伸ばした過去 15 年ほどの間恒常化していた。だが, 欧州議会 19 年選挙では多党化傾向が強まった。2 大会派は過半数を失い, 中道リベラルが躍進したので, マクロン大統領の発言力が強まり, 欧州委員会委員長の推薦など EU 諸機関の人事にも甚大な影響を及ぼした。EU 首脳会議が推薦し, 欧州議会の承認を得た要職は下記の通りである。

・欧州委員会委員長：ウルズラ・フォン・デア・ライエン (元ドイツ国防相, EPP 系)

・欧州理事会常任議長 (「EU 大統領」)：シャルル・ミシェル (元ベルギー首相, リベラル)

・EU 外務・安全保障上級代表 (EU 外相に相当)：ジョセップ・ボレル (スペイン外相, S&D 系)

・欧州議会議長：ダビッド・サッソリ（イタリア，欧州議会議員，S&D。21年1月死去。ロベルタ・メツォラ〔EPP系〕へ）。

欧州委員会委員長のフォン・デア・ライエンはEPP系だが，父親がECSC高官だった関係でブリュッセル育ち，イギリスの大学に留学するなど，「ヨーロッパ人」といわれる。他はラテン系が独占した。

EU 4 機関と EU 法令の採択

EU は EU 法によって動く。EU 法の採択プロセスは基本条約の改正によって変更されてきたが，リスボン条約によって欧州議会は EU 理事会との共同決定機関へと権限を強めた。今日の EU の法令採択には EU の 4 機関が関わる（図1-2）。

法令の提案は欧州委員会のみが行うことができる（立法提案権の独占）。法案が国益によりひずむ事態を防ぐためである。欧州委員会は独自に，あるいは欧州理事会（EU 首脳会議）の指示を受けて，提案を行う。欧州委員会が法案の提案を決定すると，担当総局は，加盟国のエキスパート，各分野の専門家，利益団体（経営者団体，労働組合，農民団体等）などと意見交換を行い，素案を作成し，素案がコミッショナー会議で採択されると，委員会提案となる。

「通常立法手続き」では，加盟国政府の閣僚による EU 理事会，EU 市民の負託を受けた欧州議会が共同で法案を採択するのだが，第1読会から第3読会まで3段階ある。

欧州委員会は提案を欧州議会と EU 理事会に送る。欧州議会は「自己の立場」（①全面承認，②全面拒否，③部分的に承認）を明らかにし，EU 理事会（農業問題なら農相理事会，財政問題なら財務相理事会）に送付する。EU 理事会は特定多数決（加盟国数の 55 ％以上，および法案に賛成する国の人口が EU 総人口の 65 ％以上で法案が成立する二重多数決制）により，次のいずれかの対応を行う。(a) ①または③を承認→法案採択。(b) 欧州議会の「立場」を承認しない→④「理事会の立場」を採択し欧州議会に送付する。以上が第1読会で

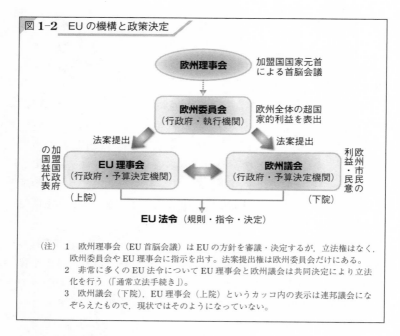

図 1-2 EU の機構と政策決定

欧州理事会 — 加盟国国家元首による首脳会議

欧州委員会（行政府・執行機関）— 欧州全体の超国家的利益を表出

法案提出 法案提出

の加 EU 理事会（行政府・予算決定機関）（上院）— 欧州議会（行政府・予算決定機関）（下院）— 欧益州・市民・民意の

国盟 国益 政府 代表

EU 法令（規則・指令・決定）

（注） 1 欧州理事会（EU 首脳会議）は EU の方針を審議・決定するが，立法権はなく，欧州委員会や EU 理事会に指示を出す。法案提出権は欧州委員会だけにある。
　　　 2 非常に多くの EU 法令について EU 理事会と欧州議会は共同決定により立法化を行う（「通常立法手続き」）。
　　　 3 欧州議会（下院），EU 理事会（上院）というカッコ内の表示は連邦議会になぞらえたもので，現状ではそのようになっていない。

あり，期限は設定されない。

　④については第 2 読会となる。④に対して欧州議会が 3 カ月以内に承認するか決定しない場合には④に沿った内容で承認されたことになる。④に対し欧州議会が過半数で否決すれば法案は不採択になる。④に対し欧州議会が過半数で修正すれば，欧州委員会は修正案に対する意見を表明する。EU 理事会は④の修正案を受領して 3 カ月以内に，⑤ a すべて承認→法案成立，⑤ b 承認しない→調停委員会へ（EU 理事会代表，欧州議会の同数の代表からなる，欧州委員会も参加して調整を図る）→共同案を 6 週間以内に作成し合意を目指す→第 3 読会へ（合意しないときには法案不成立）というプロセスになる。共同案の承認から 6 週間以内に欧州議会は投票の過半数，理事会は特定多数決で決定し，両機関が承認すれば採択，それ以外は不採択となる。実績では第 1 読会での採択の割合が圧倒的に高い。

EU法令の源となるのはEU基本条約（現行はリスボン条約）の諸規定であって，「第1次法源」といわれる。第1次法源に立脚して制定されたEUの法令は派生法である。多くの場合，条約が基本的な規定を行い，派生法によりEUの具体的活動が定まる。

EUの法令は，規則，決定，指令，勧告および意見に大別される。**規則（regulation）**は，構成国に直接に適用され，そのすべての要素において義務的であり（一般的な効力を有する），もっとも強力な効力をもつ。決定（decision）はそこに指定される受領者（国，企業，個人）にのみ有効である。**指令（directive）**は，目的については構成国を拘束するが，実施の方式と手段は加盟国に委ねられる。EU指令が採択されると，その実施のために加盟国の国内法が改正ないし制定されるが，そのため細部に国ごとの微妙な食い違いが生じて，単一市場のスムーズな動きを阻害あるいは金融監督の国ごとの食い違いなどを生み出す原因ともなっている。勧告と意見は拘束力をもたない。なお欧州委員会が政策・法令の執行を閣僚理事会から委ねられると，執行に関して同様の法令（規則，指令など）を採択できる。

全会一致方式の法令（たとえば税制の統合に関する法令）の場合，反対の国が1つでもあると，欧州委員会提案は理事会に留め置かれ，放置されることもある。今日では非常に多くの政策領域で特定多数決制がとられている。

上述したリスボン条約の二重多数決制が2017年4月から適用されている。国票では大国・小国とも平等だが，人口票では大国が圧倒的に有利で，仏独伊3大国合計で35％を超える。この3大国の合意により法案成立を阻止することができるので，法案阻止には4カ国以上が必要とされている。

裁量的政策調整　EUは超国家的統治体であり，単一市場やそれに関連する競争法の分野では，加盟国はEUに権限を委譲してEU立法による統治を受け入れているので，違反すれば加盟国といえども罰金などを伴う制裁を受ける（「ハー

表1-3　EUと加盟国の間の権限の分割

種　類	定　義	分　野
排他的権限	EUのみ権限	関税同盟，共通通商政策，農業・漁業（資源保護），競争法，通貨政策（ユーロ圏）　〈TFEU第3条〉
共有権限	EUと加盟国の権限共有	単一市場，農業・漁業，消費者保護，地域間格差是正（結束），運輸とTEN，エネルギー，環境，自由・安全・公正，社会政策（条約内），公衆衛生，研究開発，開発協力と人道支援　〈TFEU第4条〉
支援権限	EUは支援と補完	行政協力，市民保護，文化，教育・職業訓練・若者・スポーツ，人の健康，産業，観光　〈TFEU第6条〉
協調権限	EU指針採択	経済政策，雇用政策，社会政策　〈TFEU第5条〉

（注）　このほか，「その他の権限」として共通外交・安全保障政策（EU条約第24条）
　　　　と「弾力性条項」（TFEU第352条）がある。
（出所）　リスボン条約。

ド・ロー」〔hard law〕の分野）。これに対して加盟国が協力して政策を実施し，EUはその調整を引き受ける政策分野がある（政府間統治の分野）。ここでは制裁を伴わないソフトな調整が行われ，「裁量的政策調整」（Open Method of Coordination：OMC）と呼ばれる。法律用語では「ソフト・ロー」（soft law）の分野であり，目標や指針を加盟国が共有し，そのかぎりで規範的な拘束力をもつ。目標に対して最良の成果を上げた国の「最良の慣行」（best practice）がEUレベルで確認され，各加盟国はそれを参照して政策改善などをはかり，再び成果がEUレベルで評価される。「リスボン戦略」（2000〜10年），それを継承する「欧州2020」や雇用政策などの分野でこの方法が用いられている。

EUの「排他的権限」と「共有権限」

リスボン条約ではEUと加盟国の権限の分割を明確にしている（EU運営条約第3条と第4条）。排他的権限は6分野で，EUのみが法令を制定することができる。共有権限は単一市場などEUの多くの政策分野をカバーし，13の分野にわたる（表1-3）。EU，加盟国双方が立法権を有するが，加盟国はEUが権限を行使した範囲で自らの権限を行使できなくなる（「先占（preemption）」の原則）。な

お，協調権限の分野もあり，加盟国の政策協調の取り決めや指針を
EU レベルで採用する（権限分割の詳細は庄司［2015］第 4 部を参照）。

5 汎欧州統合の可能性と困難性
●イギリス離脱と EU 内対立を越えて

「西欧の再興」について　　産業革命から第 2 次大戦まで西欧は世界経
済の中心として繁栄したが，20 世紀前半
にヨーロッパ戦争（世界大戦へ発展）を 2 度戦い，疲弊した。戦後
世界の枠組みを決めたヤルタ声明はアメリカ・ソ連・イギリスの指
導性を明確に打ち出した。西欧大陸諸国にとって「西欧の再興」は
悲願となり，EC 6 は米ソ両超大国に対抗して「西欧の再興」を強
く志向する一種の政治同盟となった。

　ECSC 設立の基本文書「シューマン宣言」を起草したのはジャ
ン・モネ（フランスの実業家・政治家）である。モネは国際連盟で活
動して連邦アメリカを熟知しており，超国家的統合のアイディアを
打ち出すことができた。戦後の西欧に保護主義の主権国家が復活す
れば，軍事力を強めて対立し平和が脅かされる，ヨーロッパ連邦が
それを防ぐ唯一の解決法だ，とモネは考えた。「シューマン宣言」
は ECSC を「ヨーロッパ連邦の第一歩」と明言した。「運命共同体」
という位置づけである。

　EEC 条約ではトーンダウンしたが，前文に「ヨーロッパ諸国民
の絶えず緊密化する同盟」(ever closer union among the peoples of
Europe) という政治的目標を掲げ，リスボン条約に引き継がれてい
る。地域経済統合を政治的利益が支えるケースは多いのだが，ギリ
シャ・ローマの古代市民社会の民主主義の伝統，ローマ法，キリス
ト教など歴史的・文化的一体性を背景に EU は "ever closer union"
を追求する。EU 統合の独自性といえる。

　西欧諸国は 20 世紀の戦争で深く傷つき，「戦争とナショナリズ

ム」に幻滅して統合へと進み，中小国の集まりながら初志を貫徹して超大国アメリカとソ連に対抗し，単一域内市場と共通通貨にまで進んだ。「政治とは今日不可能にみえることを明日可能にするアート（art：技法）である」というモネの言葉の通りである。ここに西欧の政治の凄みをみることができる。

EU の南北対立 イタリアは EC の原加盟国であるが，南部と北部の格差は歴史的に大きい。第 2 次大戦後の構造政策でやや改善したが，1980 年代から再び格差が拡大した。イベリア半島の 2 国（スペイン，ポルトガル）は経済が立ち遅れ，1930 年代から 70 年代半ばまで独裁政権，80 年代に EC に加盟し，キャッチアップしたが，西欧との格差はなお大きい。だが，西欧文明・文化はこれら 2 国にとって憧れであり，親 EU であるが，ユーロ危機により大量失業に追い込まれた。ギリシャはオスマン・トルコに 4 世紀にわたって支配され，縁故主義などバルカン文化の特徴が色濃く残る。ユーロ加盟で可能になった「隠し赤字財政」はユーロ危機を生み出し，ユーロ圏によるギリシャ抑圧は悲惨な経済状況を招き，ギリシャ国民の反 EU 意識を強めた。イタリアについても同様であり，ユーロ圏の緊縮財政強要は反独仏・反 EU の意識を強め，2018 年には総選挙で第 1 位・第 2 位の左派・右派のポピュリズム政党の連立政権ができた（第 11・12 章参照）。

南北経済の格差は失業率にはっきり表れている。ユーロ危機の中で 25 ％を超えたギリシャとスペイン，2 桁へ上昇したイタリアとポルトガル，これら 4 カ国は今日もほぼ 2 桁であり，オランダは 4 ％，ドイツは 4 ％以下である。2020 年 7 月に EU 首脳会議が合意した 100 兆円の「復興基金」がこの大きな格差をどこまで是正できるか，20 年代の南北対立の行方はそこにかかっている。

中・東欧諸国の EU 加盟による東西の亀裂 20 世紀統合の主体であった西欧諸国は過去の実績に経済統合の成果を加えて，豊かな国民経済をつくり上げ，「EU の基本的

価値」に示される民主主義・人権・法の支配，そして寛容で社会保障の行き届いた安定した社会を形成した。西欧諸国は平和と繁栄のECを世界に誇る業績と考えていた。この西欧統合の時代は21世紀初頭の中・東欧諸国の加盟によって終焉し，汎欧州統合の時代が始まった。

中・東欧諸国は西欧諸国の従属地域としての歴史が長い。第2次大戦前にドイツとソ連に国を分割されたポーランド，ドイツの侵略をイギリスの寛容政策で座視されたチェコスロバキアをはじめ，戦争中ほとんどの国がナチス・ドイツに占領され，過酷な体験をもった。東欧諸国には西欧不信や反ドイツ意識が残る。2003年アメリカのイラク戦争に際して，中・東欧諸国はイギリスとともにアメリカを支持し，強く戦争に反対した仏独両国と対立した。

中・東欧諸国は第2次大戦後，ソ連の指導下で社会主義経済の建設を進めた。1人当たり国民所得は低かったが，工業化を推進し，完全雇用を実現した（国有企業の過剰雇用の形ではあるが）。国民の平等意識は強く，社会保障支出もGDP比では非常に高かった（社会保障の質は西欧諸国に劣後した）。1991年のソ連崩壊によって独立し，新興国特有の強いナショナリズムを維持している。

EU加盟へのプロセスで，製造業，サービス業（金融・ホテル，スーパーマーケットなど），インフラ部門などの西側多国籍企業が直接投資により大規模に進出し，首都や大都市の街並みは西欧化し，住民の意識も民主主義重視へと動いたが，地方の中小都市や農村はそうした発展から取り残され，経済面・意識面の分断がみられる。多国籍企業は資本・技術・経営の3要素を持ち込んでくる。多国籍企業の進出により雇用が比較的容易に得られる大都市では労働者は企業を渡り歩き，労働規律の弛緩が指摘される。政治家の懐には外国企業進出の仲介マージンが入る。社会主義時代の国有企業を国民が民営化し苦労してつくり上げた経済ではないので，外国多国籍企業主体の「借り物経済」と特徴づける研究者もいる。

個人所得税が高く，社会保険料負担と合わせると，可処分所得は賃金の半分程度になり，その上に，20％を超える付加価値税（日本の消費税にほぼ該当）が乗る（ハンガリーでは27％）。社会保障制度による所得再分配率は低下し，消費市場は狭く，政治家や官僚とのコネクションがものをいう。これがハンガリーやポーランドの「反リベラル民主主義」の実態である。この両国は民主主義・法の支配をめぐってEUと対立を続けている。2021年に始まった「グリーン復興」のプロセスにおける対立については第5章で説明しよう。

　中・東欧諸国から西欧・南欧への専門職や労働者の流出が続いている。西欧・南欧側は自由流入への懸念から，新規加盟の2004年から最大7年間の「過渡期」を設け，流入を規制したが，04年から流入を受け入れたイギリスでは東欧からの移民の大量流入が生じて，15年頃には100万人のポーランド人が居住し，イングランド中部や東部では16年のブレグジット（Brexit）国民投票においてEU離脱投票率の高い一因となった。また中・東欧諸国は外国企業呼び込みのため法人税率を低く抑えている。西欧諸国は企業流出を防ぐために法人税引き下げを迫られ，これも東西対立の源泉の1つである。

　　　　　　　　　　　　　だが西欧・北欧と中・東欧はすでに生産，
| 「共通の将来」をつくる |　流通，貿易，金融，安全保障など多面的で強力な相互依存関係を構築している。中・東欧諸国のEUへの輸出依存度は60％から80％にも達する。西欧・北欧（とりわけドイツ）は中・東欧なしには世界市場で競争できない。両者はすでに相互依存の強い絆で結ばれ，内部対立や分裂は相互を痛めつける効果しかない。イギリスはEUを離脱したが，EU 27カ国に追随の動きはなかった。ハンガリー・ポーランドの政府は「反EU」を掲げるが，EUを離脱するつもりはなく，「イギリスより悪質」という評価も出ている。

『ヨーロッパ戦後史』の著者，トニー・ジャットは次のように述べている。西欧統合という居心地の良い状態は永久に過去のものとなった，東欧を包摂した現在のヨーロッパこそが本当のヨーロッパなのだ。いかに絶望的にみえようとも，ヨーロッパ諸国は EU において「共通の将来」をつくる以外にない（ジャット［2008］）。中・東欧加盟国の世論調査では，貧富の格差が大きく社会保障も充実していないアメリカ型社会よりも「欧州社会モデル」への支持が圧倒的に高い。スロベニア，スロバキア，エストニア，ラトビア，リトアニアはすでにユーロに加盟し，クロアチアとブルガリアもユーロ加盟へ動き出した。

2020 年から新型コロナ危機が続くが，当初の「自国ファースト」的な対応は，EU 復興基金設立を境に EU 協力の強化へ転換した。EU 内の小国や新興国がワクチンを豊富に取得できるのは EU の力を抜きにはありえない。新型コロナ禍からの経済復興には時間がかかるが，「次世代 EU」にまとまって対応してはじめて加盟国が成功の展望をもつことができる（第 5 章参照）。

外からは，ロシアと中国の民主主義への攻勢が強まっている。2014 年のロシアのクリミア併合（戦後の国際ルール違反）は，とりわけバルト／東欧の EU 加盟国の脅威感を増大させた。イギリスの離脱表明やトランプ大統領の反 EU 政策もあり，「**EU 主権**」の主張が EU で広がった。経済・通貨統合だけでなく国際政治においても自立して政策を展開できる EU を構築しようというのである。共通安全保障・防衛政策（CFDP）における EU 加盟国の協力が進み，17 年末には「常設軍事協力枠組み」（PESCO）を実働させ，18 年から共同プロジェクトが動き出した（デンマークとマルタは不参加）。兵器や装備品の共同開発でコストを減らし，産業レベルの競争力を強化し，陸海空サイバーの作戦分野で相互運用能力を強めるなどを目的とする。17 年には EU 予算に欧州防衛基金（EDF）が設置され，PESCO の研究・開発に 21〜27 年の中期予算から 130 億ユーロを供

与する。

　米軍の長期にわたるアフガニスタン駐留が失敗に終わり，トランプ政権が撤退を決定し，バイデン政権は，タリバン軍が首都カブールに進軍する中で，2021 年 8 月末までに撤退を完了した。英仏独などの米軍駐留一時延期要請は無視され，ヨーロッパ諸国はアメリカ依存に危機感を深めた。EU は 5000 人の即応部隊構想を打ち出した。

　こうして，新型コロナ危機からのグリーン・デジタル復興，財政統合，軍事面でも加盟国協力に EU が関わる形での進展が始まっている。中国とハンガリーの相互利用など一部に問題は残るものの，「共通の将来」への展望が開けてきた。2020 年代の EU 統合は EU と加盟国に緊張を引き起こしつつ発展している。EU 統合と加盟国のこれまでの動きと合わせて，本書の諸章でさらに掘り下げて考えることとしたい。

演習問題　*seminar*

1　経済統合の利益について説明してみよう。

2　EU の 5 次にわたる拡大の内容と意義を述べてみよう。

3　現段階の EU の統合水準は普通の自由貿易協定（たとえば日 EU・EPA）よりはるかに高い。両者を比較して，主要な違いを箇条書きしてみよう。

4　中・東欧諸国の EU 加盟によって 20 世紀統合と違った発展が生じている。20 世紀統合と 21 世紀統合とを比較してみよう。

5　イギリスの EU 離脱について，本書の諸章を通読し，2016 年国民投票での決定の諸原因，現状，展望についてまとめ，今日のイギリスの状況と対比してみよう。

6　ポピュリズムとは何か，なぜそのような運動が 2010 年代半ば以降に強まったのかについて考えてみよう。

7　2019 年の欧州議会選挙は EU に何をもたらしたのかを考えてみ

よう。

■ ■ □ **参 考 文 献** □ ■ ■ ■ ■ ■ ■ ■ ■ ■ ■ ■

井上淳［2020］『はじめて学ぶ EU——歴史・制度・政策』法律文化社

坂井一成・八十田博人編著［2020］『よくわかる EU 政治』ミネルヴァ書房

ジャット，T.（森本醇・浅沼澄訳）［2008］『ヨーロッパ戦後史（上・下)』みすず書房

庄司克宏［2015］『はじめての EU 法』有斐閣

須網隆生・21 世紀政策研究所［2021］『EU と新しい国際秩序』日本評論社

田中素香［2007］『拡大するユーロ経済圏——その強さとひずみを検証する』日本経済新聞出版社

田中素香［2019］「2019 年欧州議会選挙をどう見るか——EU 新体制人事を含めて」ITI 調査研究シリーズ No. 91，国際貿易投資研究所

ミュデ，C.，C. ロビラ・カルトワッセル（永井大輔・髙山裕二訳）［2018］『ポピュリズム——デモクラシーの友と敵』白水社

モネ，J.（近藤健彦訳）［2008］『ジャン・モネ——回想録』日本関税協会

盛田常夫［2020］『体制転換の政治経済社会学——中・東欧 30 年の社会変動を解明する』日本評論社

鷲江義勝編著［2020］『EU——欧州統合の現在（第 4 版)』創元社

第2章 | 関税同盟と単一市場

EU 経済システムの漸次的形成

●本章のサマリー

　EU は 1960 年代末に関税同盟を完成，次いで単一市場を創出した。EU 経済の基盤は単一市場である。単一市場は 1985 年から 92 年まで 8 年をかけて当時の EC 12 カ国によって一応完成し，その後も金融などの統合が進められた。

　EU 拡大とともに単一市場も拡大した。現在，27 カ国 4 億 5000 万人規模で「商品・サービス・資本・人」の自由移動が実現している。単一市場を基盤として統一通貨ユーロが実現し，EU と加盟国が共同で管轄する EU 経済システムが出現した。

　関税同盟によって EU はヨーロッパの指導的パワーとなり，単一市場によって，今日アメリカに次ぐ世界第 2 位の経済パワーの地位を維持している。

　EU の競争力を高め雇用を増やすために，単一市場強化，とりわけデジタル単一市場の創設に注目が集まる。新型コロナ危機からの復興策だが，長期の EU の国際競争力を考慮している。

　関税同盟，単一市場とは何か，どのように形成され，どのように発展したのか，その効果はどのようなものなのか，本章ではこれらを順次明らかにしていく。

本章で学ぶキーワード

関税同盟　対外共通関税　貿易創出効果　貿易転換効果
国際寡占競争　域内市場　単一市場　非関税障壁　サービスの自由移動　税障壁　M&A　双方向貿易　最低限の調和
相互承認　補完性原則　シェンゲン協定　汎欧州生産ネットワーク　デジタル単一市場　単一欧州特許制度

1 EC 時代の関税同盟

●関税同盟の形成とその効果

EU の経済統合は関税同盟の構築から始ま

EC 関税同盟の形成

った。関税同盟は 1960 年代末に完成した
後も不断に時代適合的に高度化され，また EU 拡大に合わせて拡張
され，EU 単一市場の礎として機能している。

第 2 次大戦後，資本主義圏の経済・政治面のリーダーはアメリカ
であり，そのリーダーシップで世界経済は IMF = GATT 体制とし
て発展した。自由貿易と固定為替相場制の下で，西欧諸国や日本は
戦後復興とその後の高度成長を成し遂げた。西欧諸国は 1950 年代
半ばまで域内の貿易自由化を進め経済復興に成功し，50 年代後半
に対米貿易の自由化が本格的に展開された。EEC（欧州経済共同体）
条約の基盤となった『スパーク報告』（1956 年）は，自動車・大型
航空機の生産や原子力利用など先端技術部門でアメリカと競争する
には西欧諸国の市場規模が小さすぎるので，EEC に共同市場（com-
mon market）の形成が必要と説き，その概念と効果を示した。共同
市場は複数の国を包摂し，その内部で，商品・サービス・資本・労
働力の自由移動が保証されている広域経済である。

EEC 条約は共同市場の形成を「使命」と述べ，商品・サービス・
資本・労働力の自由移動などをタイトルとして明記していたが，当
時 EEC 諸国にはサービス・資本の自由移動を進める準備はなかっ
た。戦後の規制に国ごとに守られた管理資本主義だったからである。
その中で，アメリカへのキャッチアップを考えると，商品の自由移
動が焦眉の急であった。第 2 次大戦によって西欧諸国の間の貿易障
壁は高まり，数量制限や関税などが当時最大の貿易障壁となってい
たからである。そこで EEC 条約は関税同盟（Customs Union：CU）
を直ちに着手すべき具体的な目標とした。

関税は，関税線（一般的には国境に沿うが，経済特区などをもつ国では一部ずれる）を通過する商品に対する課税であり，今日では輸入関税を指している。輸入関税は古くからの貿易政策手段であり，政府収入の調達や国内産業保護のために利用されてきた。ドイツ統一（1871年）への進展をドイツ関税同盟が支えたように，ヨーロッパでは関税同盟は古くから経済政策や経済統合の手段ともなってきた。1944年にベネルクスが関税同盟構築で合意し，48年に発足した。それはGATTの規定にも影響を与えた。

　GATTは自由貿易主義，無差別主義を原則としていたが，その第24条で関税同盟の形成を認めていた。その関税同盟の定義は，①域内関税の全廃，②対外共通関税の設定，によって形成される複数国を含む単一関税地域を指す。域内の関税だけを撤廃するので差別主義になるが，形成後に形成前より保護の度合いが強まらないことを条件にGATTは関税同盟を認めたのである。

　EC関税同盟はこの規定に沿って形成された。EEC条約は12年間で関税同盟を完成するとしている。当時，ベネルクス3国はすでに関税同盟を形成していたので，EECには4つの関税領域があった。それらの1957年1月1日の関税率を基準税率として，①域内関税——58年から徐々に引き下げ12年後にゼロとする，②**対外共通関税**（Common External Tariff：CET）——品目ごとに4関税領域の関税率の算術平均値を達成すべき共通関税率とし，そこに3段階で収斂する（12年目に共通関税率を実現），としていた。基準税率は低いほうからベネルクス，西ドイツ，フランス，イタリアの順で，算術平均値はだいたい西ドイツとフランスとの中間にあり，総平均値は12.8％であった。

　1950年代末から60年代にかけてEEC諸国は高度安定成長，国際収支好調であったため，関税率の超過引き下げを繰り返し実施し，関税同盟は予定より1年半早く68年7月1日に完成した（図2-1）。EC（欧州共同体）の対外共通関税が実現すると，ベネルクスと西ド

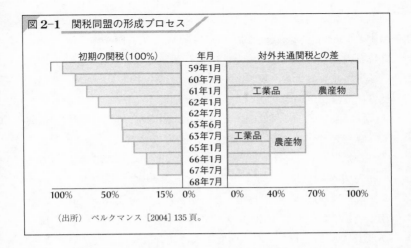

図 2-1 関税同盟の形成プロセス

	初期の関税（100%）		年月		対外共通関税との差		

（出所）　ペルクマンス［2004］135 頁。

イツで関税が引き上げられるなど貿易自由化に逆行する面もあった
ので，アメリカは 60 年代にディロン・ラウンド，ケネディ・ラウ
ンドと 2 つの GATT 関税引き下げ交渉を提案し，実施された。対
外共通関税率はこれら 2 つの GATT 関税引き下げ交渉の結果，当
初予定より約 30 ％低くなった。

関税同盟形成と高度経済成長

アメリカは，西欧や日本のような伝統社会
から生まれた資本主義とは別種の新しい資
本主義であった。伝統的農村（地主と小作
農）がなく，移民は生産力の高い土地で自作農となり，農民所得と
のバランス上工場労働者の賃金は高かった。20 世紀になると購買
力の大きい中産階級が分厚く形成され，1920 年代から大衆消費社
会が発展し，戦後に完全開花した。西欧および日本はアメリカが
20 年代から 60 年代にかけて開発し生産力化してきた技術を順次導
入し，アメリカ型の大衆消費社会へと発展した。

アメリカの技術は数次にわたって輸入され，段階的に投資され，
設備投資→労働生産性上昇・実質賃金上昇→消費上昇と新製品の飽
和→次の段階の設備投資→……，という好循環を生み出した。関税

同盟形成は域内競争と域内貿易を促進した。こうして設備投資・輸出主導型の高度安定成長が実現した。IMF゠GATT 体制下の貿易・為替自由化と為替相場の安定，中東石油開発による安い石油，ケインズ主義政策による不況軽減，アメリカへの輸出増大など，当時の世界経済の安定が高度安定成長に貢献した。

　関税同盟形成の効果は顕著であった。EEC 6 カ国の域内貿易は対域外貿易の 3 倍のペースで伸びて，EEC 6 カ国の域内貿易シェア（対 EC 輸出＋輸入／対全世界輸出＋輸入）は，1958 年の約 30〜40 ％から 72 年には大国（フランス，ドイツ，イタリア）で約 50 ％，ベネルクスでは 60〜70 ％へ上昇した。アメリカの 1 人当たり GNI（総国民所得）は 57 年に EEC 6 カ国平均の 2.4 倍だったが，71 年には 1.8 倍にまで縮小した。関税同盟主導の統合は成功したのである。

関税同盟の貿易創出効果と貿易転換効果

1950 年にヴァイナーが提出した貿易創出効果と貿易転換効果の理論が関税同盟の理論として代表的である。簡単な数字例でそのエッセンスのみを紹介しておこう。

　A を自国，B を関税同盟のパートナー国，C をそれ以外の第三国（外の世界）とする。関税同盟形成以前に A 国は 100 ％の関税を賦課し，また 3 つの国が表 2-1 のような価格である商品を販売していたとすれば，関税同盟形成以前には A 国の消費者は自国商品を買う。しかし関税同盟が形成されると，B 国の商品が A 国でもっとも安くなり，A 国商品に置き換わる。これは関税同盟形成による「貿易創出効果」であり，供給が低コストの B 国へ転換しているので，世界の資源配分からみて，利益（厚生の増加）が得られる。価格（利潤を含む生産コスト）が同じで当初の関税率が 50 ％であれば，関税同盟形成以前には A 国市場の需要は C 国からの輸入で完全に満たされていたのが，関税同盟形成後には B 国からの輸入で置き換えられてしまう（表 2-2）。関税同盟形成による「貿易転換効果」である。供給はより低コストの C 国から高コストの B 国へ転換してい

表2-1　貿易創出効果

同盟形成以前	A	B	C	同盟形成以後	A	B	C
生産コスト（販売価格）	35	26	20	生産コスト（販売価格）	35	26	20
Aの100%関税	—	26	20	Aの100%関税	—	—	20
A国での価格	35	52	40	A国での価格	35	26	40

表2-2　貿易転換効果

同盟形成以前	A	B	C	同盟形成以後	A	B	C
生産コスト（販売価格）	35	26	20	生産コスト（販売価格）	35	26	20
Aの50%関税	—	13	10	Aの50%関税	—	—	10
A国での価格	35	39	30	A国での価格	35	26	30

るので，世界全体として損失（厚生の低下）になる。貿易商品ごとに貿易創出・転換効果を計算し，利益（厚生の増加）から損失（厚生の低下）を引き去れば，関税同盟形成のネットの利益が得られる。

国際寡占競争と経済成長への刺激

関税同盟の形成は産業転換を引き起こした。白物家電製品（white goods：電気冷蔵庫と洗濯機）や自動車（乗用車，商用車，トラック）の製造部門でEEC規模の国際寡占競争が展開した。家電部門では非効率な企業は一掃され，生き残った巨大企業の間で厳しい競争となった。乗用車製造では各国市場の関税が高く（1959年でイタリア47％，フランス35％，ドイツ15％），輸入車シェアは3カ国とも5％未満であったが，アメリカのビッグスリー（GM，フォード，クライスラー）も参入して激しい国際寡占競争が展開し，域内貿易は大きく伸びた。新車登録に占める輸入車のシェアは，69年にはフランス，ドイツで22％，イタリアで15％に上昇した。大規模生産の技術も接近し，EC自動車市場が形成された。

　このような巨大企業（金融機関などサービス部門を含む）の間の新たな国際寡占競争は，EU統合の深化および拡大のたびに刺激を受けて展開された。その具体的な展開については，本書の該当する箇所を参照していただきたい。

関税同盟の完成によって，加盟国ごとに異なっていた輸出入関連の事務文書が「単一行政文書」に統一され，通関業務も大幅に簡素化された。次に単一市場の完成によって1993年1月1日に域内税関が廃止された。文書のデジタル化が進められ，2005年には税関リスク管理システムが導入された。880カ所以上の税関事務所を結び，危険なモノや不正輸出入などに関わる情報交換が行われている。2016年にはEU関税法体系（Union Customs Code）が発効し，ICT（情報通信技術）を利用した関税手続き業務の簡素化が進展した。このように，EUの税関システムはつねに時代に合わせて更新されている。

　EUは原加盟6カ国から6次の拡大によって28カ国となったが，拡大のたびに関税同盟は新規加盟国へと拡張された。新規加盟国に対して「過渡期間」を設定して関税率の漸次的接近を行った。

EUは多くの国や地域とFTA（自由貿易協定）を結んでいるが，関税同盟はトルコだけであり，1995年に結ばれた。工業品のみで，農産物は含まない。トルコには日本の自動車企業も進出し，部品を加工・製造してEUやイギリスに送っている。

　EU単一市場の中でイギリスはEUの県あるいは州のように自由に通商できたが，2020年末の離脱によりイギリスは「外国」になった。EU英FTAによって工業品の関税はゼロとされたが，通関手続きが生じている。イギリスからEUへの輸出には事務書類の作成・通関チェックなどが必要になり，時間がかかるようになった。魚介類など生鮮食品の輸出にもダメージが大きい。

　もう1つ深刻なのは，原産地規則の問題である。複雑な話なので，ここではきわめて簡潔化して説明する。イギリスで部品からすべてを製造した製品をEUに輸出すればFTAにより関税ゼロだが，イギリス籍企業（イギリスで生産している日本企業も該当）が外国から

部品や中間財を輸入してイギリスで加工し製品（自動車など）を
EU に輸出する場合には，55 ％から 60 ％がイギリスおよび EU で
加工されていないと，関税ゼロにはならず，乗用車なら 10 ％の関
税がかかる。これが原産地規則による関税である。日本は日 EU・
EPA があり，EU が FTA を結んだ国（たとえばベトナム）から部品
や中間財を輸入しても日本製と認定する「拡張累積」という方式が
適用されるが，イギリスには適用されない（若干の例外品目あり）。
今後イギリス製造業にとって原産地規則が負担になる可能性もある。

　イギリスは「EU 大市場の玄関口」というキャッチフレーズで多
くの日本企業を引き寄せた。1600 社以上の日本企業が立地し，EU
諸国との間で貿易や金融取引などに従事する。ブレグジットに伴っ
てそれら日本企業の EU との取引が不利になるので，日英 EPA が
2020 年，わずか 4 カ月で合意し，21 年初に発効した。日 EU・EPA
に準拠したので早期の合意が可能だった。そこでは，EU の原産材
料を日英 EPA 上の原産材料とみなし，EU 域内の生産を日英 EPA
上の生産とみなすことができる（拡張累積）とした。EU 産の部材
を使ってイギリスまたは日本で生産や加工を行う企業にとっての救
済措置になる。

2 市 場 統 合

● EU 単一域内市場への道

非関税障壁の全廃

　EEC 条約は共同市場の形成を「使命」と
しつつも，時代的な制約のため，関税同盟
と農業共同市場（第 3 章）という商品の域内自由移動のための経済
統合しか発展させることができなかった。サービス・資本・人の自
由移動（「4 つの自由移動」）は，1980 年代後半，EU 単一市場統合に
おいて進展した。「4 つの自由」が実現しているのは，日本やフラ
ンスなどの一国（国民経済）の内部である。それを EC レベルで達

成しようとした。だから，「広域国民経済形成」型の統合ということができる。EU が管轄するその広域国民経済は関税同盟とは統合の水準がまるで違う。

　EU では公式に「域内市場」(internal market) と呼ばれるが，本書ではわかりやすくするために，原則として「単一域内市場」あるいは「**単一市場**」と表示する。単一市場は EU 関税同盟諸国の**非関税障壁**（Non-Tariff Barrier：NTB）を全廃することによって実現するが，非関税障壁の撤廃は難しい。商品の自由移動に関する非関税障壁としては，たとえば各国別につくられた工業規格や製品の認証制度がある。市場統合に参加した EU 12 カ国の工業規格は 1980 年代半ばに合計 10 万以上あった。西ドイツ，フランス，イギリスなど EU 加盟国の工業規格はバラバラだった。輸出先の国の工業規格にあった別々の自動車（など工業製品）を生産しないといけないからコストがかかる。認証制度は自動車が自国の規格に適合しているかをテストするのだが，輸出国で行い，輸入国でまた認証テストをする。自動車 1 台当たり数十万円という追加コストが発生する。これを撤廃するには，EC 規格の導入や認証テストは 1 回というルールをEC 諸国が承認しなければならない。

　サービスは各国ごとに法制度が決まっている。だが，**サービスの自由移動**を実施すれば，サービス提供企業（あるいは個人）は EU 内のどの国においても自由にサービスを提供してよい（支店や事務所開設も自由）ということになる。非効率な企業を抱える加盟国はサービスの自由移動に反対するので，対策が必要になる。

　海外旅行をすると税関で土産品やパスポートを係官に提示しなければならない。税関は国境を越えて自国に入ってくる商品と人をチェックしている。商品と人の自由移動を実現するには税関を撤廃しなければならない。

　非関税障壁を全廃し単一域内市場を実現するには，このように複雑・膨大で大変な作業が必要だった。フランスの財務大臣だったジ

ャック・ドロールが 1985 年に EC 委員長となり，精力的にまた創造的に市場統合を指導した。85 年 6 月，欧州委員会は『域内市場白書』を刊行して，単一市場統合の方法を詳しく説明した。期間は85 年から 92 年までの 8 年間。非関税障壁を，①物理的障壁，②技術的障壁，③税障壁（「財政的障壁」の訳語もある）の 3 種類に分類し，それぞれにふさわしい方法で撤廃するとしている。

物理的障壁とは税関のことである。税関廃止は，①加盟国が検疫を含む商品のチェックを各国内部で行う方式に切り替え，②税関に提出する税申告と貿易統計書類を各国の税務当局に企業が直接提出する方式に転換する，などの制度変更を必要とする。ただし EU 外と向かい合う対外税関は維持される。

技術的障壁とは，加盟国の法令や慣習の違いからさまざまな分野に生じている非関税障壁の総称である。たとえば財の分野では，技術規制，工業規格，認証制度の違い，人の分野では職業資格や卒業資格の違い，企業分野では企業税制，その他政府調達における企業の国籍による差別や金融サービス，運輸サービスなどの分野での外国企業規制などである。その撤廃のためには制度転換が必要になる。職業資格は EU で統一するか，各国の制度が障害にならないように相互承認する。企業活動が EU で自由に展開されるための法制度変更も必要である。

税障壁は，付加価値税率をすべての構成国で 14〜20 ％のバンドに収め，ガソリン税や酒税など物品税は各国の平均値に近づける（これら 3 つの障壁の撤廃については後掲表 2-3 を参照）。

非関税障壁撤廃のため 282 の EC 指令（一部は規則）が準備され，次々に採択されねばならなかった。

| EU 経済の長期停滞と国際寡占競争 | 単一市場形成という大胆な行動は，日米に対する競争力の劣位と EU 経済の長期停滞とを打ち破るための戦略であった。 |

1970・80 年代の「ME（マイクロ・エレクトロニクス）革命」では

日米が先行し，EU は立ち遅れた。80 年代半ばには，「EU で販売されるビデオ 10 台のうち 9 台は日本製，コンピュータ 10 台のうち 8 台はアメリカ製」といわれた。EU では産業構造転換が遅れ，ME 応用部門など成長率の高い部門が米日の輸出攻勢に負けて，経済停滞の一因となった。失業率は 79 年の 5.5 ％から 81 年に 8.1 ％，ピークの 86 年には 11 ％台となった。EU 経済は「ユーロ・スクレローシス」（欧州動脈硬化症）と診断され，悲観主義（「ユーロ・ペシミズム」）が蔓延した。サービス部門でも，自由化で先行した米英両国では金融サービスや運輸サービス部門が成長していた。情報通信サービスでもアメリカに大きく水をあけられ，電話料金に大差がついていた。

なぜなのか。当時の EC では，各国の非関税障壁を回避するため大企業はすべての EU 加盟国に製造拠点を配置する方針（everything, everywhere 戦略）を強めた。EU 主要国の寡占企業（巨大企業）は自国や EU 諸国の非関税障壁に守られて独占利潤を獲得するが，低成長の自国や EU には投資せず，好況のアメリカなどに投資を行った。こうして，低成長→低投資→低成長の悪循環から EU 独特の経済空洞化が生じた。この長期経済停滞を打破し，投資を再開させるには国際寡占競争が必須であった。

市場統合において，商品・サービス・資本移動を包括する徹底した自由化を進める。非関税障壁を撤廃して，域内で徹底的に国際寡占競争を展開する。立ち遅れている ME 部門には日米企業を進出させ，EU 大企業と競争，あるいは協調させる。単一市場では競争が展開するから，大企業は効率的経営を目指して行動し，設備投資を再開するので，EU 域内での企業配置や産業構造が転換し，経済成長も復活する。これが欧州委員会など単一市場の推進者が想定した戦略であった。

市場統合の成功　市場統合のために，EEC 条約は単一欧州議定書（Single European Act：SEA）によっ

て改正された。1986年2月調印，87年7月に発効した。この頃から市場統合は本格化した。「3億2000万人からなる単一市場」出現の予想は，世界の巨大企業に新鮮なショックを与え，単一市場に対応する投資行動や日米からの企業進出が88年から大規模に進みはじめた。市場統合を指導するドロール委員長の声望はいやがうえにも高まった。

EUは「92年フィーバー」といわれる市場統合ブームに沸き，企業行動がダイナミックに転換した。生産最適地への工場の集約（効率的な少数のプラントに生産集中），国境をまたぐM&A（企業の合併・買収）の盛り上がり，多角経営から得意のコア・ビジネスへの転換などの企業行動が大規模に生じた。その結果，EU巨大企業の合理化・効率化が進んだ。たとえば食品・日用化学品メーカーのユニリーバ（Unilever；1994年で雇用30万人，ヨーロッパ第7位の大企業）は，1973年EU15各国に13の工場を配置していたが，89年4工場，99年にはついに2工場（英独）に集約した。市場統合のメカニズムは *Column* ①の通りである。

アメリカの対EU直接投資は1980年代後半から急増し，90年代半ばにはアメリカ企業の在外資産の半分以上がEUに存在した。日本の製造企業は円高に押し出される形で86年以降，アメリカ，ヨーロッパ，東アジアへの直接投資によって大規模な（欧米に対して初めて本格的な）進出に踏み切り，西欧での製造拠点は84年初めの188社から92年初めには722社に増加した。スウェーデンのABB，スイスのネスレなどEFTA諸国の巨大企業もEUに進出し，ヨーロッパ規模での拠点再編に乗り出した。

EU域外から域内への外国直接投資（FDI）は1985年の57億ユーロから89年の279億ユーロに，またEU12の域内直接投資（クロスボーダー）も85年の57億ユーロから89年の318億ユーロへ急増した。これら直接投資がEUの固定資本投資全体の中に占めるシェアは，80〜85年の平均2.8％から85〜92年の平均5.8％へ倍増

Column ① 市場統合のマクロ経済的利益 ～～～～～～～～～～～～～～～～～～～

　市場統合における，①国境規制の除去（税関の除去），②公共調達の開放，③金融サービスの自由化，④自由化によるサプライサイド効果（X 非効率；独占利潤が削減され，さらにリストラによる規模拡大により「規模の経済」が作用する）がインパクトを引き起こし，企業のコストや政府の調達コストが低下する。非関税障壁の撤廃によって競争が作用するので，コストの低下は価格の低下となる。価格の低下は家計の実質購買力と企業の競争力を引き上げる。金融サービスに対するコスト（貸付金利）の低下やサプライサイド効果は企業の投資や家計の住宅投資を活発化させる。それらの合力が経済成長率を高め，雇用の創出をもたらす。シミュレーション結果では，市場統合は完成してから中期的に（6 年間，したがって 1993 年から 98 年までに），①経済成長率を 3.2～5.7% 引き上げる，②消費者物価を 4.5～7.7% 引き下げる，③雇用を 130 万～230 万人増加させる（以上は「市場統合の利益」をシミュレーションにより計算した『チェッキーニ報告』による）。

図　市場完成の過程で作用する主要なマクロ経済的メカニズム

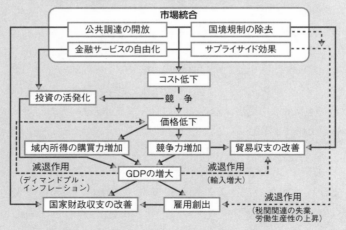

（出所）　チェッキーニ［1988］167 頁。

した。80年代後半は全世界的に直接投資の伸びが輸出の伸びをはるかに上回ったが、EUではとくに顕著だった。企業再編を示す国境をまたぐ（クロスボーダー）M&Aが86年の約200件から90年の約1800件へ急増した。仏伊英3国でとくに活発だった。

これら域内・域外の企業行動に先導されて設備投資は1970年代初め以来の活況をみせ、88年にEUの経済成長率は実質4.2％に上昇、90年まで3％台の成長率が継続した。74年から85年までは年平均2％弱であったから、経済の活性化は明らかであった。

EU周辺国でも、ギリシャは地理的孤立もあって取り残されたが、アイルランド、スペイン、ポルトガルにはEU中心諸国やアメリカの直接投資が流入し、経済成長はEU平均を上回った。

こうして市場統合はEC経済の構造転換、経済活性化という基本的な目的を達成した。282の法令も、税と産業協力関連を除き、ほとんどが採択された（後掲表2-3参照）。域内の税関が廃止され、1993年1月1日、単一市場は予定通りスタートした。

単一市場統合の実証分析を総括した『モンティ報告』（1996年、邦訳1998年）は、チェッキーニ報告（*Column*①参照）のシミュレーションほどではないものの、単一市場形成が成長率や雇用を引き上げたことを確認している。

> 関税同盟形成・市場統合と域内貿易シェア

関税同盟形成期から単一市場期までのEU域内貿易の推移をみてみよう（図2-2）。域内輸出依存度は、EU 6（原加盟6カ国）について、1958年から63年まで急上昇し、60年代半ばに若干低下、60年代末から70年代初めに再上昇した。73年からEU 9、86年からEU 12を示しているが、70年代半ばの不況期に大きく下落、80年代初めにも落ち込み、80年代末に戻して、90年代初頭の不況期に再び落ち込んだ。

トレンドを整理すると、①EU 6では関税同盟形成の初期6年間に急激に域内依存度は上昇したが、その後急激な伸びはみられない。

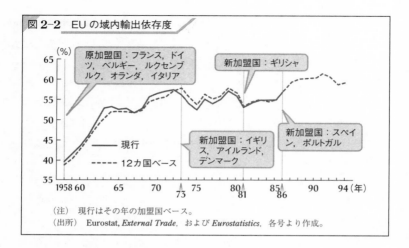

図2-2　EUの域内輸出依存度

原加盟国：フランス，ドイツ，ベルギー，ルクセンブルク，オランダ，イタリア

新加盟国：ギリシャ

新加盟国：イギリス，アイルランド，デンマーク

新加盟国：スペイン，ポルトガル

現行

12カ国ベース

1958 60　　65　　70　73 75　80 81　85 86　90　94 (年)

(注)　現行はその年の加盟国ベース。
(出所)　Eurostat, *External Trade*, および *Eurostatics*, 各号より作成。

②新加盟国の域内貿易依存度は加盟の初期段階に急増する。しかしやがて飽和し，③その後は，域内の経済成長率の高い時期に域内依存度が高まり，リセッションや経済停滞の時期には落ち込む景気循環依存型となる。

　統合の拡大（加盟国の増加）はEUにとって成長戦略であるということが，図2-2から明らかである。EUと新規加盟国との間の貿易が加盟直後数年間急激に伸び，それはEUの経済成長に好影響を与えるからである（1974/75年は世界不況のため下落）。

　各国のGDPに占める財・サービス輸出の割合は2000年に日米ともに11.0％だが，EU15は35.4％と圧倒的に高かった（域内・域外貿易双方を含む）。08年に日本は17.5％，アメリカは12.7％だが，EU15は40％，EU27は41.2％と非常に高い。商品輸出では08年にEU27域内がGDP比21.7％，域外は10.5％であった。なお，域内貿易シェアは67.4％で，00年の61.3％から上昇した。

域内貿易のパターン

　図2-2のように，EU12の域内輸出（商品貿易のみ）依存度は1958年の37.2％から94年58.4％に上昇し，仏独両国にとって互いが最大の貿易相手国

となった。イギリスも 94 年の EU 輸出シェアは 58 ％を超えた。EU 27 では，大国で 60〜70 ％程度，小国では 70〜80 ％余りを EU 域内貿易が占めている。

　域内貿易パターンが市場統合の過程で変化した。同じ品目が輸出と輸入双方向で行われる**双方向貿易**が増えた。自動車，化学，木材・紙，金属，繊維などの産業で双方向貿易のシェアがとくに高まった。これらの部門では規制・認証や公共調達など非関税障壁が市場統合において顕著に撤廃されたので，差別化された製品ごとに適地で大規模に生産する戦略を大企業が採用した。そのため，ある生産工程を担当する生産拠点は集中するが，他の生産工程は国境を越えて EU 全域に生産拠点が分散することとなり，企業はそれら相互を貿易（その多くは企業内貿易）によって結びつけたので，双方向貿易が盛んになったのである。

　こうして，汎 EU 生産ネットワークが形成された。市場統合によって企業間の競争は EU 規模に拡大し，EU 全域を国内市場型の関係（企業間競争の場）へと転化させたのである（製造業において）。このように，統合の深化もまた EU の経済成長戦略である。深化と拡大を繰り返して EU は経済成長を遂げたのである。

　EU 15 と中・東欧諸国との貿易においても，1990 年代から 21 世紀初めにかけて，双方向貿易が著しく上昇した。これは，市場統合進展期の EU 12 のケースと同じように，EU 多国籍企業が中・東欧諸国に多数の生産拠点を展開し，生産拠点の間で活発に貿易を推進したからである。EU レベルでのサプライ・チェーンの形成である。

3 単一市場の法と新しい統合方式

●多数決決定制と EU 独自の連邦方式

特定多数決制による法
令採択

EEC 条約を改正した単一欧州議定書（SEA）は市場統合を成功させるための制度を EU に導入した。EU 法令を採択するには，それまで閣僚理事会の全会一致が必要だった。しかし単一欧州議定書により，市場統合関連の法令（税関係を除く）の採択に，特定多数決（qualified majority）制が採用された。当時の EU 12 カ国の持ち票合計は 76 票，そのうち 54 票を獲得すれば法令採択となる。単一市場を完成させるには，1985 年に遡り 92 年までの 8 年間に 282 の EC 法令の採択と実施が必要である。全会一致制では実現不可能なので，多数決制となった。ただし課税権は EU 加盟国の譲れない権限ということで除外された。

EEC 条約に特定多数決の規定はあったが，1966 年当時のド・ゴール仏大統領が「フランスの主権侵害」として反対し，「ルクセンブルク合意」により全会一致制が恒常化した。単一欧州議定書はその廃棄という歴史的役割を担ったのである。

単一欧州議定書の発効により法令の採択はほぼ順調に進んだ。1992 年 11 月時点の採択状況は表 2-3 の通りである。採択された指令は 260 にのぼる（一部は規則）。

指令は各国で国内法に転換（transposition）されてはじめて効力をもつ。指令を実施するために第 2 次的な実施法令が必要で，その一部は指令である。かくして 1996 年 10 月までに EU で 1410 の市場統合関連の指令が発効し，そのうち 91 ％が構成国の法令に転換されていた（EU 平均）。EU 指令に準拠する国内法の転換には保護を求める各国の業界が反対するなどして，遅れが出る。98 年 5 月段階でも，最良のフィンランドで 1.6 ％の未転換が，最悪のイタリア

表 2-3　閣僚理事会における項目別法令採択状況（1992 年 11 月 30 日現在）

項　目	採　択	未採択
1. 物理的障壁の除去	96	3
(1) 財の規制	89	3
a. 各種規制	(11)	(0)
b. 動植物検疫	(78)	(3)
(2) 人の規制	7	0
2. 技術的障壁の除去	149	17
(1) 財の自由移動	79	1
a. 技術的調和と規格政策のための新アプローチ	(11)	(0)
b. 分野別提案	(68)	(1)
(2) 公共調達	6	1
(3) 労働と専門職の自由移動	11	1
(4) サービスの共同市場	39	3
a. 金融サービス	(22)	(3)
b. 運　輸	(12)	(0)
c. 新技術とサービス	(5)	(0)
(5) 資本移動	3	0
(6) 産業協力に適した条件の創設	11	11
3. 税障壁の除去	15	2
(1) 付加価値税の平準化	6	2
(2) 物品税の平準化	9	0
計	260	22

（注）　カッコ内の数字は内数。
（出所）　EC 委員会。

では 5.9 ％の未転換がなお残っていた。問題国を欧州委員会が EU 司法裁判所に提訴することもあった。

新しい統合方式――
「経済連邦主義」と補完
性原則

　282 の市場統合法令は，各加盟国では数千もの法改正をもたらし，その 1 つひとつがまた何百，何千の規制などの変更をもたらす。短期間に強行しようとすれば，統合は内部崩壊する。EU はそこで「経済連邦主義」という新しい分業方式を導入した。

　市場統合の EU 指令は必要不可欠の中核部分だけを定め（**最低限の調和**），それを超える部分は構成国の法律や規程を他の国が承認（**相互承認**）することで，財の自由流通を確保することにした。この方式は各国の多様性を許容しつつ自由移動を実現する方式である。製品の選択は企業や消費者に委ねられる。

このような弾力的な方式，すなわちEUと構成国政府が連携して任務を分担する連邦主義的な方式が市場統合を境に定着した。

　「経済連邦主義」では，ドイツなど連邦の先例にならって，「**補完性原則**」（principle of subsidiarity）が導入されている。EUにはEU，加盟国，州（県），市町村という4つの政府レベルが存在するが，政策はできるだけ市民に近い下位レベルの政府が担当し，それでは非効率である政策のみをより上位の政府レベルに引き上げるという原則である。アムステルダム条約で明確化された補完性原則によれば，EUと加盟国の共有権限の分野で（第1章表1-3参照），「規模の経済」や「外部性」などが作用するのでEUの行動が必要と認められる時にのみEUが担当する。しかもEUの介入は目的に比例した規模（必要最小限）でなければならない（「比例性の原則」）。これは，EU機構の肥大化や権限の過度の集中を防止するための原則である。

　リスボン条約では「EUの権能の行使は補完性および比例性の原則により規律される」とEU条約第5条に明言されている。

4　単一市場のスタートと中・東欧への拡大

●成果と課題

スタートした単一市場

　単一市場スタート後，企業がとくに歓迎したのは税関の廃止であった。それまで通関書類や積み荷のチェックのためにトラックが延々と税関前に並んでいたが，1993年から自由に国境を越えるようになり，その節約効果は毎年50億ユーロにのぼる。企業はいままで各国ごとに設置していた物流倉庫を集約し，計画的な貨物輸送サービスを展開できるようになった。道路運送の自由化と相まって，ロジスティクス（物流）革命が起き，単一市場にふさわしいヨーロッパ流通センターの成長がみられた。

　商品市場を分裂させていた重大な非関税障壁は，公共調達と技術

的障壁だった。公共調達は，中央政府，地方政府，公益企業による財・サービスの調達（建設事業の発注など）であって，支出額は1990年代半ばでEUのGDPの11.5％にも達する。市場統合により，一定金額を超えると日刊電子入札などでの公示，EU域外を含めて企業に同等の待遇・透明性・開放性が求められた。市場統合過程で民営化が進み，日米など外国企業にも注文を出すなどで，価格はテレコム設備や鉄道車両で20〜30％，電気設備では40％も低下した。それでも外国企業からの調達の占めるシェアは，87年の6％から94年の10％に上昇しただけで，自国企業発注の慣習は持続した。

技術的障壁の代表は工業規格や認証制度の違いであったが，上述のように，EU規格と相互承認原則の導入によって自動車ではEU全市場に1車種で対応できるようになった。また「ヨーロッパ全型式認証」指令によって認証審査は1回となり，平均10％のコスト節約が実現した。後述する中・東欧への単一市場拡大と合わせて，欧州自動車メーカーの国際競争力は見違えるほどに上昇した。ルノーの日産支援（1993年）はその1つの表れであった。

市場統合以前には，サービス部門は構成国の規制の網で覆われ，そのために自由化で先行した米英両国との成長率格差が拡大した。市場統合によってサービスの自由移動に初めて挑戦したが，とりわけ金融サービス（銀行・証券・保険の3業種），運輸サービス（道路，航空，水路。ただし鉄道は含まない），新技術関連サービス（電子カードの規格統一など）という3つの領域で自由化を進め，単一市場の形成を目指した。

金融サービスでは，単一パスポート制度により，企業（銀行など）がEUの一国でEU免許を取得すれば，EU全域で金融機関が営業できるようにした。金融機関の健全性などの面は母国当局の監督に委ねる（「本国監督主義」）ことになった。この「本国監督」を各国が相互承認し，銀行などはEUの至る所でビジネスを自由に展開できるようになった。とはいえ，金融部門は従来各国が厳格なそれぞ

れの国特有の保護システムを適用しており，単一市場形成は困難を極めた。そこでEUは1999年に「金融サービス行動計画」（FSAP）を打ち上げ，単一市場化を促進したが，金融監督制度などに問題を残した（第7章参照）。

　運輸部門は1980年代半ばにECのGDPの7％を生産していたが，国家規制が厳しく，国境をまたぐ道路運輸サービス提供は国家間の協定で数量規制（2国間割当）が行われていた。12（航空6，トラック運送4，その他2）の市場統合指令（規則）によって，第1段階で国際輸送を自由化し，第2段階でどのEU加盟国でも差別なく自由に運送業を営む権利（「国内交通権」）を実現した。トラック，航空ともアメリカの自由化を先例として研究がなされた。道路運送では87年の規則採択によって93年から，航空運輸は97年から，「完全国内交通権」が実現された（完全自由化は2003年）。運賃は自由化の進展とともに低下し，輸送量は着実に増えた。航空会社の間では競争が強まり，M&A，提携が増え，ライアンエアのような低運賃航空会社（LCC）も活躍できるようになった。

　市場統合において，資本の国際移動に関する規制撤廃は，1990年7月までにコア諸国が，また94年までにすべての加盟国が実施した。今日，EU各国の資本移動規制はOECD（経済協力開発機構）の監督に服している。

　人の自由移動には労働者の移動だけでなく，EU市民の自由移動（たとえば旅行）も含まれる。この意味での移動の自由については，1985年にフランス，ドイツ，ベネルクスの地続きの5カ国がシェンゲン協定に調印し，90年には追加協定が調印された。これには，国境でのパスポート管理を廃止する，航空路線はEU内国際線を国内線扱いにする，協定調印国と第三国との国境での麻薬・テロ対策を強化する，などが盛り込まれた。域外の旅行者もいったん協定国の内部に入ると，同じ扱いを受ける。シェンゲン協定にはその後，南欧諸国が調印し，95年3月に発効した。その後，オーストリアや

北欧諸国，さらに21世紀には中・東欧諸国が段階的に参加を進めている。イギリスとアイルランドは協定に参加していない。

単一市場の中・東欧への拡大——汎欧州生産ネットワーク
中・東欧諸国の生産は社会主義から市場経済への転換のプロセスにおいて大きく落ち込んだが，1990年代半ばすぎからFDIの流入が急増し，回復へと向かった。国営企業が私有化されると，西欧企業が買収し，新設備・生産方法・新技術などを持ち込んで，生産性を上げ，生産・雇用と輸出が増えた。FDIは，私有化の時期が早く経済発展度も比較的高く人口も多いポーランドとハンガリーにまず集中的に流入し，チェコへは98年同国が開放政策に転じてから急増した。これら「ポ・ハ・チェ」3国は2010年代まで中・東欧諸国へのFDI流入の大きな割合を占めていた。社会主義経済（共産主義型経済）から突然市場経済への転換を迫られた中・東欧諸国の自力転換は困難だったが，多国籍企業の大規模な進出を受けて市場経済への転換が進みはじめた。従属型の経済転換といえる。21世紀に入るとルーマニア，ブルガリアなど多数の中・東欧諸国へ直接投資が分散するようになった（図2-3）。

　中・東欧7カ国への流入総額はEU加盟後急増した。だが，リーマン危機により大きく落ち込み，2010年代にはリーマン危機前のような新規流入の勢いはみられない（図2-3）。

　直接投資流入を業種別にみてみると，製造業がもっとも高い（自動車のシェアが圧倒的に高く，電気・電子機器，化学が続く）。自動車部門はスペイン，ポルトガルから中欧，ロシアやバルカン半島にまで西欧企業が子会社を設立して汎欧州生産ネットワークを構築し，業績を引き上げた（ドイツ企業が最強）。EU加盟時点で中・東欧諸国の賃金はドイツの10分の1から5分の1であり，中・東欧は低賃金生産基地となり，西欧企業の国際競争力引き上げに貢献した。電気・電子機器部門は中欧3カ国を中心に西欧の既存工場や販社との間に生産ネットワークを再構築した。EU15と中・東欧諸国の間

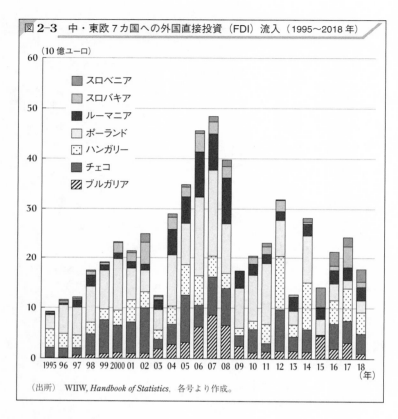

図2-3 中・東欧7カ国への外国直接投資（FDI）流入（1995〜2018年）

（10億ユーロ）

凡例：
- スロベニア
- スロバキア
- ルーマニア
- ポーランド
- ハンガリー
- チェコ
- ブルガリア

1995 96 97 98 99 2000 01 02 03 04 05 06 07 08 09 10 11 12 13 14 15 16 17 18（年）

（出所） WIIW, *Handbook of Statistics*, 各号より作成。

の貿易は直接投資に比例して急激に伸びていった。

　続いて第2位は金融仲介（銀行，証券，保険）であるが，中・東欧諸国の銀行資産の70％以上，国によってはほぼ100％を西欧の銀行が支配するに至った（詳細は第7章）。第3位に卸・小売がくる。西欧の大型小売店は中・東欧諸国の大都市の市街地や郊外に大規模ショッピングセンターを建設するなど，中・東欧諸国の都市の景観を変えていった。第4位に不動産等，続いて輸送，テレコム，電力ガスなどインフラ整備が続く。ほぼすべての部門に西欧・北欧の企業が参入し，中・東欧の西欧化が進んだのである。

中・東欧諸国の経済は EU に編み込まれ，新しいタイプの「従属型の経済発展」の過程を進んでいる。世界の新興諸国のほとんどは多国籍企業を受け入れて経済発展を進めて，国民経済を高度化しようとしている。他方，中・東欧諸国は EU あるいはユーロ圏を枠組みとする広域国民経済の一地方として，政策主権の多くを EU あるいはユーロ圏に委ねて経済発展を進めている。

1990年代半ばから2007年まで中・東欧諸国の経済は西欧諸国にキャッチアップしたが，08年のリーマン危機から成長率は大きく下落した。しかし，バルト3国は堅実な成長に復帰し，ユーロ加盟へ進んだ。生産ネットワークにしっかりと組み込まれている中欧諸国では，スロベニアとチェコは国民1人当たり GDP がすでに先進国のレベルに達したが，ポーランドやスロバキアの国民1人当たりの所得水準はまだ低い（第8章参照）。中・東欧でも経済力，産業力に応じた分極化が生じている。

新興国の経済発展には「中所得国の罠」があり，先進国へ飛躍したのは韓国，台湾など少数である。多国籍企業依存のハンガリー経済は「借り物経済」と批評され，先進国化の展望は暗いようだ。「中所得国の罠」を中・東欧諸国は克服できるだろうか。その行方に興味がもたれる。

5 デジタル単一市場統合
●単一市場統合の新しい取り組み

**単一市場統合──つね
に未完の統合分野**

欧州委員会によれば，単一市場は完成時点の1993年のスタートから2008年にかけて，277万人の雇用，累積で 2.13 ％の経済成長を追加的に実現し，携帯電話使用料を70％引き下げ，自由な旅行と他の EU 諸国での労働・定住を促進した。250万人の学生に他国での学習の機会を提供し，2300万の EU 企業に5億人の市場を開

放した。

　だが，そうした効果は時間が経つと薄れていく。金融や情報産業部門では構造転換や新発展が頻繁に生じているが，その管理制度や法律はまず加盟国でつくられることが多く，単一市場化は後追い作業になりやすい。単一市場には「欠落部分」(missing link) やボトルネックが頻繁に生じてくる。単一市場統合はつねに未完の作業とさえいえる。逆にいえば，単一市場には未完成・不十分・未着手の分野が多く，その単一市場化を進めることができれば，経済成長・雇用増大・産業競争力強化に貢献する。単一市場強化は EU の恒常的な課題なのである。

「単一市場の強化」
(stronger single market)
に向けて

単一市場再構築の分析と提言を欧州委員会から託されたマリオ・モンティ（元欧州委員，元イタリア首相）は 2010 年 5 月『モンティ報告』を刊行した。従来の単一市場統合はビッグビジネスが中心で，その利益が消費者，労働者，周辺地域などへ届いていないので是正が必要であるとの基本方針を示し，以下の新戦略を提言した。

　①デジタル単一市場（Digital Single Market：DSM），すなわちオンライン電子取引の単一市場（EU レベルで統一・高速化などにより年間 5000 億ユーロの利益），②金融サービス統合の高度化（加盟国ごとに分裂している国債市場をユーロ建て EU 債の発行・流通により統合，リテール市場における消費者保護），③エネルギー分野の単一市場（ガス供給の単一市場，環境対応商品の EU 標準設定・単一市場化），④単一市場のネットワーク・インフラの構築（東欧における道路・鉄道網・通信施設などの建設），⑤他の加盟国への年金制度の移転を可能にする，⑥税制改革（加盟国の法人税制の接近，賃金課税の軽減），⑦EU 企業は 13 もの言語で特許申請書を書かねばならず，特許制度の改革が必要。

　この提言を欧州委員会は 2011 年 4 月「単一市場行動 I」(12 分野，50 項目) にまとめ，さらに翌 12 年 4 月には「I」のとくに重要な 4

表 2-4　単一市場行動ⅠとⅡの概要

単一市場行動Ⅰ（SMAⅠ）		単一市場行動Ⅱ（SMAⅡ）	
レバー	キー行動	レバー	キー行動
中小企業金融	ベンチャー資本ファンド導入	完全に統合されたネットワーク単一市場	
市民の移動	専門家資格の承認の新制度	1. 鉄道輸送	質と効率の引き上げ
知的財産権	単一特許制度の導入	2. 海上輸送	海上輸送の単一市場
消費者	訴訟解決システム（オンライン）	3. 航空輸送	単一欧州航空構築
サービス	EU標準システム更新	4. エネルギー	単一エネルギー市場
ネットワーク	エネルギー・輸送インフラの完成	市民と企業の国境をまたぐ移動	
デジタル単一市場	e署名, e認証, e証明書	5. 市民の移動	EURESポータル
社会的企業	社会投資ファンド展開	6. 金融アクセス	長期投資ファンド利用
課税	エネルギー課税や制度改革	7. ビジネス環境	再起可能な倒産ルール
社会的格差の是正	配属労働者の権利	デジタル単一市場の支援	
ビジネス環境	会計基準の統一, 金融報告簡易化	8. サービス	オンライン支払い簡易化
公共調達	電子化など方式の改善	9. デジタル単一市場	高速通信インフラ強化
		10. 公共調達	電子インボイス
		社会的企業・格差是正・消費者の信頼強化	
		11. 消費者	製品の安全性
（出所）　欧州委員会資料。		12. 社会的企業	すべての人に銀行口座

分野を12のレバーに絞り込んで，各分野1つずつの立法提案を行うことにした。その大項目のみを示しておこう（表2-4）。交通ネットワーク（とりわけ東欧において），エネルギー単一市場，デジタル単一市場，そして地域的・階層的な格差是正・消費者の信頼強化，などである。その多くは長期の統合プロセスを必要とするため，今日も単一市場強化の項目として生きている。

そのうちの**単一欧州特許制度**は，30 年以上もの努力の結果，2012 年 6 月と 12 月に統一特許裁判所のパリ設置を含めて採択され，14 年に最初の統一特許が実現した。企業や個人は英独仏いずれかの言語で特許を申請できる。特許をめぐる紛争も一律に裁判処理される。特許申請のコストは従来の 3 万 6000 ユーロから 5000 ユーロに下がった（アメリカは 2000 ユーロ）。

　世界の特許件数は近年増大しており，ヨーロッパも増えてはいるが，中国の伸びが圧倒的である。2018 年の世界の特許件数は 333 万件（中国 154 万，アメリカ 60 万，日本 31 万，韓国 21 万，ヨーロッパ 17 万の順）である。

　上述した『モンティ報告』の提言，「単一市場行動 I・II」に含まれる課題の多くはインフラ構築と政策統一などを必要とし，完成までに多大の時間を要する。それでも，単一特許制度に加えて，ユーロ建て EU 債の発行による国債市場の統合は，2021 年に着手されたグリーン復興で約 100 兆円のユーロ債を欧州委員会が発行する形で具体化へ進んだ（第 5 章参照）。また，DSM 統合は 2015 年に着手され，今日に引き継がれている。

「デジタル単一市場」（DSM）に向けて

デジタル分野で単一市場における自由移動の恩恵を企業と消費者の双方が等しく受けることができるように，ユンケル欧州委員長（当時）は 2015 年に「DSM 戦略」を打ち出した。

　当時 EU 28 カ国のデジタル市場はアメリカの巨大企業（GAFA と呼ばれるアルファベット〔旧グーグル〕・アップル・メタ〔旧フェイスブック〕・アマゾンなど）が 54 ％，EU 加盟国国内企業が 42 ％を占め，EU 加盟国間の越境企業のシェアはわずか 4 ％で，デジタル単一市場からほど遠い状況だった。国別格差も大きかった。国ごとのデジタル化対応度を示す「デジタル経済社会指標」（DESI）では，北欧 3 カ国とベネルクス 3 国が高く，中・東欧諸国とギリシャは大きく

立ち遅れていた。ドイツは財政黒字にこだわってインフラ投資に消極的だったため11位でアイルランドやエストニアより低く，フランスは16位と中・東欧に近かった。DESIは，①ブロードバンドの整備度，②デジタル人材，③市民レベルのインターネット普及度，④企業のデジタル技術利用度，⑤デジタル公共サービス，の5指標を総合して国の「デジタル度」を測る。

　DSM戦略はこのようなEUのデジタル状況の是正を目指し，3つの柱を立てた。①EU全域での商品やサービスへのオンラインアクセス向上，②高度なデジタル・ネットワークやサービスのための環境づくり，③デジタル経済・社会の潜在力の最大化。

　これら3つの柱の下に合計16項目の具体策を並べた。ネットショッピングやコンテンツ配信サービスに関するルールの統一，加盟国のデジタル度の格差の是正，GAFAなどによる市場支配を打破し公平・公正な競争環境の整備，電子政府に関する行動計画，などである。計画通りに進めば，年間4150億ユーロの経済効果が生まれ，累計380万人の雇用創出をもたらすとされている。

　DSMを打ち出した2年後の2017年5月，欧州委員会はDSM構築の取り組みの中間報告を行い，EUのデータ市場の成長は，16年から20年までに，デジタル製品・サービス市場で1.8倍の1068億ユーロ，データ企業数は1.4倍の約36万社，データ労働者は1.7倍の1043万人へ，EU経済の平均成長をはるかに凌ぐ成長をみせると展望した。データ経済は予測のつかない将来の産業であり，その分野を発展させない限り，中国とアメリカに伍してヨーロッパが発展する道はないと見切ったのである。DSM計画は多方面に展開して2020年代に向かうのであるが，EUの課題はデジタル単一市場を基礎にしつつ，それを超えてデジタル経済・データ経済の時代にどう対応するかという方向に向かっていった。この点は，第5章に引き継ぐことにしよう。

1　関税同盟とは何か。また関税同盟の貿易創出効果，貿易転換効果
　　とは何を意味するのか述べてみよう。

2　EU の経済統合の利益は国際寡占競争と切り離すことができない。
　　関税同盟形成段階，市場統合段階に分けて，国際寡占競争の展開を
　　説明してみよう。

3　市場統合において非関税障壁はどのように撤廃されたか。3 種の
　　障壁に分けて説明してみよう。

4　地域経済統合による域内貿易の発展パターンを 20 世紀 EU に即
　　して説明してみよう。

5　閣僚理事会における全会一致制と特定多数決制の違いを単一市場
　　形成に関して説明してみよう。

6　中・東欧諸国の単一市場参加が EU 15 と中・東欧にもたらした
　　ポジティブとネガティブ双方の効果について説明してみよう。

7　日本政府のデジタル公共サービス対応の立ち遅れは新型コロナ禍
　　対応で暴露された。デジタル経済社会指標（DESI）を念頭に日本
　　のデジタル化への対応を調べ，国際比較してみよう。

■　■　■　**参 考 文 献**　■　■　■　■　■　■　■　■　■　■　■

岩田健治［1996］『欧州の金融統合──EEC から域内市場完成まで』
　日本経済評論社

ジェトロ［2017］「特別リポート　EU デジタル単一市場」『ジェトロ
　センサー』10 月号，所収

田中素香［1991］『EC 統合の新展開と欧州再編成』東洋経済新報社

田中素香［2007］『拡大するユーロ経済圏──その強さとひずみを検
　証する』日本経済新聞出版社

チェッキーニ，P.（田中素香訳）［1988］『EC 市場統合・1992 年──
　域内市場完成の利益』（『チェッキーニ報告』）東洋経済新報社

中村雅秀［2021］『タックス・ヘイヴンの経済学──グローバリズム
　と租税国家の危機』京都大学学術出版会

ペルクマンス，J.（田中素香訳）［2004］『EU 経済統合──深化と拡

大の総合分析』文眞堂

盛田常夫［2020］『体制転換の政治経済社会学――中・東欧 30 年の社
会変動を解明する』日本評論社

第3章

EU の共通政策と EU 財政

共通の制度・政策をつくり大市場を管理する

European economy

●本章のサマリー

　EU 統合の独自性の 1 つは，積極的統合，すなわち共同の制度・共通政策の形成にある。

　共通農業政策は 1960 年代末に農産物の域内自由移動を実現し，経済統合のあり方にも大きな影響を与えた。90 年代以降に大改革され，大農経営の競争力を活用するとともに，環境重視，農村開発重視，グリーン農業など，新しい政策を展開している。

　共通通商政策は EU に GATT / WTO での交渉権限を与えた。EU はまた周辺諸国や開発途上国と 1960 年代から特恵的な独自の通商協定を結び，圧倒的なアメリカの影響力に対抗してきた。ロメ協定はとくに注目されたが，成果は結局乏しかった。

　21 世紀に入ると新興国の交渉力が強まり WTO 交渉は進まなくなった。EU は FTA 方式による新通商戦略を全世界で進めている。トランプ米政権の保護主義に対抗して 2019 年日 EU・EPA が発効した。中国との貿易・直接投資をめぐる通商政策の発展は顕著だが，国家資本主義との対立も近年厳しさを増している。

　競争政策は単一市場から独占を排除して競争を機能させるために不可欠であるが，今日，アメリカ大手 IT 企業の脱税などに対抗している。これら共通政策とそれらをファイナンスする EU 財政について説明しよう。

KEY WORDS

本章で学ぶキーワード

共通農業政策　過剰生産　1992 年 CAP 改革　農村振興
グリーン農業　共通通商政策　ロメ協定　新通商戦略　メ
ガ FTA　米欧貿易戦争　日 EU・EPA　EU 競争法　GAFA
独自財源　EU 財政　GATT/WTO　構造基金　MFF

1 共通農業政策
●大農場依存と環境重視・農村開発の併存へ

共通農業政策の意義

共通農業政策（Common Agricultural Policy：
CAP）は，石炭・鉄鋼部門に次いで古い
EU の共通政策である。EU の農業や世界の農業政策，通商政策に
大きな影響を及ぼした。

1960 年代末，当時の EC 6 の農業市場政策の執行権限は完全に
EC に委譲され，小麦など重要品目については毎年の統一価格の決
定，最低価格（「支持価格」）以下への価格下落を防ぐための市場介
入（価値支持），輸出補助金の拠出，農民への所得移転など，不断
に EC の活動と資金が要求された。CAP 融資のために EC 財政が生
まれ，EC 財政を監視する欧州議会の権限が拡張するなど，CAP は
EU 統合を促進したので，1970 年代まで「欧州統合の要」と評され
た。農業主導の経済統合は世界的にも珍しい。

だが，1980 年代から慢性的な**過剰生産**と政策維持のコスト増大，
世界の農業国（アメリカ，カナダ，オーストラリア，アルゼンチンな
ど）との対立が生じて，90 年代に CAP の大改革が WTO（世界貿易
機関）のルールに沿って動きはじめた。生産の多くを大農場に委ね
る一方で，農民への直接所得保証，農村振興，環境重視の農業政策
などが重視されるようになった。

農業共同市場の統一価
格システムと保護シス
テム

EEC 条約では，CAP は「平均的農家」（家
族経営）に「公正な生活水準」を保証する
という社会政策的な要素と，「供給安定と
生産性向上をはかり消費者に妥当な価格で農産物を提供する」とい
う産業政策的要素の双方を目的とした。家族経営の農民の生活保障
が重視され，農産物の EC 支持価格は毎年高めに設定された。生産
を拡大すると収入が増える制度なので，生産額は年々上昇した。

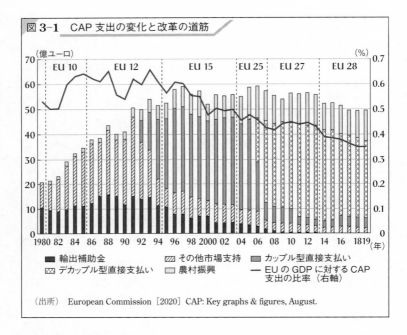

図3-1 CAP支出の変化と改革の道筋

| | 輸出補助金 | その他市場支持 | カップル型直接支払い |
| デカップル型直接支払い | 農村振興 | EUのGDPに対するCAP支出の比率（右軸）|

（出所）　European Commission［2020］CAP: Key graphs & figures, August.

ECの価格は世界市場価格より高く，過剰生産になると，輸出補助金を付けてEC外に輸出された。保護主義農政であった。

　大規模生産する大経営は単位コストが低い。巨大な利潤を得て生産を拡大し，1990年代初めには農業生産物の80％は800万経営のうちの約5分の1の大規模経営によって供給されるようになった。家族経営（農家）保護を目標に出発したCAPは，大農主導の農業を生み出した。「EU農業の変質」である。

　農産物は需要の所得弾力性が低いので，1970年代に乳製品，80年代に穀物，牛肉，砂糖，ワイン，果物など主要農産物が過剰生産となり，EU予算の60％以上が投入された。過剰農産物の買い上げ費用・貯蔵費用，輸出補助金からなる「市場支持」の費用を，輸出補助金，「その他市場支持」に分けて図示すると，90年代半ばにかけて急上昇している（図3-1）。

1980年代に，EUはアメリカに次ぐ世界第2位の農産物輸出国となり，CAP批判が強まった。域内では，EU予算を経済成長や国際競争力の引き上げに振り向けるべきだという声が高まった。輸出補助金により過剰農産物を世界市場へ吐き出すので，86年開始のGATTウルグアイ・ラウンド（UR）においてアメリカをはじめ多くの国から厳しく批判された。これらの批判にEUも対応せざるをえなかった。

1990年代からのCAP改革

ECは1992年CAP改革に合意した。要点は次の通りである。①支持価格の劇的な引き下げ——穀物（30％引き下げ），牛肉，牛乳など。②所得補償——価格低下による農家の実質所得減少を，過去の面積当たり収量実績値などに固定して農家に直接支払い。③セット・アサイド（set aside）——所得補償を受けるには15％の休耕など生産削減措置が必要（20ha未満の小規模生産者には免除）。④環境保全型農業の促進——肉牛部門の粗放化や山間地農業に補助を行い，生産抑制と生態系維持や水質保全を両立させる（「持続型農業」）。

1992年改革のポイントは価格支持から直接所得補償へのシフトである。支持価格は効率的な大経営の生産価格が基準とされ，農家の単位当たり所得は市場価格に直接所得補償（「直接支払い」）が上乗せされる（図3-2参照）。小麦価格は95年に世界市場価格に近づき，輸出補助金は削減へ向かい，直接支払いが急増した（図3-1の「カップル型直接支払い」）。

こうしてEUは1992年11月にアメリカと合意，93年GATT・URは7年半の交渉の末に終結した。GATT・URは農業保護主義を是正する方策として，関税化措置を打ち出した。さまざまな農産物輸入保護措置を関税率に換算し，その関税率を毎年引き下げることによって，農業保護を引き下げる効果的な措置であった。95年にGATTはWTOへと発展し，EUはWTOルールに忠実にCAPを運

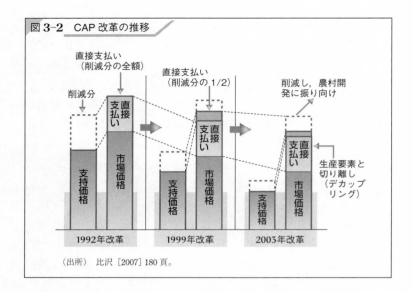

図3-2　CAP 改革の推移

削減分

直接支払い
（削減分の全額）

直接支払い
（削減分の1/2）

削減し，農村開
発に振り向け

直接
支払い

支持
価格

市場
価格

直接
支払い

支持
価格

市場
価格

直接
支払い

支持
価格

市場
価格

生産要素と
切り離し
（デカップ
リング）

1992年改革　　　　1999年改革　　　　2003年改革

（出所）　比沢［2007］180頁。

営していった。

　だが，農村の過疎化・高齢化などが顕著だった。EC 6カ国（原加盟国）で農業は 1958 年総労働人口の約 23 ％を占めたが，第 2 次・第 3 次産業への労働力移動などにより世紀末には 5 ％に低下した。

　1990 年代から EU は農村振興（rural development）という農村地域の活性化を目指す新政策に着手した。農村が国レベル・EU レベルで連携し，EU の地域政策・社会政策などと協力しつつ，農村の「生活の質」の改善を目指す。農村ツーリズムの振興，環境保護農業，若手農業者の起業支援などをパイロット事業として推進し，21世紀には農村振興を CAP の「第 2 の柱」として発展させた。

21 世紀初頭の EU 拡大
などに関わる CAP 改革

WTO ルールに準拠するために，また新規に加盟する中・東欧諸国の農業との競争を前にして，EU 15 では一段の農産物価格の引き下げが必要となり，1999 年と 2003 年に CAP 改革を実施した。99 年の改革は穀物（2 年間で 15 ％），牛肉，乳製品などの支持価格

引き下げに合意し，支持価格引き下げの半分が直接支払いに追加された。03年開始の第3次改革は広範かつ徹底的であった。要点は，①直接支払い（補助金）全体を生産額から切り離し（デカップリング：decoupling）過去の支払い実績などを基準とし，品目によらない単一の支払制度とする（05年から実施），②米，酪農品などの支持価格を引き下げ，その一部のみ直接支払いに追加し，他の部分は農村振興に振り向ける。92年改革では支持価格引き下げによって節約される予算（図3-2の「削減分」）をすべて直接支払いにまわしたが，99年改革では削減分の2分の1だけ，03年改革ではさらに引き下げ，大部分を農村振興に振り向けた（図3-2）。

それまで CAP 支出のすべてを担ってきた農業指導保証基金（EAGGF）は2007年，「第1の柱」（市場支持と直接支払い）を担う欧州農業保証基金（EAGF）と「第2の柱」を担う農村開発基金（EAFRD）とに分かれた。農業構造政策は20世紀 CAP の下で加盟国が担ってきたが，「第2の柱」でも加盟国の資金負担・行政的負担が大きい。

一連の CAP 改革によって支出の構成も激変した（図3-1）。2010年代には農産物価格は世界市場価格並みとなり，EU レベルの輸出補助金は姿を消した。1991年には輸出補助金と市場支持の2項目で支出の90％超であったが，13年には5％へ激減した。代わって直接支払いが主要項目となり，13年にはその94％がデカップル型になった（図3-1）。カップル型は WTO で「貿易歪曲的」とみなされやすい。17年の EU 農業所得の46％は直接支払いによる（平均値）。農産物は価格変動が大きいので，デカップル型の直接支払いは所得を安定させる意義もある。直接支払いには受給資格があり，環境保全や動物福祉への対応がないと直接支払いを受け取ることができない。

2013年 CAP 改革は，直接支払制度を見直して，基礎支払いとグリーニング（greening）支払いなどの各種目支払いに再編した。各

国の直接支払い予算の3割をグリーニング支払いに配分し，農家が受給するには環境要件（環境重点用地の設定，永年草地維持など）の遵守が義務づけられた。

EUもアメリカも，農業保護を価格支持から農民への直接支払いに転換した。GDPや雇用に占める農業のシェアが低下したので，直接支払いによって消費者の負担を軽減できる。日本は高率の農産物関税（価格支持）で保護しており，消費者の負担が大きい。

中・東欧諸国のCAPへの参加

中・東欧諸国の2004年EU加盟によってEUの耕地は25％，農業人口は50％以上増加したが，中・東欧農業は労働生産性，土地生産性ともに低く，大部分の農産物について生産は約10％程度増加したにすぎない。GDPに占める農業のシェアは新加盟10カ国平均で05年には2.2％（EU15は1.3％），農業の資本蓄積が低位で，肥料・農薬・機械設備の利用度も低かった。EU加盟後，国外移民や都市への移動により農業労働者数は急激に減少した。

中・東欧は国により農業構造が大きく違う。就業人口に占める農業のシェアはポーランド，リトアニア，ラトビアで10％超（シェア的には1990年代初めのギリシャ，ポルトガル並み），生存水準の農家も多い。他方，スロバキアとチェコはEU15平均に近い。チェコは100ha以上の大規模農場が多く，経営当たりの耕地面積はEU第1位である。ハンガリーやポーランドでは，農場，雇用とも中小農場のシェアが圧倒的である。体制転換期に，ルーマニアなどでは社会主義国有化以前の旧所有者（地主）に土地が返還されるなど農地所有の分散が生じ，構造改革の障害となっている。食品加工産業も小規模工場が多く，企業の平均収入もきわめて低い。農産物の品質が悪く，EU15への輸出は低価格のわりに伸びない。

2004年新規加盟国の農家へのEU直接支払いは，所得格差を考慮して，EU15水準の25％から始めて漸増し，13年に100％水準（旧加盟国農民と同水準）となった。EUからの受け取りによって農

業所得は上昇した。意欲的な農業経営は発展しているが、課題も多い。都市への労働者の移転や外国直接投資（FDI）流入による農業近代化も必要である（バルト3国やポーランドのケース）。中・東欧の農民は、西欧農業との競争を恐れて、EU加盟に反対だったが、加盟後に所得上昇や農村振興策などの恩恵を受けた。だが、競争激化・構造改革強化への批判も根強く、ハンガリーやポーランドなどでは反EU政権（2010年代）の支持基盤となっている。

CAPの現状と評価、展望

このように、農業事情も国により違いが大きく、加盟国への権限委譲が進んでいる。

2016年にはEU 28の農業従事者数は約2200万人（林業・食品加工・小売り・サービスを加えると4400万の雇用）、総雇用数の4.2％だが、ギリシャとポーランドでは約10％、ルーマニアは23％、ブルガリア18％と非常に高い。ルーマニアの1経営当たりの平均産出高はブルガリアの5分の1、EU平均の約10分の1、オランダの100分の1以下である。

このような国別格差に加えて、高齢化問題もある。EUの農業従事者で35歳以下は6％、55〜64歳が24％、65歳以上は31％である。若い農業従事者の補充が課題である。

EUの農産物の生産額は2017年に3663億ユーロ（GDPの1.2％）、穀物・野菜・果物・ワインなど作物系が57％、ミルク系・卵・肉類が43％である。国別シェアは、フランス、イタリア、スペイン、ドイツの順で、これら4大国合計で54％を占める。

EUは世界最大の農産物・同加工品輸出「国」で、輸出は増大トレンドにある。2010年代の貿易収支は黒字の年が多く、18年にはEUの総輸出の7％（1373億ユーロ）、総輸入の6％弱（1164億ユーロ）を占める。主要輸出品はワイン、アルコール飲料、小麦、豚肉、チーズなど、主要輸入品はコーヒー豆、油かす、大豆、ココア豆、パーム油などで、輸入は加工原料、輸出は加工品で、付加価値が大きい。2020年、EU 27の域外輸出は1843億ユーロ、輸入は1222

億ユーロである。主要な輸出先はイギリス（構成比23％），アメリカ（12％），中国（10％）の順で，中国が大きく伸びている。輸入はイギリス（13％），ブラジル（9％），アメリカ（8％）の順である。

2014〜20年のEU中期財政枠組み（MFF）に合わせたCAPの3つの主要目的は，①安全な食料を十分に供給できる競争力のある農業生産，②環境を守り地球温暖化を緩和する農業，③活力ある農村コミュニティを維持するための地域での雇用創出，農村の多様性の維持，であった。1960年代以来の産業政策的・社会政策的な目的に環境政策（「グリーン農業」）を追加した。7年間の支出総額は3628億ユーロ（11年価格。130円換算で47兆円）で，うち2779億ユーロ（77％）が第1の柱（直接支払いと市場関連の支出），849億ユーロ（23％）が第2の柱（**農村振興**）に充当されている。

今日では「農民だけでなく社会全体のための農業」が課題とされて，環境保全や農村振興に大きな注意が向けられている。とはいえ，FAO（国連食糧農業機関）は地球人口増大や経済発展により2050年までに世界の食糧需要は70％増大すると予想していて，農業生産力の発展は依然重要である。北欧から南欧まで農業も多様であり，第2の柱には加盟国それぞれの裁量的な支出を見込む。EUレベルと加盟国・地域レベルを有機的に結びつけようとしている。

2021年から27年のMFFに合わせたCAPの方針は，21年6月のEU理事会（閣僚理事会）と欧州議会の間で基本合意に達した。EU予算のほぼ3分の1を占める総額3870億ユーロを支出する。最大の特徴は欧州グリーン・ディールの目標達成に貢献する「グリーン農業」の推進である。農業分野からEUの温暖化ガス排出量の10％以上が出るので，農業の温暖化対策は避けて通れない。新制度「エコスキーム」の採用を加盟国に義務づけ，積極的に環境対策に取り組む農家への支援を拡充する。そのほか，小規模農家や若者への支援の拡充，有機農業や農薬使用削減の推進などを決めた。

だが，従来型のCAPから潤沢な支援を得てきた農業団体の主張

を代弁するフランス，イタリアなど農業国は環境対応に消極的で，自国の農業団体に配慮し改革が骨抜きにならないかと懸念の声もある。

2 通 商 政 策
●FTA 政策・ブレグジット・中国への対応

共通通商政策の成立　EEC 条約（1958 年発効）は「第三国に対する共通通商政策の設定」を掲げ，第 113 条で「共通通商政策は，関税率の修正，他国との関税協定や通商協定の締結，自由化措置，輸出政策，ダンピング，補助金などに関して，一律の原則に基づく」と規定していた。GATT ラウンド交渉では EEC が加盟国を代表して交渉を担当した。他方，同条約第 115 条は加盟国の数量制限を認めていたので，日本の自動車輸出に対して南欧諸国やフランスが国ごとに厳しい数量制限を導入するなど，「一律の原則」は守られなかった。単一市場に反する第 115 条は 1994 年の規則改正で削除され，通商政策手段はほとんど EU レベルで行使されるようになった（表 3-1）。

　フランスを先頭に南欧諸国は伝統的に保護主義的傾向が強く，イギリス，オランダ，ドイツなどが自由貿易主義勢力であった。だが，単一市場統合と GATT・UR の自由化措置の影響もあって，1990 年代に EU では自由貿易主義が強まり，WTO でも自由貿易推進のスタンスを強めた。それまで日本に向けられていたアンチ・ダンピング（AD）措置は中国やインドなど新興国の工業品（化学品，鉄鋼，ソーラーパネル，電子製品など）に向かった。

　農産物を含めた全貿易品に対する EU の単純平均の関税率（MFN〔Most-Favored Nation：最恵国〕関税率）は，GATT・UR を受けて，1995 年の 9.6 ％から 2009 年の 6.7 ％，19 年には 6.3 ％に低下した。関税化された農産物の関税率はおしなべて高いが（図 3-3），工業

表 3-1　財市場における EU 貿易政策の手段

手　段	構成国／EU	備　考
関　税	EU 権限	GATT に拘束される，および自律的
特恵関税（または関税割当）	EU 権限	低関税割当を超えると MFN 関税
輸入数量制限	EU 権限	UR 以後ほとんど残存せず（大部分は農業と漁業）
VERs（輸出自主規制）	双方	WTO において 1999 年以前に撤廃（自動車は 99 年）
アンチ・ダンピング税	EU 権限	最大限 5 年間（見直し可能）
価格アンダーテイキング	EU 権限	EU 域内最低価格を設定
規制による障壁	大部分 EU，一部構成国	大部分が技術的
輸出補助金	EU 権限	農業のみ
国内補助金	双方	EU ルールと WTO ルール適用
ライセンス（自動的）	構成国権限	単一市場全体に対して，厳格な EU ルール

（出所）　Pelkmans, J. [2001] p. 271（邦訳，463 頁）を修正。

品など非農産物の MFN 関税率（単純平均）は 19 年に 4.2 %，平均関税率が高い品目は，繊維，衣類，履物など労働集約的製品である。なお，MFN 関税率は一般の WTO 加盟国に適用される。EU は今日多くの FTA（自由貿易協定）を結んでいるが，そこでは，一般にMFN 関税より低い税率が適用されている。

　GATT・UR は，多国間主義的な通商ルールをサービス，投資，知的財産権などへ拡大したが，21 世紀初頭のドーハ開発ラウンドは頓挫した。新加盟の中国をはじめ新興大国の主張が強まり，先進諸国と協調がとれなくなったのである。EU は 2006 年に新通商政策を打ち出し，新興国との FTA 締結を目標に掲げ，さらに 10 年の新々通商政策で FTA の対象国を日米など先進国に広げた。

　EU が多くの国と多くの分野を含めた包括的な FTA を結ぶようになったので，各分野の権限を EU と加盟国のいずれが保有するかという問題が生じた。2009 年発効のリスボン条約第 207 条 1 項は，「共通通商政策は，関税率の変更，財とサービスの貿易に関する関

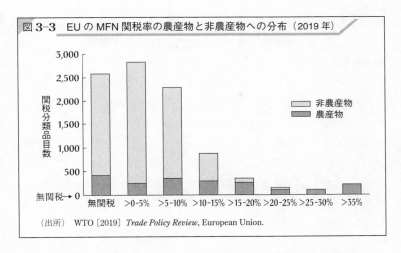

図3-3 EUのMFN関税率の農産物と非農産物への分布（2019年）

関税分類品目数

3,000
2,500
2,000
1,500
1,000
500
無関税→ 0

凡例：非農産物、農産物

無関税　>0-5%　>5-10%　>10-15%　>15-20%　>20-25%　>25-30%　>35%

（出所）　WTO［2019］*Trade Policy Review*, European Union.

税及び貿易協定の締結，知的財産権の通商的側面，外国直接投資，自由化措置の一貫性の達成，輸出政策，ならびにダンピングまたは補助金の場合にとられるような貿易保護措置に関して一律の原則に基づく」と定めた。EEC条約第113条と比較すると，共通通商政策の範囲が広がったことがわかる。第207条1項の項目はEUの「排他的権限」に属し，EU理事会と欧州議会により共同決定される（FTA協定は発効する）。

　他方，第207条4項により，サービス貿易や知的財産権の一部に加盟国が権限をもつ領域があり，理事会の決定は全会一致と定めている。EUと加盟国の「共有権限」分野である。この分野の貿易協定は加盟国議会の批准を必要とする。そのためEUカナダFTA（包括的経済貿易協定：CETA）の成立が危機に瀕した。CETAは2009年に交渉開始，14年9月に合意した，自由化レベルの高いFTA協定である。16年の批准プロセスでワロン地方（ベルギー）議会により批准を拒否された。ワロン地方の人口はEUの1％以下だが，ベルギー憲法は批准に5つの地方議会の賛成が必要と定める（当時EUでは28カ国38議会の承認が必要）。ワロン地方議会は結局説得を

受け入れ，条件付きで批准したので，16年11月調印にこぎつけたが，ワロン議会の条件を満たすまで協定の一部は機能できない（排他的権限，共有権限は第1章表1-3参照）。

　この件について判断を求められたEU司法裁判所は2017年5月，①直接投資以外の投資（証券投資や銀行資金の貸借など），②投資家・政府間の紛争調停（Investor-State Dispute Settlement：ISDS）の2点にEUは排他的権限をもたない，と判決した。これにより，FTA協定は①②を除きEUのみ（閣僚理事会と欧州議会）の承認により発効するが，①②の部分は加盟国議会（憲法に定める場合は地方議会を含めて）の批准後に発効，と2段階になる。日EU・EPA（19年発効）では①②を協定から外した。

ロメ協定の挫折

EUの広義の通商政策には7つのタイプが認められる（表3-2）。本項では表3-2の3と4を取り上げる。EEC条約第4部「海外の国および領域との連合（association）」にいう「連合」とは，フランスなどの旧植民地・勢力圏諸国に対する特別の関係を認めたものである。連合関係に入ると，EECは特恵貿易，金融・技術援助などによって経済発展を支援する。その見返りに，連合の相手国はEEC諸国に輸入原料，輸出市場を確保する。フランスはEECにEDF（欧州開発基金）を創設し，他の加盟国が援助費用を分担する見返りに，独立後の植民地・海外領土市場を開放した。

　ECは，アフリカの旧植民地諸国（フランス植民地を中心に18カ国）との間にヤウンデ協定（第1次：1964〜69年，第2次：71〜75年），また地中海諸国との間でも，1960年代末から70年代半ばにかけて，次々に連合協定を締結した。イギリスの加盟後には，アジアを除くイギリスの旧植民地諸国を連合協定に加えてヤウンデ協定をACP（African, Caribbean, Pacific）46カ国とのロメ協定へ発展させた（75年）。

　EUの輸入では，FTAを結んだEFTA（欧州自由貿易連合）を頂点に，トルコ，ACP，地中海諸国，その他開発途上国の順に優遇的地

表3-2　EUの広義の通商政策（他の諸政策のための通商政策）

	政　策	主要な手段	目　的
1	狭義の通商政策	関税，輸入数量制限，輸出自主規制	市場アクセス，自由貿易，調整の遅延
2	共通農業政策	可変課徴金（現在は非合法），従量税，輸出補助金，一時的関税	EUの農民への価格と所得の補償，供給の保障
3	非構成国との経済統合	自由貿易地域または関税同盟（若干の国に対して「連合」）	特恵主義，または将来のEU加盟
4	開発政策	特恵関税，関税割当，関税・輸入制限の除去（一方的GSP，特別特恵）	受益国の輸出促進（援助としての貿易）
5	競争政策	アンチ・ダンピング税，相殺関税，独占協定に対する競争政策	独占価格の談合・国家援助への対抗，競争による規律
6	産業政策	輸出自主規制，アンチ・ダンピング税，補助金，ある種の公共調達	部門・企業の国際競争力，新製品開発，生産能力目標
7	外交政策	通商停止，ボイコット等	人権，戦争，国連決議

（注）　GSP：一般特恵制度（Generalized System of Preferences）。
（出所）　Pelkmans, J.［2001］p. 272（邦訳，464頁）を修正。

位が与えられ，「ECの特恵ピラミッド」と呼ばれた。1980年代にGATT条件＝最恵国（MFN）待遇でEUに輸出したのは，アメリカなど数カ国だった（日本には自動車輸入数量制限，99年撤廃）。

ロメ協定は「新しいパートナーシップ」として開発途上国から高く評価された。ECの一方的特恵の供与，EDFによる金融・技術援助，工業化支援，途上国の輸出所得安定化制度（STABEX）などを備え，「貿易を通じた経済成長」を目指す途上国の要求に応えていたからである。ロメ協定は5年ごとに更改され，第4次協定のみ10年間，2000年2月の失効まで続いた。第4次協定参加国は70カ国に増えており，EUの外交政策としては成果だが，ACP諸国がEUの貿易に占めるシェアは低下した。

ロメ協定と同じ期間に，アジア・ダイナミック経済（DAE）6カ国（香港，韓国，マレーシア，シンガポール，タイ，台湾）は，EU 15

の貿易に占めるシェアが輸出入ともに倍増し，対中国では輸出シェア3倍，輸入シェア10倍弱となった。EUの輸入優遇度の低い一般特恵制度（GSP）を適用されていた東アジア新興国の工業の発展が，EUの対ACP輸入優遇措置を圧倒したのである。

EUはロメ協定を第4次で終結させ，2000年に77のACP諸国とコトヌー協定に調印し（コトヌーはベナン共和国の首都），03年4月に発効した。この協定は08年以降ACP特恵を廃止，途上国向けのGSPを適用し，旧植民地諸国の特別扱いを止めた。後発開発途上国（Least Developed Countries：LDC）に対してEUは，原則として，EBAスキーム（Everything But Arms：武器以外の全品目に無関税輸入を認める制度）により優遇措置を続けている。カンボジアのフン・セン政権が野党弾圧など人権問題を起こし，EUの警告を聞き入れなかったので，20年8月に制裁を発動し，主要輸出品の医療品や旅行用品などへの優遇措置を停止した。ところが中国はカンボジアを支援し，さらに急遽FTA交渉を取りまとめた。22年1月に発効する。「人権より従属国づくり」という中国の外交方針が読み取れる。

なお，77のACP諸国は2020年4月ACP諸国機構（OACPS）に改組し，EUと交渉して，コトヌー協定を継承する連携協定に21年4月に合意した。批准されれば次の20年間有効である。EUとOACPSとの間で，民主主義，人権，気候変動対応などで協力を進める。通商ルールはWTO協定に従うとしている。

21世紀世界貿易の新トレンド

現段階の世界貿易は生産グローバル化の影響を大きく受けている。先進国と一部の新興国の企業は諸外国に子会社や支社を置き，自国で基幹部品を生産し，A国の工場に移して加工し，さらにB国・C国に送って完成品として全世界に輸出するというように，生産工程が多数国にまたがる。研究・開発，製造，販売・アフターサービスという企業の「バリュー・チェーン」（value chain：価値連鎖）

のプロセスがグローバルに配置される（global value chain：GVC）。したがって1企業の内部で国際貿易が行われ（企業内国際貿易），また外国現地の企業との複雑なネットワークになることもある。サービス業では，アメリカの大手IT企業がソフト開発能力の高いインドに子会社を置くなどは古いパターンである。フィリピンやインドのコールセンターがニューヨークの街路案内を担当するケースはつとに有名だが，先進国企業は，新興国の医師，公認会計士，弁護士，エンジニア，ジャーナリストなどと契約を結び，先進国の10分の1ほどの給与で仕事をさせて，利潤率を高める。アメリカの医師が撮影したレントゲン写真をインターネットでアジアの新興国に送り，現地の医師がアメリカの夜の間に診査をして，翌朝にはアメリカに診査結果報告が到着している，というようなケースもある。

　製造業，サービス業にかかわらず，企業は海外の低労賃国に生産設備や部門を移転し，GVC全体を効率よく運営しなければならない。そのために，外部の専門企業に部品生産やその他の業務を委託して外部調達（outsourcing：アウトソーシング）やオフショアリング（外国での生産や業務）を行う。このように企業によるグローバル生産ネットワークが形成されている。

　たとえば，日本の大手の自動車部品生産企業は部品や中間財を日本から輸出して中国やASEAN（東南アジア諸国連合）諸国に立地する子会社（を中核とする企業グループ）で加工し，NAFTA（北米自由貿易協定）の優遇措置を受けるメキシコやEUと関税同盟を形成するトルコなどでさらに加工して，EU（チェコ，ポーランド，イギリス，フランスなど）やアメリカに立地するトヨタや日産など完成品メーカーに供給する。完成品メーカーはそれらの部品を用いて完成車を製造し，現地で販売あるいは輸出する。EU離脱以前のイギリスのトヨタ，日産の工場は完成車の80％ほどをEUに輸出していた。

　世界各地に進出する先進国の多国籍企業は効率的生産を求めて，国境を越えるバリュー・チェーンが一国内と同じように自由に，障

壁なしに行われるよう要望する。関税・非関税障壁（規制，工業規格，認証制度，税制など），環境保護，紛争処理など，あらゆる企業活動の障壁をできるだけ低減・除去し，自由な企業活動を保証するような通商協定を望むのである。

2002年に開始されたWTOドーハ開発ラウンドでは，米欧日など先進国側はそうした自国企業の要望を実現しようと「高度で包括的な（deep and comprehensive）通商の自由化」を要求したが，主要新興国（中国，インド，ロシア，ブラジルなど）は自由競争によって自国企業の立場が不利になるし，要求される高度の行政能力などにも不安があるため，共同して頑強に抵抗し，ドーハ開発ラウンドは2000年代半ばに中断，挫折した。

代替策は有志諸国による自由貿易協定（FTA）／経済連携協定（EPA）である。新興国にとって先進国の企業を自国に呼び込み，生産・雇用・輸出を一挙に実現できれば，手っ取り早い経済発展政策ではある。だが結果は必ずしも芳しいものではない。1994年にスタートしたアメリカ・カナダ・メキシコのNAFTA（北米FTA）により3カ国間の貿易は飛躍的に伸びたが，アメリカからメキシコに主食トウモロコシが自由輸出され，メキシコ農家は深刻な打撃を被り，経営破綻した農民は移民となってアメリカに大量流入した。メキシコの製造業は進出する日米欧企業に生産・雇用を依存して自国企業は期待通りには発展せず，メキシコは「中所得国の罠」に陥っている。先進国への飛躍は難しそうである。

他方，中国は政府が自由化を制限し，進出する先進国企業に中国企業との合弁や技術移転を強制し，自国の産業高度化に成功している。だがそれは，巨大市場と強大な国家をもつ中国（やインド）に可能であっても，他の新興国が追随できるわけではない。

EU の通商政策の転換　ドーハ開発ラウンドの事実上の中断を受けて，EU は 2006 年，**新通商戦略「グローバル・ヨーロッパ：国際競争への対応」**を採択した。要点は，①貿易

の伸びているアジア新興国を中心にFTA推進，②FTAでは非関税障壁（NTB）・サービス・投資・知的財産権・競争政策・持続可能な開発の重視，であった。だが，新興国は「高度で包括的な」自由化を受け入れず，成果はEU韓国FTAだけだった。EU韓国FTAは07年に交渉開始，10年調印，11年7月に発効した。韓国はEUの工業規格を受け入れるなど非関税障壁分野でEUに譲り，EU自動車業界などの反対を乗り越えた。両国の貿易は大きく伸び，EUはこのFTAを非常に高く評価した。

2010年，EUはリーマン危機後の不況を背景に再び通商戦略を転換した。①FTAの相手に先進国を加えて米日中露など戦略的パートナーとの通商関係を深化させる，②インドやメルコスール（南米南部共同市場）とのFTA締結，③開発途上国に対する特恵貿易新枠組みによる開発支援，などが柱であった。成功すれば，EUの対外貿易の約半分はFTAでカバーされ，EUの輸出に対する平均関税率は約半分の1.7％，EUの平均輸入関税率は1.3％になる（約5分の1の引き下げ）。

リーマン危機後に先進国は経済停滞に陥り，対抗策として，アメリカ・EUを中軸とする大規模なFTA（「メガFTA」）がテーマとなった。EUアメリカFTA（環大西洋貿易投資連携協定：ＴＴＩＰ）は2013年，米オバマ政権とEUが主導して開始された。また，環太平洋経済連携協定（TPP：Trans-Pacific Partnership）は2010年アメリカなどが交渉に参加し，日本も13年交渉参加を決めた。

TTIPはEU単一市場をモデルに大胆なFTAを目指したが，非関税障壁の撤廃，環境問題，投資家・政府間の紛争調停（ISDS）などで行き詰まった。農産物自由化ではホルモン肥育牛肉・遺伝子組み換え作物・塩素殺菌した鶏などの輸入をアメリカは要求し，EU側は反発した。アメリカの主張するISDSでは投資家の権利が民主主義で選ばれた政府より強いケースが多い，などを熟知しているEUの市民組織の反対運動も強まり，2016年に凍結状態となった。

TPP 交渉は米オバマ政権が推進したが，中国を意識していた。市場経済重視の先進的な通商ルールを確定し，国家資本主義・覇権国型の通商政策をとる中国を将来そのルールに従わせる戦略であった。2016 年 2 月に調印されたが，アメリカは米トランプ政権が就任直後の 17 年 1 月に離脱し，「メガ FTA」は大西洋・太平洋ともに破綻した。多国籍企業本位の自由化・グローバル化が進み，失業や没落を迫られた労働者や企業の反発が強まっていたのである。アメリカでは北東部の「ラストベルト（rust belt）」（さび付き工業地帯）の企業や労働者が自由化・グローバル化に反対し，保護主義者のトランプを大統領に押し上げた。グローバル化に転機が訪れていた。

TPP は日本が主導して 2018 年 12 月アメリカ抜きの TPP11（あるいは CPTPP）を発足させた。世界の GDP（国内総生産）の約 14 ％を占める。アメリカが主張した自由化条項の一部を封印し，11 カ国の結集に成功した。EU を離脱したイギリスが 21 年 2 月にCPTPP と加盟交渉に入った。アメリカのバイデン新政権は民主主義国の協調路線をとるが，所得格差問題・人種対立など国内の政策課題への対応に追われている。対立する共和党（トランプ前大統領の影響力が強い）と世論調査の支持率が拮抗しており，白人労働者の支持を考慮すると，TPP 復帰は難しい状況にある。

> ### 21 世紀の EU 貿易の発展

世界貿易（2019 年）では，米中 EU が圧倒的な「3 強」である（図3-4）。中国，EU 27 は貿易収支黒字，第 3 位のアメリカは貿易赤字が非常に大きい。続いて 5000 億ユーロ近傍に，日本，イギリス，香港，韓国，メキシコ，カナダ，インドと続く。世界輸出シェアでは中国が 15 年に 16.5 ％で 1 位に上昇，以後は 16 ％近傍で 1 位を維持しており，09 年の 12 ％・2 位から急上昇した。EU 27 は着実に輸出を伸ばし世界シェア 15 ％台の 2 位である。

EU 28 の財の輸出入（2018 年）を品目構成でみると，輸出では，製造品が 80 ％，内訳は化学品，輸送手段，非電気機械が上位 3 品

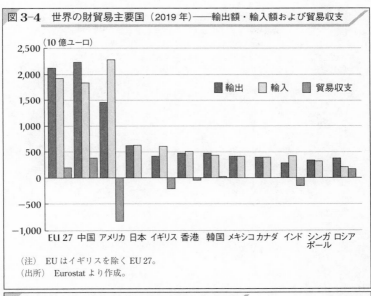

図 3–4　世界の財貿易主要国（2019 年）──輸出額・輸入額および貿易収支

（10 億ユーロ）

■ 輸出　□ 輸入　■ 貿易収支

EU 27　中国　アメリカ　日本　イギリス　香港　韓国　メキシコ　カナダ　インド　シンガ　ロシア
　　　　　　　　　　　　　　　　　　　　　　　　　　　　　　　　　　　　ポール

（注）　EU はイギリスを除く EU 27。
（出所）　Eurostat より作成。

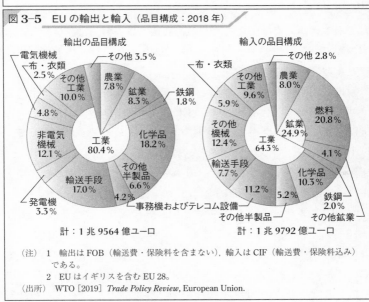

図 3–5　EU の輸出と輸入（品目構成：2018 年）

輸出の品目構成

電気機械
布・衣類
2.5 %
その他
工業
10.0 %
非電気
機械
12.1 %
輸送手段
17.0 %
発電機
3.3 %
その他
半製品
6.6 %
事務機およびテレコム設備
4.2 %
化学品
18.2 %
鉄鋼
1.8 %
鉱業
8.3 %
農業
7.8 %
その他 3.5 %
工業
80.4 %

計：1 兆 9564 億ユーロ

輸入の品目構成

布・衣類
その他
工業
9.6 %
その他
機械
12.4 %
輸送手段
7.7 %
その他半製品
5.2 %
事務機およびテレコム設備
11.2 %
鉄鋼
2.0 %
その他鉱業
化学品
10.3 %
4.1 %
鉱業
24.9 %
燃料
20.8 %
農業
8.0 %
その他 2.8 %
工業
64.3 %

計：1 兆 9792 億ユーロ

（注）　1　輸出は FOB（輸送費・保険料を含まない），輸入は CIF（輸送費・保険料込み）
　　　　　　である。
　　　　2　EU はイギリスを含む EU 28。
（出所）　WTO［2019］*Trade Policy Review*, European Union.

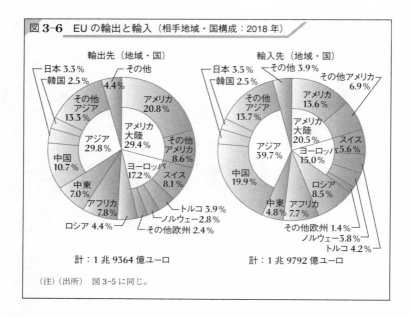

図3-6 EU の輸出と輸入（相手地域・国構成：2018 年）

輸出先（地域・国）

- 日本 3.3%
- 韓国 2.5%
- その他アジア 13.3%
- アジア 29.8%
- 中国 10.7%
- 中東 7.0%
- アフリカ 7.8%
- ロシア 4.4%
- その他欧州 2.4%
- ノルウェー2.8%
- トルコ 3.9%
- スイス 8.1%
- ヨーロッパ 17.2%
- その他アメリカ 8.6%
- アメリカ大陸 29.4%
- アメリカ 20.8%
- その他 4.4%

計：1 兆 9364 億ユーロ

輸入先（地域・国）

- 日本 3.5%
- 韓国 2.5%
- その他アジア 13.7%
- アジア 39.7%
- 中国 19.9%
- 中東 4.8%
- アフリカ 7.7%
- その他 3.9%
- その他アメリカ 6.9%
- アメリカ 13.6%
- アメリカ大陸 20.5%
- スイス 5.6%
- ヨーロッパ 15.0%
- ロシア 8.5%
- その他欧州 1.4%
- ノルウェー3.8%
- トルコ 4.2%

計：1 兆 9792 億ユーロ

（注）（出所）　図 3-5 に同じ。

目である。輸入では，燃料，その他機械，事務機およびテレコム設備の順である（図3-5）。輸出入共に 2015 年と品目・相手国構成はほとんど変わっていない。

　輸出の相手地域では，米州とアジアがともに約 30 %，中東・アフリカ・ロシアが合計約 20 %，EU 以外のヨーロッパが約 17 %，国別では，アメリカ約 21 %，中国約 11 %，スイス約 8 %の順で，以下，トルコ，ロシア，日本と続く（図3-6）。輸入先では中国が断然 1 位で約 20 %，2 位のアメリカが約 14 %，続いてロシア，トルコ，ノルウェーなど近隣諸国が続く。日本は 6 位である。

　中国，アメリカ，日本に対する EU 28 の輸出入の推移をみよう（図3-7）。日米から EU への輸出（図では EU の輸入）は 2001 年から 04 年にかけて減少したが，これは日米の企業が中国の WTO 加盟（01 年）頃から大規模に中国に進出し現地で加工して EU に輸出したからであろう。2000 年代に中国は「世界の工場」といわれる

ようになったが，その輸出金額の半分以上を外資が占めていた。今日，日本からは3万社以上，ドイツからも5000社以上，アメリカ企業も多数中国に立地している。今日でも中国の輸出の半分近くを外資系企業（台湾なども含む）が担っているといわれる。

中国からのEUの輸入は驚異的に伸びた。2010年代後半には，コンピュータなど事務機，テレコム関係（スマホ，電気通信設備など），半導体，機械部品などの伸びが大きく，19年の貿易収支赤字は約1900億ユーロ（約25兆円）に拡大した。対中貿易赤字はさらに拡大するであろう。今日伸びている輸入品目はグリーン・デジタル時代を迎えてさらに拡大するうえに，EV（電気自動車）などグリーン技術製品の原料となる希少金属（マグネシウム・チタン・希土類など）でも中国への依存度は非常に高いからである。

中国に対してはこの貿易問題だけでなくほかの多くの分野でも摩擦が生じている。この点については，終章で詳しく述べよう。

「EU経済主権」と「戦略的自立」の主張

米トランプ前大統領は自国の貿易赤字の相手国を敵視した。EUも2017年に鉄鋼・アルミ関税，さらに大型航空機にも関税を賦課され，EUは報復関税で対応した。それでも，ユンケル欧州委員長はトランプ大統領と会談して農産物輸入計画をまとめるなど巧みに対応し，EUの対米輸出は順調に伸びた（図3-7）。なお，トランプ政権は中国からの輸入に高率関税をかけ，中国も報復関税を返す「米中貿易戦争」になった。アメリカの対中輸出はピークの17年1300億ドルから19年には1064億ドルへ減少，対中輸入はピークの18年5385億ドルから翌年には4508億ドルへ落ち込んだ。新型コロナ危機の2020年に対中輸入は4347億ドルにやや減少したが，輸出は1245億ドルへ増えた。同年新型コロナ危機により世界貿易は7％縮小した中で，米中貿易は盛り返した。一部の先端技術品には輸出を含めて米政府の制限がきついものの，貿易の相互依存度は高く，米企業の中国からの本国回帰（reshoring）は製造業も，情報

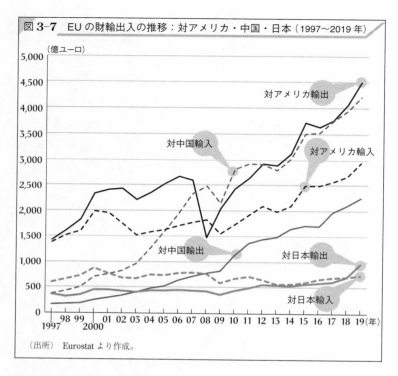

図3-7 EUの財輸出入の推移：対アメリカ・中国・日本（1997～2019年）

（億ユーロ）

対アメリカ輸出

対中国輸入

対アメリカ輸入

対中国輸出

対日本輸出

対日本輸入

（出所） Eurostat より作成。

系（GAFA）や金融を含めてサービスでも進んでいない。21年には
ワクチン接種で勢いづいた米経済が回復したため，アジアからアメ
リカ向けのコンテナ運賃が一時平時の10倍にはね上がる異常事態
となった。

　米政権の反EU方針，ブレグジット，そして中国との投資紛争を
受けて，EUは「経済主権」（economic sovereignty）や「戦略的自立」
（strategic autonomy）を強調するようになった。米中の貿易戦争や米
中「新冷戦」に巻き込まれるだけの受動的な存在から自立して，
EUの利害を積極的に主張する路線を目指している。

2021 年 2 月，EU は「戦略的自立」を具体化する新通商戦略を発表した。タイトルは，「開放的な持続可能なそして自己利益を守る（open, sustainable and assertive）通商政策」である。通商政策を EU の主要目的となった気候変動対応型に転換し，CBAM（国境炭素調整措置）や（CBAM は第 5 章参照），デジタル規格の策定などで通商相手国を EU の方針に巻き込み，グローバルな規制や標準に対する EU の影響力を強めている。さらに 20 年の新型コロナ危機によって EU が中国と結ぶサプライ・チェーンが一時機能しなくなり，一部の原料や医薬品などの輸入が困難になったので，サプライ・チェーンを EU 近隣に編成替えし，近隣諸国・加盟候補国・アフリカとの関係強化を進めるなどを掲げている。半導体などデジタル競争力を左右する基幹産業のアジア依存を見直す動きが強まっている。アメリカ政府は 21 年 2 月に中国に依存しない調達体制づくりを表明したが，EU も 3 月，域内で生産する半導体の世界シェアを 2 割に引き上げる目標を掲げた（2000 年の 23 ％から現行は 1 割弱に低下）。経済安全保障を重視したのである。この傾向は 20 年代を通じて強まると予想できる。

　EU は新型コロナ対策，気候変動対策，デジタル政策などでバイデン政権との協力を重視している。とりわけ WTO 改革で米政権との関係強化を最優先事項とした。2019 年 12 月，WTO の「最高裁判所」にあたる上級委員会の 2 人のメンバーの任期が満了を迎え，メンバーは 1 人になり，WTO の重要な柱である紛争処理機能が停止した。7 人で構成する上級委員（任期 4 年）の更新をトランプ政権が認めなかったからである。EU は WTO の紛争処理の強化を訴え，上級委員の増員や任期延長を提案してきたが，アメリカ政府は WTO の紛争処理の判定が自国の主権に踏み込んでくることに批判的になった。EU とアメリカの主張は真っ向から対立した。WTO の機能不全は世界の自由貿易体制に影を落としている。

EUとバイデン政権は大型航空機への追加関税を5年間停止し解決に向けて協議を進め，さらに鉄鋼・アルミ関税についても一部を撤廃，EUは報復関税を撤廃することで合意した。WTO改革に向けて，EUとアメリカの協力がどう進むのか注目される。

日EU・EPA および最近の EU の FTA について

トランプ政権が保護主義に転じたので，日本，EUはともに世界の自由貿易体制の将来に危機感を抱き，2013年に交渉を開始した日EU・EPA（日欧EPA）の合意を急いだ。EU側は日本の自動車輸出，日本はEUのチーズ・ワインの輸出などで譲歩し，17年7月大枠合意，12月最終合意に達し，翌18年6月に東京で調印式，双方の議会承認など所定の手続きを経て19年2月に発効した。日本での欧州産ワイン・チーズの輸入が伸びた。世界GDPの28%を占めるEPA（経済連携協定）構築は，TPP11の発効と合わせて双方の自由貿易体制堅持の意志を世界に示した。また，日欧SPA（戦略的パートナーシップ協定）もEPAとともに発効した。それは，日EUが協力して，世界の平和，民主主義，法の支配などを積極的に推進するとうたっている。SPAも今後の日EUの広範な協力においてきわめて重要な位置を占める。

2020年1月末にEUを離脱したイギリスと日本は年内に日英EPAを日EU・EPAに沿ってとりまとめ，21年早々に発効，イギリスは21年2月にTPP11（同年の議長国は日本）に加盟を申請し，TPP11は同年6月加入作業部会の設置を決めた。

日本とのEPA合意を弾みとしてEUは，メキシコ（再交渉），メルコスール，チリなど米州と，またオーストラリア，ニュージーランド，インドネシア（交渉再開）とアジア太平洋でもFTA交渉加速を決めた。マレーシア，タイなどASEAN諸国との交渉は継続している。ベトナム，シンガポールとのFTAは2015年に調印し，20年に発効した。メルコスールとは足かけ20年の交渉の末，19年6月に政治合意に達したが，ブラジルの熱帯雨林破壊に対する対応な

どを欧州議会，EU 加盟国が求め，発効に至っていない。上述したように，20 年代には地球のグリーン化促進が EU の FTA・EPA において重視される。

3 競 争 政 策
●重要性を増す単一市場での競争の確保

EU 競争法は EU 単一市場の利益を保障するための重要な共同政策であって，3 つの柱からなる。①寡占企業による自由競争の制限（カルテルなど）を規制，② M&A（企業の合併・買収）の規制，③国家による企業補助金の規制，である。

第 1 の柱について　EU 競争法は，リスボン条約の EU 運営条約第 101 条において，企業間の競争制限的な協定（カルテル協定）や共同行為を禁止し，第 102 条で企業の支配的地位の濫用を禁じている。これらに違反した事業者に対して欧州委員会はその前年度売上高の 10 ％までの過料を科す権限をもっている。

EU は，価格カルテル，数量カルテルなどが単一市場を阻害するという認識の下に一貫して厳しい姿勢で競争法を適用している。リニエンシー制度（第 1 通報者には捜査協力の見返りとして最大 100 ％の制裁金減額）を活用し，高額の制裁金が科されている（制裁金の上限は世界全体の売上の 10 ％）。支配的地位の濫用など反トラスト規制も強化されている。

金融部門では，2012 年にドイツ証券取引所とアメリカ NYSE Euronext の合併計画を，また 17 年にはドイツ証券取引所がロンドン証券取引所グループ（LSE）を 140 億ドルで買収する計画を，いずれも独占を理由に欧州委員会は不承認とした。16 年には，米仏英の大銀行の金利不正操作に 4 億 8500 万ユーロの罰金を科した。

EU 競争法の第2の柱は M&A（企業の合併・買収）規制である。当初は加盟国に委ねていたが，市場統合において米欧日の寡占企業の国境をまたぐ M&A が飛躍的に増加し，加盟国ごとの対応では不適切となったため，1989 年，EC 競争法にクロスボーダー M&A の規制が追加された（規則 4064/89，後に規則 1013/97 により修正）。これによって EU 競争法はアメリカの反トラスト法と並ぶ規制力をもつようになった。この規則では，EU 域内および域外企業との M&A において，関連企業の全世界での売上高の合計が 50 億ユーロ以上でかつ EU 市場での売上げが2億 5000 万ユーロ以上のケースについて，欧州委員会は事前審査を行い，競争を歪めると判断した場合には，関係企業に対して否定的な決定を通知する。関係企業はそれによって M&A を阻止される場合もある。しかし，関係企業が欧州委員会と交渉して M&A 計画を修正することで拒否を回避するケースもある。

　最近の事例は独シーメンス・仏アルストムの合併要求に関わる。2019 年2月，競争政策担当のベステア欧州委員は懸案となっていた両社の合併を，鉄道車両部門の独占形成になるとして拒否した。独仏両政府はその合併を後押ししていた。両社の生産規模はともに約1兆円，独仏両政府は，世界的に存在感を高める中国の鉄道独占企業中国中車（年間売上高 3.6 兆円）に対抗するには両社の合併による国際競争力の確保が欠かせないと，合併の承認を強く迫っていたが，拒否された。独仏両政府は「EU 競争法は古くさくなり，現在の世界経済状況に合わない」と批判し，EU 競争ルールの見直しを提案する構えをみせた。ただし，英蘭ベルギーなどは両社の合併により欧州市場の競争が損なわれて鉄道のコスト上昇をもたらすと主張し，欧州委員会を支持した。

リスボン条約の EU 運営条約第 106 条は公企業が競争歪曲的な行動をとった際に，また第 107 条，第 108 条は加盟国政府が自国企業に援助（補助金など）

を行い，それが競争を歪めていると判断されるときには，欧州委員会が補助金の返却などの命令を下す権限を認めている。原則は単一市場の「競争歪曲的国家補助金の禁止」であるが，例外として，深刻な雇用不足や加盟国経済の深刻な攪乱への補助，地域開発などへの補助など5つの基準が示され，それらの補助には欧州委員会の承認などが必要である（EU運営条約第107条3項／第108条）。

ECの時代から国家補助金は，斜陽産業の石炭・鉄鋼・造船部門でシェアが高く，繊維・衣服，自動車，エレクトロニクス，航空機産業なども繰り返し補助を受けてきた。非製造業では，農業，漁業，鉄道，航空輸送業のシェアが高い。EUの方針は個別企業や個別部門への補助を減らし，高い潜在成長力をもつ部門や研究開発など技術革新を促進するような部門に振り向けることである。

| ニュー・モノポリー（新しい寡占）への対応 |
最近の発展の焦点は，一握りのICT（情報通信技術）巨大企業による「ニュー・モノポリー（新しい寡占）」への対策である。

ICTビッグ5（**GAFA**〔アルファベット［グーグル］，アマゾン，メタ［フェイスブック］，アップル〕とマイクロソフト）にデータや富，頭脳などが集中する。それら企業の株式時価総額は世界トップ最上位に並び，巨額の**M&A**を実施する。また，タックス・ヘイヴン（税逃避地）などを利用して，税金逃れを体系的に行うことで，国々の税収を引き下げ，政策の実施にも悪影響を及ぼす。これら巨大ICT企業の独占禁止問題，税逃れの問題を真っ先に追及してきたのはEUだったが，今や世界的にクローズアップされている。

これら企業の支配的地位濫用の防止やデータ獲得目的の**M&A**に対する審査方法など競争政策のあり方を，EUは世界に先駆けて追求してきた。2017年6月にはオンライン検索市場の独占的地位の濫用を理由に，グーグルに対して過去最高の24億2000万ユーロ（約3000億円）の罰金を科した。米トランプ政権は「国益に反する」と反発したが，新技術をもつ企業を**M&A**によって買収し，競争企

業を消滅させて独占的な利潤を得ている，技術競争の排除は経済発展を抑制するなどの批判がアメリカ国内でも盛り上がり，反トラスト法を現状に合うように修正するなどの議論が活発化している。

これら巨大 ICT 多国籍企業の税金逃れの問題も EU は取り上げた。アップルはヨーロッパ・中東・アフリカでの販売で得た利益をアイルランド本社（アップルの子会社）に集中するが，同国の法人税率 12.5 ％にもかかわらず，政府から優遇措置を得て 2011 年は0.05 ％，14 年は 0.005 ％しか支払わなかった。欧州委員会は単一市場の国家補助ルール違反と判断し，アップルに 130 億ユーロ（約 1兆 6000 億円）の税納付を言い渡した。

アップルはアイルランドに子会社，孫会社などを置き，同国の知的財産権使用料による所得は非課税，米国税法上の「租税法上の非居住者」規定，複数系列会社の間の企業内取引を認識しないなどの諸規定をアイルランドの規定とうまく組み合わせて，法人税率 0.05％など事実上の非課税を達成していた。アイルランドの子会社・孫会社はいわゆる「郵便箱会社」で，メールアドレスのみで実体はなく（2012 年に若干の組織変更），実体的な行動はアメリカのアップルが実行していた。

多国籍企業の進出を経済成長の柱と位置づけるアイルランド政府は欧州委員会の税納付措置に対して「不当」と抗議し，米トランプ政権も反発した。アップルは EU 司法裁判所に提訴した。2020 年 7月，欧州司法裁判所（ECJ）の一審にあたる一般裁判所はアップルの主張を認め，アイルランドの税優遇措置は特定の企業にだけ利益を与えるものではなく，不当な補助金とは認められないと指摘した。

だが，アイルランド政府の超融和的な課税方針は EU で問題視されている。とりわけアメリカとアイルランドの法の隙間を利用して脱税するアップルの租税回避行動は，同社の品性を疑わせる類いのものである。この手の国際的な脱税が合法なら，多国籍企業だけが利益を得て，世界の諸国家は国民の福祉の源泉である租税収入の道

が狭められてしまう。格差拡大の今日，ゆゆしい問題である。欧州委員会は下級審の判決を不服として 2020 年 9 月に ECJ に上訴した。多国籍企業は EU 加盟各国での販売に応じてその法人税率（仏 33 %，独 30 %など）に従って支払うべきというのが欧州委員会の新方針である（域内での税の公平性原則）。

ヨーロッパでは，ほかに，オランダ，ルクセンブルク，マルタ，キプロス，バミューダ島などを抱えるイギリス，そしてスイスが主要なタックス・ヘイヴンである。ECJ 判決のゆくえが注目される。

4 EU 財政の展開
● EU 共通政策のファイナンスと新たな船出

EU 予算の歳入の推移 1960 年代の EC の支出は共通農業政策と管理費（EC 機構の運営費）向けで，加盟国が拠出金を分担した。だが，関税同盟が完成すると，関税が EEC の収入になる。それを財源として共通政策などをファイナンスする「独自財源方式」の導入を EEC 条約は定めていた。これにより，1970 年と 75 年に条約の財政条項が改正され，関税と農業課徴金を「独自財源」（own resources）とする EC 財政がスタートし，欧州議会が財政権限を獲得し，強化された。その後，数々の変遷を経て，EU 財政が確立した。

まず EU 予算の歳入の推移をみよう（図 3-8）。関税と農業課徴金が「伝統的独自財源」である。そのシェアは，GATT/WTO 交渉による関税引き下げ，農業自給率の向上，農業保護水準の引き下げなどによって低下したので，付加価値税（VAT）独自財源が導入された。EU 加盟国共通の VAT 制度の課税標準の 1 %（1985 年まで），次いで 1.4 %（86 年から 94 年まで）を上限として，各国が拠出した。EU 型 VAT は財・サービスの消費に賦課されるので，消費性向の高い国（経済発展度の低い国）の負担が大きくなる傾向（逆進性）があ

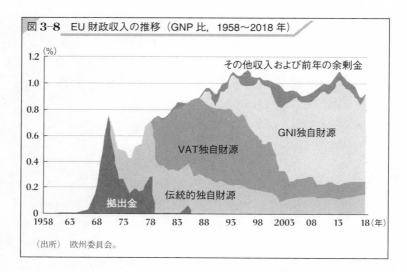

図3-8　EU 財政収入の推移（GNP 比，1958〜2018 年）

（出所）　欧州委員会。

る。そのため，1999 年課税標準の 1.00 ％へ，2002 年 0.75 ％へ，04
年以降 0.50 ％と引き下げられ，今日は 0.30 ％と，そのシェアは漸
次的に低下した。

　1988 年には財源不足となり，「第 4 の独自財源」として，国民総
所得（GNI）比例財源が導入された。これは ny（n：人口，y：国民 1
人当たり GNI）に比例，つまり国の豊かさに比例的であって，逆進
性も累進性もない中立型であり，シェアは上昇した。2018 年には，
GNI 独自財源 71 ％，VAT 独自財源 16 ％，関税等 12 ％，「その他」
1 ％であった。「その他」は，EU 公務員給与への課税，非加盟国
（EEA〔欧州経済領域〕加盟国など）からの拠出金，EU 法違反企業へ
の罰金からなる。

　VAT および GNI の独自財源は EU ルールに従って自動的に加盟
国から徴収される。とはいえ，事実上加盟国の拠出金なので，真の
意味の「EU 財源」を目指して，環境税，EU 法人税あるいは ECB
（欧州中央銀行）が得る利子収入の EU 財政への繰り入れ（現在は EU
各国中央銀行へ還付）などを欧州委員会や欧州議会は提案してきた。

欧州委員会が EU 債を発行して財源を調達する方法もある。だが，EU が徴税権力や資金調達能力をもてば，連邦レベルの力が加盟国に対して強まる。加盟国は独自財源方式導入から約半世紀間拒否を続け，将来も実現不可能と思われていた。

EU 加盟国は GDP 比 40 ％を超える財政を

EU 予算の歳出（加盟
国別）とその推移

維持する「大きな政府」の国々である。社会保障，教育，安全保障・軍事など巨額の政府支出を要する分野は加盟国の財政で扱われ，EU 予算は主として共通政策をフィナンスするのみで，その規模は EU・GDP の 1 ％程度である。それでも，東欧 12 カ国は GNI 比で 2 ％以上，うち 5 カ国は 3 ％以上を受け取る。まさに重要な財源なのである（図3-9）。

主要な支出分野は，2018 年でみると，図 3-9 の示すように，競争力（競争力強化のための研究開発支援，環境政策等 EU の域内諸政策への支出），構造政策（Cohesion：地域格差是正のための構造投資基金などの支出），農業（CAP）の 3 分野である。ポーランドの受け取りは約 160 億ユーロ，うち 120 億近くが格差是正で，残りはほとんど農業である。他の東欧諸国も同様である。EU 機関（欧州委員会，欧州議会など）が立地するベルギー，欧州議会の一部の部局や理事会開催地のルクセンブルクでは管理費のシェアが高い。「競争力」は主として先進国に配分されている。

EC 財政がスタートした 1971 年には EC・GDP の 0.3 ％程度の規模であり，支出の 80 ％以上を共通農業政策（CAP）が占めていた。80 年代には南欧の 3 つの新興国が加盟し，地域格差是正の地域開発政策に支出する構造基金の規模が拡大した。CAP と格差是正（Cohesion），社会基金（労働者の職業訓練などに支出），開発途上国支援などが拡大し，88 年には GDP の 1.0 ％を超えた。輸送網，宇宙開発，保健，教育（他の加盟国での大学生の留学を支援するエラスムス計画など），文化，消費者保護，環境，研究開発，法の協力，外交（EU 大使館の外国への設置などを含む）などへ，EU 権限の強化拡

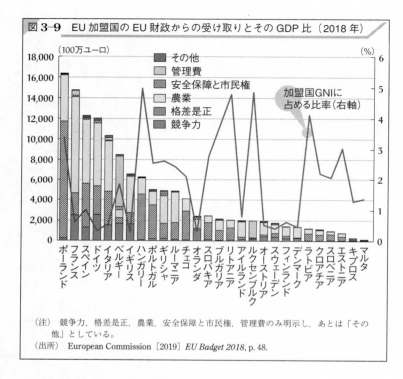

図3-9 EU加盟国のEU財政からの受け取りとその GDP 比（2018年）

凡例：
- その他
- 管理費
- 安全保障と市民権
- 農業
- 格差是正
- 競争力

加盟国GNIに占める比率（右軸）

横軸（国名）：ポーランド、フランス、スペイン、ドイツ、イタリア、ベルギー、イギリス、ハンガリー、ポルトガル、ギリシャ、ルーマニア、チェコ、オランダ、スロバキア、ブルガリア、リトアニア、アイルランド、ルクセンブルク、オーストリア、スウェーデン、フィンランド、デンマーク、ラトビア、クロアチア、スロベニア、エストニア、キプロス、マルタ

（注）　競争力，格差是正，農業，安全保障と市民権，管理費のみ明示し，あとは「その他」としている。

（出所）　European Commission [2019] *EU Badget 2018*, p. 48.

大と歩調を合わせて支出領域が拡大した。

　EU財政からの受け取りから拠出を引き去ったネットの額をみると，先進国の純拠出，東欧等新興国の純受け取りとなっている。東欧諸国の純受け取りは各国GNI比で2％から4％台である。最大の拠出国はドイツであるが，純拠出はGNIの0.5％程度と低く，他の北欧・西欧諸国の純拠出はGNI比0.5％以下である。純拠出の金額は独仏両国が圧倒的に大きい。だが，中・東欧諸国の経済成長率が高まればドイツの輸出は伸びる。中・東欧諸国がEU予算で高速道路を建設すると，フランス企業に注文が入るなど，見返りがある。純拠出金額やGNI比で負担の大小を判断できない。EU財政が東欧の繁栄や安定に貢献している点までを考慮すれば，西北欧は

少ない純拠出で多大の利益を得ているということもできる。

　地域格差是正政策などでは，加盟国が EU に具体的な計画案を提出し，EU 予算と加盟国の予算を合わせて格差是正の事業に取り組む。加盟国の政府や地方自治体など行政が EU 予算を計画通り消化しているかどうか EU の審査が入り，計画通りの実施が担保されないと，EU 予算の支給は打ち切られる。2014 年から 20 年までのデータでは，予算消化の EU 平均は 50 ％台，平均以下は南欧・東欧諸国に多い。加盟国の計画能力・政策実施能力が問われている。

「中期財政枠組み」と毎年の予算の決定

　EU は，1988-92 年を皮切りに，7 年をまとめて中期財政枠組み（MFF：Multiannual Financial Frameworks）を決めている。予算をめぐる交渉は妥協に持ち込むのが大変である。毎年交渉では対応できないので，7 年一括で中期予算をまとめるのである。各加盟国の各政策分野の各年の受け取り額もそこで一応決まる。

　中期財政枠組みにおける主要な政策分野のシェアの推移を図 3-10 に示す。当初約 60 ％を占めた農業政策（CAP）は低減し，格差是正（Cohesion）が上昇した。最新の 2021-27 年 MFF では「新規および優先課題」が CAP をわずかに超えた。農業，格差是正，「新規および優先課題」がほぼ 30 ％ずつで並んだ。新規および優先課題は 2014-20 年 MFF では競争力の強化など，2021-27 年 MFF では復興基金の巨額の支出（グリーン・デジタルなど）によりシェアが一気に高まった（後述）。

　毎年の EU 予算は欧州議会と EU 理事会によって決定される（EU 運営条約第 314 条）。EU 各機関が提出した支出見積りを欧州委員会がとりまとめて仮予算案を作成し，遅くとも予算執行の前年 9 月 1 日までに欧州議会と EU 理事会に提出する。理事会は仮予算案に対する立場を採択して欧州議会に送付する。欧州議会が修正案を採択すると，議会と理事会同数の代表からなる調停委員会が共同草案を作成し，合意を目指す。共同草案が一方の機関で決定に至らなくて

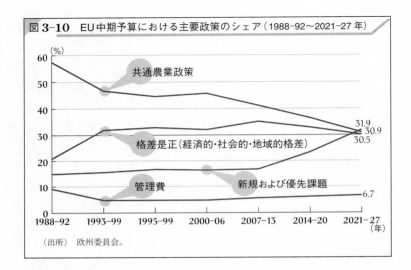

図 **3-10**　EU 中期予算における主要政策のシェア（1988-92〜2021-27 年）

(出所)　欧州委員会。

も草案が予算とみなされるが，共同草案が一方の機関により拒否された場合には，欧州委員会が新しい予算案を提出し，（条約には明記されていないが）結果的に合意に達する。

　予算が 12 月末日までに承認されないと，前年度の予算の 12 分の 1 を毎月消化する方式が適用され，政策の執行が大きく制約されるので，年内合意への圧力になる。

2021-27 年 MFF の概要

新型コロナ危機は EU 財政に飛躍をもたらした。この危機への対策，そして復興のために，欧州理事会（EU 首脳会議）は 2020 年 7 月に 7500 億ユーロ（2018 年価格，約 100 兆円）の復興基金（「次世代 EU」と命名）を創設した。20 年末には 21-27 年 MFF に合意し，復興基金と合わせて 2 兆 178 億ユーロ（現行価格。18 年価格で 1 兆 8243 億ユーロ）の巨額の予算となった（表 3-3）。前回の MFF（2014-20 年）は合計 9599 億ユーロ（2011 年価格），EU・GDP 比 1.00 ％だったので，2 倍を超える規模になった。

　2021-27 年 MFF の支出項目と金額を簡単に説明しておこう（表

表3-3　2021-27年EU中期予算と次世代EU

（単位：億ユーロ）

予算項目	中期予算		次世代EU		合　計	
1　単一市場，技術革新，デジタル	1,495	(1,328)	115	(106)	1,495	(1,434)
2　格差是正，強靱化，価値	4,267	(3,778)	7,765	(7,219)	12,032	(10,997)
3　自然資源および環境	4,010	(2,564)	189	(175)	4,199	(3,739)
4　移民とEU国境の管理	257	(227)	–		257	(227)
5　安全保障と防衛	149	(132)	–		149	(132)
6　近隣地域および世界	1,106	(984)	–		1,106	(984)
7　管理費	825	(731)	–		825	(731)
合　計	12,109	(10,743)	8,069	(7,500)	20,178	(18,243)

（注）　現行価格（2020年価格）表示。カッコ内は2018年価格表示。
（出所）　European Commission［2021］.

3-3）。1は研究開発と技術革新（Horizon Europe），輸送・エネルギー・デジタルの連結（通信ネットワークなども含む），デジタルを含めて単一市場の整備，宇宙計画など。2は格差是正の予算で，欧州地域開発基金2261億ユーロ，欧州社会基金993億ユーロ，結束基金と次世代EUの復興支援（REACTEU）が各500億ユーロ（概数），学生の国際交流支援エラスムス25億ユーロなど。3は共通農業政策の保証基金2911億ユーロ，農村地域開発に874億ユーロ（次世代EUよりさらに81億ユーロを追加），共通漁業政策61億ユーロ，環境と気候変動対応に145億ユーロと「次世代EU」から109億ユーロ（石炭依存度の高い地域の環境整備を支援するJust Transition Fund）が加わった。以上の3項目で全体の88％を占める。

　4は移民・難民対応に111億，EUの対外国境の管理に144億ユーロなどである。5は欧州防衛基金（軍備品の共同開発など）に80億，軍の移動関係17億，市民の安全確保・老朽化した原子力発電所の解体（リトアニア・ブルガリア・スロバキア）に46億ユーロなどである。6は近隣政策・国際人道支援・共通外交安保政策などに958億，加盟候補国などへの加盟前支援に142億ユーロを計上している。

　このようにEU予算が拡大し，またEU財政純拠出国イギリスが

離脱したので，加盟国の GNI 比例の拠出金の上限水準が 1.2 ％から 1.4 ％へ恒久的に引き上げられた。さらに「次世代 EU」の借入の償還を考慮して，2058 年までの時限措置として 2.0 ％への引き上げも可能になった。

演習問題 *seminar*

1 CAP による「EU 農業の変質」(20 世紀) はいかにして生じたのか。また EU はその「変質」を CAP の発展にどのように活用したのかを説明してみよう。

2 EU の通商政策の発展を段階に分けて整理してみよう。

3 EU の競争政策の適用により制裁金を科された最近の事例をインターネットで調べてみよう。

4 EU 財政の特徴を説明してみよう。

■ ■ ■ **参考文献** □ ■ ■ ■ ■ ■ ■ ■ ■ ■ ■ ■

長部重康編著［2016］『日・EU 経済連携協定が意味するものは何か ——新たなメガ FTA への挑戦と課題』ミネルヴァ書房

金成隆一［2017］『ルポ トランプ王国——もう一つのアメリカを行く』岩波書店（岩波新書）

児玉昌己［2021］『現代欧州統合論——EU の連邦的統合の深化とイギリス』成文堂

田中理［2021］「始動する EU のグリーン復興」『世界経済評論』9/10 月号

田中素香［1982］『欧州統合——EC 発展の新段階』有斐閣

中條誠一・唐成編著［2017］『世界から見た中国経済の転換』中央大学出版部

比沢奈美［2007］「共通農業政策——EU 拡大と CAP の改革」国立国会図書館調査及び立法考査局，『拡大 EU：機構・政策・課題：総合調査報告書』第 10 章

ペルクマンス，J.（田中素香訳）［2004］『EU 経済統合——深化と拡

　大の総合分析』文眞堂

吉見太洋編［2020］『トランプ時代の世界経済』中央大学出版部

European Commission［2021］*The EU's 2021-2027 Long Term Budget and NextGenerationEU Facts and Figures*, April.

「ドル変動からの自立」と統一通貨

European economy

●本章のサマリー

　ドル相場変動からの自立を目指した EU の通貨協力は通貨統合へ進み，統一通貨ユーロに結実したが，30 年を要した。1970 年代は EC 9 カ国（当時）の通貨協力の挫折の 10 年，80 年代は EMS（欧州通貨制度）による通貨協力の発展の 10 年，90 年代は通貨統合の 10 年と，ほぼ 10 年ごとに 3 段階を経ている。

　その間，度重なる通貨危機に直面したが，西ドイツの物価安定政策に他の加盟国が歩み寄り，ドイツ再統一という歴史的事件にも支援されて，1999 年ユーロ導入に着手し，2002 年初めにユーロの専一流通となった。世界経済の大変動を乗り越え歴史的偉業を達成した。

　本章ではまず，ドルを基軸通貨とする国際通貨制度との関わりにおいて EU 通貨協力がどのように発展したのかを EMS を中心に説明する。次に，EU 各国の多様な金融制度から単一金融市場統合へそして通貨統合へと進んだプロセスと問題点を明らかにする。最後に，ユーロを支える ECB（欧州中央銀行）はどのような仕組みでどう動いているのか，ユーロ圏の金融政策はどのように決められているのかなど，ユーロ制度の基本を説明する。

KEY WORDS

本章で学ぶキーワード

IMF 固定相場制　変動相場制　スネーク　EMS（欧州通貨制度）　基軸通貨　ECU（エキュ）　通貨統合　グローバル化　経済・通貨同盟　ユーロ　ECB（欧州中央銀行）　ギリシャ危機　ユーロ危機　リーマン危機

1 通貨協力から通貨統合へ

●「ドルからの自立」を目指して

> ユーロ創出までの30
> 年間：概観

ユーロは誕生までに1世代，30年かかった。1970年の「ウェルナー報告」に始まり，EMSとEU単一市場を媒介環として，誕生は99年，ユーロ専一流通は2002年である。

1960年代まで米欧日の為替相場はIMF固定相場制の下で安定していたから，通貨統合の必要性もなかった。第2次大戦により日欧の経済は破壊されたが，アメリカは無傷で生産力を大きく発展させて戦後を迎えた。アメリカは覇権国となり，世界経済再建にリーダーシップをとった。欧日などの為替相場引き下げを防ぐために，米ドル（以下，ドルとのみ表示）を基軸通貨とする厳格なIMF固定相場制（金1オンス＝35ドルの交換による金ドル為替本位制）を組織し，資本主義圏諸国の為替相場は60年代まで安定を保った。しかし，共産主義封じ込めの世界規模の軍事行動による国際収支赤字，西ドイツや日本の製造業競争力のキャッチアップ，さらにインフレと財政赤字に追い込まれ，ニクソン米政権は競争力回復を目指したドル切り下げのため，71年8月固定相場制を放棄した（金ドル交換の停止）。ドル切り下げの後もアメリカはさらなる切り下げを求めて**変動相場制**へと動き，73年の2〜3月に主要国は相次いで変動相場制に移行した。EU加盟国は60年代の関税同盟形成によって相互の貿易依存度が高まり，域内の為替相場の安定が必須であった。そのため通貨協力によって為替相場の安定を追求した。

1970年，当時のEC 6カ国は「ウェルナー報告」をとりまとめ，通貨統合着手を目指したが，単一市場をもたないEC（当時）に統一通貨を導入する，IMF固定相場制を前提に通貨統合へ進むなど，そもそも実現不可能な絵空事的な計画であって，翌年春西ドイツが

計画から離脱してあえなく挫折，72年開始のEC通貨協力（域内の固定相場制で「スネーク」と呼ばれた）も70年代半ばに分裂した。物価安定の西ドイツとインフレ許容的で経済成長追求の仏英伊3大国の方向性が食い違っており，3大国は固定相場制の「スネーク」から離脱してそれぞれ変動相場制に移行してしまったのである。79年にECの域内固定為替相場制のEMS（欧州通貨制度）がスタートし，紆余曲折を経ながらEC/EU諸国に為替相場の安定をもたらし，単一域内市場統合を支えた。次いで93年11月に発効したマーストリヒト条約により通貨統合が定められた。危機を乗り越えて99年にユーロ導入（銀行部門のみ，現金は各国通貨使用），2002年にユーロ現金の流通開始（ユーロの専一流通）へと進んだ。

　この30年間は，次々に生じる困難を乗り越えて苦労の末に通貨統合の大事業を達成したサクセスストーリーとなった。本章ではそのヒストリーを説明する。

ドル相場変動からの「自立」

貿易や国際投資で多くの国が使用する通貨を国際通貨と呼び，世界規模で使われる国際通貨を基軸通貨という。基軸通貨は19世紀末から英ポンドだったが，第2次大戦後ドルに移った。変動相場制移行後もドルは基軸通貨として使用されたが，その為替相場はドイツ・マルクや円など世界の主要通貨に対して大きく変動した（図4-1）。1970年代初めに急落し，70年代末に再び下落，80年代にはまず大幅に上昇し，次に大きく下落した。基軸通貨の為替相場がこれほど大きく変動したのは史上初であった。90年代後半には「強いドル」となった。図4-1からこの30年間のドル相場の不安定性，主要な事件を読み取ることができる。

　1970年代初めのドル相場不安定に対する自衛策として，EU通貨協力は始まった。EU加盟国経済の開放度（輸出入額／GDP）は非常に大きく，為替相場の不安定は加盟国相互の貿易取引を損ない，経済を混乱させる。とりわけドルが下落する時期に，アメリカから

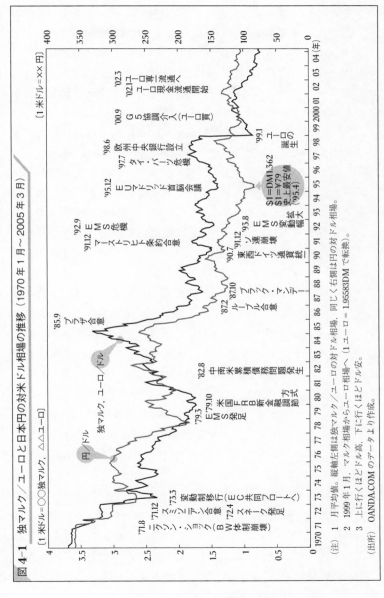

図 **4-1** 独マルク／ユーロと日本円の対米ドル相場の推移 （1970 年 1 月～2005 年 3 月）

[1 米ドル＝○○独マルク，△△ユーロ]

[1 米ドル＝×× 円]

独マルク，ユーロ／ドル

円／ドル

'71.8 ブレトン・ウッズ (BW) 体制崩壊

'71.12 スミソニアン合意

'73.3 変動相場制移行

'72.4 EC共同フロート発足

'79.3 EMS発足

E'79.10 米国FRB新金融調節方式

'82.8 中南米累積債務問題発生

'85.9 プラザ合意

'87.2 ルーブル合意

'87.10 ブラック・マンデー

'90.7 東西ドイツ通貨統一

'91.12 ソ連崩壊

'91.12 EMS危機

'92.9 マーストリヒト条約合意

'93.8 EMS変動幅拡大

'95.12 EU ドイツ 首脳 会議

$1＝DM1.362
$1＝¥79
史上最安値 ('95.4)

'97.7 タイ・バーツ危機

'98.6 欧州中央銀行設立

'99.1 ユーロの誕生

'00.9 G5協調介入 (ユーロ買)

'02.1 ユーロ現金流通開始

'02.3 ユーロ単一流通

(注) 1 月平均値。縦軸左側は独マルク／ユーロの対ドル相場，同じく右側は円の対ドル相場。
     2 1999 年 1 月，マルク相場からユーロ相場へ (1 ユーロ＝ 1.95583DM で転換)。
     3 上に行くほどドル高，下に行くほどドル安。
(出所) OANDA.COM のデータより作成。

第**4**章 通貨協力からユーロへ 113

ドルが流出して強い通貨を買う（ドル資本の流入）。ドイツやオランダの為替相場は急騰する。弱い通貨国（南欧諸国）からはドル資金が流出して為替相場は下落する。EU 域内の為替相場は大混乱となり域内貿易を撹乱する。弱い通貨国は外貨準備を失って金融引き締めからリセッションに陥る。EU 諸国がドル相場安定を要請してもアメリカは相手にせず、「ドルからの自立」は EC 諸国の悲願となった。「自立」とはドル相場が変動しても EU 域内の為替相場は安定しているという意味である。まずは固定為替相場制である。

　EU 9 による通貨協力は 1972 年の「スネーク」（為替変動幅 4.5％の域内固定相場制）から始まったが，物価安定の西ドイツ，オランダなどと，経済成長優先・インフレ許容のイギリス，イタリア，フランスに分裂，3 大国が 70 年代半ば相次いで固定相場制から離脱して変動相場制へ移った。残った「ミニ・スネーク」は EC と無縁のドイツ・マルク圏になった。

　3 大国の変動相場制移行により EC 諸国の為替相場はバラバラになり，経済の混乱と不況をもたらした。原油価格大幅上昇，世界不況，高いインフレ率など世界経済も欧州経済も不安定が続いた 1970 年代に，ジスカールデスタン仏大統領・シュミット西独首相はリーダーシップを発揮し，仏独枢軸の主導により 79 年 EMS がスタートした（当時の EC 9 のうちイギリスのみ不参加）。

EMS（欧州通貨制度）
の制度

EMS は為替相場メカニズム（ERM）とバスケット通貨 ECU（エキュ）の 2 つの制度からなる（ECU については *Column* ②参照）。ERM の固定相場制はパリティグリッド（平価格子）方式で，各国通貨相互に為替平価（「中心レート」：為替相場変動の中心となる相場）を定めるので，多数通貨の間に為替平価の格子ができる。中心レートは各国の競争力などを勘案して決める。中心レートの上下 2.25％に各通貨相互に介入点を設定し，2 つの通貨が介入点に達すると，両国の中央銀行が相互の通貨で介入し変動幅を守る。為替変動は最

Column ② バスケット通貨ECU（エキュ）とSDR

ECUは通貨バスケット方式による通貨単位である。EMS出発時点の
ECUバスケットにはECの9通貨が次のような構成で入っていた。

$$1ECU = 0.828DM + 0.0885Stg.P + 1.15FF + 109Lit + 0.286Dfl + 3.66FB +$$
$$0.14FL + 0.217DKK + 0.00759IP$$

（右辺の略号は各国通貨の呼称。DM：ドイツ・マルク，Stg. P：イギ
リス・ポンド，FF：フランス・フラン，Lit：イタリア・リラ，Dfl：
オランダ・ギルダー，FB：ベルギー・フラン，FL：ルクセンブル
ク・フラン，DKK：デンマーク・クローネ，IP：アイルランド・ポ
ンド）。

右辺は単位が違うのでこのままでは合計できないが，各通貨のドル相
場を使ってまずドルに換算し，次に諸通貨の対ドル相場を使ってその
ECU相場を算出する。ECUバスケットは定期的に見直し，たとえばドイ
ツ・マルクが過大なウェイトを占めないよう配慮された。

ECUは，EMSにおいて公的使用として決済手段，介入指標などに利用
され，後には民間使用もかなり発展した（ECU金利はECUバスケットに
含まれる諸通貨の金利の加重平均値）。ECU建ての債権債務は1999年か
ら，1ユーロ＝1ECUの換算でユーロに引き継がれた。

IMFは変動相場制移行後，価値の単位を，それまでの米ドルから，通
貨バスケットSDRに転換した。SDRバスケットに含まれる通貨には変遷
があったが，1999年から米ドル，ユーロ，円，英ポンドの4通貨，2016
年10月から人民元が加わった。そのSDRバスケットは，1 SDR＝0.58252
米ドル＋0.38671ユーロ＋1.0174元＋11.900円＋0.085946英ポンド，であ
る。このSDRバスケットは22年8月に更新される予定である。各通貨
のSDR交換比率やSDR利子率はIMFウェブサイトで発表されている。

大4.5％となる。介入は強い通貨で弱い通貨を買う形になる。ドイ
ツ・マルクが強くなり，フランス・フランが弱くなって上下の介入
点に達すると，ドイツ連邦銀行（中央銀行）はフランス銀行（中央
銀行）に介入に必要な額のマルクを無条件に提供し，ともにマルク
売り／フラン買いの介入を実施する。一定期間の後に返済が行われ

る。

　介入限度に達する前に中央銀行が自発的に介入する「変動幅内介入」(intramarginal intervention) もあった。EMS協定にない自発的な介入で，ドル準備が使用された。件数でも金額でも「限度介入」より多かった。

　域内は固定相場制だが，ドルなど域外の通貨に対してEMSは変動制である。「共同フロート」「共同変動制」といわれた。

EMS前期（1979～87年）

　先進国にとって1970年代はインフレの10年，80年代は沈静化の10年であった。

　EMSスタート1年後の1980年に，物価安定を誇る西ドイツに対して，インフレ率の高いイタリアでは約15ポイント，フランスも約9ポイントものインフレ格差があった（図4-2）。変動幅最大4.5％のERMではそこから生じる競争力格差を吸収できない。通貨危機が起きると，中心レートを西ドイツは切り上げ，フランスやイタリアは切り下げて，競争力を回復する「中心レート調整」が実施された。

　EMS発足から1987年1月までに中心レート変更は11回（表4-1），そのうち6回は3通貨以上が参加する「一般的変更」，うち3回は81年10月から83年3月までの1年半に集中し，変更率も大きい。81年5月成立のミッテラン仏社会党政権は，ケインズ主義政策によって景気回復をはかり，インフレ率が上昇した。緊縮政策に移行していた他のEMS参加国との間で繰り返し中心レート調整を実施したのである。だが，失業は減らず経常収支は大幅赤字となって政策は失敗，離脱か残留かを迫られたミッテラン大統領は83年3月にEMS残留を決め，ドイツ型の徹底した緊縮政策に転換した。徐々に効果が出て80年代末には物価上昇率は西ドイツに接近，他のEMS参加国も格差が縮小し，中心レート調整は87年で打ち止めとなった（図4-2）。79年から87年までを「EMSの前期」に区分できる。

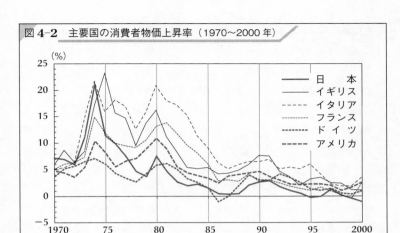

図 4-2　主要国の消費者物価上昇率（1970〜2000 年）

凡例：
日　本
イギリス
イタリア
フランス
ド　イ　ツ
アメリカ

(注)　ドイツは 1991 年まで西ドイツのみの数値。
(出所)　European Commission, *European Economy 2002 Broad Economic Policy Guide-lines*, pp.168-169（1970〜80 年），および *Statistical Annex to European Economy*, Spring 2010, pp.78-79（81 年〜）より作成。

表 4-1　EMS の中心レート変更

通貨 ＼ (回) 日付	(1) 1979 9.24	(2) 1979 11.30	(3) 1981 3.23	(4) 1981 10.5	(5) 1982 2.22	(6) 1982 6.14	(7) 1983 3.21	(8) 1985 7.22	(9) 1986 4.7	(10) 1986 8.4	(11) 1987 1.12	(12) 1990 1.8
ベルギー・フラン					−8.5		+1.5	+2.0	+1.0		+2.0	
デンマーク・クローネ	−2.9	−4.8			−3.0		+2.5	+2.0	+1.0			
ドイツ・マルク	+2.0			+5.5		+4.25	+5.5	+2.0	+3.0		+3.0	
フランス・フラン				−3.0		−5.75	−2.5	+2.0	−3.0			
イタリア・リラ			−6.0	−3.0		−2.75	−2.5	−6.0				−3.8
アイルランド・ポンド							−3.5	+2.0		−8.0		
オランダ・ギルダー				+5.5		+4.25	+3.5	+2.0	+3.0		+3.0	

(注)　EMS 参加通貨が相互に設定する基準相場（バイラテラルな中心レート）の切り上げ（＋），切り下げ（−）の率を示す。
(出所)　Deutsche Bundesbank, *Devisenstatistik*, 各号より作成。

EMS 後期：統一通貨を目指して（1988〜98 年）

1988 年から EMS 後期に入る。前期と顕著に違う 3 つの特徴がある。① EMS 参加国が中心レート固定を支持（中心レート調整を行わない），② EU 加盟国の資本移動自由化を 1988 年 6 月に開始,

③**通貨統合**により統一通貨を目指す。順次説明しよう。

1988年にフランスは中心レート不変更を宣言し，他のコア諸国も追随した。物価上昇率がドイツに接近し，中心レート調整をしなくてもやっていける。EU通貨情勢の時代転換といってよい。

前期EMSでは参加国は国際資本移動を規制した。国際資本の流出入による為替相場の動揺を規制により排除してきたが，1985年開始の単一市場統合の一環として資本移動自由化という新段階への移行を開始した。コア諸国（独仏ベネルクス，デンマーク）は90年7月まで，周縁諸国も92年ないし94年までに実施した。

フランス政府はドイツ政府に対して通貨統合提案（1988年2月）を行い，ドイツ政府は受諾し，仏独主導で通貨統合が開始された。ECは1988年6月，EC委員会委員長ジャック・ドロールを座長に通貨統合の進め方を研究する委員会を設置，翌年ドロール報告をEC首脳会議は受け入れて通貨統合が本格化した。各国が伝統的な自国通貨を放棄して統一通貨を導入するという，資本主義史上初の挑戦である。折から戦後世界経済は大転換を遂げつつあった。

戦後世界経済の大転換：新自由主義とソ連崩壊

戦後支配的だったケインズ主義の政策思想では，市場を放置すれば失業を招くので政府の経済介入により是正すべきという。不況期には財政赤字で雇用増進をはかり景気が良くなってから黒字に戻せばよい，というように考え方は柔軟で，財政政策・金融政策の「ポリシー・ミックス」（policy mix）を効果的と考えていた。対照的に，1980年代から90年代の世界経済の大転換を主導したアメリカのレーガン政権が新たに採用した新自由主義（市場原理主義）は，市場は自律的な均衡作用をもつが政府介入はそれを妨げインフレや不況が起きる，と主張した。財政赤字は避けるべきだ，自由貿易や自由な国際資本移動を尊重し，規制を緩和・撤廃して産業や市場への国の介入はやめるべきだ，という。レーガン政権は，規制緩和，大幅減税（最高所得税率を70％から28％へ切り下げなど）を実施し，

ケインズ主義を「大きな政府」と批判して「小さな政府」（財政支出のGDP比を引き下げ）を目指し，金融自由化を推し進めた。その政策思想は基本的に2010年台後半のトランプ政権まで引き継がれた。レーガン政権はまたソ連に対して強硬姿勢で臨み，軍事面の消耗戦を挑み（「宇宙戦争」の挑発など），ソ連経済の破綻を狙った。

ソ連社会主義は第1次オイル・ショック以降の経済的困難を克服できず，1980年代後半にゴルバチョフ政権は行き詰まった。80年代末にポーランド，チェコスロバキア，ハンガリーなどで起きた反共産主義運動（市民革命）は旧東ドイツに波及し，政府はソ連に軍事出動を要請したが，ゴルバチョフ大統領は拒否した。89年11月にベルリンの壁が壊され，東ドイツは崩壊，翌90年10月に西ドイツが東ドイツ各州を吸収する形でドイツ再統一が成った。

共産圏の主柱ソ連は1991年12月に70年余の歴史を閉じた。連邦は解体し，ロシア，ウクライナ，中央アジア諸国など旧ソ連の共和国は独立し，緩い連合体CIS（独立国家共同体）となった。

ソ連は労働者や農民を全員国家公務員にして完全雇用を実現し，福祉国家を強化するなど，資本主義批判の体制であった。その存在が資本主義に自己反省を促し，資本主義も自由主義一点張りから完全雇用や福祉国家を重視する戦後体制へと自己改善し対抗した。両体制の並存は資本主義の改革に貢献した。

そのソ連を崩壊させたと新自由主義は勝ち誇り，アメリカ政府はIMF，WTO——いずれもワシントンに所在——を前面に立てて自由主義体制を世界各国に押し広げる「ワシントン・コンセンサス」路線を推進した。ソ連崩壊により社会主義諸国や保護主義の低開発国は支柱を失って開国へと動き，30億人以上の人々（20億人超の超低賃金労働者）が世界資本主義の循環に巻き込まれた。世界経済の風景は一変し，経済グローバル化が本格的に展開した。東欧諸国の多くはEU加盟を目指した。ロシアは法的制度的な準備もできていないのにアメリカの自由主義経済学者などのアドバイスに従って

急激な自由化に踏みきり，経済は崩壊，共産党幹部が国有財産を我が物にして富豪となり（「赤い貴族」），国民の所得格差は急激に拡大，平均寿命の低下なども起きた。対照的に中国は鄧小平の指導下に漸進主義をとり，巧みに世界情勢に対応していった。

経済グローバル化と金融資本主義化

当時先進資本主義国の人口は約7億人で，ソ連崩壊を端緒としたグローバル化による30億人もの資本主義経済循環への編入は衝撃的だった。先進諸国の企業が中国をはじめ開発途上国に大規模に生産工程を移転した（オフショアリング：offshoring）。研究開発（R&D）からアフターサービスまでのバリュー・チェーン（value chain）の各工程が切り分けられて諸国に移転し，企業内貿易によってそれらをつなぎ，最終輸出国に至るグローバル・サプライ・チェーン（Global Supply Chain：GSC），あるいは世界生産ネットワーク（Global Production Network：GPN）が形成された。先進国の技術や経営ノウハウが途上国の低賃金とドッキングすると途上国は輸出国へと変貌し，成功した一部の途上国は世界市場へ輸出主導で経済成長を遂げる新興国へ上昇していった。その対極に先進国の製造業があった（*Column ③*）。

　金融のグローバル化は1980年代に米英主導で始まった。両国は大胆な金融業自由化・サービス化で経済を発展させ，世界金融の拠点となってグローバル金融資本主義を発展させた。EUは金融の単一市場形成とユーロ創出によって対抗した。

金融グローバル化の中のEMS

後期EMSの制度的枠組みは，「中心レート固定＋資本移動自由化」であったが，西欧諸国の物価上昇率は収斂し，為替相場は安定した。求心力が生まれ，1989年6月にスペインが参加，90年10月にイギリスがインフレ抑制を狙って参加，さらに同年末から翌年春にかけて北欧3通貨が準参加した（自発的にECUペッグ）。こうして90年代初めに「欧州為替相場安定圏」が形成された。

Column ③　生産のグローバル化と先進国製造業の衰退 ⌒⌒⌒⌒⌒⌒

　生産のグローバル化は先進国に深刻な影響を及ぼした。先進国の単純労働の生産物は洪水のように輸入される安価な製造品に太刀打ちできず，賃金低下や失業，派遣労働や臨時雇いの著しい増大など新しい労働問題を構造化した。大企業の利潤は大いに増えたが，先進国は脱工業化し，低成長と失業に悩まされ，中間層は分解して，所得格差が広がった。またグローバル化に対応できない多くの開発途上国は取り残され，内戦により破綻国家となる国もかなり多く，多数の移民・難民を排出し，それら外国人を受け入れた諸国も困難に直面した。

　生産グローバル化による企業の海外移転や倒産などによる製造業の縮小が急激に進んだのは米英両国であった。アメリカは多国籍企業が中国やインドに生産拠点を多数設置した関係で，雇用シェアは一直線に下落（入れ替わる形で金融・不動産部門のシェアが上昇），2010年代に10％を切った。イギリスは新自由主義のサッチャー時代（1980年代初めの英ポンド急騰以降）に大きく下落し，21世紀に再び大きく下落した。日仏は1990年代半ば以降に下落，ドイツ製造業は東欧諸国などの進出先とのシナジー効果で踏ん張っている。イタリアには繊維産業などに中国企業が多数進出し，中国人の居住者は40万人を超える（図参照）。

図　総雇用に占める製造業のシェアの推移（先進6カ国，1975～2015年）

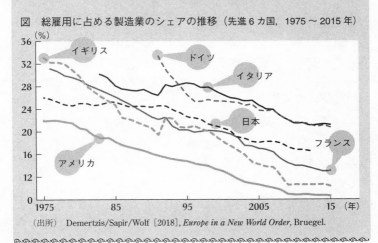

（出所）　Demertzis/Sapir/Wolf［2018］, *Europe in a New World Order*, Bruegel.

EMSでは中心－周辺問題が顕著になった。独仏などコア諸国のインフレ率は収斂し安定したが，イギリス，イタリア，スペインなど周縁諸国との間のインフレ格差は残存した。それでも為替相場が安定したのは，海外からの資本の流入による。

一国の国際収支を，所得項目および一方的移転を無視して，簡略に表現すると，$(X-M)+L=G$ となる。ここに，X：財・サービスの輸出，M：同輸入，L：資本（証券投資，直接投資，資金貸借など）の純流入，G：外貨準備変動。EMS 前期には為替管理により L が規制されていたので，$X-M=G$ であり，物価上昇率の高い国は財・サービス収支が赤字となり，外貨準備が減少し，中心レート切り下げにより競争力を回復する。資本移動自由化後は，$(X-M)$ は赤字でも高金利国には資本が流入し，経常収支赤字を埋めて外貨準備が増えることもある（$L>(M-X)$ のケース）。

1990 年代初期，折からの単一市場統合景気と為替相場安定を背景に高金利の EU 周縁諸国や北欧諸国に巨額の資本が流入し，経常収支の赤字を埋め，為替相場は安定した。だが，それは「危険な安定」なのである。何らかの事情により資本が大規模に流出すると，経常収支赤字と資本流出が重なって国際収支は一気に大幅赤字になり，通貨危機になる。選択肢は為替相場大幅切り下げか変動相場制移行しかない。後期 EMS の安定は崩壊することになる。

1992・93 年の EMS 危機

1991 年 12 月には通貨統合のための新条約（マーストリヒト条約）に EC 首脳会議が合意し，翌年加盟国は批准プロセスに入った。フランスの新条約批准の国民投票が近づいた夏の時期，不況が深まり，世論調査で批准の賛否は拮抗した。拒否なら EMS は不安定化するとみて，米英日など海外の投資家は，周縁諸国に投資した資本を引き揚げはじめた。投資には「代理ヘッジ」という手法が使われていたので，まず周縁国通貨を売ってマルクを買い，次にマルク売り／自国通貨買い，となる。EMS ではマルク高／周縁国通貨安と

なるが、流出が巨額になると外為市場へのマルク売り介入だけでは対抗できず、周縁国の金利引き上げによって資本流出を抑制しなければならない。

ところが、ドイツ再統一後、旧東ドイツへの大規模な支援（インフラ投資、失業手当など）により、ドイツはインフレと貿易収支赤字に陥り、ドイツ連銀は 1991 年 7 月に公定歩合を 8.75 ％という異例の高さに引き上げた。ドイツ・マルクは EMS の事実上の基軸通貨国なので、他の EMS 諸国の金利はドイツよりかなり高い。投機に対抗するにはイギリスや南欧諸国は政策金利を 15〜20 ％にまで引き上げねばならず、経済へのダメージが大きすぎた。

ジョージ・ソロスを代表とするアメリカのヘッジ・ファンドなど投機筋はそれを見透かし、毎日記者会見を開いて「EMS の安定は虚偽」と投機をあおり、自らも弱い通貨売り／マルク買いや弱い通貨の先物売りを大規模に行った。投機に耐えきれず英ポンドとリラは 1992 年 9 月 17 日 EMS を離脱して変動相場制へ移行（"Black Wednesday"）、スペインなどは中心レートを大幅に切り下げた。ポンドとリラは短期間で 20〜30 ％も下落したので、ヘッジファンドは数十億ドルの利鞘を得た。9 月 20 日新条約が僅差ながら国民投票で承認され、また独仏の連帯が動揺しないのを見届けると、投機は 9 月 23 日水が引くように消えていった。

通貨投機の波は翌 93 年 7 月にかけてさらに 3 回間欠的に起きた。EMS 参加国の中央銀行は巨額のマルク売り介入によって自国通貨を支えたが、売られたマルクの行き先のドイツでマネーサプライが急騰し、管理困難となったので、EMS 参加国は 93 年 8 月ついに為替変動幅を中心レートの上下 15 ％に拡大（変動幅は最大 30 ％）、EMS は安定を取り戻した。

変動幅が 30 ％にまで拡大すると投機は難しい。EMS 諸国の中央銀行は投機の動きを読んで投機筋が損をするように、巧みに対応した。「投機抑制型の EMS」となり、その下で各国中央銀行は中心レ

ートを維持し，1996年から協調して為替相場を4.5％以内に収めた。97・98年に東アジア通貨危機，ルーブル危機が起きたが，通貨統合に進むEMSの為替相場安定は揺らがなかった。

2 EU加盟国の金融制度と金融市場統合
●通貨統合を支える金融単一市場

金融機関と金融市場

金融機関は資金の需要者と供給者の間に立って両者の取引を媒介する機関である。資金の需要者としてたとえば企業があり，供給者として家計がある。家計は貯蓄を銀行に預金し，銀行は企業に資金を貸し出す（間接金融）。家計が企業の株式や社債を購入する場合には（直接金融），証券会社が仲介する。保険会社も金融に関わる伝統的な機関である。20世紀末の金融自由化によりいわゆる「ファンド」を運用する投資会社（ヘッジ・ファンド，プライベート・エクイティ・ファンドなど多種多様な私募型のファンド）の投資や企業買収などの活動が活発化し，金融に大きな影響を与えるようになった。今日では，資金の需要者，供給者は多様である。

　金融機関の中軸は銀行である。預金を集めて非金融企業などに貸し出す預金銀行（あるいは商業銀行）がいわゆる銀行に該当する。投資銀行（大手の証券会社）は企業の発行する株式や債券を引き受けるなどして企業の長期資金調達の財務活動を支援するほか，M&A（企業の合併・買収）の仲介や財務戦略について助言を行う。そのような証券業を預金銀行が兼営する兼営銀行（ユニバーサル・バンク）はヨーロッパ大陸諸国の伝統であった。

　経済史をみると，株価や不動産価格が急騰し，株式バブルや住宅バブルが崩壊して，金融恐慌や経済不況をたびたびもたらした。1929年にアメリカで発生した金融恐慌は世界恐慌に発展し，30年代の長期不況をもたらし，第2次大戦の導火線ともなった。金融恐

慌がその主犯と目され，すでに30年代に銀行業（商業銀行）と証券業（投資銀行）を厳格に分離する厳しい金融規制がアメリカのグラス゠スティーガル法によって導入された。第2次大戦後，金融制度のアメリカ・モデルは先進諸国に拡大した。仏独などでは伝統の銀行業と証券業の兼営方式は維持されたが，国の厳しい規制を受けていた。

　しかし，1971年に基軸通貨国アメリカが金ドル交換を停止して73年から変動相場制となり，為替相場は不安定化し，インフレ率が高まった。銀行は固定金利制を維持できなくなり，政府は金融自由化へ舵を切った。為替や金利などの変動リスクをヘッジする手段としてデリバティブ（金融派生商品）が開発された。投資銀行などは高利子率の証券を多種多様に開発して提供するようになり，預金者は預金を解消してそれらの証券を購入した。金融の証券化（セキュリタイゼーション）が発展した。イギリスでは「ビッグバン」と呼ばれた金融市場の大胆な自由化が86年に実施された。ロンドンには世界中から非常に多数の金融機関と金融サービス関連の多くの業種の専門家（会計士，弁護士，コンピュータ関連の種々の専門家等々）が集積し，ロンドン金融市場はニューヨークと並ぶ世界金融センターとなり，ヨーロッパ金融においても中心的な地位を占めた。

EU単一市場統合と金融部門

　1980年代には資本主義の新自由主義への転換が進んだ。自由化で先行したアメリカ，イギリスが金融・運輸などサービス，ICTなどで先行して競争力を強め，大陸のEU諸国は競争劣位に陥った。悩んだ末に，EU単一市場統合で挽回をはかった（第2章参照）。金融サービス（銀行，証券，保険の3部門）の単一市場形成は，①資本移動の自由化（1990年施行の第4次資本移動自由化指令で完全実施）を手始めに，②金融機関のEU域内での営業の自由化へと進んだ。だが，政府の保護が強かった業界なので，業界関係者や政治家などが抵抗し，金融統合はようやく92年に第2次銀行指令によってス

タートし，その後も金融サービス行動計画（FSAP）などによって段階的に統合を進めて，21世紀に入りようやく形を整えたものの，加盟国の権限が強く残り危機に対して脆弱だった（後述）。

　1990年代の世界的な低金利，金融の証券化，金融業のグローバル競争が展開する中で，EUでは単一金融市場化によって域内競争が激化し，西欧の銀行の貸付金利と預金金利の利鞘が縮小し，銀行の安定した収入が脅かされた。国家保護型の戦後ヨーロッパ銀行体制の大転換期となった。金融機関の間の競争，M&Aによる規模の拡大（後述），営業活動の革新を通じて，自由化で先行した米英両国に追随したのである。

統合圧力による金融機関の合同と新展開

単一市場形成のプロセスにおいて金融機関のM&A（合併・買収）が大規模に生じた。件数では，1990年代初めから先ず国内のM&Aが盛んになり，並行してその5分の1から10分の1の件数でEU域内のM&A，さらにEU域内の数分の1の件数で域外（対米，対東欧など）へのM&Aという構成で97年まで続き，金額は3つのタイプともほぼ同額で（つまり国内M&Aは1件当たりの金額が小さく，域外は最大規模），いずれの年も500億ユーロ以下だった。98年にM&A金額は3つのタイプとも1500億ユーロにはね上がり，99年はそれを上回った。21世紀初頭（2000〜10年）の推移は図4-3の通りである。

　EUの銀行間M&Aには3つの波がある。第1波は，単一市場統合による競争激化に備えるため1980年代末から自国内で金融機関が合併して規模を拡大した。西欧大銀行との競争を迫られる南欧諸国やオランダなど小国の「国内M&A」が大いに進んだ。「EU域内」は仏独伊スペインなどの大銀行が周辺国の銀行をM&Aで買収・合併し，現地に進出するケースなどである。90年代末からが第2波である（図4-3）。ユーロ導入に対応して仏独伊など大国の銀行が国内・EU域内・対外の全域にM&A活動を拡大した。多くの大銀

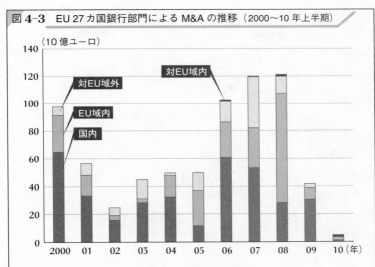

図4-3　EU 27 カ国銀行部門による M&A の推移（2000〜10 年上半期）

（10 億ユーロ）

対EU域外

対EU域内

EU域内

国内

（注）　M&A は，支配的持ち株と少数持ち株の双方を含む。いくつかの案件については，金額が不明。「EU 域内」とは，域内 27 カ国間の案件を表す（買収側が当該国籍でない場合も含む）。「対 EU 域内」とは，EU 27 カ国外の銀行による EU 27 カ国域内の銀行に対する M&A を，また「対 EU 域外」とは，EU 27 カ国域内の銀行による EU 27 カ国外銀行に対する M&A を，それぞれ表す。

（出所）　European Central Bank［2010］*EU Banking Structures*, p. 16.

行が大金融センターのロンドンに進出した。

　銀行の革新ではフランスが計画的に整理統合を進め，世紀の転換期には 4 大銀行体制を構築，南欧やベルギーなどラテン系諸国に大規模な支店網を築いた。ドイツでは既得利害が強く，改革は進まないなど，加盟国ごとに進展に特徴があった。

　「対域外」は，西欧や南欧の大銀行の中・東欧諸国（2004，07 年に EU 加盟）や南欧の銀行の買収および大銀行のアメリカなどへの進出がある。たとえば，ドイツ銀行は 1989 年にロンドンの投資銀行モルガン・グレンフェルを，98 年にはアメリカ 8 位のバンカース・トラストを買収した。2002 年から金額は縮小したが（件数も漸減），リーマン危機前のバブル景気で 08 年までが第 3 波である。

「EU 域内」が急騰した。なお，図 4-3 の「対 EU 域内」は EU 外の銀行による EU の銀行に対する M&A を指す。EU 域内の銀行間競争は激しいので，域外（日米など）からの進出は子会社を置くなどの形であり，M&A は非常に少ない。

　中・東欧諸国の旧共産主義の時代には国有銀行のみの「モノバンク制」だった。銀行は国の財政活動の資金面を担当し，民間銀行はなかった。体制転換により社会主義化以前に採用されていた中央銀行・民間銀行の 2 層制制度に戻った。だが，民間銀行は経営能力に劣るので，西欧やイタリアなどの巨大銀行が続々進出し，現地の銀行界を支配した。EU 加盟前の 2003 年，エストニア，スロバキア，チェコ，リトアニアでは銀行資産の 90 % 以上を外国銀行が占め，新規加盟 10 カ国の平均値も約 70 % だった（同じ年の EU 15──20 世紀 EU 加盟の 15 カ国──の平均は 23 %）。

EU 金融規制と監督体制は分散型に

　単一市場では金融機関の域内活動は単一パスポート（single passport）制度によって行われる。EU 域内に拠点を置く金融機関は，域内のいずれかの国の監督当局から営業免許を取得すれば，他の EU 諸国で自由に支店開設や金融活動を行うことができる（ただし，子会社開設には当該国の当局の免許が必要）。保険業や投資信託（UCITS 指令）も同様である。また，証券業を営む金融機関は各国取引所の会員になることができる。銀行が他の EU 加盟国に支店を設立し，単一パスポート制度を利用して金融活動を行うケースは単一市場の整備と歩調を合わせて増えていった。EU 域内の国境を越える支店数は 1992 年末の 302 支店から 2003 年末には 562 支店に増えた。

　EU には，株式市場などを用いる直接金融が中心の市場型システム（イギリスなど）と間接金融中心の銀行型システム（ドイツが典型）が並存し，フランスなどはその中間に位置していた。EU 各国の金融制度は歴史的・文化的に別様の発展経路を経てきており，その構造の違いは大きかったので，単一市場統合によって短期間で統一す

るのは困難だった。加盟国も重要な金融業の権限を EU に渡すつもりはなかった。単一市場統合の原則である「最低限の調和と各国規制の相互承認」（第2章参照）という方式が金融部門ではとくに限定的に適用され，銀行監督や金融危機管理の権限は加盟国が保持し，金融規制においても加盟国の制度が相互承認された。

単一パスポート制度を利用して域内諸国に支店を展開する金融機関の監督は，免許を与えた国の監督当局が行う。これを「本国監督（home country control）制度」と呼ぶ。この「単一パスポート＋本国監督」制度の下では，「本国」それぞれに規制の水準・内容が異なるため金融機関への規制の中味は複雑化することになった。

こうした「分散型」の原則は EU レベルに創設された「金融監督委員会」（銀行監督の CEBS, 保険・企業年金監督の CEIPOS, 証券業監督の CESR）にも適用された。各加盟国の金融監督当局とその代表が合同して監督する制度だが，権限は限定的で，リーマン危機に対応できなかった（第7章参照）。そのため，上記3機関を，EBA（欧州銀行監督庁），EIOPA（欧州保険・企業年金監督庁），ESMA（欧州証券監督庁）に転換して権限を強化し，それらを統括して，EU の金融システムのミクロ監督（個々の金融機関の監督）を担当する ESA（欧州監督庁）を創設した（2011 年 1 月。なお各機関のフルスペルは巻末の「欧文略語一覧」を参照）。

3 通貨統合の展開とユーロの誕生
●ドイツ・マルクの基軸通貨化と経済・通貨同盟

ドイツ・マルクの基軸
通貨化と非対称性

ドイツ・マルクは 1980 年代後半に EMS の基軸通貨になった。基軸通貨は通貨当局のレベルでは，①為替標準通貨（他の通貨当局が為替相場運営の基準にする通貨），②準備通貨，③介入通貨，の3つの機能を発揮する。各国は為替標準通貨に対して為替相場を

安定させるため介入通貨として使用し，したがって準備通貨として保有する。

EMS の初期にはドルが介入通貨，準備通貨としてマルクより多く使用・保有されていたが，1980 年代後半にドル相場が不安定化したため介入通貨としてのマルク使用がドルを上回り，EMS 参加国の外貨準備総額に占めるマルクのシェアも 30〜50 ％に高まった。ドイツは再統一後金融自由化をさらに促進したため，マルクの国際的使用は急増し，EMS の基軸通貨としても定着した。

基軸通貨の利点は「経済政策の三角形」によって適切に示される（図 4-4）。図の内側の黒い三角形の頂点は，固定為替相場，金融政策の自律性，自由な資本移動を示す。いずれの国もそれら 3 つを同時にかつ恒常的に満たすことはできず，必ずどれか 1 つを断念しなければならない（"inconsistent triangle" or "impossible trinity"；「マンデル＝フレミング・モデル」を証明に使う）。たとえば，自由な資本移動の下で金融政策の自律性を保持したければ，固定為替相場は維持できない。自律的な金融政策によってその国だけが金利を下げれば，資本が流出し，為替相場が下がり，金利を引き上げれば資本が流入して為替相場は上昇するので，固定為替相場は維持できない。EMS の基軸通貨国ドイツは自由な資本移動の下でドルに対して変動相場制をとり，金融政策の自律性を保持した（図 4-4 の「ドイツ」の位置）。他の EMS 通貨は自由な資本移動の下でマルクに対して固定相場制を維持し，金融政策の自律性を放棄せざるをえない（同図「ドイツ以外の EMS 参加国」の位置）。つまりドイツだけが金融政策の自律性を保持し，他の国は追随するしかない。ここに非対称性・格差がある。

通貨統合から受け取るメリット

ドイツ連邦銀行が 1987 年の不況期に高金利政策を続けるなどしたので，不満を高めたフランス政府は 88 年 2 月に通貨統合構想を公表した。欧州中央銀行ができれば，ドイツも政策決定に 1 票

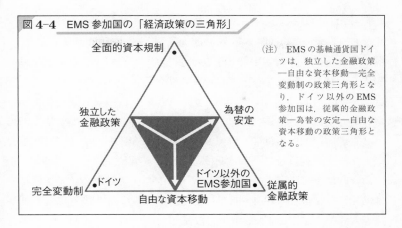

図4-4 EMS参加国の「経済政策の三角形」

全面的資本規制

独立した
金融政策

為替の
安定

完全変動制 ●ドイツ

ドイツ以外の
EMS参加国 ●

従属的
金融政策

自由な資本移動

(注) EMSの基軸通貨国ドイ
ツは、独立した金融政策
―自由な資本移動―完全
変動制の政策三角形とな
り、ドイツ以外のEMS
参加国は、従属的金融政
策―為替の安定―自由な
資本移動の政策三角形と
なる。

しか行使できないから、対称性を確保できると考えて決断したのである。ユーロ加盟国は自立的な金融政策と為替相場変更という2つの権限を喪失する。ドイツも図4-4の「ドイツ以外のEMS参加国」の位置に移動する。代わって図4-4のドイツの地位に就くのはユーロ圏である。ユーロ圏はドルに対する変動相場制を採用し自律的金融政策を実施する。自立的な金融政策はECB（欧州中央銀行）が担当するのである。

　ユーロになって「ドイツ以外のEMS参加国」にどのようなメリットがあるのか。イタリアなど南欧諸国はインフレ・高金利により金融市場の信頼は失われていたが、ドイツ連邦銀行の地位を継承するECBに参加することによって市場の信頼を取得でき（「信認の輸入」）、外資流入などのメリットを享受できると考えていた。ユーロ加盟を切望していたのである。

経済・通貨同盟

　フランスは通貨統合提案と抱き合わせに西ドイツをフランスの核の傘に包摂する方針を打ち出した。ドイツ連邦銀行は拒否の方針だったが、西ドイツ政府は通貨統合提案を受諾し、EU首脳会議は1988年6月にドロールEC委員会委員長を座長に通貨統合の進め方を研究する委員会を

設置した。EC12 カ国の中央銀行総裁，学者，実務家が参加し，翌年 4 月「経済・通貨同盟」（Economic and Monetary Union：EMU）に関する「ドロール委員会報告」を公表した。6 月に EU 首脳会議は報告を承認し，それをベースに欧州中央銀行法草案が中央銀行総裁会議の手で作成された。91 年，通貨統合を中心に条約改正の交渉が行われ，12 月マーストリヒト条約に合意，付属文書とともに 92 年 2 月調印，各国の批准を経て 93 年 11 月に発効した。イギリスとデンマークは通貨統合不参加を認められた。

　新条約は EMU 実現のために 3 段階アプローチをとる。第 1 段階は助走，第 2 段階（1994〜98 年）は機構づくり，第 3 段階に統一通貨導入。第 1 段階は EMS 危機で混乱したが，94 年に EMI（欧州通貨機関）を設立，EU 各国中央銀行の人材を集めて ECB 創設の準備を進め，95 年 12 月にマドリッド首脳会議で通貨統合再開，統一通貨の名称をユーロとするなどで合意，96 年 11 月にイタリアが EMS に復帰した頃から通貨統合に勢いがつき，98 年 6 月 ECB（欧州中央銀行）がドイツの金融都市フランクフルトに創設された。

統一ドイツと EU 加盟国との盟約

　ユーロは政治的通貨である。西ドイツが東西ドイツ統一を他の EU 諸国から無条件承認してもらうのと引き換えにマルクの放棄を約束した結果，ユーロの誕生が保証されたからである。ドイツは 20 世紀に 2 度欧州戦争・世界大戦を引き起こし，ヨーロッパを悲惨のどん底に陥れた。東西ドイツの統一はそのようなドイツが出現する可能性を意味した（東ドイツとベルリンへの主権の喪失が西ドイツを縛り謙虚にした。完全主権を回復した統一ドイツはそうした制約から解放され独行するかもしれない，という懸念）。フランスなど他の EU 諸国はそうしたドイツの独行を防ぐにはマルクを消滅させ，ユーロによってドイツと結びつくしかないと判断したのである。当時 "Europe for Germany" ではなく，"Germany for Europe" のためにマルク放棄という議論を西ドイツ政府が発表していた。

ユーロはドイツが他のヨーロッパ諸国とともに歩むという「盟約の通貨」なのである。ギリシャ危機に際して「ドイツのユーロ離脱」というような議論があったが，離脱はドイツのヨーロッパに対する政治的裏切りを意味する。ユーロは「盟約の通貨」，「政治的通貨」である。経済的利害の次元だけでそのゆくえを判断すべきではない。

ユーロ加盟国の決定（加盟4条件）

　ユーロに加盟できるのは，次の「4条件」をクリアした国だけである。①物価安定——消費者物価上昇率がEUでもっとも低い3カ国の値から1.5ポイント以内。②低金利——当該国の政府長期債利回りが物価上昇率最低の3カ国の政府長期債の利回りに対して2ポイント以内。③為替相場の安定——当該国通貨がEMSで直近の2年間正常変動幅を維持し，中心レート調整を行っていない。④健全財政——年間財政赤字額の対GDP比が3％を超えず，政府債務残高がGDP比60％以内である。

　経済学的にみて為替安定，物価・金利の収斂は通貨統合に必須である。これらがバラバラだとユーロにより一元化された金融政策では対応できない。財政は，放漫財政の国があると市場がユーロに不信をもち，ECBの金融政策に負担がかかる。「ユーロの信認」が健全財政のキー・ポイントとされた。

　周縁諸国とコア諸国とのインフレ格差は1995年でもかなり大きく（図4-2），財政赤字3％以下はわずか3カ国だけであった。しかしその後猛烈な財政赤字削減競争が展開され，イタリアやスペインは政労資合意による実質賃金抑制，財政赤字削減のための年金改革，国有企業の民営化，果ては「ユーロ税」（一時的課税）まで実行に移した。ユーロ不参加は「2級国」を意味するので，避けたいと考えた。物価，金利，財政赤字の格差は急激に低下し，債券価格は上昇した。投資家は先取りしてそれらの国の国債を買い上げ，長期金利は急速にドイツレベルに収斂した。

　1998年5月初めに11カ国がユーロ加盟に合格した。独，仏，ベ

ネルクス 3 国，オーストリア，フィンランド，アイルランド，イタリア，スペイン，ポルトガルである。イタリア，ベルギーの政府債務残高は GDP 比 100 ％を超えていたが，縮小傾向だったので，縮小の持続を条件に合格とされた。イギリス，デンマークは不参加，スウェーデンは高度福祉国家への制約を懸念し加盟拒否，ギリシャは 4 条件すべて満たせず加盟不可（2001 年加盟。ただし財政赤字に粉飾があった）となった。

| ユーロの導入 |

1999 年 1 月 1 日，ユーロが導入された。ユーロ圏で為替相場変動はなくなり，「ドルからの自立」が達成された。大企業は巨大化したユーロ金融市場で大規模な社債発行ができるようになり，100 億ドルを超える大型の企業買収が立て続けに実施されて，大通貨圏に見合う巨大企業化が進んだ。小国フィンランドの IT 企業ノキアもユーロを得て世界企業に発展した。国を超えて価格の比較が容易になり，スペインのビールショップが「ミュンヘンに比べてスペインのビールの価格は安すぎる」と不満をもらすような事態も生じた。

ユーロはさしあたり非現金分野（銀行口座振替）だけに導入され，現金はユーロ加盟国の銀行券，硬貨を使用したが，ユーロと各国通貨の等価を確保するために，1998 年 12 月 31 日の ECU レートをもとに 1 ユーロ＝1.95583 マルク，1 ユーロ＝6.55957 仏フランのように，6 桁の固定換算率が設定され，同じ通貨になった。銀行間取引はユーロ使用，金融政策はユーロで実施，為替相場はユーロ相場のみが建った。99 年から 3 年間は中小企業や消費者がユーロに慣れる期間とされ，2002 年 1 月 1 日にユーロ現金が流通を開始し，銀行の預金口座はユーロ建てに転換された。各国現金は引き揚げられて姿を消し，2002 年 3 月，ユーロの専一流通となった（図 4-5）。

ユーロ現金は，紙幣 7 種（5 ユーロから 500 ユーロまで）と硬貨 8 種（1 ユーロセントから 2 ユーロコインまで）からなる。紙幣は ECB 発行だが，硬貨は各国で製作，表（おもて）のデザインは共通だが，

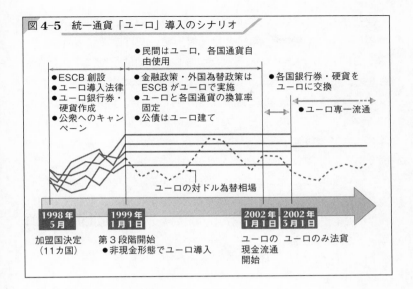

図4-5 統一通貨「ユーロ」導入のシナリオ

- ●民間はユーロ，各国通貨自由使用

- ●ESCB 創設
- ●ユーロ導入法律
- ●ユーロ銀行券・硬貨作成
- ●公衆へのキャンペーン

- ●金融政策・外国為替政策は ESCB がユーロで実施
- ●ユーロと各国通貨の換算率固定
- ●公債はユーロ建て

- ●各国銀行券・硬貨をユーロに交換
- ●ユーロ専一流通

ユーロの対ドル為替相場

| 1998 年 5 月 | 1999 年 1 月 1 日 | 2002 年 1 月 1 日 | 2002 年 3 月 1 日 |
| 加盟国決定 (11カ国) | 第 3 段階開始 ●非現金形態でユーロ導入 | ユーロの現金流通開始 | ユーロのみ法貨 |

裏は各国別々に国柄を表すデザインになっている。

ユーロの役割とユーロ圏の拡大

ユーロは，①統一ドイツの EU への包摂，②ユーロ圏の物価安定，③単一市場に単一通貨を（ユーロ圏経済の効率化，統合促進など），④ヨーロッパの基軸通貨，という 4 つの歴史的役割を託され，導入後その役割を果たした。

ユーロ圏域内では通貨両替コスト，為替リスクがなくなり，経済・金融両面の統合が大きく進展した。ユーロ圏 15 カ国の域内貿易は，ユーロ導入以前の GDP 比 25 ％から 2007 年には 33 ％に上昇するなど，ユーロは域内の貿易と投資を大いに促進した。ユーロ建て社債の発行や流通も著しく増えた。

ユーロはヨーロッパ全域の基軸通貨となり，為替相場の安定を保障するアンカー（錨）となった（詳細は第 15 章）。ヨーロッパの貿易はユーロ建てが主流である。近年，世界の外貨準備シェアはドル約 60 ％，ユーロ 20 ％強である。

後述するように，**ユーロ危機においてユーロの制度的な限界が白日の下に晒されたが，危機を乗り切った**。制度改革（第7章参照）やECBの活躍があり，上述したユーロの歴史的役割に変化はない。むしろ，危機を乗り越えてその地位は強化されている。

　ユーロ加盟国は当初の11から19へ拡大した。2001年ギリシャ，07年スロバキア，08年キプロス，マルタ，09年スロバキア，10年エストニア，14年ラトビア，15年リトアニアが加盟し，現在19カ国である。今後も東欧諸国の加盟が予想される。

　ユーロ加盟希望国はERM Ⅱ（Exchange Rate Mechanism two）にあしかけ2年以上参加しなければならない。ERM Ⅱ参加国は対ユーロ中心レートを定め，固定為替相場制をとる。参加国中央銀行はユーロを用いて外国為替市場に介入する。クロアチア，ブルガリアはERM Ⅱに参加しており，ユーロ圏の拡大を展望できる。

4　ユーロ中央銀行制度（ユーロシステム）と金融政策
●多数国による単一金融政策という実験

連邦型の中央銀行制度　　ユーロを発行し金融政策を実施する単一中央銀行制度をEUではユーロシステム（Eurosystem）と呼ぶ（本書ではユーロ中央銀行制度という語を使用することもある）。独特の連邦型中央銀行であり，上部機関のECB（欧州中央銀行）と下部機関のNCBs（ユーロ加盟国中央銀行）からなる（図4-6）。EU各国の中央銀行は人口比とGDP比とで計算される資本金を払い込み，ECBの運営にあてる。したがって加盟国中央銀行はECBの「株主」的存在でもある（ユーロ未加盟国の拠出は非常に少ない）。

　ECBの執行機関は役員会（Executive Board）であり，総裁（ユーロ中央銀行を代表する），副総裁，専務理事4人からなる。役員の任期は8年だが，ECBスタート直後だけ任期を4年から8年まで

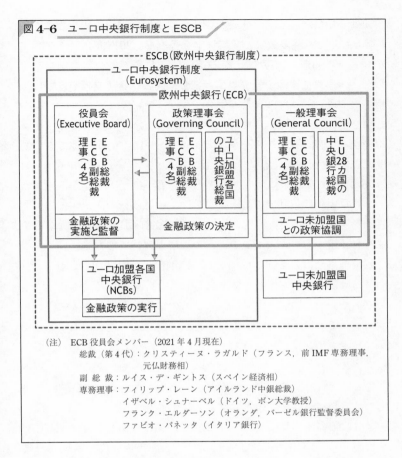

図4-6 ユーロ中央銀行制度と ESCB

ESCB（欧州中央銀行制度）
ユーロ中央銀行制度（Eurosystem）
欧州中央銀行（ECB）

役員会
（Executive Board）
理事（4名）
ECB総裁
ECB副総裁
金融政策の実施と監督

政策理事会
（Governing Council）
理事（4名）
ECB総裁
ECB副総裁
ユーロ加盟各国の中央銀行総裁
金融政策の決定

一般理事会
（General Council）
理事（4名）
ECB総裁
ECB副総裁
EU28カ国の中央銀行総裁
ユーロ未加盟国との政策協調

ユーロ加盟各国中央銀行
（NCBs）
金融政策の実行

ユーロ未加盟国中央銀行

（注）　ECB 役員会メンバー（2021 年 4 月現在）
　　　　総裁（第 4 代）：クリスティーヌ・ラガルド（フランス，前 IMF 専務理事，
　　　　　　　　　　　　　元仏財務相）
　　　　副　総　裁：ルイス・デ・ギントス（スペイン経済相）
　　　　専務理事：フィリップ・レーン（アイルランド中銀総裁）
　　　　　　　　　　イザベル・シュナーベル（ドイツ，ボン大学教授）
　　　　　　　　　　フランク・エルダーソン（オランダ，バーゼル銀行監督委員会）
　　　　　　　　　　ファビオ・パネッタ（イタリア銀行）

割り振り，交代の時期をずらした。初代ドイセンベルグ総裁（元オランダ中央銀行総裁）は，変則的だが 2004 年 11 月にトリシェ総裁（元フランス中銀総裁）に交代，8 年後の 11 年 11 月に第 3 代マリオ・ドラギ（元イタリア銀行総裁），19 年 11 月に第 4 代クリスティーヌ・ラガルド（元フランス財務相・前 IMF 専務理事）が総裁に就任した。

　ECB の最高決定機関は政策理事会（Governing Council）である。

当初は，役員会の6名とすべてのユーロ加盟国の中央銀行総裁が各1票をもち，単純多数決で政策決定を行った。2015年にリトアニアがユーロに加盟し19カ国になると，14年に合意した輪番制に移行した。ユーロ加盟国を経済規模と金融機関の総資産規模を基準に，第1グループ（ドイツ，フランス，イタリア，スペイン，オランダ）と第2グループ（その他のユーロ加盟国）に分け，投票権を第1グループ4カ国，第2グループ11カ国の合計15カ国が輪番でもつ制度に転換した。第1グループの80％，第2グループの78.6％（11／14）が投票権をもつ。

ユーロ中央銀行制度の基本業務は，①金融政策の決定・実施，②外国為替操作（外為市場への介入など），③EU加盟国の外貨準備を保有し運用する，④決済システムの円滑な運営，である。

政策理事会は月2回，原則として隔週の木曜日に開催され，第1回目に政策金利を決定し，第2回目にはその他の課題を協議・決定していた。総裁の記者会見は，月初めの定例政策理事会後に行われ，欧州議会でも説明する。そのほか総裁，副総裁，理事によって恒常的に講演やインタビューなどで政策の説明が行われており，説明責任（アカウンタビリティ）を果たす。なお，金融政策を決める政策理事会は今日では6週間に一度開催される。ユーロ圏の金融政策決定の世界経済にとっての重みはアメリカ FRB に次ぐ。

金融政策のオペレーション（実施）は ECB の指示を受けて NCBs が担当する。ECB の経常的な役割は，公開市場操作を管理し，営業の終了を宣言し，また資金振替に事故があったとき調査を指令するなど，管理業務が中心である。

すべての EU 加盟国の中央銀行を包摂して ESCB（欧州中央銀行制度）が存在し，その機関として一般理事会（General Council）がある。これはユーロ新規加盟，ERM Ⅱ や金融・外為相場政策に関する協議・調整を行う機関で，ユーロ流通には関与しない。

ECB の主要目的は物価安定，EU 基本条約
と EU 中央銀行法に定められた法的な義務
である。ECB は「物価安定」を，HICP
（統合消費者物価指数。統一された仕方で計算されたユーロ加盟国消費者
物価指数の加重平均値）の前年比を「2％未満だが2％近傍」に抑
えることと定義し，政策金利の設定を通じて中期的にその達成を目
指す。したがって，一時的に2％を超えても，すぐに政策金利を引
き上げるようなことはない。ECB はこれまでその目標をほぼ達成
し，高い信頼が寄せられている。

ECB は物価安定を妨げない限りで「EU の経済政策全般を支援す
る」と規定されていて，たとえば経済成長や金融市場の安定などを
支援する。2010 年代以降デフレ懸念の生じる時期もあるなど，物
価上昇率は2％近傍に上昇しなくなった。金融政策の環境は大きく
変動し，ECB は「経済政策全般を支援」が主要な仕事になってい
る（第5，7章参照）。

ECB，NCBs ともに EU や加盟国政府からのいかなる指示も受け
入れたり求めたりしてはならない（中央銀行の「独立性」）。これは，
政府が経済成長や雇用を重視して中央銀行に指示を出し，結果的に
物価安定が揺らぐ事態を防ぐためであり，ドイツ連邦銀行の伝統を
継承する。

なお，現行リスボン条約では「第Ⅷ編 経済・通貨政策」（EU 運
営条約第 119 条から 144 条）に関連規定がある。ユーロをめぐる多く
の規定はこのように EU 基本条約，EU 中央銀行法を基軸に細部に
までわたる。ユーロをめぐる係争には欧州司法裁判所の判決が最終
的な判断を示す。ユーロ法令に関しては，EU が連邦国家の役割を
果たしている。

<hr>
ECB の金利政策

中央銀行は景気循環に応じて政策金利を調
節し，経済の安定をはかる。好況が続き物
価上昇率が高まれば，政策金利を引き上げて抑制し，不況になれば

政策金利を引き下げて，景気の回復を支援する。ECB も短期市場金利を誘導して経済の安定を達成しようとする。ユーロシステム（以下，ECB で代表させる）は，①上限金利，②下限金利，③市場介入金利，の３種類を政策金利として設定している。

　市場介入金利は公開市場操作（Open Market Operation：オペ）によって中央銀行が証券（「適格資産」）を適切な金利で売買して，市場金利を誘導する際の目標金利である。その上下に上限金利，下限金利が設定され，「常設ファシリティ」によって維持される。市場で資金調達できなかった民間銀行が必要とするユーロ資金は適格資産を担保に当該国 NCB が上限金利で貸し付ける（「限界貸出ファシリティ」）ので，それがオーバーナイト金利の上限となる。下限金利は，民間銀行が市場での貸付ができなかった時に NCB にオーバーナイト預金を行う際に付利され（「預金ファシリティ」），通常，オーバーナイト金利の下限となる。

　公開市場操作は目的に応じて「主要オペ」「長期オペ」「微調整オペ」「構造オペ」の４種類が行われる。ECB は定例政策理事会でオペ金利を決定し，NCBs に指示して入札を実施する（ECB の指示はコンピュータ・システムに対して行われ，システムが入札を処理する）。

　オペで売買される証券（「適格資産」）は，ユーロ圏全域に適用される統一基準を満たすもの（Tier 1）と，各国中央銀行にとって重要なもので ECB の認可を得たもの（Tier 2）との２種類がある。

ECB の政策金利はどう動いたのか

政策金利の動きはユーロ圏の景気動向に対応する。1999 年に ECB は市場介入金利を３％でスタートさせ，その上下１％に上限・下限金利を設定した。だが，経済成長率が低下したため，99 年４月に市場介入金利を 2.5 ％に引き下げ，景気拡大が確実となった 11 月に 3.0 ％に戻し，2000 年には原油価格急騰やユーロ為替相場下落による輸入物価の上昇なども勘案して５回にわたって引き上げ，市場介入金利は 10 月に 4.75 ％となった（図4-7）。

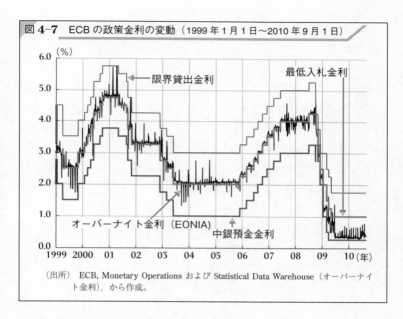

図 **4-7** ECB の政策金利の変動（1999 年 1 月 1 日〜2010 年 9 月 1 日）

（出所）　ECB, Monetary Operations および Statistical Data Warehouse（オーバーナイ
ト金利），から作成。

　2001 年にアメリカの ICT 不況が波及して EU も不況に陥り，政
策金利の引き下げ局面に移行した。ボトムの政策金利は 2 ％，03
年 6 月から 2 年以上据え置いた。EU 経済は 04 年好況に転換したが，
ドイツの不況が 05 年まで続き，2 ％据え置きの期間が長引いた。
EU 全体は好況となって HICP は約 2 ％となり，実質金利（＝市場
金利マイナス物価上昇率）は 0 ％，高成長のアイルランド，スペイ
ンでは HICP は 3 ％台で実質金利はマイナス，金融政策は過度に景
気刺激的となり，住宅ブームの加熱，バブル膨張を引き起こしたと
ECB は批判された。
　一方にドイツの不況，他方にスペインやアイルランドでバブルの
膨張があっても，ユーロの政策金利は 1 つなので，ユーロ圏平均を
メドに運営するしかない（実際には不況のドイツに焦点を合わせた低
金利政策がとられた）。これは共通通貨の抱える矛盾であり，不況の
国と好況の国が併存する場合にその金融政策の難点が浮き彫りとな

る。金融政策だけでは対応不可能なので，加盟国は財政政策や行政面の対処と合わせて対応する必要があるのだが，効果的な政策はとられないままだった。

　ドイツの景気回復の兆しがみえた 2005 年 12 月から ECB は政策金利の引き上げに転換し，08 年 7 月に 4.25 ％まで引き上げたが，同年 9 月 15 日に生起したリーマン・ショックにより局面は大転換した。世界金融危機が激化し，経済の落ち込みも戦後最大となった。この「リーマン危機」を緩和しまた不況に対抗するために，米欧日などの中央銀行は政策金利を急激に引き下げ，米英日はゼロ金利へ，ECB は 1 ％にまで引き下げた。なお，ECB はその際に上下の金利バンドの幅を 1 ％から 0.75 ％に縮小した。図 4-7 から読み取れるように，ユーロ圏の市場金利は 0.25 ％まで下がっていた。

通貨協力からユーロへ，そしてポスト・リーマン危機のユーロへ

EC 諸国は「ドルからの自立」を旗印に通貨協力（域内固定相場制）を開始し，30 年の苦闘を経て，統一通貨ユーロの導入に成功した。多数国が平等の立場で通貨統合を実現したのは史上初の快挙といえる。アジアや中東での通貨統合の可能性を「最適通貨圏の理論」を用いて論じる論者もいるが，通貨統合は高度の制度構築能力，したがって高い社会・文化レベルを備えた地域でないと進展は困難である。「最適通貨圏の理論」はもともと西欧を念頭に理論化されたという原点を忘れてはならない。

　ユーロによって域内から為替相場の不安定な動揺が除去され，また ECB での金融政策の共同決定によってユーロ加盟国の間の連帯は強まっている。ユーロ加盟国は当初の 11 から 19 にまで増え，さらに増加するであろう。ユーロは再統一のドイツを EU につなぎ止めるという政治的・地政学的意義も担った。したがって，通貨協力からユーロ導入までの 20 世紀 EU 統合はサクセスストーリーといってよい。

　だが，ユーロはいくつか問題も抱えていた。① EMS を継承して

先進国だけでスタートする当初の構想と違って，南欧諸国などが加盟したので，不況のドイツに合わせた低金利政策が南欧新興国でバブルを助長した，②金融安定の時代を想定したユーロ制度は1990年代以降の金融自由化・グローバル化時代へと変容した金融への対応力に限界があった，③ドイツ統一とユーロ導入が取引され，独自性の強いドイツの通貨制度がモデルとされた，などである。そのため，ユーロ危機に苦しみ，ユーロ圏の南北対立へと進んでいった。

世界経済は2008・09年のリーマン危機を契機に大転換した。ポスト・リーマン危機の時代は「危機の2010年代」となった。さらに2020年には新型コロナ危機が起きた。EUの形が変わり，基盤の再構築を迫られた。

これらについては第5章，第7章そして終章で考察しよう。

演習問題

1 通貨協力と通貨統合の共通性と異質性を説明してみよう。

2 EMSの前期から後期への移行は，主要な参加諸国の物価がドイツレベルに収斂したことが主たる理由といえる。物価上昇率の収斂と為替相場の安定の関連を説明してみよう。

3 EMS危機の原因は複合的である。危機の諸原因を整理し，それらに照らして，1990年台半ば以降EMSが安定へと復帰した理由について考えてみよう。

4 「ユーロ加盟4条件」の意味を説明してみよう。

5 ユーロ中央銀行制度とその金融政策について説明してみよう。

■ ■ ■ 参考文献 ■ ■ ■ ■ ■ ■ ■ ■ ■ ■ ■

イペルゼル，J. van，J.-C. クーヌ（東京銀行ブラッセル支店訳）[1986]『EMS（欧州通貨制度）──その歴史と展望』東銀リサーチインターナショナル

欧州中央銀行（小谷野俊夫・立脇和夫訳）[2002]『欧州中央銀行の金

　融政策』東洋経済新報社

唐鎌大輔［2017］『ECB 欧州中央銀行——組織，戦略から銀行監督
　まで』東洋経済新報社

田中素香編著［1996］『EMS：欧州通貨制度——欧州通貨統合の焦点』
　有斐閣

ティートマイヤー，H.（財団法人国際通貨研究所・村瀬哲司監訳）
　［2007］『ユーロへの挑戦』京都大学学術出版会

デ・グラウエ，P.（田中素香・山口昌樹訳）［2011］『通貨同盟の経済
　学——ユーロの理論と現状分析』（原著第 8 版）勁草書房

第5章

2020年代のEU：グリーン・デジタル・グローバル

危機を越えてどこへ進んでいくのか

●本章のサマリー

　EUは2010年代，ユーロ危機と長期不況，ユーロ危機による南欧の「負け組」転落，難民の大規模流入，ポピュリズム政党の伸張，ブレグジットなど，連続する危機に苦しんだ。その後，EU経済は回復に向かったが，2020年春に新型コロナ・パンデミックが襲い，国際観光への依存度の高い国を先頭に経済の落ち込み，医療崩壊などの危機に陥った。

　EUは路線を切り替え，2020年代への対応を始めた。7500億ユーロの復興基金により，グリーン化とデジタル化を基盤に新型コロナ危機から経済を回復させ，経済成長率を引き上げる「グリーン復興」である。EU離脱のイギリスもグリーン化路線は共通する。

　EUは「グリーン復興」と並行して2050年の気候中立を見据えた欧州グリーン・ディールを進めている。グリーン・ディールは化石燃料に立脚する現代文明をクリーン電源に切り替える第2次産業革命ともいえる大変革であり，風力発電・太陽光発電・原子力を組み合わせた新しいエネルギー源により CO_2 を出さない生産・交通運輸手段・建物・消費へ転換する。EUは世界最先端を進むが，全世界をグリーン化に巻き込む困難な仕事が待ち受けている。

KEY WORDS

本章で学ぶキーワード

ポピュリズム　格差拡大　ブレグジット　トランプ（政権）新型コロナ・パンデミック　復興基金　次世代EU（NGEU）　復興強靱化資金（RRF）　グリーン復興　デジタル化　ドラギ政権　CBAM　EU-ETS　デジタル・コンパス　GDPR　欧州グリーン・ディール　気候中立　カーボン・ニュートラル　気候危機　グリーン金融　Fit for 55

1 「危機の2010年代」とEUの変貌

●ユーロ危機・ブレグジット・ポピュリズム

英米両国の格差拡大と
ポピュリズム運動の勝
利

リーマン危機を引き起こした米英両国は，大胆な財政・金融政策により金融・経済危機を短期間で沈静化させた。その後，中央銀行が3次にわたり量的緩和策（QE）を実施，低率ながらプラス経済成長を続けた。2015年頃「完全雇用復帰」と発表したが，労働参加率は低下し，所得格差は開き，経済成長には勢いがなかった。

この長期経済停滞と所得格差拡大を背景に，エリートを批判し移民流入阻止・反EUなどを唱えるポピュリズム政党が支持を伸ばした。ポピュリズムとは「エリート（既成特権層）に反対する政治運動」である。既成政党や諸機関（自国政府，EU，財界団体など）は特権的エリートの利害を代表していると非難し，自分たちの政党・運動だけが「人民（一般大衆）の利益」を守ると主張して，勢力拡張をはかる。EU諸国のポピュリスト政党は国によって独自の発展を遂げているが，格差（所得格差が第一）の拡大とそこからくる大衆の疎外感，怒りを共通のベースとする。イギリスのEU離脱を問う国民投票と2017年のフランス大統領選挙との投票分析から，右派ポピュリズム運動の主要な担い手は，「低学歴・低所得・ブルーカラー」とされている。「ブルーカラー」とは広範囲の低賃金労働者層を指す。

2016年6月のイギリスのEU離脱国民投票，同年秋のトランプの大統領選勝利はいずれも右派ポピュリズムの勝利だった（「右派」は排外主義的ナショナリズムとの親近性を表す）。世界10カ国のデータによる「先進国ポピュリズムindex」によれば，ポピュリズム政党の選挙での得票率は1920年代末〜30年代初めのファシズムとニューディールなどの政治により急上昇した。第2次大戦後ポピュリ

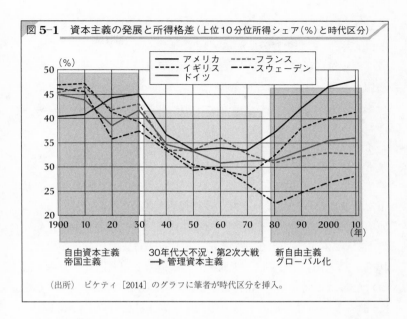

図5-1 資本主義の発展と所得格差（上位10分位所得シェア（%）と時代区分）

自由資本主義
帝国主義

30年代大不況・第2次大戦
　→ 管理資本主義

新自由主義
グローバル化

（出所）　ピケティ［2014］のグラフに筆者が時代区分を挿入。

ズムは低調だったが，2010年代後半に上昇し，17年に「1930年代
以来の最高値」となった。16年のブレグジット国民投票とトラン
プ大統領選出が先進国のポピュリズム運動を鼓舞した。

　ポピュリズムの盛衰の歴史は，トマ・ピケティの『21世紀の資
本』の格差分析と整合的である（図5-1）。20世紀初頭の自由資本
主義では所得格差が非常に大きかったが，大戦間の混乱を経て格差
縮小のファシズムとニューディールの新しい資本主義の時代を生み
出した。1930年代に始まった格差縮小のトレンドは，第2次大戦
後の70年代まで続いた。社会主義ソ連（完全雇用）の影響が大き
かった。だが，80年から新自由主義の英米両国が急激な**格差拡大**に
転じ，2010年に両国は，上位10％の家計が国民所得の40％以上
を取得する，20世紀初頭に匹敵する格差社会に戻ってしまった。
10年代に格差はさらに開き，両国での右派ポピュリズム勝利と結
びつく。独仏両国の格差拡大は比較的緩やかであった。

ピケティはこのような格差変動の主因を税制（とりわけ所得税制と相続税制）の変更にみている。1980 年代に英サッチャー・米レーガン両政権は新自由主義へと路線を切り替え，最高所得税率の大幅な切り下げ（英では 83 ％→ 40 ％，米は 70 ％→ 28 ％），法人税率と相続税率の大幅な切り下げを実施し，他の諸国も追随していったのである。

　イギリスでは，ドイツ統一と EU の通貨統合をみて「ヨーロッパはドイツのもので，われわれを制約する」と捉えるイングランド国粋主義者が保守党内で数を増していった。2010 年に労働党から政権を奪取した保守党キャメロン政権は毎年 GDP 比約 1 ％もの厳しい政府支出削減を行い，その 8 割は社会福祉・教育・年金などのカットだった。中・下層国民の生活は悪化を続け，青テントが急増，16 年には人口の 4 分の 1，未成年者の 3 分の 1 が貧困ライン以下だった。右派ポピュリズムの英国独立党（UKIP）は政権への怒りを「労働者の困窮は移民のせい，移民流入は EU のせい」と反 EU へ誘導し，ボリス・ジョンソン（現首相）など保守党のポピュリスト政治家は相乗りして 16 年 6 月イギリスの EU 離脱（ブレグジット）を問う国民投票に勝利した。19 年 7 月に成立したジョンソン政権は EU 離脱と格差是正を公約した同年 12 月の総選挙で圧勝し，イギリスは 20 年 1 月末に政治面での EU 離脱，その後の移行期を経て同年末に EU を完全離脱した。

　アメリカでは「ラストベルト」（さび付き工業地帯）と呼ばれる衰退工業地帯を抱える中西部州などがトランプを大統領に押し上げた。所得格差・地域格差拡大への怒りのマグマがトランプの右派ポピュリズム的扇動により突然噴き出した。トランプ大統領は EU を「敵」（foe）と呼び，鉄鋼・アルミの高率関税を EU にも賦課，NATO や G7 にも非協力的で，米欧を基軸とする世界の通商・政治システムは機能不全に陥った。2021 年 1 月 6 日，ワシントンで暴徒が会期中のアメリカ連邦議会に乱入し狼藉を働いたが，暴徒を議会へと煽

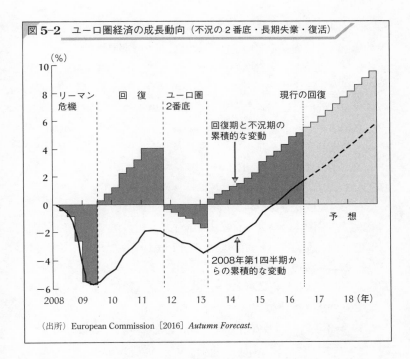

図 5-2　ユーロ圏経済の成長動向（不況の 2 番底・長期失業・復活）

(%)

リーマン
危機

回　復

ユーロ圏
2番底

現行の回復

回復期と不況期の
累積的な変動

予　想

2008年第1四半期か
らの累積的な変動

2008　09　10　11　12　13　14　15　16　17　18（年）

（出所）European Commission［2016］*Autumn Forecast.*

ったのはトランプ大統領，信じがたい事件であった。

EU の南北対立——ユ
ーロ危機国の反 EU・
反独仏感情

2010 年代のユーロ圏経済は英米より悪か
った。ユーロ危機により 11 年末から「不
況の 2 番底」に落ち込み，リーマン危機前
の GDP ピーク（08 年第 1 四半期）の水準に復帰したのは 15 年半ば
であり，実に 7 年半の長期不況になった（図 5-2）。南欧諸国は大
量失業の下で 17 年まで不況が続いた。中・東欧諸国もリーマン危
機を機に経済が悪化した。

　南欧諸国ではユーロ危機と財政緊縮により深刻な不況・大量失業
となり，反 EU・反独仏のポピュリズムが台頭した。バブルはなく
経常収支均衡のイタリアがユーロ危機第 2 波の中で金融危機とベル
ルスコーニ首相退陣（2011 年 11 月）に至ったのは，独仏政府首脳

（独メルケル・仏サルコジ）に反抗し策謀にかけられたためと信じる
イタリア国民は少なくない（竹森［2014］61〜65頁）。

　ユーロ危機から経済崩壊へ落ち込んだギリシャでは，救国意識に
支えられた左派ポピュリズムの急進左派連合（Syriza）が 2015 年初
　　　　　　　　　　　　　　　　　　　 シリザ
めに政権に就いた。英米の右派ポピュリズムの勝利は，フランス，
オランダ，オーストリア，スウェーデン，スペインなどのポピュリ
ズム運動を刺激した。反 EU・反独仏意識が定着したイタリアでは，
18 年 3 月の下院選挙で反 EU を唱える左派と右派のポピュリズム
政党が 1・2 位となり，18 年 6 月に連立政権を樹立した。政権に就
いた右派の同盟は予算や移民をめぐって反 EU 行動が強硬だった。

　南欧では中国への接近も目立った。ギリシャのチプラス政権は中
国との友好を深めて「一帯一路」の「16＋1」（東欧16カ国と中国の
協力会議）に 2019 年正式に参加し，「17＋1」になった。ポルトガ
ルも「一帯一路」覚書に署名し，中国の投資に期待している。イタ
リアでも，連立政権のディマイオ外相（5 つ星運動の党首）が主導
して 19 年 3 月に中国との「一帯一路」覚書に署名した。

┌─────────────────┐
│ ポピュリズム運動の高 │
│ 揚と潮の干満 │
└─────────────────

EU のポピュリズム政党は，①ユーロ危機
での大量失業や EU と自国政府の無策を批
判して伸びた極左系ポピュリスト政党，②
反移民・反難民の排外主義的な主張を特徴とする極右系ポピュリス
ト政党，③中・東欧の権威主義系ポピュリスト政党，の 3 類型に分
けられる。

　①はギリシャの急進左派連合（Syriza），スペインのポデモス，イ
タリアの 5 つ星運動など，②はフランスの国民連合（国民戦線から
改名），イタリアの同盟，オランダとオーストリアの自由党，ドイ
ツの AfD（ドイツのための選択肢党），スペインのヴォックス（Vox）
などであり，③はハンガリーのフィデス（Fidesz）党，ポーランド
の「法と公正党」（PiS）が長期政権を築いている。

　ポピュリズム運動高揚の中の 2017 年 5 月にフランス大統領選挙

（決戦投票）が行われ，中道派を糾合したマクロンが国民戦線党首マリーヌ・ルペンに圧勝したが，状況は転換しなかった。17 年 9 月ドイツ連邦議会選挙で右派ポピュリズム AfD が第 3 党となり初の議会入りを果たした。同年 12 月のオーストリア総選挙で極右自由党が連立政権入り，18 年にイタリアで左右のポピュリスト政党の連立政権，11 月にはフランスで黄色いベスト運動勃発（気候変動抑制のためのガソリン税のわずかな引き上げに地方で反対運動が高揚）と，18 年まで勢いが強まった（満潮期）。

　2019 年 5 月の欧州議会選挙が転機となった。EU 経済の回復で雇用が大幅に増えてムードが変わり，気候変動への若者の関心の強まりも後押しした。EU 各国のポピュリズム政党への支持は伸びず，グリーン（環境保護派）と中道リベラルが躍進した（第 1 章参照）。19 年 7 月にギリシャ総選挙で中道右派政権が勝利し，9 月イタリアで政権組み替え（極右の同盟失脚）が行われ，ロシアとの腐敗行為を暴露されたオーストリア自由党は 10 月総選挙で敗退した（20 年 1 月に中道右派とグリーンの連立政権へ）。ブレグジットをめぐるイギリス政治の混迷も右派ポピュリズムの限界を印象づけた。2020 年秋のアメリカ大統領選挙で，現職のトランプ大統領がバイデン候補に大差の票数で敗北し，世界の右派ポピュリスト運動の退潮を決定づけた。

┌─────────────────────┐
│ 長期経済停滞の原因を　　　　│
│ めぐって　　　　　　　　　　│
└─────────────────────┘

アメリカの経済学者が 2013 年に発表した長期経済停滞論が，世界で注目された。企業の投資意欲が減退して貯蓄と釣り合わず（貯蓄過剰），自然利子率（事前的に投資と貯蓄をバランスさせる実質金利）はマイナスに落ち込んだ。だが，政策金利をマイナスにするのは困難なので，投資不足となり，経済は長期停滞に陥ったと説明した。1930 年代のアメリカの長期不況期にケインズ経済学者が唱えた長期停滞論を踏まえた議論である。固定資本投資の弱さはユーロ圏，イギリス，日本も共通しており，納得する経済学者が多かった。

自然利子率はなぜ低下したのか。ソ連崩壊後の本格的なグローバル化によって先進国企業は世界で20億人を超える低賃金労働者を利用できるようになり，グローバル・バリュー・チェーンあるいはグローバル・サプライ・チェーンにより企業家や資本家は巨額の利潤を得ることができた。富裕層は超低金利政策による株価上昇からも資産と所得を増やした。アメリカの超富裕層（所得最上位1％）の資産が家計資産全体に占める割合は，1980年から2020年までに20％から40％に倍増，下位90％の割合は40％から25％に低下した。富裕層の所得が急増し，その貯蓄率が高まり，国民経済的に貯蓄が投資に対して構造的に過剰となり，自然利子率のマイナス化，したがって長期経済停滞が生じたという説には説得力がある。

　人口減少による将来の需要不足を予想して大企業は国内投資を控え，新興国のサプライ・チェーンへの投資を増やすので，先進国は長期経済停滞に陥った，という見方もある。日本の大企業は中国などアジア諸国と欧米のサプライ・チェーンへの投資を進めてきた。「大企業栄えて日本沈む」という構図である。グリーン化・デジタル化の時代になっても政府は米欧のような投資誘発政策をとれない。自国での投資抑制が続けば長期経済停滞も続く。

2 新型コロナ危機と「次世代EU」
● EU統合の発展による新型コロナ危機からの復興

新型コロナ・パンデミックとEU経済

　中国武漢発の新型コロナウイルス禍は2020年初冬に欧米に移った。EUでは国際観光立国の3カ国，イタリア，スペイン，フランスで都市封鎖，医療崩壊など悲惨な状況に陥り，WHO（世界保健機関）は3月にパンデミック（感染爆発）を宣言，その頃から他のEU諸国にも広がった。都市封鎖などでいったん抑制されたものの，バカンス明けから広がった第2波が厳しく，当初軽微とみ

えた東欧諸国も巻き込まれた。EU は財政赤字上限毎年 3 ％の制限を 3 月に取り払い，加盟国は大規模な財政支出で経済を支えた。財政緊縮の 2010 年代を新型コロナ危機が覆したのである。

　新型コロナ・パンデミックの影響は，国別，産業別，年齢別で大きく違う。EU の GDP は 2020 年－6 ％，スペインは 2 桁の落ち込み，次いでイタリア，フランス，ギリシャが厳しく（国際観光業への依存度が高い），ドイツは－4 ％，北欧の落ち込みはさらに小さかった。EU の 21 年春期経済見通しにおける 17～22 年の経済指標を示しておこう（図 5-3(1)）。南北格差は失業率にも明白だ。スペインとイタリアはほぼ 2 桁（ギリシャはスペインよりやや高い），オランダは 4 ％，ドイツは 4 ％以下である（図 5-3(2)）。産業別では，飲食業・一部のサービス業・国際航空業などで打撃が大きい。また，若年層の失業率が高まった。

```
7500 億ユーロの復興基
金設置へ
```

ドイツなどいくつかの EU 加盟国はパンデミックが始まった 2020 年 3 月，国境を閉鎖し，医療機器の輸出禁止など，「わが国ファースト」政策をとり，EU も有効な政策を打ち出さず，苦境のイタリアやスペインは見殺しになった。同年 4 月にフォン・デア・ライエン欧州委員会委員長が欧州議会の演説でイタリアに陳謝した。極度の苦境に陥った両国を重点的に支援し，また戦後最大の不況に陥った EU の経済復興を助ける措置が必要だった。

　南欧諸国，フランス，ベルギーなどは，2020 年 3 月，EU が「新型コロナ債」を発行して資金を調達し，返済不要の給付金で南欧を支援すべき，と提案した。新型コロナ危機は天災であり，今こそ「EU の連帯」を示す時だ，と。しかし，ドイツ，オランダ，北欧などが拒否した。経済改革を怠って財政赤字を積み重ね，新型コロナ危機でさらに財政赤字を増やす。その尻拭いを給付金で北部諸国に求めるのは筋違い，支援は融資で行い，利子付きで返済されるのが筋だ，と言う。同年 4 月の財務相理事会では 3 日間オランダとイ

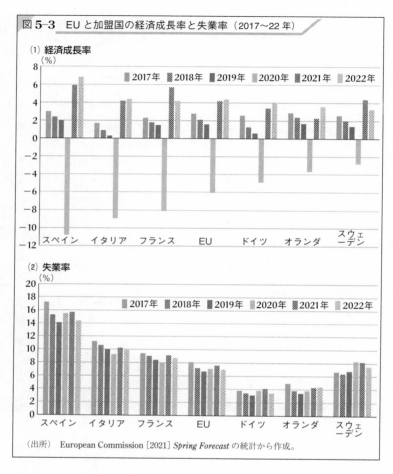

図 **5-3** EU と加盟国の経済成長率と失業率（2017〜22 年）

(1) **経済成長率**

(%)

凡例: ■2017年 ▨2018年 ■2019年 ■2020年 ▨2021年 ▨2022年

横軸: スペイン イタリア フランス EU ドイツ オランダ スウェーデン

(2) **失業率**

(%)

凡例: ■2017年 ▨2018年 ■2019年 ■2020年 ▨2021年 ▨2022年

横軸: スペイン イタリア フランス EU ドイツ オランダ スウェーデン

（出所） European Commission［2021］*Spring Forecast* の統計から作成。

タリアの間で激論が交わされたが，融資で決着した。5400 億ユーロまで ESM（欧州安定機構）が貸し付ける，ただし，ESM 固有の厳しい融資条件を適用せず，「申請すれば融資を認める」と，条件は緩和された。イタリア世論は厳しく，帰国した財務相に政府内からも辞任要求が出た。

　マクロン仏大統領は 4 月に警告を発した。「新型コロナ危機は

EU 統合の危機であり，対応に失敗すれば南欧のポピュリズム運動が勢いづき，EU は分裂の危機に直面する」。続く 5 月，マクロン・メルケル両首脳が共同で 5000 億ユーロの給付金（返済不要）を供与する EU 基金の創設を提案した。ドイツでは「メルケルの 180 度転換」といわれた。ドイツでは予算から南欧諸国への資金移転を「移転同盟」（Transfer Union）と名づけて峻拒していたからである。新型コロナ危機の深刻さやイタリアの政治状況をメルケル首相が考慮したのであろう。

　欧州委員会は共同提案に 2500 億ユーロの融資（利子付き返済）を追加して，7500 億ユーロの復興基金案を提案した。提案を受けて開催された 2020 年 7 月の EU 首脳会議は紛糾した。オランダ主導の「倹約 4 カ国」（オーストリア，デンマーク，スウェーデン）は「すべてを融資（利子付き）に」と強硬に主張した。西北欧の豊かな国は現状維持を望み，EU に出すカネは最小限にしたい。EU が強くなり自国を制約するのにも反対だ。その大黒柱はイギリスだった。倹約 4 カ国や北欧諸国はその下に結集して，中期予算枠組み（MFF）の予算額削減などを実現してきた。イギリスの EU 離脱がなければ，復興基金は実現できなかったであろう。ブレグジット国民投票を受けて，西北欧の 8 つの小国は仏独協調の統合強化に対抗するために 18 年に「新ハンザ同盟」を立ち上げていたが，今回は利害が一致せず，機能しなかった。

　2020 年 7 月の首脳交渉は昼夜兼行で 4 日間続き，5 日目の 21 日早朝，成案を発表した。7500 億ユーロ（2018 年価格。約 100 兆円）の復興基金を創設する，返済不要の給付金は 3900 億ユーロ，残る 3600 億ユーロは融資（利子付き）とする。給付金縮小，融資増額で妥協した。7500 億ユーロは欧州委員会が市場の高い評価（トリプル A）を活かし債券を発行して調達し，加盟国に配分する。

　EU はリスボン条約に気候変動対策，エネルギー対策を盛り込み，国連による温暖化対策の国際枠組み「パリ協定」に沿って計画を積

み重ねてきた。フォン・デア・ライエン欧州委員会は2019年12月の就任からわずか10日後に「欧州グリーン・ディール計画」を発表し，EUのグリーン化に向けた大小の構想や計画を次々に打ち出していた。そのため，マクロン・メルケル提案に合わせてタイムリーに「緑の復興計画」を打ち出すことができたのである。

　復興基金創設は通貨統合以来のEU統合の大きな飛躍であった。その盛り上がりの中で，2020年末には21〜27年のEU中期財政枠組み（MFF）に合意した。給付金3900億ユーロの一部をEUの他のプロジェクト（EU予算に計上）に割り振る形で，正式決定された（表5-1）。

　復興基金の正式名称は「次世代EU」（NextGenerationEU：NGEU）であり，①**復興・強靱化基金**（Recovery and Resilience Facility：RRF），②他のEUプログラムへの拠出，に2分される。②はグリーン復興を支えるEU政策を強めるために，EU中期予算の項目に資金を追加するものである。項目と要点は下記の通りである。

　　ReactEU：地域間の不均衡是正，就労・教育支援，困窮者支援の既存基金に上乗せする「結束とヨーロッパ地域の復興支援」

　　Just Transition Funds（JTF）：気候中立社会への移行で影響を受ける地域の負担を軽減するための「公正移行基金」

　　Rural Development：気候変動に関連の農村・農林業支援の「欧州農村開発農業基金

　　InvestEU：気候変動関連の投資プロジェクトに保証を提供

　　Horizon Europe：気候変動などに関連した研究開発に資金を供給

　　RescEU：気候変動などで激化する自然災害からの市民の保護やリスク管理を担当する市民保護メカニズム。森林火災や豪雨災害などに対応するヘリコプター・航空機などと人員を保有

表5-1　EU復興基金（「次世代EU」）の内訳

（単位：億ユーロ）

支出項目	2018年価格	現行価格
復興・強靭化基金（RRF）	6,725	7,238
給　付	3,125	3,380
貸　付	3,600	3,858
他のEUプログラムへの拠出	775	831
格差是正基金（React EU）	475	506
公正移行基金（Just Transition Fund）	100	109
農村開発（Rural Development）	75	81
投資促進（InvestEU）	56	61
研究開発（Horizon Europe）	50	54
自然災害（RescEU）	19	20
合　計	7,500	8,069

（注）　7500億ユーロは2018年価格なので，21年発表時の現行価格も計上。
（出所）　European Commission [2021].

「復興・強靭化基金」
（RRF）の支給について

RRFは「グリーン化」（気候変動対策）と「デジタル化」を基軸とし，ほかにも加盟各国が抱える構造問題の解決や競争力改善につながるインフラの発展，各種制度の近代化など必要に応じたプロジェクトに給付・融資する。「デジタル化」は行政機関のデジタル化，大容量で持続可能な処理装置の導入，デジタルスキル習得のための教育と職業訓練，などである。EU加盟国は「次世代EU」に適合した復興支出計画を2020年春に欧州委員会に提出し，その承認を得て，さらにEU理事会の承認の後に，順次初回の資金を受け取る。計画は22年に見直すことができる。資金は27年まで利用できるが，大部分は25年までの支出を予定する。

　加盟国はEUから受け取る資金の37％以上をグリーン化，20％以上をデジタル化に使用する義務がある（双方にまたがるプロジェクトもありうる）。フォン・デア・ライエン欧州委員会委員長は，復興基金は「経済の回復だけではなく将来に投資する」と述べていて，環境とデジタルの成長分野への投資を想定している。「次世代EU」

は新型コロナ危機からの経済復興政策であるが、同時に経済成長政策、産業政策であり、長期を展望したEUの気候変動危機政策の本格的な出発点といえる。

給付額ではスペイン695億ユーロ（以下、ユーロを省略）、イタリア689億、フランス410億と新型コロナ禍のダメージ最大の国が最上位、次いでポーランド239億、ギリシャ184億、ルーマニア142億、ポルトガル139億と続き、合計3372億ユーロ。融資はイタリア1226億、スペイン700億、チェコ158億、ルーマニア149億など10カ国合計2554億ユーロである。融資については、先進国の多くは低利で自己調達が可能であり、またユーロ危機において融資を受け返済問題を抱えた国の中には申請に慎重な国もある。復興基金申請額を各国のGDP比でみると（図5-4）、新型コロナ禍の厳しかった南欧とフランス、そして中・東欧諸国が高い。地域政策的な配慮も感じられる。

資金支給の凍結　ポーランドとハンガリーの「次世代EU」資金の支給の承認を欧州委員会は遅らせている。両国政府は最高裁判所を含めて自国の裁判制度に政府支持の裁判官を送り込むなど、法の支配への侵犯を続けている。政府に批判的な放送局や新聞社などを政府の息のかかった企業等を使って買収し、批判的なジャーナリストを追放する、アメリカ企業が保有する放送局TVN排除の行動など、表現の自由にも問題がある。2021年には中国に接近しはじめた。

法の支配への違反国には、加盟国権限を制限するEU条約第7条がある。だが決定はEU理事会の全会一致であり、両国が互いをかばいあって拒否権を発動するので、全会一致が成立しない。

EUは、EU予算の支給凍結を理事会の特定多数決で実施できる新しい規則を、両国の反対を押し切って、2020年末に採択した。ポーランドにはすでに法制度見直しの判決と、EU司法裁判所（ECJ）の判決に従うまで毎日50万ユーロを支払うとのECJの命令もある

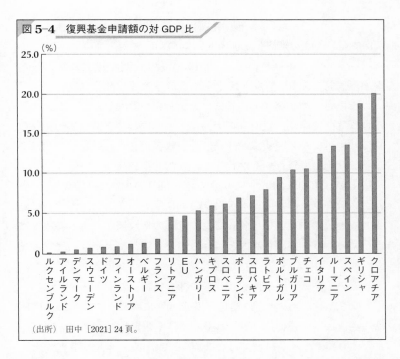

図 5-4　復興基金申請額の対 GDP 比

(出所)　田中 [2021] 24 頁。

のだが，ポーランド政府は無視し，さらに首相が自国法と EU 法の優先についてポーランドの憲法裁判所に提訴した。憲法裁は 21 年10 月，自国法の優先もありうる旨の判断を示した。EU にとどまりながら EU 法の根本を否定し，しかも首相が提訴する。ブレグジットよりたちが悪い。資金凍結による制裁は欧州議会がかねてから強く求めており，欧州委員会は方策を練っていた。RRF の受け取りは総額 360 億ユーロ（給付 239 億ユーロ），制裁が EU 予算（MMF）に及べば 1210 億ユーロ（16 兆円）になる。先々の EU 離脱や政権交代も起こりうる。国民の 80 ％が EU 残留を望んでおり，政府批判の市民運動が起きている。先行きが注目される。

復興計画の中でもっとも注目される国は
EU南北対立の中心国だったイタリアであ
ろう。2019年夏の政変で連立政権から同
盟が離脱し、5つ星運動と民主党による左派連立政権に交代、新型
コロナ禍対策や復興基金創設にコンテ首相が奮闘したが、21年1月、
政権は危機に陥り、新型コロナ禍のもとで危機感を共有した主要政
党ほぼすべてが入閣する「国民連帯」政権が2月に発足、首相にド
ラギ前欧州中央銀行総裁が就任という劇的な展開となった。

新内閣は実務家内閣というべく、省付きの大臣14人の半数の7
人が高級官僚、経営者、学者出身のエリートである。国が危機に陥
ると、大統領が首相を指名して危機対応の新政権ができる。政権は
実務家の大臣を選出し、国と関係の深い大銀行や大企業の経営者ま
でプロジェクトに組み込むなど、ダイナミックな措置をとることが
できる。イタリアの政治システムに特有の制度である。

ドラギ政権は復興基金に給付・融資ともに満額を申請した。内訳
は、高速鉄道の延伸、デジタル化は5Gや衛星技術、教育・研究、
また主力のグリーン投資では2030年までに1990年比で温室効果ガ
ス（GHG）排出量の55％削減を目指し、石炭から天然ガスへの移
行、水素利用などに使う。制度的インフラとして、司法改革や行政
手続きの簡素化にも資金を動員する。格差拡大に悩むイタリア南部
への投資が計画全体の40％を占める（ReactEUへの資金申請を含む）。
21年3月にドラギ政権が欧州委員会に申請したプラン（図5-5）の
総額は2351.2億ユーロ、その他関連する投資を合わせると、予算
総額は2480億ユーロという。これら投資の効果は26年までの6年
間にGDP成長率を3.6％引き上げ、後期の3年間（2024〜26年）
に就業率で3.2％上昇をもたらすと見込んでいる。

復興・強靱化計画の調整は経済財務相の担当だが、首相府に「コ
ントロール・ルーム」を置き、計画の執行状況のチェックと政策介
入を行う。RRF資金とは別に、イタリアの巨大銀行が約2000億ユ

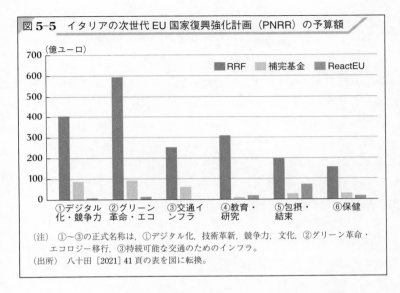

図5-5　イタリアの次世代EU国家復興強化計画（PNRR）の予算額

（億ユーロ）

凡例：■RRF　□補完基金　■ReactEU

①デジタル化・競争力　②グリーン革命・エコ　③交通インフラ　④教育・研究　⑤包摂・結束　⑥保健

（注）　①～③の正式名称は，①デジタル化，技術革新，競争力，文化，②グリーン革命・エコロジー移行，③持続可能な交通のためのインフラ。

（出所）　八十田［2021］41頁の表を図に転換。

ーロ（26兆円）の投資を企業に行う予定である。また，経済財務省が株式を保有する民営化された公企業の経営陣も刷新され，旧国庫省でドラギとともに働いたエリート経営者に交代した。

　イタリアの21世紀の経済成長はほぼゼロに近く，若者の流出に悩む衰退トレンドの国になった。デジタル化の発展度もEU加盟国中の最低に近い（後掲図5-7）。EUと歩調を合わせるのは容易ではない。それだけになおさら，復興基金をベースに衰退トレンドを覆し，経済と国を立て直すことができるかどうか，イタリア国民だけでなくEU全体が注目している。

EU財政統合と独自財源

　EUはグリーン化技術革新により国際競争力のある産業を育成し，デジタル化を進めて，経済成長率を高めようとしている。新型コロナ危機でいずれの国も政府債務が大膨張するが，かといって，増税や歳出削減は経済成長にマイナスである。名目経済成長率を市場利率より高く維持できれば，政府債務のGDP比は低下する。

EUは復興基金を含めて 1.82 兆ユーロ（2018 年価格）の中期総予算の 3 分の 1 を気候変動対策に投じる。ICT でアメリカと中国に後れをとったが，グリーン技術革新で巻き返す方針だ。ここ数年の気候変動は日米アジアいずれの地域でも激烈となり，今や気候危機の時代といえる。そこに投資資金を集中する EU のやり方は，世界の模範になりうるがリスクもある。

復興基金 7500 億ユーロの調達は EU（欧州委員会）の債券発行による。加盟国の資金拠出方式から飛躍し，EU レベルの財源が導入される。画期的な転換で，EU 財政統合の第一歩といえる。

債券発行は 2021 年に始まり 26 年まで実施される（図 5-6 の上の図）。債券の期限は中期債から 30 年債まで多様で，グリーンボンド（環境債）も発行される。28 年から投資家への元本返済が始まり 58 年まで 30 年をかけて完済する。給付金の返済はないので，EU 財政から返済する（同，下の図）。他国の債務の返済義務を将来の EU 予算への拠出を通じて別の加盟国が負う部分については，債務共有化に相当する。

EU 債への投資家に向けてさしあたり年 130 億〜150 億ユーロの返済を行う。財源の 1 つとして，加盟国が EU 予算に拠出する GNI 独自財源（第 3 章参照）の引き上げが決まっている。2021〜27 年MFF の大幅増額と EU 予算純拠出国イギリスの離脱とにより，加盟国の GNI 比例の拠出金の上限を EU・GDP1.2 ％から 1.4 ％へ恒久的に引き上げ，さらに市場借入の償還を考慮して，58 年までの時限措置として 2.0 ％に引き上げる。加えて，EU の新規財源が必要になる。20 年 7 月の首脳会議は候補を 5 つあげている。

・デジタル課税：売上高 7 億 5000 万ユーロ以上の大企業に課税し，約 130 億ユーロの税収を予定できる。
・国境炭素税：国境炭素調整措置（CBAM）により環境規制の緩い国からの輸入品に EU 国境で炭素税（関税）をかける。
・プラスチック新税：再利用できないプラスチックに課税。

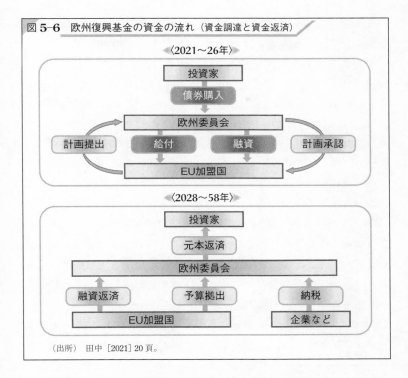

図 5-6 欧州復興基金の資金の流れ（資金調達と資金返済）

〈2021～26年〉

投資家

債券購入

欧州委員会

計画提出　給付　融資　計画承認

EU加盟国

〈2028～58年〉

投資家

元本返済

欧州委員会

融資返済　予算拠出　納税

EU加盟国　企業など

（出所）　田中［2021］20 頁。

・排出量取引制度（Emission Trading Scheme：ETS）の利用：
　CO_2 を排出する自動車生産・海運・航空などの企業に課税
　し，年 100 億ユーロの税収。
・金融取引税を含むその他の独自財源。
　いずれも EU レベルでの資金調達であり，一種の連邦税である。
プラスチック税はすでに合意し，2021 年から実施されている。リ
サイクルできないプラスチック包装廃棄物に対して 1kg 当たり 0.8
ユーロを課税する。各加盟国が負担する金額は各加盟国の前年の非
再生可能プラスチック包装総重量に基づいて EU が計算し，各国そ
れぞれの仕方で徴収する。
　EU 排出量取引制度（EU-ETS），国境炭素調整措置（CBAM），デ

ジタル税の 3 つの独自財源について，欧州委員会は 2021 年 6 月に提案，1 年後に EU 理事会が決定し 23 年 1 月に導入が予定されている。また金融取引税については欧州委員会が 24 年 6 月に提案し，25 年 6 月までに EU 理事会が決定し 26 年 1 月導入と予定されている。いずれも加盟国の意見対立があり，国境炭素税は関税なので（後述）外国との対立も生じうる。行方は不透明だが，ハードルを乗り越えて制度化しなければならない。

EU レベルの財源調達は EU の長年の悲願であった。自らが重視する政策に取り組みやすくなり，加盟国に対する発言力も強まる。だから加盟国の反対も強い。今回も，復興基金は「一回限り」とされた。だが，返済は 2028 年から 30 年間の長期にわたる。先々大きな危機が EU を襲う，あるいはグリーン化プロセスで膨大な資金が必要になって，EU が 2 回目，3 回目の債券発行へ進む事態もありえよう。将来，新型コロナ危機が EU 財政同盟への進展を後押ししたと語られるようになるだろう。

ETS と CBAM──温室効果ガス排出削減のための制度づくり

発電や製鉄など巨額の CO_2 を排出するエネルギー多消費産業の排出を抑制するには制度づくりが必要である。CO_2 に価格付けする「カーボン・プライシング」は市場メカニズムを通じて排出を抑制する仕組みである。その 1 つが炭素税で，CO_2 排出 1 トン当たりに課税すると，発電企業は排出量の大きい石炭から天然ガスへ燃料を切り替える，製鉄業は電炉への移行を急ぐなどインセンティブが働く。

EU-ETS は政府が発電業界などエネルギー多消費産業の全体排出量に上限を設定し，各企業に排出枠を設ける。枠を超過して排出する企業は下回る企業からオークションにより超過分を購入しなければならない。環境に優しい企業が優遇される。市場の需要供給で価格が決まる。全体排出量を引き下げることで排出の削減が見通せる一方，制度設計が複雑で行政コストがかかる。EU は ETS を 2005

年に導入し，段階的に制度を強化し，21年からフェーズ4に入った。

2021年4月時点で，世界の炭素税導入国は35，ETS導入国・地域は29で，スウェーデンとフランスは炭素税とEU-ETSの両方を採用し，炭素税はCO$_2$排出1トン当たりスウェーデン137ドル，フランス52ドル，日本はわずか3ドル（289円）である。

世界には環境規制の緩い国があり，その国ではたとえば鉄鋼製品を安価に製造でき，規制の厳しい国に対して国際競争上優位に立つことができる。規制の厳しいEUでは鉄鋼製品が高くなり，輸入品との競争に負けることになれば，鉄鋼企業は規制の緩い国に移転し，EUでは雇用が失われる。このような環境規制の国際格差に由来する企業の流出を「カーボン・リーケージ」（carbon leakage：炭素流出）という。対策としてCBAMがある。排出規制の緩い国からの輸入品には炭素税をかけ，EU企業が製品を輸出する際には炭素税相当分を還付するのである。

欧州委員会が2021年7月に発表した提案では，CBAMが対象とする輸入品は，セメント，肥料，鉄鋼，アルミニウムのエネルギー多消費4製品と電力である。対象とされるCO$_2$排出は製造に関わる排出のみで，個々の輸入品の排出量は輸入者が申告するが，信頼できるデータが得られない場合にはEU-ETSのオークション価格とする。WTOとの交渉などを経て26年導入を予定している。

2021年9月末までに英仏西3カ国で新型コロナの感染者数は人口の10％を超え，死者数は英仏伊で11万人を超えた（世界では感染者約2億3300万人，死者約477万人。米ジョンズ・ホプキンス大学の発表による）。それでも，ワクチン接種により，21年夏にはコロナ禍は抑えられたようにみえ，4～6月の経済成長率は米欧ともに非常に高くなった。だが，デルタ型・オミクロン型など新たなコロナウイルス変異株の拡大もあり，秋以降ワクチン未接種の人を中心に英独仏伊西すべてでコロナ感染者が急増した。感染者数は，ドイツ

で過去のピーク時をはるかに超え，仏英もドイツの後を追う。死者は抑制されているものの，ワクチン接種拒否の動きもヨーロッパ各国で強く，接種の強制措置へ動く国も多い。22年のグリーン化活動や経済への悪影響も懸念される。

3 EUのデジタル化と課題
●デジタル経済へ進むには

> デジタル化の進展度比較——加盟国の政府と企業

経済の生産性引き上げにも，グリーン化の効率的な進展のためにもデジタル化の進展が不可欠である。EUのデジタル市場をアメリカ巨大ICT企業（GAFA）が支配していて，「デジタル主権」を取り戻すという課題もある。また加盟国のデジタル化には大きな格差があるので，遅れた国のキャッチアップを進めなければならない。

欧州委員会のDESI（デジタル経済社会指標）は，第2章5で説明したように，5指標を総合して国の「デジタル度」を測る。そのうちの④と⑤を合わせて，行政＋企業のデジタル進捗度を示しておこう（図5-7）。

北欧，ベネルクス3国がもっとも進んでおり，ドイツは立ち遅れている。イタリア，ギリシャ，中・東欧諸国が最も低い。EUは上述したRRFから獲得する資金の20％以上をデジタル化に投下するように求めているが，デジタル発展度の低い加盟国のキャッチアップは復興基金の成功度を測る指標の1つになる。

> デジタル・コンパス——10カ年プラン

2021年3月9日，EUは「デジタル・コンパス」を発表した。30年までの10年を「デジタルの10年」（Digital Decade）とし，市民や企業などのデジタル技能や対応力を高めるための施策を推進する。インターネットの世界でEUの主権を確立し，人間中心で持続可能なデジタルの未来の実現を目指す。この「デジタルの10年」

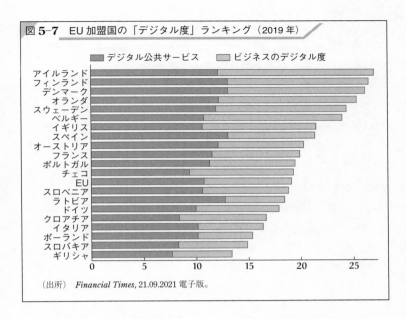

図5-7 EU加盟国の「デジタル度」ランキング（2019年）

凡例: デジタル公共サービス / ビジネスのデジタル度

アイルランド
フィンランド
デンマーク
オランダ
スウェーデン
ベルギー
イギリス
スペイン
オーストリア
フランス
ポルトガル
チェコ
EU
スロベニア
ラトビア
ドイツ
クロアチア
イタリア
ポーランド
スロバキア
ギリシャ

0　　5　　10　　15　　20　　25

（出所）*Financial Times*, 21.09.2021 電子版。

　の取り組みの具体的指針が「デジタル・コンパス」である。

　コンパス（磁石）の東西南北にあたる「4つの柱」がある。①（市民の）スキル：ICTの専門家を2000万人に倍増，人口の80％以上が初歩的なデジタルスキルをマスター。②デジタルインフラ整備：ギガビット回線を全世帯へ（2020年59％），5G通信を都市部全域に，半導体生産シェア引き上げ，量子コンピューター導入など。③ビジネスのデジタル技術活用：EU域内企業がクラウド，AI（人工知能），ビッグデータ技術を活用，ユニコーン企業を250社に倍増など。④行政：主要な公共サービス100％オンライン化，医療に電子カルテ・市民の80％がデジタルID使用。

　このうち，ビジネス面の目標に含まれるクラウド・AI・ビッグデータ技術などを活用すれば，農業，輸送，製造，あるいは都市計画やサービスなど多くの分野でエネルギー使用量を最適化できる。太陽光発電や風力発電の電力の最適利用にも活用できる。デジタル化

はグリーン化に貢献する。温室効果ガスの排出量を削減して社会全体の環境負荷を大幅に縮小することが期待されている。どう進めるかなど具体的な実行プランは引き続き提案される。

　なお，デジタル生産の「米」にあたる半導体の生産で，EUは2000年の世界1位から下落し，20年には世界シェア10％を切った（図5-8）。半導体などで設計を先進国で行い，中国・韓国・台湾などアジアの新興国企業に生産を委ねる生産方式が普及した。設計と販売・アフターサービスの利益（付加価値）は高いが生産工程の付利益は低いという「スマイルカーブ」の理論もある。だが，生産を受け持ったアジア企業（とりわけ台湾のTSMCや韓国のサムスンなど）は大規模生産の技術を磨き発展させて，欧米日企業では追随できないレベルに到達した。しかも，新型コロナ危機などで新興国に委ねた半導体の生産が低迷して需要に追いつかず，世界の自動車企業などは21年には生産縮小を余儀なくされた。中国を中軸とする新興国依存のグローバル・サプライ・チェーンの限界が露出した。EUにはTSMCを支援するオランダ企業もある。世界シェアを20％に引き上げる目標を掲げ，方策を模索している。

EUのGDPR（一般データ保護規則）とデータ流通

2018年5月にEUが施行したGDPR（一般データ保護規則）は世界に大きな影響を及ぼした。GDPRは個人データ（＝プライバシー）保護を目的としたデータ管理規則であり，その保護のために企業に厳格な説明責任や体制整備を求めた。違反企業には，最大で全世界の年間売上高の4％か，2000万ユーロ（約25億円）の高い方の制裁金が科される。19年にフランス政府がグーグルに5000万ユーロの罰金を科すなど，米ICT大手企業がEUから個人データを自由に外へ持ち出す動きにも規制がかかった。EU企業のデータ漏洩，サイバー攻撃への対応などにもGDPRにより監視がかかっていて（データ漏洩などの事故を72時間以内に当局に報告させる），企業の対応も日本に比べると格段に進展してきた。

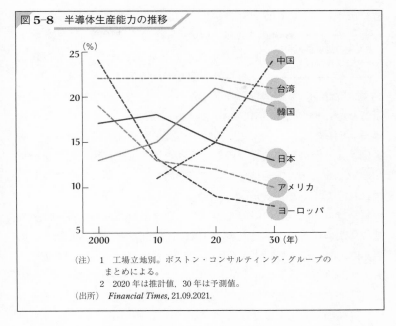

図 **5-8** 半導体生産能力の推移

```
(%)
25
        中国
        台湾
20      韓国

15
        日本
        アメリカ
10
        ヨーロッパ

5
  2000   10    20    30 (年)
```

(注) 1 工場立地別。ボストン・コンサルティング・グループの
まとめによる。
2 2020 年は推計値，30 年は予測値。
(出所) *Financial Times*, 21.09.2021.

　膨大なデータが価値を生み出すデータ経済の時代である。ICT 企
業だけでなく多国籍企業は大量のデータを取り扱っており，個人情
報だけでなく支払い・物流・地理的位置などの情報も含まれていて，
国の安全保障，公共の安全に関わる情報が含まれている可能性があ
る。GDPR を契機として，データの国際的な自由な流通をめぐる米
中欧 3 極の間の対立が前面に現れてきた。中国政府は国民に対する
データ監視体制を築こうとしている。2020 年 6 月に草案を発表し
た「データセキュリティ法」を 21 年 9 月に施行し，データの越境
規制を実施した。EU は日本の個人情報保護法を根拠に「十分性認
定」を日本に与えていて，在 EU 日本企業は自由な情報の移転がで
きる。他方，EU 司法裁判所は，20 年 7 月，欧米間の個人データの
自由な流通を GDPR 違反とした。このように，米中欧 3 極を軸に
「データ国際流通圏」が形成されつつあり，それらが世界にどのよ

うに広がっていくのかに注目が集まる。

法人税の世界最低税率とデジタル課税

サッチャー英政権，レーガン米政権が1980年代に始めた法人税率切り下げは，全世界を切り下げ競争に巻き込んだ。途上国や東欧諸国は多国籍企業呼び込みのために法人税を極限まで切り下げた。日本も1980年代の40％台から2018年には23％台に下がった。EUではアイルランドが12.5％，東欧諸国も非常に低く，先進国も「底への競争」を余儀なくされた。法人税減税は投資を増やすはずだったが，実際には企業貯蓄を増やし，企業は豊かになり，国は貧しくなった。

新型コロナ危機への対応で膨大な財政支出を迫られた各国は法人課税体制の建て直しへと動き，OECD，G20などの協議を経て，世界140カ国が合意し，法人課税の最低税率を15％とする（年間売上高7億5000万ユーロを超える企業），合わせてデジタル課税を導入する（年間売上高200億ユーロ超・利益率10％超の企業）ことが決まった。巨額の利益を上げるグローバル企業は税率の低い国に拠点を置くことが多い。法人税は物理的施設のある国にしか生じないのが原則だったので，これまでGAFAなどがサービスを提供し利益を上げている国に税収がない。これを修正し，企業の利益に応じて税収を各国に配分する。ただ，デジタル課税を負担する企業は世界に100程度の巨大企業にすぎない。ともあれ，世界の法人税制の歴史的な転換点と評価されている。しかし，将来の世界経済のあるべき姿を考えれば，最初の一歩にすぎない。

4 欧州グリーン・ディールとその展開
●「気候中立」に向けた EU の長期計画と課題

欧州グリーン・ディールと気候法

　フォン・デア・ライエン欧州委員会委員長は 2019 年 12 月の就任からわずか 10 日後に「欧州グリーン・ディール計画」を発表した。欧州委員会の任期 5 年間の 6 つの優先課題の最優先課題と位置づけた。50 年までに「気候中立」を達成するために，資源効率的で競争力をもつ経済への移行を行うとし，50 の行動計画を提唱した。気候中立（climate neutral）とは温室効果ガス（greenhouse gas：GHG）の実質的な排出をゼロにするという意味で，「炭素中立」（カーボン・ニュートラル）ともいう。実質的な排出とは，排出量から森林などによる CO_2 吸収分を差し引いた実質値という意味である。また，その目標達成のために 30 年までに温室効果ガスを 1990 年比 55 ％削減する。EU の従来の目標 40 ％削減から大幅に引き上げた。なお，イギリスは 30 年 68 ％削減から 35 年 78 ％削減に引き上げた。

　第 2 節で説明した「グリーン復興」は RRF の資金提供による実質的に 5 年程度の復興プログラムだが，欧州グリーン・ディールは 30 年間にわたる長期計画である。内容も多岐にわたる。

　2050 年までの目標の達成に法的効力をもたせるために，欧州気候法が 20 年 3 月，欧州委員会により提案された。気候中立への移行に必要なあらゆる政策分野の枠組みを設定する。同法は 21 年 4 月に EU 理事会と欧州議会が暫定合意，6 月に欧州議会が採択，7 月に発効した。法制化を受け，22 年末までに約 50 の EU 法令が改正される。また，EU 政策の気候中立目標との整合性や目標達成に向けた進捗状況の評価を行う科学機関「気候変動に関する欧州科学諮問機関」の設置が決定された。

現代文明は化石燃料をエネルギー源とする。石炭をベースとする産業革命に始まり，1950年頃から石油さらに天然ガスが加わって，化石燃料による生産と生活は地球規模に拡大した。温室効果ガスの実質的な排出量は1950年頃約50億トンに増えたが，その後急増して2010年代末に約350億トンになった（2019年319億トンがピークとするデータもある）。18年の国別の排出シェアは，中国が28.4％（95億トン）で最多，次いでアメリカ14.7％（49億トン），インド6.9％，ロシア4.7％，日本3.2％（11億トン）が上位5カ国，EUではドイツ2.1％，仏伊両国が各0.9％，イギリスは1.1％である。石炭依存度の高い中国やインドの排出量はその後も増えている。

CO_2は空気中に残留し化石燃料の使用によって累積するので，地球の温暖化を進める。温暖化は水蒸気を増やし，異常気候をもたらす。パリ協定は2050年の地球温暖化を産業革命前に比べて上昇気温2度以下，できれば1.5度以下に抑える目標を掲げた。そのためには2050年に温室効果ガスの実質排出ゼロの，「気候中立」を達成しなければならない。

2021年8月発表のIPCC（気候変動に関する政府間パネル）の新たな報告書によれば，地球の気温は産業革命前と比べてすでに1.09度上昇しており，このまま進むと2040年に1.5度を超える。2050年より前に気候中立を達成しなければ，「後戻りの効かない時点」に移行するリスクがある。急速に脱炭素社会へ進まないと人類の生活が危うくなるというのである。

産業革命以来のエネルギー源である化石燃料システムから再生可能エネルギーシステムへの大転換は大変な仕事である。イギリス政府の文書は第2次産業革命と位置づけた。太陽光発電や風力発電などグリーン電源，原子力発電などへ発電様式を転換し，陸・海・空の交通手段も水素や電気をエネルギー源とする（水素は電気に転換されてエネルギー源となる）。陸上ではEV（電気自動車）や水素自動

車になり，海上・航空運輸もクリーン化しなければならない。良質の蓄電池の開発が不可欠である。電池向けの希少金属や，送電線網の拡充のために銅などの金属類も大量に必要になる。

そのほか，経済生活全般にわたる改革が避けられない。製品の使用年限がきても廃棄せずに再利用する循環経済（circular economy）をつくっていく必要がある。スマホなどの電子製品から部品（希少金属や半導体など）を取り出す，などの取り組みである。水素は燃焼しても CO_2 を出さず，強いエネルギーを生むので，脱炭素の切り札と期待されるが，課題も多い。水素は水を分解してつくるが，クリーン電源から生産すればグリーン水素だが，石油や天然ガスを使えばブルー水素，石炭ならブラウン水素で問題が残る。「クリーン水素同盟」（産学官の研究開発プロジェクト）を核に，EU は 2030 年に 1000 万トンの水素生産を予定し，その輸送，充填施設など，さらに消費までのエコシステムを築く計画である。水素の運送には－200 度を超える超低温が必要なので，緩和剤のアンモニアの利用も拡大する。エネルギーインフラの耐用年数は通常 20〜60 年なので，今から動かないと手遅れになる。

金融もグリーン金融へと動く。脱炭素・グリーン成長へのアプローチには膨大な資金が必要だ。脱炭素の世に向けて，銀行・保険・証券など企業に融資・投資する金融機関は気候中立を目指す団体を組織し，自らの温室効果ガス削減に努めるとともに，投融資先の企業の排出量削減を促進するための助言や支援を行う。政府や EU も気候変動対応のプロジェクトに向けた資金調達のためのグリーンボンド（環境債）を発行する。その世界全体の発行額は 2015 年 500 億ドル未満から順調に伸びて 20 年 2970 億ドルと過去最高になり，その半分以上をヨーロッパが占めた。発行債券の使途は，エネルギー部門，建物（熱効率の引き上げなど），輸送部門で大きく，これら 3 部門で全体の 85 ％に達した（ジェトロ［2021b］）。

脱炭素化のプロジェクトといえば低金利で有利な投融資が得られ

るため，企業側もそうしたプロジェクトを打ち出して有利な投融資を得ようとするので，本物と偽物が入り交じる「グリーン・ウオッシュ」の状況が生まれる。本物かどうかを見定めるために，分類が必要になり，EU は専門家を動員し数年をかけて「タクソノミー」（分類）を作成した。

このように世界は化石燃料依存の第 1 次産業革命の時代の終末期に入っていて，クリーン電源の第 2 次産業革命の時代へと進む。そして今からの 10 年が「人類の危機との闘いの勝敗を決する 10 年」になると，フォン・デア・ライエン欧州委員会委員長は強調している。これまでと同じペースで温室効果ガスが増えていくと，世紀末に地球の気温は産業革命前に比べて 4〜5℃ 高くなり，日本の大部分は砂漠化するとか，居住不可能になる地球の南から北へ世紀半ばまでに大量の国際移民が生じるという予想もある。まさに「気候危機」の時代に入っている。EU 先進国の若者たちが気候変動問題に敏感に反応し政治的行動に積極的なのは，「自分たちが大人になった時はどうなるのか」という危機意識によるところが大きい。

55％削減のための包括提案（Fit for 55）

EU は欧州グリーン・ディールの目標を達成するために，2020 年から多数の戦略を準備した。新産業戦略（以下，「戦略」を省略），生物多様性，エネルギーシステム統合，水素，メタン排出削減，洋上再生可能エネルギー，スマート運輸，スマートファイナンス，そして新循環型経済行動計画など多岐にわたる。多国籍・産官学連携によりクリーン水素とバッテリーの研究開発も進めている。

2021 年 7 月に気候法が発効し，30 年 55％削減という目的は法的強制力を得た。欧州委員会は 21 年 7 月 14 日，目的達成のための包括的な提案（Fit for 55：FF55）を発表した。12 の施策からなる政策パッケージであるが，大きく次の 4 種類に区分できる。

① 炭素価格：EU-ETS の強化と対象拡大，エネルギー課税，CBAM

②　既存の目標の引き上げ：EU 規則・指令の改正強化

③　規制の強化：乗用車・航空と海運の燃料規則

④　支援措置：社会機構基金とイノベーション基金の創設

　自動車産業界は③の規制強化案にショックを受けた。2035 年までに新車の CO_2 排出量を 100 ％削減するという。したがって，ガソリン車はハイブリッド車・プラグインハイブリッド車を含めて新車の販売はできなくなる。EV や水素自動車の販売のみ許される。ドイツの自動車業界は反対を表明し，「実現不可能」と予測する日本の関係者もいた。EV 車の普及には水素ステーションや 300 万台もの充電ステーションが必要になるからである。

　Fit for 55 の対象は広範囲で内容も複雑である。ほかにも，海運業界を ETS に加える，別建ての ETS に道路輸送・建物部門を含める（2026 年から），航空燃料・船舶燃料に持続可能な燃料の使用を促進する，加盟国ごとに形成されている炭素税について加盟国の自由度を引き下げ，化石燃料への最低税率の引き上げ・再生エネルギーへの税率引き下げを行う，などがある。

　Fit for 55 は欧州委員会の提案であって，今後 EU 域内・域外の利害関係者・関係国と交渉や調整を行い，EU 理事会・欧州議会の合意を得て EU 法として強制力をもつようになる。EU 諸国の市民の了解・受け入れも不可欠だ。欧州グリーン・ディールは「誰一人取り残さない」を理念に掲げている。グリーン復興では公正移行基金（表 5-1 参照）が条件不利地域への手当に準備されたが，FF55 は社会機構基金などを設置して対応する予定である。フランス政府が気候変動対策としてガソリン税をごくわずか引き上げた時，地方在住の国民が「地方の足を奪う」として「黄色いベスト」の大衆運動をフランス各地で 2019 年 11 月からほぼ半年にわたって繰り広げた。気候変動対策の重要性は認識しているが，生活をどうしてくれる，と政府に迫ったのである。Fit for 55 が具体化することになれば，エネルギー関係を中心に産業界への増税となり，消費価格へと転嫁

されかねない。加盟国や地域による意識格差もかなり大きい。一方で，異常気象，大洪水など激甚化災害，山火事などが頻発し，対応を迫られている。グリーン化最先進地域としてのEUの歩みは世界への影響もきわめて大きい。先行きに注目しよう。

欧州グリーン・ディールの対外的リスクと地政学

脱炭素化によって地球環境を保全するには世界全体がその方向に動かなければならないのだが，まだそこまで進んでいない。

2021年10月末から2週間イギリス・グラスゴーで開催されたCOP 26では，「気温上昇を1.5度に抑制」が世界共通の目標とされるなど成果もあったが，他方で，インドや中国の強い主張により石炭火力は廃止ではなく段階的削減へと後退し，先進国からのグリーン化支援の1000億ドルの取り組みも曖昧なままとなるなど，先進国・新興国ともに将来に大きな課題を残した。

EUのグリーン・ディールが世界へ及ぼす影響は大きく，その対外的な影響，地政学的影響にも注意が必要である。EUのエネルギー輸入の大きな転換は，サウジアラビアなど中東やアフリカの産油国，ロシアなどガス生産国への影響が大きい。アメリカはすでに中東への関与を縮小し，EUも原油輸入を減らすとすれば，中東およびロシアと，世界最大の石油輸入国となった中国はさらに接近する（中国の温室効果ガス排出のピークは2030年）。中東は脱米親中へと動く。ロシアの天然ガス輸出の75％，原油輸出の60％はEU向けで2030年までは大幅な減少はないが，30年以後急激に減少する。

CBAMはエネルギー多消費の鉄鋼や肥料などの輸入品に炭素税という関税をかける。これに対し，鉄鋼や肥料の輸出が大きいロシアやアルジェリアなど北アフリカの近隣諸国が反発している。アメリカの対応は未定だが，欧米が協調しないと，WTO協議をはじめ多くの国の反発を乗り切るのは難しい。バイデン米政権の気候変動への対応はEUに近いが，政策的な一致は得られていないので，米欧および他の先進国による「気候クラブ」を創設し，CBAMの制

度設計をはじめとして共通の政策を採用するのが望ましい。そこに中国を加える必要がある。

　EUやイギリスで2021年秋に天然ガスの卸売価格が年初比で数倍に上昇した。夏以降風力が弱く，発電量が予定を大きく下回った。化石燃料の価格が暴騰すれば物価を押し上げ，「グリーン・インフレーション」を引き起こすおそれがある。燃料システムの転換期に石炭・石油・天然ガスなどの価格が高騰しないように，適切な新開発もプログラムに沿って進めなければならない。グリーン化と天然ガスや石油の生産との世界規模のバランスをどうとるのか，慎重な検討が必要である。グリーン化への「移行リスク」の1つに，風力・太陽光発電の供給力の安定性の問題がある。電力供給量を安定させるにはGHGを排出しない原子力発電を考慮せざるをえない。マクロン大統領は21年10月原発6基の新設と小型モジュール原子炉（SMR）の研究開発を発表した。ドイツは反発したが，EUの多数国の支持を得ている。イギリスも原発依存を強める方針である。ロシアの天然ガス供給削減の脅しへの対抗力を強める意味もある。

おわりに

EUは復興基金の創設によって南北対立を乗り越え，グリーン化で世界の最前線に立つことになった。欧州グリーン・ディールの実施には膨大なEU法改正と制度改革，新制度の導入が次々に進んでいかなければならない。これだけ膨大な作業を欧州委員会・EUが担うのは，1985年から92年までの単一市場統合の時以来である。グリーン・ディールは第2次産業革命の内実をもち，単一市場統合を上回る膨大な課題を設計し，EU，加盟国政府，産業界に要求し，法制化し，国民各層に定着させていく気の遠くなるような作業である。ヨーロッパ文明・文化の力量が試されている。EU域内で進めることのできた単一市場統合と違って，今回はそのプロジェクトに世界を巻き込んでいかなければならない。困難な行程が待ち受けている。

1　EU・ユーロ圏の 2010 年代の連続危機についてまとめ，その原因を考えてみよう（第 7 章も参照）。

2　ユーロ危機後の南北ヨーロッパの経済的分断について統計資料を使って整理し，この分断を克服する方策について考えてみよう。

3　新型コロナ危機は EU をどのように変えたのか，また EU のグリーン復興は危機からの回復をどのように行うつもりなのかを検討してみよう。

4　EU のデジタル化について，デジタル単一市場とあわせてポイントをまとめてみよう（第 2 章も参照）。

5　欧州グリーン・ディールとは何か，気候変動による地球と世界の先行きを考慮しつつ，多面的に検討し，議論してみよう。

6　スウェーデンやドイツの若者たちの気候変動問題に対する運動について調べ，感想を述べあってみよう。

■ ■ ■ 参考文献 ■ ■ ■ ■ ■ ■ ■ ■ ■ ■ ■

ジェトロ［2021a］「新型コロナ危機からの復興・成長戦略としての『欧州グリーン・ディール』の最新動向」調査レポート

ジェトロ［2021b］「ジェトロ世界貿易投資報告」

新開裕子［2021］「欧州グリーンディール EU Policy Insights」日欧産業協力センターレポート，No. 1〜No. 6

竹森俊平［2014］『世界経済危機は終わった』日本経済新聞出版社

田中理［2021］「始動する EU のグリーン復興」『世界経済評論』9/10 月号

駐日欧州連合代表部［2021］「デジタルコンパス」EU Mag, 5 月

ピケティ，T.（山形浩生・守岡桜・森本正史訳）［2014］『21 世紀の資本』みすず書房

古矢旬［2020］『グローバル時代のアメリカ——冷戦時代から 21 世紀』岩波書店（岩波新書）

ミュデ，C.，C. ロビラ–カルトワッセル（永井大輔・高山祐司訳）［2018］『ポピュリズム——デモクラシーの友と敵』白水社

八十田博人［2021］「グリーン復興とイタリア――ドラーギ政権の政策と展望」『世界経済評論』9/10 月号。

European Commission［2021］"The EU's 2021-2027 Long Term Budget and NextGenerationEU Facts and Figures," April.

第 **II** 部 現代ヨーロッパ経済の動き

第6章

EU 経済と産業

競争力強化に励む欧州産業

●本章のサマリー

　かつてヨーロッパ諸国は世界の政治・経済において支配的な地位を有していた。その背景には，ヨーロッパの産業が圧倒的な競争力を保有しており，ヨーロッパ製品さらにはヨーロッパの科学技術が世界の隅々にまで行き渡っていたことを指摘できるであろう。はたして，現在，EU 産業はどの程度の国際競争力を有しているのであろうか。また，EU は産業の国際競争力強化のために，どのような政策を実施しているのだろうか。

　本章では，EU 経済の国際的地位を概観した後，EU で実施されてきた産業政策，その変遷，さらには現代における新産業政策について論じることにする。なかでも，最近，注目されている政策は，欧州グリーン・ディール，排出権取引制度，さらにはデジタル単一市場であり，その概要を述べることにする。その後，EU 企業の対応について考え，21 世紀における EU 経済および産業を展望してみたい。

本章で学ぶキーワード

垂直的産業政策　水平的産業政策　新産業政策　新産業戦略　欧州グリーン・ディール　持続可能な欧州投資計画　欧州デジタル未来の形成　デジタル・コンパス　ホライゾン・ヨーロッパ　デジタル単一市場　生産フラグメンテーション　EU-ETS

1 EU の産業構造

●デジタル化に遅れた EU 産業

表 6-1 は，世界の GDP に占める日本・ア
メリカ・EU・中国のシェアをみたもので
ある。この表から，EU のシェアは次第に
低下してきたことを読み取ることができよう。たとえば，イギリス
を除く加盟 27 カ国を合計した EU のシェアは，2009 年の 24.4 ％か
ら 19 年には 18.0 ％にまで低下しているからである。すなわち，過
去 10 年の間に 6.4 ポイントも低下したことになる。逆にシェアを
高めたのは中国であり，同期間中 8.5 ％から 16.3 ％へと急上昇して
いる。アメリカのシェアは概ね横ばい，ないし若干ではあるが上昇
している。日本のシェアは，同期間中だけでみても低下を続け，
8.7 ％から 6.0 ％へと低下した。なお，日本のシェアが最も高かっ
たのは，バブル末期の 1990 年で実に 11.9 ％に達していた。GAFA
をはじめとする情報企業・産業に牽引されたアメリカ経済の回復，
中国経済の急拡大などもあり，相対的にみると EU 経済はそのシェ
アを低下させたといえるであろう。

次に EU 産業の競争力をはかるうえで，世界貿易に占める財・サ
ービスのシェアをみてみよう。図 6-1 によると，EU のシェアは，
2009 年の 18.1 ％から，いったん，12 年には 15.7 ％へと低下してい
る。その後，緩やかに上昇したとはいえ，19 年時点で 16.4 ％にと
どまっている。逆の動きをしているのが，中国で，09 年の 9.6 ％か
ら 10 年間で 13.0 ％へと上昇している。ところで，*Column* ④ でみ
るように，産業の国際競争力は輸出シェアあるいは貿易収支などで
計測されることが多い。このため，貿易収支面をみると，近年，
EU は貿易黒字を計上している。たとえば，2020 年，EU の対域外
貿易をみると，輸出が 1 兆 9317 億ユーロ，輸入は 1 兆 7142 億ユー

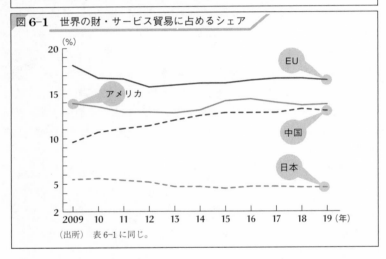

表6-1 世界のGDPに占めるシェア

（単位：％）

	2009年	2011年	2013年	2015年	2017年	2019年
EU 27	24.4	21.5	19.9	18.1	18.3	18.0
アメリカ	23.9	21.2	21.8	24.4	24.3	24.8
日　本	8.7	8.4	6.7	5.9	6.1	6.0
中　国	8.5	10.3	12.5	15.0	15.0	16.3

（出所）　European Commission［2020］DG Trade Statistics, August.

図6-1 世界の財・サービス貿易に占めるシェア

（出所）　表6-1に同じ。

ロであり，貿易収支は2175億ユーロの黒字となっている。したが
って，いくつかのデータから長期的にみるとEUの国際競争力は低
下してきたといえるものの，至近時点では回復の兆しがみえるよう
になっていると考えられるであろう。

2 EUの産業政策

●新たな産業政策へ

産業政策の類型

EUでは，産業の国際競争力の強化に向け
て，いかなる政策が実施されてきたのであ

　ある特定製品に関する国際競争力は明確であるとしても，ある経済ないしは産業の国際競争力は必ずしも明確な概念とはいえず，その定義にはいくつものものがありうる。ただ，大きく次の2つのカテゴリーに分類することが可能である。その1つは，一国のマクロ経済パフォーマンスに注目するものである。すなわち，「国際競争力のある経済」とは，結局のところ，経済政策の目標である実質所得および雇用の増加が実現されている国ということであり，その際，注目すべき指標の1つは人口1人当たり GDP ということになる。ただ，国際競争力を国際比較する際，為替レート，労働生産性など計測上の困難が存在するため，結論が相違することが多いなどの問題がある。

　このため，第2の定義，すなわち，当該国製品の世界における売上高，あるいは輸出シェア，さらには貿易収支などを計測する方法が用いられることが多い。もちろん，これら2種の定義はまったく相反するものではない。ちなみに，「アメリカ国際競争力会議」（The U.S. Competitive-ness Policy Council）は，「第1回年次報告」（1992 年）において「産業の国際競争力（industrial competitiveness）とは，長期にわたって，生活水準を継続的に上昇させるように，一国が国際市場のテストに合致する財およびサービスを生産する能力」としており，上記した2つの定義を折衷した立場をとっている。

ろうか。そのような政策が国際競争力の推移に，どのような影響を及ぼしたのであろうか。この点を EU の産業政策に焦点を当てて論じてみたい。なお，一般に産業政策とは，「経済成長や資源の効率的利用といった目的を実現するために，民間企業の経済活動を規制，抑制，誘導することによって，産業間の資源配分に影響を及ぼそうとする諸政策」と定義できよう。

　ところで，産業政策を次のように分類することが可能である。まず第1は，「**垂直的産業政策**」（vertical industrial policy）と称される政策である。すなわち，重要とされる特定の産業に対して特殊な取り

扱いを行うもので，雇用問題を抱えた衰退産業の保護，戦略的に重要とされる産業の育成策などが内容となっている。しばしば，ヨーロッパでは「介入主義」(interventionism) と称される政策である。

第2は，「水平的産業政策」(horizontal industrial policy) と呼ばれる政策である。ここでは，たとえば国際競争力の強化といった政策目的を実現するために，すべての産業に共通した基盤を整備することが主たる内容となっている。情報インフラの整備，競争条件の整備，さらに幅広く教育を通じた人材育成策，科学技術政策などである。

EU 産業政策の歴史　ここで，EU の産業政策を振り返ってみよう。もともと EU では，産業政策は各国政府が実施するものとされ，EU 全体を視野に入れた産業政策が十分に策定されてきたとはいえなかった。ただ，EU が主体となった産業政策もいくつか存在する。鉄鋼業で産業調整が必要になった際，当時の EC（欧州共同体）において，補助金の支出，輸入抑制などの保護的措置，産業再編による合理化計画が策定されたことがある。その後，同様の政策手段が，不況の長期化に見舞われた繊維，造船などの業界に適用された。

一方，先端産業育成のため，EU が主導した産業政策として注目されるものは，エアバス育成策である。すなわち，フランス，イギリス，西ドイツ（当時），さらにはスペインの航空機メーカーから構成される国際コンソーシアムに対して，補助金などによる育成策を講じたことである。その成果もあって，現在では，エアバスは民間航空機分野でアメリカのボーイングと激しいシェア争いを演じるに至っている。

このように，EU では，いくつかのセクターにおいて，垂直的産業政策が実施された。ただ，その結果，EU の産業競争力がめざましく強化されたとはいえず，1980 年代前半には，EU 経済，産業の先行きを悲観視する「ユーロ・ペシミズム」に見舞われた。

変化した EU 産業政策 1990 年代に入ると，EU の産業政策は水平的なものへと移行することになる。その契機は，90 年 11 月に欧州委員会によって採択された「産業政策ガイドライン」（Industrial Policy in an Open and Competitive Environment: Guidelines for a Community Approach）である。

これによれば，EU の産業政策は，①無形資産（知的財産など）への投資，②企業間協力の促進，③公正な競争の確保，④公的部門の近代化あるいは公的部門の役割の見直し，が対象になるとされている。また，このような産業政策の性格から，EU におけるヨーロッパ企業全般の国際競争力強化に寄与するものでなければならないとされ，各国のナショナル・チャンピオンの育成，補助金支出などによる垂直的アプローチは賢明ではないとしている。

このように，産業政策の実施主体が各国から EU に移行することは，産業の構造変化からみて当然の動きということもできよう。域内各国の貿易投資依存度が高まり，EU 企業の活動が域内国境を越えて展開するようになるとともに，産業政策のスピルオーバー効果が高まったからである。ある国の政府が当該国企業に何らかの方法で補助金を支出したとしよう。その場合，当該企業は域内の他国にある工場を拡張するかもしれないのである。すなわち，産業政策の効果が他の加盟国に漏れてしまう（スピルオーバー）ことになる。

社会的課題に基づく新たな産業政策 さらに，21 世紀に入ると，新たな産業政策が模索されるようになる。すなわち，垂直型であれ水平型であれ，従来の産業政策の最終的な目的は経済成長の促進，雇用の拡大などに力点が置かれてきた。ただ，近年，社会が追求するのは，環境保護，安心安全，所得格差の縮小，さらには安全保障など社会的課題に変化したのである。とりわけ地球の温暖化の進行とともに異常気象が続発し，新型コロナ禍が長期化する一方，イギリスの EU 離脱を契機に所得格差の縮小を求める社会的圧力が高まるとともに，経済政策および産

業政策の目的が変化するようになってきた。こうした流れの変化は，政策当局者のみならず研究者の間でも，また，EU のみならずアメリカでも，明らかになっている。

　その際，何を政策課題とするか，さらには，政策の優先順位をどのように決めるかなどについて，政府・企業および市民社会間の緊密な連携が必要になってきた。すなわち，社会における幅広いコンセンサスが形成され，これに基づく産業政策の必要性が主張されるようになったのである。

　既述した 1990 年代以前の垂直的産業政策では，「勝者を選別する（picking the winner）」，あるいは「敗者を選別する（picking the loser）」ことにより補助金を支出することが中心になるが，はたして行政当局に企業・産業の行方を識別する能力があるのかという点でも疑問が生じていた。一方，90 年代に入り強調されてきた水平的産業政策にしても，政府は経済・産業を支える基盤整備を進めるのであるが，その基盤の上で活動する産業・企業については，いわば自由放任することになる。はたして企業が社会的課題について，どの程度まで取り組むのか，十分な確証を得ることは容易でない。したがって，EU は 21 世紀に直面した新たな時代の課題に対応した**新産業政策**を模索するようになった。

　こうした背景の下，2020 年 3 月，欧州委員会は「**新産業戦略**」（A New Industrial Strategy for Europe）と題する政策文書を公表した。この文書によれば，①欧州産業の競争力を強化するためには，市場統合をいっそう深化させる必要があること，②「欧州グリーン・ディール」（後述）により，2050 年までに気候中立を実現すること（Green Transition），および③「欧州デジタル化」への対応（Digital Transition）が必要であることなどが主張されている。

　さらに，2021 年 5 月，欧州委員会は上記した「新産業戦略」に関する更新版ともいうべき政策文書（Updating the 2020 New Industrial Strategy: Building a stronger Single Market for Europe's recovery）を

公表した。これによると，新型コロナ危機などにより国際的なサプライ・チェーン，あるいは生産フラグメンテーションが混乱したこと，戦略的に重要な資材について EU 域外への依存があまりにも高くなっており，リスク・安全保障を考慮する必要があることが問題として指摘されている。また，この更新版を補完する作業文書（Commission staff working document : Strategic dependence and capacities）によると，EU が輸入している 5000 品目のうち，EU のエコシステムにとってきわめて重要な 137 品目は輸入依存度が高い品目とされている。ちなみに，これら品目の 52 ％は中国製品とのことである。

こうした文書に先立ち，2019 年 12 月，欧州委員会は「欧州グリーン・ディール」（A European Green Deal : Striving to be the First Climate-Neutral Continent）と題する政策文書を公表した。その目的は，EU を近代的で資源効率が高く，持続可能であり，競争力のある経済に変革することとされている。その内容は，① 50 年までに炭素中立を実現する，②人々や動植物を汚染・公害から保護する，③ EU 企業をクリーン技術・製品におけるリーダーと位置づけ，④公正かつ包摂的な社会変革を実現する，というものである。

また，これらの目標を実現するため，2020 年 1 月，欧州委員会は「持続可能な欧州投資計画」（Sustainable Europe Investment Plan）を発表している。その内容は，こうした目的実現のため 30 年までに 1 兆ユーロ以上の資金を確保し，かつ，民間部門による投資を促進するためのグリーン金融のためのタクソノミー（分類システム）を整備することとされている。

なお，2005 年から EU では EU 排出量取引制度（EU-Emission Trading System：EU-ETS）が導入されている。これは，ＥＵ域内全体での温室効果ガスの排出総量の上限（キャップ）を設定し，排出枠として対象企業に配分する仕組みである。対象企業は自社の排出量分の排出枠を入札や市場取引で確保する義務を負い，足りなけれ

ば罰金が科されるというものである。制度はたびたび変更されており、複雑なものとなっているものの、世界に先駆けて導入しており、世界に1つのモデルとして提示している。

一方、デジタル化政策であるが、2020年2月、欧州委員会は「**欧州デジタル未来の形成**」(Shaping Europe's Digital Future) と題する報告書を発表した。ここでは、ヨーロッパで経済をデジタル化するためには、次の3本柱が重要とされている。まず第1は、人間を中心に据えたデジタル技術の構築である。すなわち、AI、スーパーコンピュータ、量子コンピューティング、ブロックチェーンなど最先端技術分野における研究イノベーションにおける官民連携体制の構築、デジタル教育アクションプランの策定などである。第2は、公正で競争力のあるデジタル経済の構築である。具体的には、データガバナンスに関する法的枠組みの整備、データ法の整備などが提案されている。第3は、オープンで民主的かつ持続可能な社会の形成である。とりわけ、プロバイダーの責任の所在明確化、コンテンツに対する監視強化体制の構築などが盛り込まれている点が注目される。

さらに欧州委員会は、2021年3月、「デジタル・コンパス」(2030 Digital Compass: the European way for the Digital Decade) と題する政策文書を公表した。ここでは、次の4つの分野について、具体的な目標が掲げられている。①スキル：市民のデジタルリテラシー向上と高度な専門家（ICT専門家：2000万人へ。なお、19年は780万人であった）の育成、基本的デジタルスキル：人口の少なくとも80％が習得、②デジタル・インフラ：全世界におけるEUの半導体シェアを現在の2倍である20％に拡大、③ビジネス：企業によるデジタル技術活用、EU域内の75％の企業がクラウド・AI・ビッグデータを活用、④行政：主要な公共サービスについて100％オンライン化、医療分野では電子カルテを100％のデジタル化、などであり、これら4つの目標を2030年までに実現するとされている。

| EU の科学技術政策 | 次に，EU の科学技術政策について述べて
みたい。周知の通り，基礎科学分野では輝

かしい歴史を有する EU 諸国であるが，応用科学面では日米に比し
て後れをとっているとされる。こうした点を改善し，EU 産業の競
争力を強化することを目的とし，EU では科学技術政策が実施され
てきた。

EU における最初の科学技術支援プロジェクトは，欧州石炭鉄鋼
共同体（ECSC），および欧州原子力共同体（EURATOM）の成立時
にまで遡ることができる。ただ，この時期における科学技術政策の
対象範囲は，石炭，鉄鋼，原子力といった分野に限定されていた。
具体的には，まず，原子力の平和利用を目的として，JNRC（Joint
Nuclear Research Centre）が設立された。その後，JNRC は研究対象
分野を拡大し，JRC（Joint Research Centre）へと改組され，現在に
至っている。

一方，各国，とくにイギリスおよびフランスなどは，自国産業に
対する科学技術支援政策を続けた。すなわち，自国産業・企業の研
究開発に対して補助金を支出することなどを通じ，ナショナル・チ
ャンピオンの育成をはかるといった独自の科学技術政策を実施して
きた。1970 年代末に至ると，EU は独自の，あるいは EU レベルの
科学技術政策をいっそう追求しようとする。その背景には，①各国
におけるナショナル・チャンピオン育成策が失敗したとの認識が生
まれたこと，さらには②グローバル競争が激化しつつある環境の下，
研究開発に「規模の経済性」が存在すると認識され，EU レベルで
の科学技術政策が必要とみられたこと，などを指摘できよう。こう
した動きを受け，80 年代には EU 主導型プロジェクトが相次いで
策定される。「枠組み計画」（Framework Programmes）および「ユー
レカ」（Europe-an Research Coordination Action：EURECA）プロジェ
クトである。

このうち枠組み計画は，EU における科学技術政策の中心を占め

るプロジェクトであり，第1次計画（1984〜87年）から第7次計画（2007〜13年）まで推進された。その内容は，2カ国以上，2企業以上が参加するプロジェクトに対して，プロジェクト・コストの50％までEUが研究助成を行うというものである。また，支給額は第1次計画の総額37億5000万ユーロから第7次では532億ユーロにまで順次拡大がはかられてきた。

多様化するEUの科学技術政策　なお，初期の枠組み計画はエネルギー分野に偏重していたが，次第にICT分野，さらには生命科学などへと拡大し多様化するようになる。第7次枠組み計画は2013年に終了したのであるが，その後継プログラムとして，14〜20年を対象とする「ホライゾン2020」が策定された。これは，後述の欧州2020のうち，イノベーション・ユニオンを推進する実行プログラムとして位置づけられており，当該の7年間中，770億ユーロが配分されている。

ホライゾン2020は，次の3つの大きな柱を中心とする。第1の柱は，「卓越した科学」である。これは，基礎研究支援や研究者のキャリア開発支援，インフラ整備支援などを通じ，ヨーロッパの研究力を高めることを目的としている。第2の柱は，「産業リーダーシップ」である。これは，実現技術や産業技術研究の支援，リスク・ファイナンスの提供，中小企業の支援などを通じ，技術開発やイノベーションを推進するものである。第3の柱は，「社会的な課題への取り組み」である。ここでは7つの社会的課題を定義し，その解決に資するさまざまな取り組み（基礎研究からイノベーション，社会科学的な研究まで）が行われた。

さらに，2021年より新たなフレームワークのプログラム「ホライゾン・ヨーロッパ」（Horizon Europe）が採択された。21年から27年を対象とする同計画には合計955億ユーロが配分される予定である。前述のホライゾン2020とほぼ同規模である。同計画は，直面する社会課題を対象としており，EU産業の国際競争力の強化をは

かるものであり，その柱は①卓越した科学，②グローバル・チャレンジ・産業競争力，③イノベーティブ欧州（スタートアップ支援）という3本柱から構成される。①は，各種の先端研究に対する助成であり，計249億ユーロが配分されている。②については，気候変動への適用，ガン対策，健全な海洋，気候中立・スマートシティなどが達成目標として掲げられており，計538億ユーロが充当される。また，③には134億ユーロが配分されるが，スタートアップ支援を強化するため，「欧州イノベーション・カウンシル」が設立される予定である。

| デジタル市場の統合 |

一方，欧州委員会は，域内のデジタル市場を1つに統合し，公正な競争ルールの下，消費者と事業者が，人・モノ・資本・サービスの自由移動の思想を等しく受けられるようにすることを目指し，**デジタル単一市場**（DSM）の構築に乗り出した。すなわち，同委員会は，2015年5月，EU加盟各国で異なるデジタル市場の規制などの壁を取り払い，デジタル市場をEU内で統合することに向けて「デジタル単一市場戦略」を発表した。さらに16年4月には各加盟国産業のデジタル化に向け各国の取り組みを支援・連携させ，戦略的な提携やネットワークを通じた投資を促進するなど，デジタル面での科学技術振興を目指した政策を発表し，実施している。

また，欧州委員会は2020年2月，データの利活用やAI開発の方向性を盛り込んだデジタル戦略を発表した。いわば「データ単一市場」の創設ともいうべき同戦略によれば，EU域内の自治体や企業から集めたデータを共有する枠組みを構築し，新たなサービスや技術革新などにつなげようとするものである。

ただ，こうした科学技術政策・ICT産業振興策が実施されてきたにもかかわらず，現時点では，十分な成果をあげているとは言い難い。世界のICT市場では，依然としてGAFAなどアメリカ企業がリードしているからである。

なお，2021年1月，イギリスは正式にEUから離脱した。同国はヨーロッパ諸国の中でも科学技術面で優れた実績をあげている国である。ちなみに，20年までのノーベル賞受賞者数を国別にみると，第1位はアメリカ（388人），第2位イギリス（133人），第3位ドイツ（109人），第4位フランス（70人），第5位スウェーデン（32人）となっており，ヨーロッパ諸国のなかでイギリスは他国を大きく上回っている。イギリスのEU離脱後，科学技術政策の面でEUとイギリスがいかに協力関係を築くかが重要な課題となるであろう。

3 EU企業の欧州戦略
●競争力強化を目指す域内投資交流

```
生産フラグメンテーション
```

　近年，EUなど経済統合による貿易パターンの変化が注目を浴びている。かつて貿易といえば，各国が比較優位に基づいて行う「産業間貿易」（inter-industry trade）を意味した。たとえば，農産物と工業品の間で貿易を行うことである。ただ，産業構造が近似している諸国間で，近似した製品が取引される「産業内貿易」（intra-industry trade）の増加が注目されるようになってきた。EU諸国においても，この産業内貿易が顕著に増加しつつある。たとえば，ドイツがベンツをフランスに輸出し，逆に，フランスはプジョーをドイツに輸出するといったタイプの貿易である。消費者のブランド嗜好に基づく製品の差別化が進んだことなどによる。

　加えて，EUにおいては，工業製品間の貿易，それも中間財・部品の貿易が顕著に増加するようになっている。いわば，「製品内貿易」（intra-product trade）の増加である。具体的には，生産活動を複数の生産プロセスに分解（fragment），それぞれの生産プロセスに適した立地条件を有する国・地域を選択し，これらの地域に各生産プロセスを分散立地させることである。工程間分業とも称される動き

である。その結果，複数国にまたがる生産拠点間で中間財を融通しあうというパターンの貿易が顕著に増加している。たとえば，研究開発拠点はドイツに設置し，部品の生産，あるいはアセンブリー（組み立て）をハンガリーで行い，最終製品はドイツ，フランスあるいはアメリカ，日本で販売するといった生産パターンである。

　こうした生産フラグメンテーションを引き起こす要因として最も重要な点は，輸送費の削減である。ここで輸送費とは，狭義の物理的輸送費だけではなく，関税・非関税障壁，さらには国境を越えることによる異なった通貨間の交換に起因する為替レートの存在も含まれる。関税同盟の成立，市場統合措置による非関税障壁の削減，EMS などを通じた為替レート安定化への試み，通貨統合の実施などを通じて，EU における市場統合が進んだ結果，EU 域内の他国に生産拠点を設置したとしても，国内に完結した生産システムを設ける場合に比較して，コストが大幅に増加することはない。ただ，ある拠点で生産に支障が出た場合，その影響は生産ネットワーク全体にまで及ぶ。とりわけ新型コロナ禍では，域内生産が停止するという事態も生じた。すなわち，欧州企業は，生産フラグメンテーションによる効率化と，リスク回避というジレンマに直面したといえるであろう。

4　EU におけるコーポレート・ガバナンス

競争力強化とコーポレート・ガバナンス

　今後の EU 産業がいかなる推移をたどるのか，とりわけ国際競争力が強化されるのかどうかは，企業レベルにおいて，前述した産業政策動向に対応して行動できるかどうかに依存する。すなわち，M&A（企業の合併・買収），さらには迅速な意思決定が可能になるかどうか，労使関係が柔軟なものとなるかどうか，といった問題で

ある。

　この点に関連し，本節では，ヨーロッパにおけるコーポレート・ガバナンス（企業統治）のシステムについて，簡単に触れておきたい。各国における企業の目的，経営ルール，機構などが異なっていると，M&A などによる資本の交流が阻害される可能性が高いからである。また，EU 産業の競争力強化のためには，人件費の削減が不可欠であり，そのためには社会システムのみならず企業システムの見直しも必要だからである。

　　┌─────────────┐
　　│ コーポレート・ガバナ │
　　│ ンスとは　　　　　　 │
　　└─────────────┘

まず，コーポレート・ガバナンスとは何かについて整理してみよう。それは，企業における株主と経営者の関係を論じるものであり，具体的には，誰が企業を統治したり，あるいは企業に影響力を行使したりするのかという問題である。もちろん，コーポレート・ガバナンスについては，さまざまな角度からの議論がありうるが，ここでは企業の経営管理機構に論点を絞りたい。

　主要先進国の経営管理システムを概観すると，大きく3つのタイプに分類することが可能である。すなわち，ドイツ型，英米型，日本型である。前2者を図示すると図6-2のようになる。まず，ドイツ型であるが，ここでは日常の経営判断を行うことによって会社を運営する取締役会の上に，経営を監視する監査役会が置かれる。「2層構造」と称されるゆえんである。なお，フランスの一部でも，このタイプが採用されている。図からも理解できるように，ドイツ型においては，監査役会が強い権限を有している。また，従業員数が 2000 人を超える大企業では，監査役の半数を株主，残り半数は従業員が選ぶ。さらに，日常の経営判断を行う取締役は監査役会で任命される。なお，従業員数が 2000 人以下の会社では，株主が取締役の3分の2を，従業員が残りの3分の1を選ぶ。

　次に，イギリス，アメリカのみならずフランス企業の大部分で採用されている英米型であるが，日常の経営判断とその監視を行う2

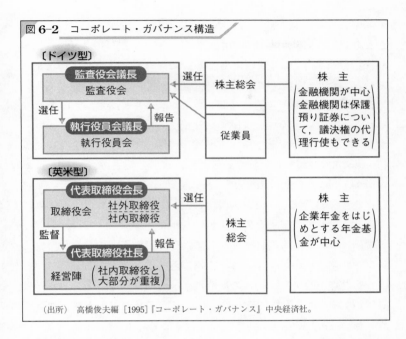

図 **6-2** コーポレート・ガバナンス構造

〔ドイツ型〕

監査役会議長
監査役会

執行役員会議長
執行役員会

選任 → 株主総会

従業員

株 主
金融機関が中心
金融機関は保護
預り証券につい
て，議決権の代
理行使もできる

選任
報告

〔英米型〕

代表取締役会長
取締役会　社外取締役
　　　　　社内取締役

選任 → 株主
総会

代表取締役社長
経営陣（社内取締役と
　　　　大部分が重複）

監督
報告

株 主
企業年金をはじ
めとする年金基
金が中心

（出所）　高橋俊夫編［1995］『コーポレート・ガバナンス』中央経済社。

つの役割を取締役会に任せている。このため，しばしば「単層構造」と呼ばれている。なお，フランスでは，既述した2層構造と単層構造のいずれを選択してもよいことになっている。この英米型を採用する多くの企業では，取締役の一部は常勤で経営にあたっているが，その他は社外取締役として，実際には経営の監視に従事することが多い。

　ここで問題となる点は，従業員の経営参加という点である。既述したように，ドイツ型の会社においては，かなりの程度，これが可能となっている。逆にいうと，ドイツ型の会社においては，株主の意図が必ずしも十分に企業経営に反映しないシステムともとらえることができる。

各国会社法の調和

さらに重要な点は，こうした会社構造の相違は，競争力強化を目指したM&Aに対す

る障壁になりかねないことである。こうした背景の下，EU では，かなり以前から各国会社法の調和を目指して多くの指令（directive）が採択されてきた。『域内市場白書』にも，これらの措置が含まれている。ただ，従業員の経営参加問題をめぐって，各国間，あるいは経営と労働者間の合意に時間を要し，ようやく 2004 年 10 月になり，こうした内容を含む「欧州会社法」(European Company Statute) が発効している。なお，域内で多国籍展開を行っている企業を対象に，基本的には同様の意図を有する「欧州労使協議会」(European Works Council) 指令は 1994 年 9 月に発効している。

　また，2011 年 5 月に欧州委員会が発表したコーポレート・ガバナンス・フレームワークに関するグリーン・ペーパーでは，取締役の構成について，専門性に関する多様化，国際面での多様化，ジェンダーに関する多様化をいっそう推進させる必要があるとしている。こうした点を改善し，会社の統治機構をどのようなものにするかは，M&A の行方に影響を及ぼし，結局は EU 産業の競争力にも波及する。今後，EU が検討すべき課題といえるであろう。

5 EU 産業の展望

●強化されるか EU 産業の競争力

知識基盤型経済社会を
目指したリスボン戦略

既述のように，EU のデジタル化はアメリカと比較して遅れたといえるが，その反省に立ち，2000 年 3 月のリスボンおよび同年 6 月のフェイラ欧州理事会において，EU におけるデジタル化をいっそう促進し，EU 経済を「知識基盤型」とするための「リスボン戦略」が策定された。また，この戦略を実現するため，「欧州電子行動計画」(eEurope2002) も採択されている。「すべてのヨーロッパ市民のための情報化社会」(information society for all) との副題を有する同計画は，企業部門だけでなく，消費者も含め，ヨーロッパ

表6-2　世界デジタル競争力ランキング（上位10位）

1位	2位	3位	4位	5位
アメリカ	シンガポール	デンマーク	スウェーデン	香　港

6位	7位	8位	9位	10位
スイス	オランダ	韓　国	ノルウェー	フィンランド

（出所）　IMD, "World Digital Competitiveness Ranking 2020."

の経済・社会全体を視野に入れ，その情報化を促進することを目的とした。

　ただ，いわゆるリーマン危機前後，さらには至近時点では新型コロナ禍により EU 経済は大混乱に見舞われ，3％という経済成長率の達成は不可能となった。ちなみに，2021年7月に発表された欧州委員会による経済見通しによると，EU 全域の成長率は，12〜16年の期間中，平均で 1.0％，17〜19年の期間中，同 2.2％であったが，新型コロナ禍に見舞われた 20 年は－6.0％，ワクチン接種による効果が浸透した 21 年ですら 4.8％と，前年の落ち込みを取り戻すには至っていない。

　加えて，デジタル化にも課題がみえるようになっている。たとえば，次のような点である。2021年6月に発表された在スイスのシンクタンク IMD の世界デジタル国際競争力ランキングによれば（表6-2），北欧諸国を除くと，EU 加盟国のランキングは必ずしも高くない。また，主要国であるドイツは 18 位，フランスは 24 位にとどまっている。なお，日本は 27 位である。また，中・東欧諸国は 30 位以下が多く，加盟国間のランキングで大きな差が生じている，すなわち，加盟国間のデジタル・ディバイドが生じている点も問題である。

む　す　び　近年，EU の産業政策において，とりわけ重点が置かれているのはグリーン化とデジタル化であり，この面で先行したアメリカに追いつこうとしている。

これら両分野は，日進月歩の世界である。今日，先行しているとしても，明日には時代遅れになってしまう可能性もある。EUのグリーン化・デジタル経済化が進み，これらの分野で世界経済をリードするようになれば，EU経済および産業が世界経済を再びリードする可能性は否定できないであろう。

21世紀において，EU産業は，このような分野で実際に主導権を握ることができるのかどうか，その際，日本の産業はどのような戦略を実施すべきか，グリーンおよびデジタル産業面から日米欧および中国の動きを注目すべき時期に差し掛かったといえるであろう。

演習問題

seminar

1 EU市場統合は，EU産業にいかなる影響を及ぼしつつあるのであろうか。メリットとデメリットに分けて考えてみよう。

2 日米欧あるいは中国の産業が国際的にいかなる地位を占めているのかについて，検証してみよう。

3 EUの成長戦略といえるグリーン・ディールおよびデジタル化の内容を調べ，日本の成長戦略と比較してみよう。

■ ■ ■ 参考文献 ■ ■ ■ ■ ■ ■ ■ ■ ■ ■ ■ ■ ■

川野祐司［2021］『ヨーロッパ経済の基礎知識』文眞堂

久保広正・田中友義編著［2011］『現代ヨーロッパ経済論』ミネルヴァ書房

深山明編著［2004］『EUの経済と企業』御茶の水書房

第7章

ユーロ圏の金融危機と金融政策

リーマン危機・ユーロ危機・新型コロナ危機への対応

●本章のサマリー

　1990年代以降の金融自由化・グローバル化は2008/09年リーマン危機（世界金融恐慌）を生み出し，危機の時代に移行した。先進国は長期経済停滞に陥り，米英欧日は非伝統的（非標準的）金融政策（QEなど）を採用して，経済を支えた。

　ユーロ圏では2010年からユーロ危機に陥り，南欧諸国の経済は惨状を呈し，「ユーロ崩壊」も懸念されたが，ECB（欧州中央銀行）のドラギ総裁の果敢な対応によって危機を切り抜け，ユーロ制度改革へ進んだ（「ユーロ2.0」への発展）。また，ユーロ圏の長期不況とデフレ化には，QEとマイナス金利政策によって対抗し，経済復活につなげた。

　しかし，南欧諸国などは「負け組」となって，「独り勝ち」ドイツや北欧との間で南北対立が顕在化し，南欧でポピュリズム政党が勃興，政権奪取もみられた。2020年，コロナ・パンデミックに襲われてEU復興基金を創設し，EU統合はようやく危機から起死回生へと動いた。新型コロナ危機の下でECBの金融政策は一貫して経済の安定と復活を下支えしたが，米英とともにユーロ圏でもインフレ警戒の声が高まり，金融政策は新たな緊張の時期を迎えている。

KEY WORDS

本章で学ぶキーワード

金融グローバル化　リーマン危機　非伝統的金融政策　量的緩和策（QE）　ユーロ危機　ギリシャ危機　ソブリン危機　ドラギ総裁　OMT　南北分断　銀行同盟　「ユーロ2.0」　ESM（欧州安定機構）　マイナス金利政策　非標準的金融政策　資産購入プログラム（APP）　ユーロ為替相場　新型コロナ危機　PEPP　バイデン政権

1 グローバル金融資本主義とリーマン危機

●世界金融恐慌の勃発と波及

金融の自由化・グローバル化とグローバル金融資本主義

経済のグローバル化は，*Column* ③で説明したように，先進国の製造業企業が生産工程を新興国に移転し，グローバル・サプライ・チェーンを形成する「生産のグローバル化」，サービス部門の企業の多国籍化，そして**金融グローバル化**など経済の多くの分野で発展した。米英両国では 1980 年代以降，経済の脱工業化と並行して金融業に依存して経済発展する金融資本主義に転換した。国内で金融自由化を進め，91 年のソ連崩壊の後には自由化・グローバル化に世界を巻き込んだ。両国政府の意を受けた IMF や世界銀行が新興国に金融自由化を迫り，世界を先進国金融の活動の場に変えた。こうしてグローバル金融資本主義が発展し，金融規制は撤廃され，金融バブルが形成され，リーマン危機（世界金融恐慌）に行き着いたのである。

1990 年代に漸増した国際資本フロー（残高）は 2003 年から急増し，第 2 次大戦後初の世界金融恐慌・リーマン危機に至る（図 7-1 の(1)）。ポートフォリオ投資（債券・株式・金融デリバティブ）の伸びがとくに大きい。図 7-1 の出所レポートの著者たちは，20 世紀末の発展の主要な動因は規制緩和と EU 通貨統合だったという。通貨統合は西欧の大銀行に自信を植え付け，アメリカへの大規模進出，ユーロ圏（南欧諸国など）への大規模な与信などに駆り立てた。その行動はリーマン危機激化の一要因，ユーロ危機の主要な原因の 1 つとなったことも忘れるわけにはいかない。

歴史をみると，1929 年 10 月に勃発したアメリカ大恐慌（32 年まで続いた）は世界恐慌に発展し，デフレと大量失業からヒットラー政権などファシズムの勃興，通貨ブロック化へと展開し，為替切り

図 **7**-1   金融グローバル化——国際資本フローの発展

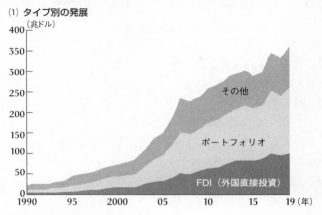

(1) **タイプ別の発展**

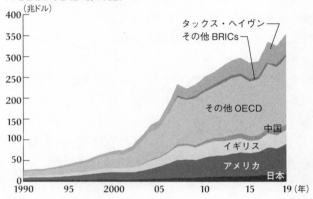

(2) **投資国（地域）別の発展**

(注)   1　図(1)は121カ国の対外資産と負債の総計。「ポートフォリオ」は債
　　　　券・株式・金融デリバティブへの投資，「その他」は外貨準備・銀行
　　　　貸付・預金など。
　　　2　図(2)は46カ国の対外資産と負債の総計。タックス・ヘイヴンは租
　　　　税回避地域あるいは低課税地域。
　　　3　図(2)の「その他 BRICs」はブラジル，ロシア，インド。「その他
　　　　OECD」は主として米英日以外の先進諸国，スイスなどが占める。
(出所)   Lysenko, A., M. Witzke, T. Hanemann and D. H. Rosen〔2021〕
　　　　"US-China Financial Investment," Rhodium Group.

下げ競争などブロック間の対立が深まって第2次大戦に至った。大恐慌の引き金となったのは株価暴落であり，銀行が自己勘定取引で株式を購入し，株価バブルが破裂して恐慌へ落ち込んだ。その反省から，銀行業と証券業の分離（「銀証分離」）が法定され，商業銀行の自己勘定による証券取引は禁止された。アメリカのグラス＝スティーガル法（1933年）である。

同法はそれから60年あまり経った1999年廃止された。金融規制は公衆の預金を預かる商業銀行に厳しく，投資銀行（大手の証券会社）や種々の投資会社（ヘッジ・ファンドなど多種のファンド）の規制は緩い。その垣根が取り除かれ，大商業銀行も利益の大きい証券業務を展開し，また傘下に規制の緩い投資会社（種々のファンドなど）をつくって証券を発行し世界中に売り捌いた。ロンドン金融市場では，ドルは外貨なのでドル取引関連の規制は緩い。そうした金融規制の緩みや規制の緩い金融市場などを利用して，ハイリスク・ハイリターンの金融活動が大規模に展開された。米英欧いずれでもファンド的活動が目立ったので，「ファンド資本主義」ともいう。

国際資本フロー残高（対外資産と対外負債の総計）を投資国別に見ると，米英と「その他OECD」のシェアが大きい。サブプライム証券の大量の買い込みを行ったEU先進国やスイスの大銀行，南欧諸国に大規模に貸し付けたユーロ圏先進国の銀行の活動などが含まれる。タックス・ヘイブンのシェアもかなり大きい（図7-1(2)）。新興国のシェアはわずかで，中国は2019年世界GDPの19％を占めるが，図のようにそのシェアは4％以下にとどまる。

銀行間の結びつきを市場別に貸借残高でみると（図7-2），ユーロ建てではユーロ圏とイギリスの間が圧倒的に大きく，米・日・スイス・EU新興国などの取引がそれに次ぐ。ドル，ユーロ双方の取引ともにロンドン市場の役割が非常に大きい。

2000年代（リーマン危機前）の金融活動や利潤獲得はアメリカで活発だった。西欧の巨大銀行はアメリカに子会社・支店を配置し，

図 7-2　銀行システム間の国際的リンケージ（2010 年第 1 四半期）

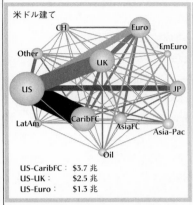

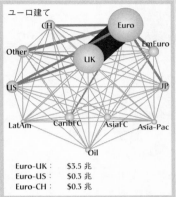

米ドル建て		ユーロ建て	
US–CaribFC：	$3.7 兆	Euro–UK：	$3.5 兆
US–UK：	$2.5 兆	Euro–US：	$0.3 兆
US–Euro：	$1.3 兆	Euro–CH：	$0.3 兆

(注)　1　各地域所在の BIS 報告銀行のクロスボーダー債権債務の残高。線の太さは残高の大きさに比例。
　　　2　AsiaFC：アジア金融センター（香港，マカオ，シンガポール），Asia-Pac：韓国，中国，台湾，インドネシア，タイ，マレーシア，フィリピン，インド，パキスタン，CaribFC：カリブ海金融センター。Euro：ユーロ圏（除スロバキア，スロベニア，キプロス，マルタ），EmEuro：ヨーロッパの新興市場諸国。CH：スイス，LatAm：メキシコ，コロンビア，ベネズエラ，ペルー，ブラジル，アルゼンチン，チリ。Oil：OPEC 諸国（除インドネシア），ロシア。
(出所)　Fender, I. and P. McGuire［2010］"Bank Structure, Funding Risk and the Transmission of Shocks Across Counties: Concepts and Measurement," in Bank for International Settlements, *BIS Quarterly Review*, September.

投資会社を創設し，サブプライム証券の組成や販売を含むドル・ビジネスをアメリカの巨大銀行・投資銀行と同じように大規模に手がけていた。そのため，リーマン危機による銀行の損失は米銀と欧銀でほぼ匹敵する大きさとなったのである。

> **金融自由化・グローバル化・通貨統合の招いた金融危機**

アメリカの 1990 年代の長期好況を牽引した ICT（情報通信技術）部門の株価バブルが 2000 年に破裂し，株価は大暴落，翌 01 年からの不況に対して FRB（アメリカ連邦準備銀行）は政策金利を大幅に引き下げた。住宅ブームになり，住宅ローン専門銀行もブー

ムになったのだが，住宅ローンの回収までには 30 年もかかる。そこで，資産の証券化が進んだ。資産（住宅ローン）を大銀行やファンドは買い入れて，それを自動車ローンなど他のローンとともに組み込んだ債務担保証券（CDO）を組成する（「証券化商品」）。住宅ローンには返済リスクがあるので，安全性の「高い（シニア）・中くらい（メザニン）・低い（エクイティ）」に区分して格付けし，シニア債を世界の投資家（ヨーロッパの銀行を含む）に売りさばく。「組成販売モデル」（OTD モデル：Originate-to-Distribute Model）と呼ばれた。金融工学を駆使して，シニア債をたとえば 80％組成し，次にまた他の種類のローンを組み込んでメザニンの中からシニア債をさらに組成する。それでも金融工学の裏付けを信用するヨーロッパなどの金融機関は数多く，販売は世界向けに進展した。

CDO の組成（生産）には原資産である住宅ローンが必要なので，アメリカでは信用レベルの低い低所得層（サブプライム層）にまで住宅ローンを売り込んだ。リスク回避のため CDS（クレジット・デフォルト・スワップ）のような新種の金融デリバティブ（金融リスクのヘッジ手段）が発展した。そうした証券の売買（トレーディング）が大銀行やファンドの収益の源泉となった。

2006 年末，アメリカの住宅価格は低下を始めた。住宅価格が上昇していればサブプライム層は住宅を売却して住宅ローンを返済できるが，住宅価格が下がるとローン返済ができない。CDO のリスクが市場で認識され，07 年にサブプライム・ローンを組み込んだ証券の価格が暴落，サブプライム危機となった。8 月にはパリでも銀行危機が起きた。

アメリカの大金融機関は世界中から投資を引き揚げて還流させた。中・東欧諸国では現地の証券（国債や社債など）を叩き売ってドルに替えて還流させたので，2008 年に中・東欧通貨危機が起きた。IMF と EU が支援して危機を食い止めたが，1990 年台半ばからの中・東欧諸国の西欧へのキャッチアップは停止した。

サブプライム危機が始まると，米英欧の政府は自国金融機関に大規模な資金支援，金融機関の合併，国有化などにより救済に乗り出したが，米政府はリーマン・ブラザーズを救済しなかった。2008年9月15日，リーマン・ショックが爆発した。投資銀行世界第4位の金融機関がほとんど一夜にして破産したので，世界の金融機関は他の金融機関を信頼できなくなり，資金融通が停止した。第2次大戦後初めて世界金融恐慌が起きた。

　危機の震源地アメリカでは連邦準備銀行（中央銀行）が金融機関に大規模かつ継続的に資金供与を行い，財務省は7500億ドルの不良資産救済プログラム（TARP）によって金融機関への資金注入，不動産関連証券の購入や保証などで救済し，また金融機関の合併や国有化を進めた。アメリカに進出していた英欧の大銀行の多くも連銀の資金支援を受けた。

| リーマン危機と EU |

ユーロ圏15カ国はリーマン危機の中で2008年10月12日，パリ緊急首脳会議を開き，1兆8000億ユーロ（最大拠出枠。ユーロ圏GDPの20％）の銀行危機対策を決めた。銀行への資本注入，銀行間取引の政府保証，不良債券の買い上げ，預金保護などに政府が出動する。続く15日のEU首脳会議で，金融機関への資金供給の新方式を採用し，銀行危機対策はほぼ出揃った。

　危機は金融から実体経済（生産・流通・貿易）に波及し，世界恐慌になった。2009年でもEU，ユーロ圏ともにGDPは−4.4％，多くの加盟国で戦後最大の落ち込みとなった。バブル破裂のバルト3国は2桁マイナス，ドイツは−5.6％だった。

　マイナス成長で税収は激減し，膨大な財政支出により欧米の多くの国で2009年財政赤字はGDP比10％超となった。翌10年から各国は財政引き締めに転換し，米英両国は景気回復を中央銀行の非伝統的金融政策，つまり量的緩和策（Qualitative Easing：QE）に委ねた。中央銀行が国債など証券の大規模購入を続けて金利を引き下げ，

証券価格を支え，景気回復につなげようとしたのである。

2 ユーロ危機
●政府債務危機と金融危機の相乗的悪化

2つの世界金融危機と
欧州大銀行

ユーロ危機はリーマン危機に接続し，世界の金融市場を動揺させた。2007～12年を世界金融危機と捉えることができる。

　リーマン危機では，低金利のユーロに浮かれてリーマン危機が以前からバブルを膨らませていた南欧諸国やバルト3国などで金融が破綻し，悪化した財政赤字・政府債務を返済できなくなって政府危機に落ち込んだ。ユーロ危機では，リーマン危機で悪化した南欧諸国などの政府は2009年秋のギリシャを嚆矢に次々に投機筋に狙い撃ちされた。ユーロ危機が「欧州債務危機」といわれるのはそのためである。だが，EU先進国の大銀行の行動も問題だった。欧州大銀行は，ユーロ導入により為替リスクのなくなった南欧諸国などに巨額の資金を貸し付けて，政府債務危機，バブル崩壊のユーロ危機を助長したのである。そのため，政府債務危機と金融危機が相乗的に悪化した。

ギリシャ危機——人災
の面

リーマン危機を切り抜けたユーロ圏は，2010年春から再び金融危機に突入した。09年秋のギリシャ総選挙で成立した新政権が，旧政権の財政赤字隠し（GDP比4％と公表，実は13％）を暴露した。政府のデフォルト・リスク（国債〔＝政府の借金〕を返済できないリスク）を金融市場は意識し，ギリシャ国債の格下げを継続したので，価格下落が続き，翌10年には暴落した（ギリシャ危機）。

　ユーロ圏財務相の合議体あるいはその会議を「ユーロ・グループ」と呼ぶ。ユーロ・グループは危機に陥ったギリシャの救済を委ねられた。ギリシャのユーロ対応は悪質だった。①ユーロ加盟

（2001 年）の際に財政赤字の数値をごまかした，②ユーロ加盟のおかげで外国銀行が国債を購入するようになったので，伝統のポピュリズム政治は超寛大な年金制度や立派な国立施設（病院，アテネ・オリンピック向けの競技場や高速道路など）をつくるなど財政バラマキを続けた，③財政赤字は上限の GDP 比 3 ％を毎年超えたが金融的術策で隠蔽し EU には嘘の報告をした。だが，リーマン危機により資金流入は停止し，財政のごまかしを続けられなくなった。開発途上国に典型的な国家債務破綻のパターンである。

ルール・道徳に厳しいドイツ国民は激怒し，ドイツのショイブレ財務相はギリシャをユーロ圏から追放すると主張したが，ユーロ・グループの他の諸国が反対し，ギリシャ支援にはドイツが反対し，支援策はまとまらなかった。そのほか，ユーロ圏の危機国への財政支援を禁じた EU 運営条約第 125 条の問題もあった（詳細は後述）。米英のファンドを先頭に世界の金融街はユーロ制度の弱点を調査済みで，「今年はユーロで儲けよう」と準備していた。2010 年 4 月末にユーロは大規模に売り込まれてユーロ暴落へ進んだ。世界金融は動揺し，米国株価はリーマン危機後半年の上昇分が帳消しになる大暴落となった。

ユーロ危機には 3 つの波があった。時期，危機国，主要な危機対策を示した表 7-1 をみながら，以下の説明を読んで欲しい。

ユーロ危機の第 1 の波　ギリシャ危機は 2010 年 4 月末から 5 月上旬にかけて，金融危機とソブリン危機（政府のデフォルト・リスクによる危機）が相互に強めあう形になり，世界金融危機の続発を招いた。5 月上旬，ユーロ加盟国首脳はスペインへの波及も念頭についに金融支援機構を設立した。その支援内容は，①ギリシャ貸付ファシリティ 1100 億ユーロ（ユーロ圏 800 億，IMF 300 億），②欧州金融安定ファシリティ（EFSF）合計 7500 億ユーロ（約 85 兆円）である。支援は貸付で，過大な財政赤字削減を求め，また当初 5 ％台の懲罰的金利が付されていた（後に引き下げら

表 7-1　ユーロ危機の３つの波と危機対策（概要）

危　機	第１波：小国危機	第２波：全面危機	第３波：南欧・ユーロ圏危機
時　期	2010年４月〜11年４月	2011年６月〜12年２月	2012年４月〜８月
発火点	ギリシャ・デフォルト危機	ギリシャ・デフォルト危機	ギリシャ離脱危機
危機国	G・I・P	GIPSY，一時的にコア諸国	GSY，ユーロ圏
主要な危機対策	２つの金融支援基金の設置[G支援1100億ユーロ・南欧支援7500億ユーロ準備]SMP	金融支援行動の強化ECB巨額資金供与（VLTRO）ギリシャ第２次支援とPSISMP	ユーロ制度改革合意（銀行同盟等）ドラギ総裁ロンドン演説ECBの新対応（OMT）

（注）　1　G：ギリシャ，I：アイルランド，P：ポルトガル，S：スペイン，Y：イタリア。
　　　　2　SMP は Securities Market Programme。PSI は Private Sector Involvement，ギリシャ国債を保有する民間債権者の債権カット（ギリシャ政府の債務削減）。VLTROは ECB の超長期リファイナンシング・オペ，11年12月と12年２月に供与された３年満期の LTRO（長期リファイナンシング・オペ）を指す。OMT は ECB の Out-right Monetary Transactions。いずれについても本文の説明を参照。
　　　　3　第１波はギリシャ，アイルランド，ポルトガルが時間差をもって危機に陥ったので G・I・P と表示。他はほぼ同時に危機となったため「・」を入れていない。

れた）。この種の支援に慣れた IMF が参加し，支援を担う欧州委員会・ECB（欧州中央銀行）・IMF は「トロイカ」と呼ばれた。①の支援によりギリシャ危機は７月までに沈静化したが，不況の中で財政赤字削減を迫られ，国民は窮乏化した。

　次には，アイルランドが2010年11月，不動産バブル破裂で傷んだ銀行の負債があまりに膨大なので政府も救済できなくなり（同年の財政赤字は GDP 比 32 ％），支援を要請，続いて翌 11 年４月，政府のデフォルトが懸念されたポルトガルも支援を要請した。EFSFの支援により，ともに短期間に沈静化した。

　EFSF はユーロ圏でトリプル A の最高格付けの国（6 カ国）が共同で EFSF 債を発行して資金調達し（日本の財務省も購入），危機国で銀行支援，財政赤字補填，国債償還などに使用された。

　振り返ると，ドイツが速やかにギリシャ支援に合意していれば，

ギリシャ危機は軽微ですみ，世界金融危機はなかったかもしれない。ドイツの「赤字国制裁」行動は以後も危機激化をもたらした。

危機の指標——国債利回り

金融市場はユーロ圏諸国の国債をほぼ同等とみなしていたので，各国の長期国債利回りはドイツ国債水準に接近していたが，リーマン危機で格差がやや拡大し，ユーロ危機で急拡大した（図7-3）。国別のリスク格差が金融市場で強く意識されたのである。

政府債務危機の時期と深刻さは国債利回りの動きで示される。なぜだろうか。定義式は，国債利回り＝国債利子÷国債価格，である。分子の国債利子は国債発行時に確定する（1万円額面の国債の発行利率が6％なら，600円に確定）。分母の国債価格は市場の需要供給に応じて変動するから，国債利回りは国債価格に反比例する。つまり，危機国の国債が投げ売りされて価格が暴落すると，利回りは急騰する。国債に買いが入ると，国債価格は上昇して，利回りは低下する。

図7-3は，ベンチマーク（基準）となるドイツ10年物国債の利回りをユーロ圏諸国の国債の利回りから引き算した「利回りスプレッド」である。ユーロ危機のプロセスを国ごと・時期ごとに，読み取ることができる。2017年夏以降の金融市場安定もわかる。

ギリシャ国債の利回りは他の国より高い。金融市場がギリシャの自力返済能力を特に疑問視しているので，高いリスクプレミアムが続いたのである。2015年には急進左派連合（Syriza）政権が支援条件（財政緊縮など）の緩和を求めてユーロ・グループに「反乱」を起こし，ギリシャだけ利回りが高騰した。

ユーロ危機の第2の波

2011年4月，市場に懸念が再発，6月にユーロ危機第2波が本格化した。米英のファンドなど投機筋はスペインとイタリアを標的に攻撃し，両国の国債の価格は暴落，国債利回り＝長期金利は暴騰した（図7-3）。両国の経済規模はユーロ圏GDPシェア28％，デフォルトすればユーロ崩壊も，と危機感が高まり，投機筋の筋書き通りに展開した。

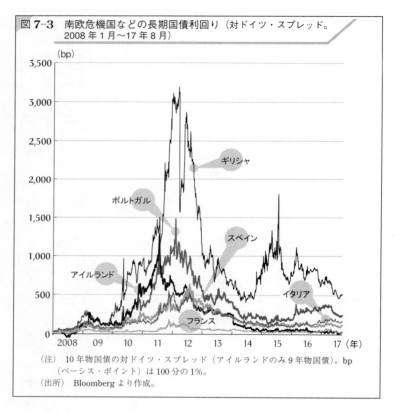

図 **7-3** 南欧危機国などの長期国債利回り（対ドイツ・スプレッド。2008 年 1 月〜17 年 8 月）

ギリシャ

ポルトガル

スペイン

アイルランド

イタリア

フランス

（注）　10 年物国債の対ドイツ・スプレッド（アイルランドのみ 9 年物国債）。bp（ベーシス・ポイント）は 100 分の 1%。

（出所）　Bloomberg より作成。

　次に西欧大銀行が狙われた。危機国国債を大量に抱えて破綻すると予想が広がり，銀行株が売り込まれ，さらに危機国の南欧国債の投げ売りを誘発した。このように，ソブリン危機と銀行危機とが相乗作用で激化し，金融パニックが続発，秋には一時ベルギーやフランスも攻撃された。ギリシャとイタリアの政権は拙劣な危機対応を批判され，11 月辞任，金融危機は世界に広がった。

　金融危機が起きれば中央銀行が沈静化の主役となる。だが，第 2 代のトリシェ ECB 総裁は有効な対策をとれなかった。1 つの理由は，EU 運営条約第 123 条の規定があったので，危機国国債の大規模購

入を行わなかったことである（詳細は後述）。トリシェ総裁はドイツとの協調を重視したため，未曾有の危機に対して柔軟かつ有効に対応できなかった。リーマン危機後の不況の中でドイツ連邦銀行などタカ派に迎合して利上げしたが，その後再切り下げに追い込まれ，「政策ミス」として今日までECBの苦い経験となっている。

第3代のドラギ総裁（元イタリア銀行総裁）は，2011年11月就任後直ちに大胆な危機対策に乗り出した。まず政策金利を引き下げ，次に金利1％期間3年の資金合計1兆ユーロ（約100兆円）を800の銀行に供与し（超長期リファイナンス・オペ：VLTRO），銀行破綻の危惧を取り除いた。その低金利資金で銀行は価格暴落の南欧国債を購入したので価格は上昇し（＝金利低下），金融パニックとソブリン危機は12年初めに沈静化，「ドラギ・マジック」と呼ばれた。

 ユーロ危機第3の波

2012年4月，総選挙を前に急進左派連合への支持が広がり，ギリシャのユーロ圏離脱（Grexit）の懸念が生じた。スペインでも住宅融資で不良債権を抱えた貯蓄銀行バンキアの破綻危機から銀行危機となり，両国で預金が大規模に引き下ろされてドイツに流入した。危機はイタリアを巻き込み，金融パニックが続発した。ユーロ危機第3波である。

個人の預金口座からの流出もあり，スペインのユーロ圏離脱の予想も広がった。まさにユーロ存亡の危機（systemic crisis）であった。ドラギ総裁は7月26日にロンドンで金融市場関係者を相手に講演し，「ユーロを守るためにECBはできることは何でもする。わかって欲しい」と訴えた。金融市場の危機ムードは一気に取り払われ，国債利回りは低下を始めた。ドラギ演説は，ECBによる危機国国債の無制限購入の決意表明と受け止められたのである。ECBが無制限に購入すれば，危機国国債の価格は下がらないから，売り込む必要はない。危機は終わりである。

準備を経て，2012年9月6日ECBは，危機国の短期国債（残存期間3年以下）の無制限購入措置，OMT（Outright Monetary Transac-

tion）を採択し，これを機にユーロ危機は最終的に沈静化した。「ド
ラギ・マジック Part 2」であった。「ECB ができることは何でも」
（"whatever it takes"）は流行語となり，ドラギ総裁は『フィナンシャ
ル・タイムズ』の 2012 年 "man of the year" に選ばれた。

　なお，ユーロが崩壊しなかった制度的要因として，TARGET 2 の
作用がある。専門的な部分が含まれるので本版では割愛した。関心
のある読者は，田中［2016］Ⅱ章，または本書第 5 版第 5 章を参照
されたい。

```
┌─────────────────┐
│ ユーロ危機と時代の大 │
│ 転換              │
└─────────────────┘
```
ユーロの第 2 波危機によりユーロ圏の景気
回復は腰折れし「不況の 2 番底」に落ち込
んだ。マイナス成長が，南欧諸国で 2011
年秋からほぼ 2 年間，ユーロ圏でも 1 年半続いた。ギリシャとスペ
インの失業率は 20 ％を超え，若者の失業率はその 2 倍になった。
その痛手は 20 年代になっても消えていない。南欧諸国の国民は反
EU・反独仏意識を強め，EU に南北分断をもたらした。この点で，
ユーロ危機は EU 統合にとってリーマン危機より深刻だった。

　ユーロ危機の原因は複合的である。最大の要因として時代の大転
換があった。ユーロ制度は 1980 年代末から 90 年代初めにドイツ連
邦銀行が主導し，過去 30 年間の金融史に照らしインフレ抑制を最
重要視して制度設計を行い，マーストリヒト条約に盛り込まれた。
その 30 年間に金融恐慌は起きていない。金融自由化・グローバル
化により，金融環境は劇的に転換した。また，西北欧と南欧という
格差のある諸国を抱えながら，財政支援制度をつくらず，危機国支
援を禁じていた EU 通貨統合の根本的な欠陥がもう 1 つの大きな要
因である。柔軟な対応を拒否したドイツ政府の頑なな対応も危機激
化要因だった。

　ユーロ危機を経てユーロ制度の改革，そしてドイツを含めて金融
政策に関する意識の変革も進んだ。以下で説明しよう。

3 「ユーロ 1.1」から「ユーロ 2.0」へ
●ユーロ危機の制度的要因とユーロ制度の改革

ユーロ危機の経過を念頭に，ここでは，ユーロ危機の制度的な側面を説明する。次いで，それらの制度的欠陥がどのように改革され，新しいユーロ制度に転換したかを説明しよう。

| ユーロの設計に絡む諸問題 |

ユーロは EU 諸国と西ドイツ政府との交換条件の産物だった。EU 諸国がドイツ統一を無条件で受け入れる代わりにドイツはマルクを放棄する。ドイツのコール首相（当時）はマルク放棄を受け入れ，「ユーロは戦争か平和かの問題だ」と国民に訴えたが，その代償に，ユーロの設計をドイツ連邦銀行が行い，ECB をフランクフルトに誘致する了解を取り付けた。

ドイツ連邦銀行は自国の通貨制度をユーロの制度に移植した。国民の団結力の強い西ドイツ特有の制度なので，フランスなど他の国は欠陥をわかっていたが，その制度設計に修正を入れようとするとマルク放棄が覆りかねない。他の諸国は原案を受け入れるほかなかった。以下で，ユーロの制度的な問題点をみておこう。

| 「ユーロ 1.0」から「ユーロ 1.1」へ——西欧と南欧の格差 |

マーストリヒト条約のユーロの規定はそのまま現行リスボン条約に引き継がれている（EU 運営条約第Ⅷ編「経済通貨政策」）。それを「ユーロ 1.0」と呼ぶことにしよう。その暗黙の想定は，ユーロは EMS（欧州通貨制度）を引き継ぎ，先進国だけの制度だということだった。「ユーロ加盟 4 条件」（第 4 章参照）をパスできるのは自己責任で通貨を運営する先進国だけという想定だった。だが，ユーロ加盟を目指して南欧諸国は政府・経営者団体・労働組合が協力してユーロ加盟 4 条件を満たした（ギリシャは前述の通り）。種々の格差のある西欧諸国と南欧諸国が加盟して，現実のユーロは「ユーロ

1.1」に変質し，問題を起こしたのである。

　ユーロ導入後，南欧諸国の金利は急激にほぼドイツレベルに下がった。2桁金利に慣れていた南欧諸国では住宅や耐久消費財へのローン需要が急増，アイルランドとスペインでは住宅バブルが膨張しリーマン危機により破裂，財政赤字が拡大し，デフォルト・リスクを抱えたままユーロ危機に突入していったのである。

西欧大銀行の与信の拡大と停止

ユーロ圏では為替相場変動リスクがなくなり，西欧の大銀行は金融手数料や金利の高い南欧に巨額の与信（証券投資・融資など）を行った。中・東欧諸国はユーロ非加盟だったが，ユーロに相場をリンクする国も多く，やはり西欧やイタリアの大銀行の与信が急増し，周縁諸国は民間・政府ともに資金調達が容易になった。ヨーロッパ（ほとんどは西欧）の大銀行の南欧5カ国への与信額は2005年初から08年半ばまでに2倍から3倍にも増加し（図7-4），消費・不動産投資・財政バラマキなどにつぎ込んだ。バブルが膨張し，南欧諸国の経常収支赤字はGDP比2桁に拡大したが，外国資本流入が続く間は赤字は持続可能であった。

　2007年のサブプライム危機によってアイルランドやバルト3国などでバブルが破裂，08年のリーマン危機により南欧諸国でも外国からの資金流入は突然停止（"sudden stop"）し，急性のバブル破裂（バスト：bust）が起きた。

危機の激化と長期化──ユーロ制度の不備

ユーロ制度の不備のために，ユーロ危機への対応は混乱・遅れ・麻痺などが生じて，危機の増幅・長期化を許した。

　ユーロの制度設計の最重要テーマはインフレ抑制で，ECBの制度や金融政策（monetary policy）はそれに沿って設計された。だが，1990年代から金融自由化・グローバル化により金融環境は激変し，インフレは沈静化し，代わって自由化が生み出す金融危機，通貨危機が最大の問題となった。新手の金融危機の管理はユーロ制度に組

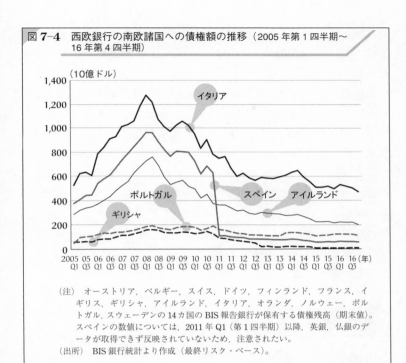

図 **7-4** 西欧銀行の南欧諸国への債権額の推移（2005 年第 1 四半期〜16 年第 4 四半期）

(注) オーストリア，ベルギー，スイス，ドイツ，フィンランド，フランス，イギリス，ギリシャ，アイルランド，イタリア，オランダ，ノルウェー，ポルトガル，スウェーデンの 14 カ国の BIS 報告銀行が保有する債権残高（期末値）。スペインの数値については，2011 年 Q1（第 1 四半期）以降，英銀，仏銀のデータが取得できず反映されていないため，注意されたい。
(出所) BIS 銀行統計より作成（最終リスク・ベース）。

み込まれていなかった。

　ユーロ危機で顕著になったユーロ制度の問題点を 3 つ指摘できる。①ユーロ圏の危機国を財政支援しないという「非救済条項」（現行 EU 運営条約第 125 条），②ECB およびユーロ圏各国中央銀行に国債の直接購入を禁止（同第 123 条 1 項），③銀行監督と銀行危機対応をユーロ加盟国の権限とした（第 127 条 5 項）こと。

　③は，新設の ECB は銀行監督に不慣れなので，従来通り各国監督当局（財務省・金融庁・各国中央銀行など）に委ねたのだが，金融グローバル化・リージョナル化が進んだ金融情勢に各国当局はまったく対応できなかった。①と②は旧西ドイツの連邦銀行（中央銀行）制度を引き継いだインフレ抑制を目的とする制度である。①はユー

ロ加盟各国にきちんとした財政政策をとらせるために支援をしない。
②は，ECB やユーロ加盟国中央銀行が国債の直接購入により政府
に融資する「マネタリーファイナンシング」を禁じている。だが，
金融危機対策としてみると，①は「危機国を財政支援してはいけな
い」，②はユーロ加盟国の政府にとって必要な時にユーロを調達で
きないということになり，いずれも危機を激化させた。西ドイツ中
央銀行制度を真似た ECB は時代遅れになっていたのである。

　②により ECB・各国中央銀行はユーロ危機に陥った国の国債を
直接購入できないので，投機の跳梁を許し，負けた。ECB に国債
無制限購入の権限が賦与されていれば，第 2 波のスペイン・イタリ
アの危機は軽微ですませられ，第 3 波は起きなかったかもしれない。
ドラギ総裁のロンドン演説と OMT 採用によりユーロ危機が終了し
たことを考えれば，この点に議論の余地はない。

グローバル・レベルの
金融制度改革

リーマン危機の再来を防ぐべく速やかにグ
ローバル・レベルの銀行規制・監督制度の
改革が進んだ。バーゼル銀行監督委員会が
2010 年 12 月に第 3 次国際統一基準（「バーゼルⅢ：より強靭な銀行
および銀行システムのための世界的規制の枠組み」）を公表，それをベ
ースに，先進各国が規制強化の法律を採択・実施した（19 年完全実
施）。

　EU では欧州委員会が 2011 年 7 月，第 4 次資本要件指令（Capital
Requirements Directive Ⅳ：CRD Ⅳ）のパッケージ案（「EU 版バーゼ
ルⅢ」）を公表した。銀行の自己勘定による証券投資を規制し，ま
た危機時にバッファーの役割を果たす銀行の自己資本の資産に対す
る比率を大幅に高めた。欧州委員会は 12 年，銀行再建・破綻処理
指令（Bank Recovery & Resolution Directive：BRRD）を呈示，13 年
EU 理事会，14 年 4 月に欧州議会が法案を採択した。

　新指令では，銀行破綻の際の債権者負担原則（ベイルイン：銀行
の債権者——株式や債券の保有者——がまず損失を負担する）を前提に，

ユーロ加盟国は，ベイルイン後の損失をカバーするため，550億ユーロの単一破綻処理基金（SRF）を設立する。非常事態では厳密な条件をつけて公的資金を使用する。BRRDは後述のSRMの構成要素となった。

| リーカネン報告 | EUはリーマン危機からユーロ危機へと続いた金融危機を防止し預金者や銀行の貸付 |

先をよりよく保護する方策を2012年2月リーカネン委員会（座長はフィンランド中央銀行総裁リーカネン）に諮問し，10月「リーカネン報告」が発表された。報告は，バーゼルⅢや欧州委員会の規制案を支持したうえで，証券のトレーディング業務と不動産貸付において過度のリスクテイクが行われ，それが累積して危機を引き起こしていると指摘した。ヨーロッパの銀行は預金銀行業務（預金を取り貸付を行う）と投資銀行業務（トレーディングを含む証券業務）を兼営するユニバーサル・バンクであるが，報告は，ユニバーサル・バンクという方式は維持しつつ銀行内部で双方の業務を切り離して独立性を高める，と提案した。また金融危機の中で破綻の危機に陥る銀行は，政府など公的機関による支援（ベイルアウト方式）ではなく自己責任制（ベイルイン方式）を取れるように「ベイルイン証券」による債務を拡張して銀行の損失吸収能力を高めるべき，と強調した。

| ユーロ2.0への改革(1) ——ESMとOMT | ユーロ圏首脳会議は2012年6月，**銀行同盟**（Banking Union）創設で合意した。それまでユーロ圏各国が保有していた2つの権 |

限，すなわち①銀行監督権限をユーロ圏に，②銀行の再生・破綻処理権限をEUレベルに引き上げ，また③預金保険制度もユーロ圏で統一するという抜本的な改革構想だった。これら一連のユーロ制度改革により新たなユーロ制度，「ユーロ2.0」が出現した。改革項目は非常に多く複雑だが，以下に要点を示しておこう。

ユーロ圏の財政支援のEFSFは暫定的な基金だったので，常設の

ESM（European Stability Mechanism：**欧州安定機構**。欧州安定メカニズ
ムの訳語もある）が 2012 年 10 月に発足した。ユーロ圏諸国の ESM
条約によりルクセンブルクに設置，資金規模 7000 億ユーロ，うち
払込資本 800 億ユーロ，請求後払込資本金（callable capital）と保証
（guarantees）が 6200 億ユーロ，こちらは必要に応じて払い込まれる。
払込資本はユーロ圏諸国が各国のユーロ圏 GDP 比に応じて毎年
160 億ユーロずつ 5 年間，17 年まで払い込む。合計 7000 億ユーロ
の資本金に対して，最大融資規模は 5000 億ユーロとされる。ESM
は資本不足になった銀行に直接融資でき，危機国の財政赤字を増や
さない長所ももつ。これにより非救済条項は事実上修正された。

　ECB による国債直接購入の禁止（第 123 条 1 項）は，OMT 採択
により事実上変更された。ユーロ危機を終息させ，実力も検証済み
である。改革の前と後を図解しておこう（図 7-5 の左側）。

ユーロ 2.0 への改革(2)
──銀行同盟（SSM＋
SRM）

ユーロ圏の各国が銀行監督と破綻処理を担
当する制度は後述の SSM と SRM の創設
により，ECB と EU レベルに権限が移転
された（図 7-5 の右側）。南欧諸国では大銀行と国家の結びつきが非
常に強い（「国家＝銀行相互依存体制」）。銀行は国債購入などで国家
を支え，見返りに国家は銀行監督や銀行危機支援に甘い。それがユ
ーロ危機第 3 波で強く問題視された。イタリア，スペインが財政破
綻すると膨大な支援を迫られる西欧・北欧諸国は，銀行監督と破綻
処理の権限を南欧諸国から取り上げる決心をした。ユーロ圏・EU
次元に権限を移す以外に解決策はない。EU 運営条約第 127 条 6 項
には銀行監督権限を ECB に授与できるという規定がある。それを
使って ECB に権限が委譲された。

　銀行同盟は，ユーロ圏・EU レベルに，①単一銀行監督機構（Sin-
gle Supervisory Mechanism：SSM），②単一破綻処理機構（Single Res-
olution Mechanism：SRM），そして③共同の預金保険制度（Deposit
Guarantee Scheme：DGS），の 3 つの制度をつくる。③は米連邦預金

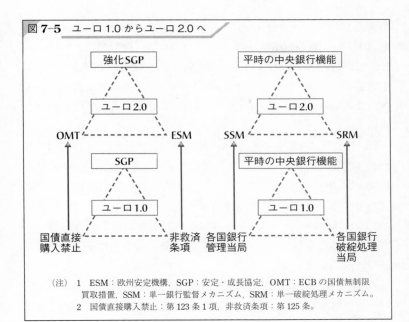

図 **7-5** ユーロ 1.0 からユーロ 2.0 へ

```
強化 SGP                    平時の中央銀行機能

    ユーロ 2.0                  ユーロ 2.0

OMT ----------- ESM      SSM ----------- SRM

    SGP                    平時の中央銀行機能

    ユーロ 1.0                  ユーロ 1.0

国債直接         非救済    各国銀行          各国銀行
購入禁止         条項      管理当局          破綻処理
                                          当局
```

(注) 1 ESM：欧州安定機構，SGP：安定・成長協定，OMT：ECB の国債無制限
買取措置，SSM：単一銀行監督メカニズム，SRM：単一破綻処理メカニズム。
2 国債直接購入禁止：第 123 条 1 項，非救済条項：第 125 条。

保険公社（FDIC）が参照された。だが，独仏などで積み立てた預金保険資金がギリシャの預金者保護に使われることになり，ドイツなどが反対し，③は先送りされた。ただし，EU 各国が 10 万ユーロまでの預金を保険で保証する DGS はすべての加盟国で導入済みである。

ユーロ圏には当時約 6000，EU には約 8000 の銀行があった。ECB は国際的に活動する大銀行や SSM 参加国の主要銀行などおおよそ 120 の大銀行を「重要銀行」として特定し（定期的に見直し），直接監督する。それら大銀行の資産は当初の SSM 参加国の銀行資産全体のおよそ 85 ％であった。他の中小銀行は各国の当局が監督するが，統一的な監督責任は ECB がもち，中小銀行の監督にも介入できる。

SSM は 2014 年 11 月 4 日発足した。ECB に SSM を運営する監

督委員会（Supervisory Board）が新設された。議長はフランス人，副議長はECB役員会からドイツ人（ともに女性）が就任，ほかにECB代表3名，SSM参加各国の代表1名ずつから構成された（議長は2019年にイタリア女性，エンリケ氏に交代）。監督に関する政策案（draft decision）はECB政策理事会で承認もしくは反対を判断される。

EUのこれまでの銀行監督は本国監督制だったが，クロスボーダーの銀行活動のチェックに無力だった（第4章参照）。SSMでは，ECBは大銀行の銀行本店，子会社，支店がユーロ圏のいずれの国にあっても直接に監督する。EU域外の銀行も監督でき，ロシアの2つの大銀行が指定された。SSMは1000人を超える職員を擁し，各国当局と協力しつつ，監督業務に当たり，資本要件を満たさない銀行に罰金を課すなど，行動している。

SRMは破綻に直面した銀行の再建または破綻処理を審議・決定し，破綻処理を各国当局に命じる。基本組織は，単一破綻処理委員会（SRB：Single Resolution Board）であって，委員長，副委員長，欧州委員会，ECB，各国破綻処理当局代表者により構成される。破綻処理関連の議決は特別委員会による。

SRM参加国の全銀行の預金の1％が2016年から積み立てられ，8年後に総額約550億ユーロを有する単一破綻処理基金（SRF）が完成，銀行支援に利用される。SRFは2016年に活動を開始した。SSMとSRMの構築によってECBは銀行監督と破綻処理関連との2つの権限を獲得し，OMTと合わせて，連邦中央銀行制度の体裁を整えた。

ユーロ2.0のバージョンアップ

だが，EU各国の銀行破綻処理制度は国ごとに食い違いが残っていて，効率的な銀行の破綻処理は実現していない。上述のように，銀行同盟は南欧諸国の国家＝銀行相互依存体制ゆえに生じかねない銀行危機をEUレベルの制度構築によって制御しようとした。

だが，もともと弱体の南欧の銀行制度にはユーロ危機のダメージが加わり，今日も，西北欧や東欧の加盟国の銀行に比べて不良債権比率は高く，収益率は見劣りする。

国際決済銀行（BIS）の報告の分析によれば，2015 年から 19 年までに 19 件の破綻処理・支払い不能手続きがなされたが，イタリア，スペインなど南欧のシェアが圧倒的に高い。小規模銀行は各国当局が破綻処理を行い，中規模銀行は SRB が担当しているが，国ごとに食い違う破綻処理制度，銀行の伝統の地方ごとの相違などにより，効率的な処理ができていない。ベイルイン方式の限界も目立ち，ベイルアウト方式が無秩序に併用されるなど，問題が多い。

BIS 報告は，欠陥是正のために，各国ベースの DGS をアメリカの FDIC（連邦制度）にならった EDIS（欧州預金保険スキーム）に転換し，SRB を連邦機構に格上げして，有効な銀行同盟を構築すべきと勧告している。ユーロ 2.0 はバージョンアップしなければならない。だが，EDIS にはドイツの強い反対など，障害が多い。効率的な連邦型への移行には時間がかかりそうだ。

財政規律の強化

EU 各国の財政赤字を毎年 3 ％以下に維持する「安定・成長協定」（SGP）は，ユーロ 1.0 の安定装置と位置づけられたが，ギリシャや独仏伊などが遵守せず，機能しなかった。ドイツ政府はその点を重大視し，SGP の強化をはかった。加盟国の憲法に厳しい財政赤字規制（「債務ブレーキ」）を盛り込み景気変動を考慮した構造的財政赤字を GDP 比 0.5 ％以下に抑える趣旨の TSCG（新財政条約）はメルケル首相が前面に出て 2011 年末の首脳会議で賛成を得て，13 年 3 月に発効した（チェコ，イギリスは不参加）。多数の EU 規則・指令（シックスパック，ツーパックと呼ばれた）を新たに定め，加盟国の財政赤字の抑制をはかる措置もとられた。加盟国が相互に財政計画を監視し，また欧州委員会に加盟国の財政赤字是正を要求する能力をもたせた。欧州委員会のサーベイランス権限も格段に強化された。

これらは南欧諸国の財政赤字への懸念，つまり安定・成長協定違反を念頭に置いた措置であり，財政規律，インフレ抑制の重視などドイツが主導したのだが，不況期にも財政緊縮を進める効果をもっていた。「独り勝ち」で完全雇用に向かったドイツは別格だったが，ユーロ圏全体の経済成長を押し下げ，失業率を引き上げるなど，逆効果になった。マイナス面も大きかったといえる。そのようなドイツの政策意識はオランダやオーストリアなどゲルマン諸国に共通であって，ECB の「タカ派」といわれる。他方，フランス，ベルギー，南欧諸国などは危機対応や EU の連帯を重視する「ハト派」である。ECB では両派の対抗がほぼ恒常的に展開されていて，多数決で政策決定がなされる。金融政策を提出する ECB 総裁・常任理事の役割はきわめて大きい。

4 ユーロ危機と経済停滞に挑戦したドラギ ECB の金融政策
●マイナス金利政策と量的緩和策

ユーロ圏経済の回復に向けて——マイナス金利政策

　ドラギ総裁はイタリアの大学を卒業後，「ケインズ経済学のメッカ」といわれたアメリカ MIT 大学院で経済学の博士論文を書いた。ユーロ制度の陳腐化を察知し乗り越える理論力と，ドイツと渡り合う胆力を備えたこの総裁によってユーロ崩壊は防がれた。だが，次に長期不況下のユーロ圏経済の活性化が課題となった。

　米英両国はリーマン危機後に窮余の策として量的緩和策（QE）に打って出て，市中から大量の国債など債券を購入して民間に大量の資金を供給し，金利を引き下げて，株価上昇，経済の活性化に働きかけ，経済回復でユーロ圏に先行していた。とはいえ，両国ともに長期的な金融安定化を念頭に財政政策は緊縮に移っていたから，金融政策に過大な負担がかかっていた。アメリカの第 1 次，第 2 次の QE の経済成長への刺激効果は小さかった。ECB が OMT を採

択した2012年9月，アメリカの中央銀行（連邦準備理事会：FRB）は第3次量的緩和策（QE 3）に打って出た。国債を中心に月額800億ドルのペースで銀行からFRBが債券を購入して巨額のキャッシュ（中欧銀行預金）を銀行に供与し，低金利を持続させ，株価の引き上げ，住宅建設の促進などを通じて経済成長回復を目指す。中央銀行の窮余の策といってよい。QE 3は効果を発揮しアメリカは経済停滞から抜け出すことができた。13年12月には債券購入額を徐々に引き下げるテーパリング（tapering）を決め，以後毎月購入額を減額して，14年10月QE 3は終了した。

ECBもQEを採用すべきだった。だが，ドイツ主導の北部欧州諸国の中央銀行は金融緩和反対の「タカ派」となり，南欧諸国など「ハト派」，そして中間派を向こうに回して，QEに強く反対した。資金調達の資本市場依存度の高い米英両国でQEは有効だが，銀行依存度の高いユーロ圏では効果はなく金融市場の混乱を招き有害だと，EU統合支持のドイツ人経済学者さえも同調した。

QE 3によりFRBの資産は2.8兆ドルから4.5兆ドルに急増し，金融緩和が進んだので，相対的にユーロ圏は金融引き締め状態になり，ユーロの対ドル相場は上昇，不況に拍車をかけた。2013年から原油価格急落が重なり，デフレ（物価下落）が迫ってきた。14年春には1ユーロ＝1.4ドルに迫る非常なユーロ高となり，フランス，イタリアの輸出企業などから批判が高まった。ECBは14年6月，マイナス金利政策を採用し，非標準的金融政策（Non-Standard Monetary Policy：NMP）を開始した。QEが実施できないので，銀行の中銀預金金利を－0.1％に，さらに9月に－0.2％，15年12月に－0.3％，16年3月－0.4％に引き下げた（図7-6）。銀行が余剰資金を中銀預金にするとマイナス金利によって損をするので，民間貸出に回すはずだ，という理屈であった。並行して，一定の条件付きで銀行に優遇金利で長期資金を貸し出すTLTRO（的を絞ったLTRO）が導入され，南欧諸国などの銀行が活用した。

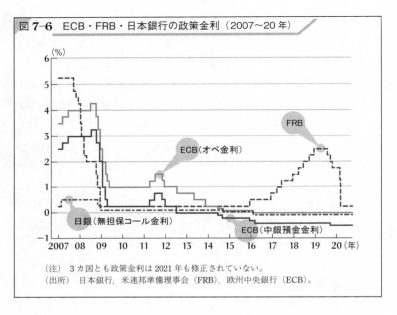

図 **7**–**6** ECB・FRB・日本銀行の政策金利（2007〜20 年）

(注) 3 カ国とも政策金利は 2021 年も修正されていない。
(出所) 日本銀行，米連邦準備理事会（FRB），欧州中央銀行（ECB）。

　2014 年後半にはデフレが続いてタカ派も主張を続けられなくな
り，ECB は 15 年 1 月に QE を決定し，3 月から実施に踏み切った。
FRB から 2 年半，日銀から 2 年遅れの QE 着手だった。なお FRB
は QE 3 による景気回復を受けて政策金利を引き上げたが，最高
2.5 ％であり，リーマン危機前と比べたアメリカ経済の勢い喪失を
表している。QE という名称を ECB は使用せず，文字通り「**資産購
入プログラム**」（Asset Purchasing Programme：APP）と呼び，さらに
国債購入では PSPP（公的部門購入プログラム）など細分化して表示
する方式をとった。だが，EU 各国でも多くのエコノミストは簡便
な QE を使い続けた（以下，本書では APP，QE 両方の用語を使う）。
NMP はマイナス金利政策と APP そして TLTRO からなる。

マイナス金利政策とユ
ーロの為替相場変動

　マイナス金利政策の採用とともにユーロ為
替相場は大きく下落したが，2015 年早々の
QE 決定と合わさってさらに下落し，1 ユ

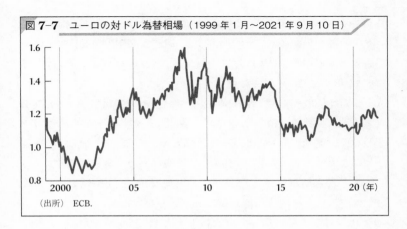

図 **7-7** ユーロの対ドル為替相場（1999 年 1 月～2021 年 9 月 10 日）

（出所） ECB.

ーロ = 1.05 ドルから 1.15 ドルの範囲に低位安定した（図 7-7）。

　ユーロ圏の輸出増進・経常収支改善に寄与し，景気刺激効果は大きかった。第 2 次安倍政権の意向を受けて黒田日銀が QE とマイナス金利を採用し，円相場が 1 ドル 80 円台から 120 円台に急激に下落し，輸出増を通じて低成長ながら経済成長を復活させた。ユーロ為替相場の下落にも共通の効果が見て取れた。

　ここで，ユーロの対ドル為替相場変動を経済動向と関わらせてみておこう。ユーロ導入からリーマン危機までユーロの対ドル相場は先ず大きく下落し，次いで長期間上昇した。第 1 期「下落期」（1999 ～2001 年）──導入時の 1 ユーロ = 1.17 ドルから底値は 0.83 ドルまで，約 30 ％下落。第 2 期「上昇期」（2002 年初～08 年 8 月）──02 年当初の 1 ユーロ = 0.85 ドルから 05 年の一時的な下落を挟みながら急上昇，08 年 4 月と 7 月には 1 ユーロ = 1.6 ドルと，底値から 2 倍近いユーロ高となった。リーマン危機後のドルに対するユーロ為替相場トレンドは大きく 3 つの時期に区分できる（図 7-7）。第 3 期「不安定期」（08 年 9 月～12 年 7 月）──リーマン危機期～ユーロ危機期には 1.6 ドルと 1.2 ドルの間を変動し，大きく 3 つの山を描いた。米欧共に危機の時期であり，金融情勢や金利に市場が過剰反応した。

第 4 期「ユーロ上昇期」(12 年 8 月～14 年 5 月)——ドラギ総裁のロンドン演説からマイナス金利政策採用までで，FRB が QE 3 で金利を引き下げる中で ECB は対策を打てず，金利差からユーロは上昇して 14 年春には 1.4 ドルに迫った。

　第 5 期「低位安定期」(2014 年 6 月～今日)——2014 年 6 月の ECB のマイナス金利政策によりユーロ相場は大きく下落を始め，15 年 3 月の QE の実施にも押されて，「低位安定」した。経済成長率格差などにより 1.2 ドル台まで上昇する時期はあったが，基本的に 21 年秋まで安定期が持続した。ドル・円も安定し，FRB の低金利政策をベースに先進国の為替相場の安定期となった。

　ECB の外国為替市場への介入は原則としてない。2007 年からのユーロ高は「為替バブル」といわれ，ECB の外国為替市場介入（ユーロ売り介入）を求める声もあったが，ECB は介入しなかった。ECB の第一義的任務は物価安定なので，ユーロ高は輸入物価が低下し物価安定に貢献すると理由づけできる。しかし，過度のユーロ高は輸出にダメージを与え，経済成長にもマイナスになる。だがユーロ高になっても ECB は介入しない。金利政策などで対応するのが原則となっている。

> ECB の債券購入政策と
> その効果

ECB は 2015 年 1 月，ついに APP 導入を決定した（3 月から実施へ）。国債と諸種の債券を毎月 600 億ユーロ購入し（FRB の月 800 億ドルとほぼ同額），FRB の QE 3 と同様の効果を狙った。だが，16 年早々に再びデフレとなり，3 月に主要オペ金利を 0 ％，中銀預金金利を－0.4 ％へ引き下げ，長期間維持した（図 7-6）。同時に，APP の債券購入額を月 800 億ユーロに引き上げ，また TLTRO（Targeted LTRO：企業や家計へ貸し付けると優遇措置をとる「的を絞った」LTRO）により南欧諸国の銀行への貸出促進も並行して進めた。

　マイナス金利政策は一部の銀行の収益を悪化させるなど負の側面もあった。安全資産のドイツ国債に資金が集中して債券金利が下が

り，かなり長期の債券までマイナス金利になり，南欧諸国の金利はプラスながら低金利が持続した。ドイツの家計では預金しても資産目減りになると，不満が広がった。他方，南欧諸国は APP と TLTRO に経済を支えられた。ユーロ圏全体を総合してみれば，APP と金融政策は顕著なプラス効果を上げたといえる。全般的な超低金利の継続，債券価格引き上げ，債券保有銀行のバランスシート改善などにより，経済状況は徐々に改善し，銀行の貸出先は拡大した。ユーロ為替相場の下落と合わさって，計量分析でも諸種のポジティブな効果が示された。ユーロ圏の経済成長率は 2013 年 − 0.2 ％から 14 年 1.4 ％，以後 18 年まで平均 2 ％成長が続いた。

ECB は 2016 年 12 月，毎月の債券購入額を 800 億ユーロから 600 億ユーロに引き下げ，17 年 3 月にはデフレ警戒のスタンスを解消，同年 12 月に購入額 300 億ユーロに，また 18 年 10 月から 150 億ユーロとし，同年 12 月 APP を終了した。ECB 保有資産（債券）は満期がきても，マネーの縮小を招かないように，再投資される。APP により ECB の保有資産はマイナス金利導入時の底から 2 兆ユーロ以上増加し，資産総額は 17 年早々に 4 兆ユーロを超えてさらに増加し，FRB の保有資産を超えた。2 次にわたる TLTRO により長期オペ資産（銀行への長期貸出）も増えた。

APP・マイナス金利政策などに支持されて，ユーロ圏経済は 2 ％成長に復帰したが，コア・インフレ率は目標の「2 ％近傍」に届かなかった。日銀の「2 ％目標」と似た構図である。これだけ巨額の中銀マネーが供与されてもインフレは起きず，1 ％程度の物価上昇ですんでいる。ポスト・リーマン期の長期経済停滞と結びついた歴史的にも特異な現象である。イングランド銀行の 2010 年台半ば以降の低い政策金利は 300 年以上の歴史で初めてという。

2019 年後半に世界経済の減速が鮮明になり，同年のユーロ圏の経済成長率予想は 1.1 ％（ドイツは 0.4 ％）に低下した。米中貿易摩擦やブレグジットの悪影響も懸念される中で，ECB は 9 月に中銀

預金金利を −0.4 ％から −0.5 ％へ 3 年半ぶりに引き下げ，APP を同年 11 月から月 200 億ユーロをベースに再開すると決めた。同年同月，クリスティーヌ・ラガルドが第 4 代 ECB 総裁に就任した。

5 新型コロナ危機・不況とユーロ圏の金融政策
●財政政策と ECB 金融政策の新型ポリシー・ミックス

新型コロナ危機と EU
経済の落ち込み

新型コロナ禍は 2020 年冬に欧米に移り，都市封鎖，医療崩壊など悲惨な状況になり，3 月に WHO はパンデミック（感染爆発）を宣言した。第 5 章で説明したように，EU では国際観光立国の南欧 3 カ国とフランスで状況はとくに厳しく，20 年 7 月の EU 経済見通しでは，同年の経済成長率は上の 4 カ国でマイナス 2 桁，ユーロ圏も −8.7 ％と戦後最悪が見込まれた。新型コロナ危機である。

この厳しい経済状況の中で，EU は復興基金の設置を決めた。都市封鎖などにより感染者数・死者数ともに減少したが，バカンス期に制限が緩み人の自由移動が生じて，10 月に第 2 波が広がり，フランス，ドイツをはじめ EU の多くの国に広がり，都市封鎖など，再び厳しい規制に入った。第 1 波は比較的軽微だった東欧諸国もパンデミックに巻き込まれ，年明けの第 3 波は EU 全体を襲った。

新柄コロナ不況に対する財政政策と金融政策

新型コロナによる急性の不況に対して EU加盟国は財政支出を急増させ，レストラン，ホテルや観光地などツーリズム施設の関係者，失業者などに緊急の支援を展開して，生活と経済を支えた。財政緊縮型の EU ルールでは対応できないので，欧州委員会は「財政赤字 3 ％以下」の規定を 2020 年 3 月に一時停止とした。EU の財政政策関係ルールブックは 100 ページもあり非常に複雑だが，欧州委員会は「通常の財政要請から加盟国が一時的に離れる」という規定を巧みに利用した。20 年 EU 加盟国の財政赤字は平均で −5 ％，

スペインは−10％超，イタリアとフランスは−8％超となった。

　2020年3月，新型コロナ危機のイタリアで長期金利が上昇した際に，ラガルドECB総裁が「ドイツとイタリアの長期金利スプレッドを縮小するのはECBの任務ではない」と発言したので，イタリアを見捨てたと解釈されて，イタリア国債が投げ売りされスプレッドが急拡大し，市場はパニック状態となった。「連帯こそが安定への道」だと市場が教えていた。ECBはユーロ圏諸国の国債を上限7500億ユーロまで購入する「パンデミック緊急購入プログラム」（PEPP）を3月に打ち出した。パンデミックに対応してユーロ圏諸国政府が発行する巨額の国債を銀行経由で事実上無制限に購入して銀行と政府に資金を供給し，金利を低位安定させて経済を支える金融政策である。22年3月まで続けると約束，発表時の買い取り上限とされた7500億ユーロは後に1兆8500億ユーロに拡張された。加盟国の財政赤字をユーロ金融政策が支える構図が明確になり，新型コロナ危機に対応した財政政策と金融政策のタイアップ（ポリシー・ミックス）の新しい型ができたのである。PEPP発表後にイタリアの長期金利がドイツ近傍に低下するなど，金融危機の沈静化にも威力を発揮した。

　今回の「新型コロナ不況」では財政政策の転換が特徴的だった。リーマン危機では，2009年に大幅な財政支出で不況を支え，10年から先進国は財政引き締めに動き，景気の下支えを金融政策に委ねた。米英はQEに打って出たが，ユーロ圏は出遅れた。ユーロ危機でも財政赤字を出して危機を招いた南欧諸国には，独仏主導であからさまな制裁が科された。

　だが，新型コロナ危機では，アメリカ財政はバイデン政権の下で拡張された。「米国救済計画」「米国家族計画」を打ち出して，貧困家計を救済し，貧困家庭の子どもたちが将来にわたって小学校に通学できるような財政措置がとられた。新自由主義の資本主義の下で所得格差が大きく拡大し，社会が不安定化し，アメリカの将来が揺

らいでいるとの認識が民主党の指導的な政治家や支持者を捉えている。古くなった道路や橋梁などのインフラを 10 年計画で更新する「米国雇用計画」の財源を，バイデン政権は富裕層への課税によって得ようとしている。

EU でも，ユーロ危機への新自由主義的対応を北欧諸国が主張したが，メルケル首相が「180 度転換」を遂げて，復興基金創設へと動いた（第 5 章）。欧米ともに新自由主義の資本主義から新しい協調型の資本主義への転換が始まっているようにみえる。EU ではその財政政策を ECB の金融政策が支えているのである。

ECB は 2021 年 7 月の政策理事会で，金融政策目標を，2003 年以来の「2％近傍だが，2％以下」から，「2％」に修正し，一時的に 2％を超えても金融政策の修正に結びつけないとの方針を明確にした。

インフレと QE・PEPP の行方

新型コロナ危機による不安定な経済に対応するために，大胆な財政支出と低金利政策とのポリシー・ミックスが欧米日で維持されている。アメリカではワクチン接種が進み個人消費主導で経済成長率が高まって，2021 年第 2 四半期に GDP は新型コロナ以前の水準を回復，消費者物価上昇率は一時 6％台に上昇した。ユーロ圏でも消費者物価指数が 8 月 3％に上昇した（食品・エネルギーなどを除くコア物価上昇率は 1％台）。

変異株ウイルスなどで新型コロナ危機は持続し，中央銀行が購入する資産の膨張はリーマン危機時をはるかに超え，2019 年末から 1 年半でアメリカは 4 兆ドル，ユーロ圏で約 3 兆ユーロに達する。物価上昇は一時的という見方もあるが，アメリカではインフレ持続への懸念が高まり，FRB は，中央銀行による証券買入額（月 1200 億ドル）を徐々に縮小していくテーパリングを 21 年 11 月に開始，22 年半ば終了と予定する。しかし，拙速に動けば，株価下落や景気悪化のおそれもある。

ECBも景気回復に自信を深めており，PEPPの証券購入を緩やかにする方針を2021年9月に打ち出した。だが，ラガルド総裁は「テーパリングではない」と金融引き締めへの移行を否定した。PEPPでは20年4月から3カ月間1000億ユーロ超，以後ほぼ毎月約800億ユーロ規模の国債買い取りが続いている。その規模を月600〜700億ユーロ程度に引き下げる方針とみられる。新型コロナ危機を克服するためにユーロ圏諸国は大量の国債発行を続けており，ポリシー・ミックスの関係からもECBが国債購入をやめるわけにはいかないのである。PEPPの期限とされた22年3月に廃止するかの判断も迫られる。関連して毎月ほぼ200億ユーロ規模で実施されている量的緩和策をどうするかも課題となる。

インフレ問題も，新型コロナ禍からの需要回復に加えて，天然ガスの価格高騰という供給側の要因が加わって厄介な問題になってきた。CO_2排出の観点から，石炭・石油の消費を抑えて天然ガスへの需要が増えている。中国など新興国の需要急増は構造的要因で，先進国も天然ガスの輸入を増やしているが，ロシアの供給抑制という要因も加わって，天然ガス価格は2021年8月に20年末比の3倍に急騰，EU諸国で電力料金もはね上がっており，「インフレは需要の急回復によるもので一時的」という見方を動揺させている。金融政策は，ユーロ圏のインフレ動向と景気の双方をにらみながら進められることになろう。政策運営の困難な時期に入った。

ユーロ圏の財政ルール（安定・成長協定）の修正

もう1つ，EU・ユーロ圏にとって大きな問題は財政ルールの取り扱いである。EUは「安定・成長協定」により，毎年の財政赤字GDP比3％以下，政府債務60％以下と決めていた。しかし，新型コロナ危機の中でEU諸国の財政赤字は2020・21年ともに平均で−6％を超えた。22年にドイツや北欧諸国は−3％より小さくなると予想されるが，フランスと南欧諸国は−5％を超えると予想される（図7-8）。政府債務はイタリアとギリシャでGDP比160％

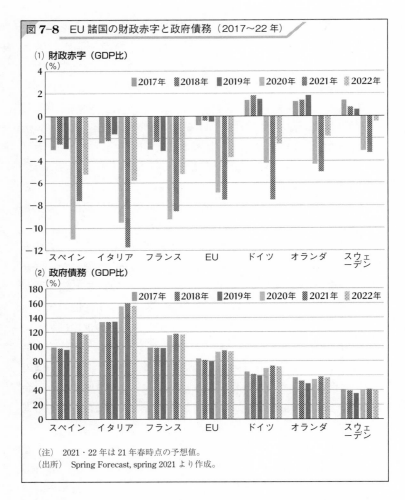

図 **7**-8　EU 諸国の財政赤字と政府債務（2017〜22 年）

(1) **財政赤字（GDP比）**

(%)

凡例：2017年　2018年　2019年　2020年　2021年　2022年

スペイン　イタリア　フランス　EU　ドイツ　オランダ　スウェーデン

(2) **政府債務（GDP比）**

(%)

凡例：2017年　2018年　2019年　2020年　2021年　2022年

スペイン　イタリア　フランス　EU　ドイツ　オランダ　スウェーデン

（注）　2021・22 年は 21 年春時点の予想値。
（出所）　Spring Forecast, spring 2021 より作成。

超，スペイン 120 ％，フランスもスペインに迫っており，EU 平均
も 90 ％を超えた。南北ヨーロッパの財政状況は分裂しており，ユ
ーロ圏全体で 60 ％への収斂は不可能にみえる。

　今は長期金利が非常に低いので国債の利払いが少ない。だが，金
利が上昇すれば，南欧諸国には国債利払いの負担が重くのしかかり，

財政赤字の縮小も難しくなる。財政規定の見直しは避けられないが，南北対立を内包するだけに着地点はみえにくい。

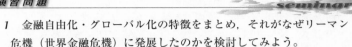

演習問題

1 金融自由化・グローバル化の特徴をまとめ，それがなぜリーマン危機（世界金融危機）に発展したのかを検討してみよう。

2 1929年のアメリカ大恐慌と30年代における恐慌の展開，ルーズベルト大統領のニューディール政策について調べてみよう。

3 ユーロ危機の経過を説明し，それがユーロ制度の改革にどのように反映されたのかを多面的に検討してみよう。

4 ユーロ危機後の南北ヨーロッパの経済的分断について統計資料を使って整理し（経済成長や失業率など），この分断と南欧諸国のポピュリズム運動の台頭とがどう結びつくのかを考えてみよう（第5章第1節も参照）。

5 ユーロ危機と危機後の経済停滞との克服に果たしたECBの金融政策について，タイプ分けしてまとめてみよう。

6 ECBのマイナス金利政策・APPとほぼ同じ金融政策を日本銀行も2013年から導入している。双方を比較してみよう。

7 新型コロナ危機に対する財政政策と金融政策のポリシーミックスについてユーロ圏，アメリカ，日本の状況を比較対照して，リーマン危機後とどう違っているのかを検討してみよう。

■ ■ □ **参 考 文 献** □ ■ ■ ■ ■ ■ ■ ■ ■ ■ ■ ■

岩田一政・左三川郁子・日本経済研究センター編著［2016］『マイナス金利政策——3次元金融緩和の効果と限界』日本経済新聞出版社

唐鎌大輔［2017］『ECB 欧州中央銀行——組織，戦略から銀行監督まで』東洋経済新報社

グラウエ，P. de（田中素香・山口昌樹訳）［2011］『通貨同盟の経済学——ユーロの理論と現状分析（原著第8版）』勁草書房

斉藤美彦［2014］『イングランド銀行の金融政策』金融財政事情研究

　会

白井さゆり［2016］『超金融緩和からの脱却』日本経済新聞出版社

竹森俊平［2014］『世界経済危機は終わった』日本経済新聞出版社

田中素香［2010］『ユーロ──危機の中の統一通貨』岩波書店（岩波
　新書）

田中素香［2016］『ユーロ危機とギリシャ反乱』岩波書店（岩波新書）

田中素香監訳［2014］「EU 銀行業部門の改革に関する最終報告書──
　リーカネン報告」『経済学論纂』（中央大学）第 55 巻第 1 号

日本経済新聞社編［2009］『大収縮──検証・グローバル危機』日本
　経済新聞出版社

ボワイエ，R.（山田鋭夫・植村博恭訳）［2013］『ユーロ危機──欧州
　統合の歴史と政策』藤原書店

第**8**章	*EU の地域格差・人の移動と EU 地域政策*

格差をめぐる新事態と EU の対応

●本章のサマリー

　EU の地域格差と労働力移動の問題は，2004 年の中・東欧諸国の加盟を分水嶺とする。20 世紀には国境を越える労働者の移動は僅少で，EU 地域政策は南欧 3 カ国とアイルランドに集中した。中・東欧加盟により体制転換を進める低所得地域の約 1 億人が加わり，労働力移動は大規模になった。2010 年代には近隣諸地域からの難民流入も EU の重大な政策課題に浮上した。

　本章では 20 世紀末から今日までの地域格差・移動問題，それに対する EU の政策的対応を概説する。まず EU と 4 つの国グループの失業率の動向を示し，リーマン危機，ユーロ危機，新型コロナ危機との関わりを捉える。次に EU の雇用政策，モビリティ政策を概観し，域内の労働者移動の現状と配属労働者問題を説明する。

　2015・16 年の難民大量流入は EU・トルコ協定で抑制されたが，ポピュリズム伸張，EU の南北対立など深刻な問題に転化した。難民受け入れ拒否の東欧諸国もあり，EU の方針は定まらない。

　最後に EU 地域政策の 20 世紀末から今日までの歩みを概観し，南欧諸国，中・東欧諸国の国民 1 人当たり GDP の長期トレンドと EU の地域政策の意義について述べる。

KEY WORDS

本章で学ぶキーワード

雇用政策　モビリティ促進政策　エラスムス計画　配属労働者指令　ソーシャル・ダンピング　難民流入危機　EU・トルコ協定　EU 地域政策　構造基金　結束基金　欧州横断ネットワーク（TEN）　EIB（欧州投資銀行）

1 EU の失業と失業率の地域間格差

●失業率引き下げを目指す新政策

日米英 EU の失業率の推移

EU の格差をみる前に，世界に目を向け，先進 4 カ国（地域）——日米英と EU 15（20 世紀に EU 加盟した 15 カ国）——の失業率の推移を対比してみよう（図 8-1）。10 年ごとにみると，1960 年代の完全雇用の時代から一転して 70 年代はインフレ，オイル・ショック，スタグフレーションの「混乱の 10 年」（ケインズ主義時代から新自由主義時代へ転換），80 年代は新自由主義の下での「インフレ抑制の 10 年」となって日米英 EU ともに失業率は上昇，90 年代は米英で失業率が下がったが，EU はドイツ再統一による構造不況，日本はバブル破裂による「失われた 10 年」で，失業率は上昇した。2010 年代は EU の失業率の悪化が目立つ。

1990 年代からは経年変化をみよう。90 年代のアメリカでは冷戦体制崩壊によって軍事・防衛用の高度技術が民間に転用され（インターネットなど），多数の科学者・技術者の民間へのスピンオフ，ICT（情報通信技術）の発展や金融グローバル化などが長期好況を後押し，120 カ月の景気拡大を記録した。「アメリカ一極の世界経済」の下で，イギリスは金融グローバル化の支柱となってアメリカに追随し，米英は失業率が低下した。

2000 年，ハイテク企業中心の NASDAQ 株式市場でバブル崩壊により株価が暴落，不況となり，さらに 08 年のリーマン危機の震源地の米英両国では失業率は跳ね上がり，日欧に波及した。ポスト・リーマン危機の 10 年代，危機後に米英日では失業率は低下を続けたが，EU のみはユーロ危機により 13 年に過去最悪の 11 ％に上昇，失業者数はピークで 3000 万人を超えた。その後，雇用増加の大きい景気回復（job-rich recovery）となり，失業率は 19 年 6.9 ％へ低下，

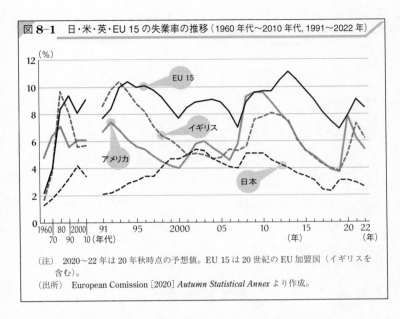

図 8-1　日・米・英・EU 15 の失業率の推移（1960 年代〜2010 年代, 1991〜2022 年）

（注）　2020〜22 年は 20 年秋時点の予想値。EU 15 は 20 世紀の EU 加盟国（イギリスを含む）。
（出所）　European Comission［2020］*Autumn Statistical Annex* より作成。

家計所得も増えた（歴史的に EU 15 の失業率は 7 ％台が底である）。ただし，大きく増えたのは低賃金労働であった。グローバル化による賃金抑圧，非正規労働・派遣労働の増加などのしわ寄せは若年世代にとくに厳しく，先進国共通の政策課題となっている。2020・21 年は新型コロナ危機で米英 EU 15 の失業率ははね上がった（米英のトレンドは一般的によく似ている）。

　失業率を取り巻く状況の問題もある。EU ではリーマン危機以降 45 歳以上の女性を筆頭に労働参加率が顕著に上昇した。アメリカの民間労働参加率は 2007 年の 63 ％から 13 年には 58 ％に下落，就職をあきらめて求職活動を停止した人が非常に多かった（失業率の分母から脱落）。この差が米 EU の失業率の格差の一因である。アメリカでは求職活動を 1 年以上停止していても職を求める人は多く，「完全雇用」なのにポピュリズムが盛り上がる逆説的状況の一因ともなっている。

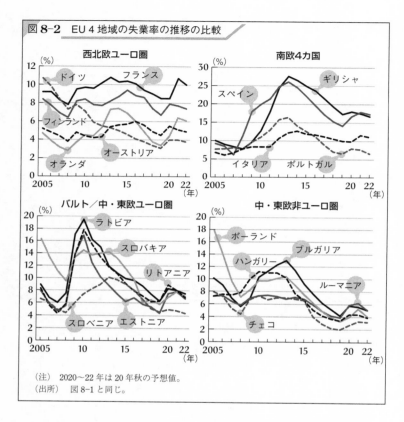

図**8-2** EU4地域の失業率の推移の比較

西北欧ユーロ圏

南欧4カ国

バルト／中・東欧ユーロ圏

中・東欧非ユーロ圏

（注）　2020～22年は20年秋の予想値。
（出所）　図8-1と同じ。

地域別・国別の失業率
の推移と特徴

EUに目を転じて失業率の動向をみてみる
と，地域別の格差が目立っている。西北欧
ユーロ圏，南欧ユーロ圏，バルト／中・東
欧ユーロ圏，中・東欧非ユーロ圏の4つの地域に分けると，地域ご
との特徴がみえる（図8-2）。

　西北欧ユーロ圏諸国は，リーマン危機前には失業率の低いオラン
ダ，オーストリアと，高いドイツ，フランス，フィンランドに二分
されていたが，危機の中で，ドイツは失業率を継続的に低下させて
完全雇用へ向かい（「ドイツの独り勝ち」といわれた），対照的にオラ

ンダは住宅バブル破裂・銀行危機（国有化を含む）そして長引く不況の中での付加価値税増税など政府の財政緊縮政策により失業率が高まったが，この国らしく短期間で改善した。しかし，新型コロナ危機のダメージは大きい。フランスは5年続いた2桁失業率から8％台に戻したが，新型コロナ危機で2桁にはね上がった。

苦境の南欧諸国

南欧4カ国はリーマン危機とユーロ危機によって深刻な不況に陥り，2010年代半ばまで失業率は急騰し，ギリシャとスペインは一時25％を超えた（16〜24歳の若者はその2倍超）。若者や熟練労働者がドイツに移民するなど，深刻な事態となった。楽観的な経済見通しに基づいて危機国に緊縮財政を要求したユーロ圏の連帯性の欠如が非難された。ユーロ導入後過大な与信でバブルを助長した西欧大銀行の責任も大きい。ポルトガルのみコスタ長期政権の下で失業率を引き下げたが，他の3カ国は厳しく，新型コロナ危機のダメージも大きかった。

　グリーン復興（次世代EU）の申請額のGDP比はバルカン半島の加盟国と南欧3カ国ともに10％以上であり，手厚い配分となっている（第5章図5-4）。これら諸国の経済成長復活の起爆剤となるであろうか。

バルト／中・東欧諸国の動向

バルト／中・東欧諸国にはEU地域政策により巨額の支援が行われている（後述）。またEU15から多数の企業・金融機関が進出し，西北欧との間に生産と金融のネットワークが形成された。企業進出により周縁諸国の生産，雇用，貿易などが活性化し，金融の安定度も向上した。先進国企業の進出は周縁諸国のキャッチアップの必要条件である。だが，直接投資は中欧3カ国（ポーランド，ハンガリー，チェコ）には持続的に行われたが，ルーマニアなどその他諸国に対してはリーマン危機・ユーロ危機後に減少した（第2章図2-3）。

　図8-2の「バルト／中・東欧ユーロ圏」諸国のユーロ加盟は，

スロベニア2007年，スロバキア09年からリトアニアの15年にまたがる（巻末年表参照）。バルト3国は05年頃からのバブル景気がリーマン危機で崩壊，失業率ははね上がったが，10年代に大きく低下し，新型コロナ危機で上昇した。スロベニア，スロバキアはユーロ加盟時にリーマン危機，その後ユーロ危機に巻き込まれて失業率が上昇，10年代後半に低下し，新型コロナ危機でやや上昇した。エストニアは電子立国で成功し，スロベニアは持ち前の工業力で「GDP指数」が中・東欧トップ，スロバキアはドイツなどからの企業進出により「GDP指数」で5位に上がってきた（図8-7）。ラトビア，リトアニアも失業率は同じく低下したが，移民流出が顕著である。00年から15年までにラトビアで16％，リトアニアでは17％もの人口減少が起きた。流出した若者は西欧・北欧諸国で職に就くが，頭脳流出や国の将来への懸念も残る。

中・東欧非ユーロ圏では人口の多いポーランド，ハンガリー，チェコ3カ国には西欧や日韓両国などからの企業進出が1990年代から今日まで続いている（第2章図2-3）。3カ国ともリーマン危機以後失業率は上昇したが，今日いずれも5％以下に低下し，経済は好調といえる。2000年と15年の人口を比較すると，チェコ，ポーランドで増加（ウクライナなどからの移民流入もある），ハンガリーでは4％減にすぎない。ユーロ加盟は当分考えられない。ルーマニア，ブルガリアも失業率は低下し，企業流入も小規模ながら継続している。ただ，00年と15年の人口を比較すると，ルーマニアは2244万人から1992万人へ11％（主としてスペインやイタリアに移民流出），ブルガリアは817万人から720万人へ12％も減少した。上述したラトビア・リトアニアと共通の問題を抱える。

まとめ ①先進国ユーロ圏ではドイツ・オランダ・オーストリアの失業率は低く，フランスは高い。②南欧ではポルトガル以外の3カ国がユーロ危機後も厳しい。③バルト／中・東欧ではエストニア・スロベニアと中欧4カ国の失

業率は生産拡大により低下しているが，他のバルト2カ国と東バルカン2カ国は若者の顕著な移民流出が失業率低下の背景にあり，手放しで喜べない。

ユーロ危機後の雇用増加は2015年から19年まで続いた。それでも，低スキル労働者，非正規労働者（temporary workers）の家計の所得は減少トレンド，若者（15〜24歳）の失業率は平均失業率のほぼ2倍，家計所得の減少も続く。就業しても貧困状態（in-work poverty）の割合も若年層で高く，この年齢層の子どもたちが将来職業スキルをもたない貧民層となる心配もある。

それだけに2015年からの雇用増大を世代間の公平性拡張に結びつけるべきと欧州委員会は訴えていた。だが，新型コロナ危機で20年にEUのGDPは約6％落ち込み，南欧とフランスでとくに厳しい。財政支出のおかげで失業率の上昇はわずかだが，ポスト・コロナ期に，グリーン復興・デジタル化による投資増大，新産業創出，雇用増大が期待される。

構造面では，若者への教育・スキルの供与，労働者のスキルアップ，社会保障制度の組み替え，高齢化に対応した高齢者の就業率引き上げ（active ageing）など，新しい雇用構造に適合した「社会モデル」の再構築が叫ばれていたが，ポスト・コロナ期に向けて「スキルの学び直し」（re-skilling）の動きが顕在化している（後述）。

| ヤミ労働の問題 |

EU諸国で当局の把握できないヤミ労働（Undeclared Work：UDW）の規模が大きな国があり，失業率は実態から乖離している。労働して報酬を受け取っているが，雇用者・被雇用者ともに当局に申告せずに脱税し，労働者は社会保障面の優遇（たとえば，失業手当）も受ける。欧州委員会による2007年と13年の調査では，ヤミ労働の主要な分野は，住宅修理・リフォーム，園芸，掃除洗濯，ベビーシッター，ウェイター・ウェイトレスなどである。データの正確さに問題も残るが，欧州委員会サーベイの結果を示しておこう（表8-1）。

表8-1　アングラ経済と非申告労働・非公式労働の規模

(単位：%)

国	アングラ経済の規模（GDP比）	非申告労働（GDPまたは雇用に占めるシェア）1995〜2006年	非公式労働（総労働力に占める割合）2008〜09年
ギリシャ	23.6	25	46.7
スペイン	18.6	12	18.8
イタリア	21.1	12	22.4
ポルトガル	19	5	22.4
スロバキア	15	13〜15	12.2
ポーランド	23.8	12〜15	21.6

（出所）　European Commission［2013］*ESDE 2013*, p.233.

　南欧諸国のアングラ経済の規模は GDP のほぼ5分の1，2008〜09年の非公式労働は同労働者を含めた「総労働力」の5分の1〜3分の1，ギリシャでは50％近い。中・東欧ではポーランドでかなり高い。非申告労働からの所得は中間値300ユーロ（12年）と低く，1000ユーロ以上9％，500〜1000ユーロは12％にすぎない。

2 EU の雇用政策と労働者のクロスボーダー移動
●中・東欧諸国の EU 加盟でどう変わったのか

EU の雇用政策（労働市場改革）

　EU の雇用政策は1997年11月にルクセンブルクで臨時の「雇用サミット」が開催され，OECD 雇用戦略に EU の独自性を追加した EU 初の雇用政策（「新雇用政策」）を採択した時に始まる。90年代後半，EU 加盟国の多くで社会民主党系の中道左派政権が成立し，採択を後押しした。「新雇用政策」はアムステルダム条約に取り入れられ，現行リスボン条約では EU 運営条約第145条〜第150条に規定が置かれていて，今日なお運用されている。

　欧州理事会（EU 首脳会議）は，欧州委員会と EU 理事会による

「雇用に関する共同年次報告」を基礎にガイドラインを採択し，EU加盟国の雇用政策に勧告を出すことができる。

　「新雇用政策」は，「エンプロイヤビリティ（就業能力）の向上」「起業支援」「環境変化への（企業・労働組合の）適応能力強化」「雇用機会の平等化」を「4つの柱」とし，二十余りの項目（項目は年によって若干変更される）に分けられている（表8-2）。これらの柱・項目に照らして，毎年末に欧州委員会の提案に基づき，EUの「雇用ガイドライン」（Employment Guidelines）を決定する。これに基づいて加盟国は「行動計画」（National Action Plans for Employment：NAPs）をとりまとめ，6月の欧州理事会までに欧州委員会に提出，12月の欧州理事会でその実施状況を評価し，翌年の「ガイドライン」に生かす。

　最近の話題は，第2の柱「起業支援」である。EU加盟国は資金をつぎ込み，国を挙げて起業家育成に取り組み，気運が盛り上がる。金融や環境関連，デジタル機器を使った医療機器製造などで有望企業が増えている。ユニコーン（企業価値が10億ドル以上の未上場企業）の数ではイギリスが最多だが，ドイツ，フランス，オランダなどでも多い。成長市場に乗り遅れないよう，日本の投資会社も2021年に積極的に対欧投資に乗り出した。

フレクシキュリティ
(Flexicurity)・アプローチ

デンマークは上述の「4つの柱」を活用して成功した（リーマン危機以前）。この国では失業者は失業直前所得の80％近い失業手当を受け取ったが，政府は1カ月後に職業訓練か新しい雇用を失業者に提供し，拒否すれば失業手当は大幅カットとなった。職業訓練では，政府は失業者1人当たりかなり巨額の支出を行い，新しい仕事を学ばせる。政府，企業家，労働組合が積極的に協議して，新しい職を身につけた失業者の雇用を進めた。グリーン化・デジタル化の今日にも通用する方式であった。失業率は2008年まで大きく低下し，EUの「ベスト・プラクティス（best practice）：最良の

表8-2 「雇用ガイドライン」(2000年)の4つの柱と22項目のガイドライン

4つの柱	
グループ	**ガイドライン項目**

1. エンプロイヤビリティの向上（Improving Employability）

長期失業予防	① 若年失業者の再スタート支援（6カ月以内） ② 中高年失業者の再スタート支援（12カ月以内）
積極策への転換	③ 積極的労働市場政策への転換（実施率20%以上） ④ 給付制度と税制の見直し
協調方式支援	⑤ 労使の協調アプローチ（職業訓練，実務技能教育） ⑥ 政労使による生涯学習の強化（とくにICT技術関連）
学校から職場への移行支援	⑦ 学校教育の改善（中途退学者の削減） ⑧ 新卒者に対する実務技能の提供（徒弟制度，コンピュータ・リテラシー，インターネットへのアクセス）
	⑨ 身障者，少数民族その他不利なグループの労働市場への統合

2. 起業支援（Developing Entrepreneurship）

起業と雇用支援	⑩ 起業・新規雇用に対する税と行政的負担の軽減 ⑪ 自営業者の起業支援
新機会の開拓	⑫ 地域レベルの新規事業開拓，職業紹介所改善 ⑬ サービス部門の雇用をフルに開拓（ビジネス・サービス，情報社会・環境部門サービス）
雇用促進税制	⑭ 労働課税および企業負担の社会保障賦課金の軽減 ⑮ 労働集約サービス分野での付加価値税（VAT）引き下げ

3. 環境変化への適応能力強化（Encouraging Adaptability）

労働組織近代化	⑯ 生産性・競争力強化のための雇用体系柔軟化（訓練，新技術導入，新労働形態，労働時間，パート利用） ⑰ 雇用体系柔軟化に見合った労働法制の見直し ⑱ 企業の人材開発システム（スキル更新）の支援

4. 雇用機会の平等化（Strengthening Equal Opportunity）

	⑲ 4つの柱すべてにおいて男女差別の撤廃 ⑳ ジェンダー・ギャップの縮小 ㉑ 仕事と家庭を両立させるためのケア・サービス充実 ㉒ 労働市場への再参入の円滑化

（出所） European Commission [1999] *On the Implementation of Member States' Employment Policies*, より作成。

実績」として他の加盟国が範とすべき事例となった。失業者への高い保障（Security）が柔軟な積極政策（Flexibility）と結合されているので，「フレクシキュリティ（Flexicurity）・アプローチ」と呼ばれる。

このアプローチは，巨額の財政支出を失業者の職業訓練などに使用できる豊かな国で，しかも政労使の間に共同体的関係を育んでき

た北欧諸国にして初めて運用可能な特有な制度ともいえるが，欧州委員会はこのアプローチの EU 全体への適用を目指した。新雇用政策が打ち出した理念は今も EU で重視されている。

　2000 年代半ばからドイツをはじめ EU 主要国で中道右派政権が増えた。ユーロ危機後に財政緊縮政策をとり，上述したように，EU 各国は大量失業・若者の高失業に直面した。経済成長は金融政策に委ねられ，ドラギ総裁下の ECB は量的緩和策（QE）やマイナス金利政策で対応し，15 年から雇用は大きく増加し（job-rich recovery），13 年から 1000 万人以上の雇用が創出され，就業率は 16 年に 71 ％，19 年には 73 ％を超えた。

「スキルの学び直し」（re-skilling）

2020 年代は「デジタルの 10 年」になる。AI（人工知能）やロボットによる自動化が進み，筋肉労働・事務労働の双方において人間の仕事の多くが機械に代替される。工場労働者・事務員・秘書・会計士などが職を失い，AI 技術者やデータアナリストなどデジタル関係の仕事が増える。世界経済フォーラムは，25 年までに世界の雇用は，旧来型の職種で 8500 万人が失業，デジタル関係で 9000 万人が新たに職を得ると予測する。デジタル関係の職への移行をスムーズに進めるために，「スキルの学び直し」（re-skilling）が政策の重要課題に浮上している。

　イギリス政府は成人がプログラマーやエンジニアなどの職種に就くための専門教育を無料で提供するプランを発表し，25 億ポンド（3800 億円）を投じる。アメリカ政府は「雇用計画」の中に 11 兆円を投じて成長産業の労働力開発を支援する方針を打ち出した。フランスはオンライン教育企業と連携し，また EV（電気自動車）関連の専門人材育成機関を開設する。北欧諸国は政労使がタイアップしてスキルの学び直しのカリキュラムを導入し，実習に当てる。EU は「次世代 EU」の給付金や融資により各国のリスキリングを支援しているが，EU レベルのリスキリング計画を設定するかもしれな

い。

EU 15 の 20 世紀には国を越える労働力移
動は非常に少なく，移動はほぼ国内規模だ
った（一国内部でも地方格差がある）。EU 各
国の労働市場は法律で強く規制され，最低賃金法，労働協約，雇
用・解雇規定，労働時間，権利と資格などが各国で異なり，社会保
障制度も住宅事情や年金制度も国により違う。言語・文化・社会慣
習の違い，地域への定着性の強さ，家族の絆などセンシティブな問
題もあって，統合は問題外だった。EU 労働市場は存在しなかった。
EU 各国は，労働組合の反対もあり，EU 労働市場の分断の是正措
置に消極的であった。

1960 年代には高度成長・完全雇用の西欧諸国へ EC 域外から移
民が流入した。仏英などは旧植民地から（言語的な同質性などが移民
に適合的），西ドイツはトルコ，旧ユーゴスラビアなどから家族を
含めて数百万の移民を受け入れたが，70 年代から西欧の経済成長
率が低下し失業率が上昇すると，抑制・帰国へ動いた。しかし，帰
国せず残留した人々も多かった。

移民の移動には，流出国の貧困・失業のような移民プッシュ要因
と，受け入れ国の高賃金・完全雇用・労働力不足といった移民プル
要因が作用する。1970 年代以降，西欧諸国のプル要因は弱まったが，
周辺国のプッシュ要因は強く，移民流入は続いた。

他方，EU 域内での専門職の移動は 20 世紀にも積極的に推進さ
れた。法令の継続的な採択によって，歯科医，外科医，看護師，会
計士，薬剤師，美容師，旅行業者，保険業者など専門職資格の相互
承認が実施され，移動が生じた。また多国籍企業の管理職と技術者
が EU 全域への子会社・支店の展開に伴って移動した。ブリュッセ
ルには EU 本部へのロビー活動などのために EU 各国から流入があ
る。

そのほか，国境地帯に住み国境を越えて仕事をする国境労働者と

通勤者（commuter）も非常に多い（2019 年に EU 28 で 150 万人）。EU 単一市場には国境がないのでフリーパスで通勤できる。イギリス領の北アイルランドからアイルランド共和国に通勤するコミューターは北アイルランドの勤労者の 4 ％もいる。物流も盛んであり，国境の復活は失業や紛争の元になる。イギリスの EU 離脱後も両国国境で自由移動が確保されている。

モビリティ促進政策　　単一欧州議定書（SEA, 1987 年発効）の「研究・技術開発」の編に「研究者のモビリティの促進」が初めて盛り込まれた。当時 EC は日米との技術格差と輸入攻勢に悩まされ，研究・開発促進が課題であった。その一環として，EC の優秀な研究者を各国の共同研究センターなどへ集中する方針が採択され，職業資格や学位をもつ教育水準の高い人材の移動が課題となった。労働者の自由移動は欧州委員会の雇用・社会問題総局の担当だが，モビリティ促進政策はリサーチ総局（科学・研究開発総局）と共同研究センターが担当する。マーストリヒト条約には学生と教員のモビリティ促進の規定が加わり，EU 各国の学位相互承認が奨励された。担当は欧州委員会の教育・文化総局である（総局については第 1 章参照）。

　学生・教員のモビリティ促進は，他の EU 諸国で一定期間学習し，現地語を学び，大学卒業後あるいは研究者となって就業することなども予定する。大学生のモビリティ・プログラムはエラスムス計画として 1987 年開始，各国当局や大学なども追加的資金を提供する。年間数十万人を超える学生が平均 6 カ月程度の教育を他の国で受け，大学や大学院の卒業単位の互換制度を適用される。高学歴の若者にとって国境の壁は確実に低くなっている。2000〜06 年 EU 中期予算（MFF）ではエラスムス計画に 10 億ユーロ充当されたが，「教育・訓練・若者・スポーツ」に内容が拡充された「エラスムス＋」となり，21〜27 年 MFF の予算は 246 億ユーロ（130 円換算で 3.2 兆円）と大きく増える。

EU 諸国の若者に，人の自由移動（域内国境のない EU）は圧倒的に支持されている。大学間の単位取得制度も発展し，ロンドンの大学生がビザなしで格安航空機を利用してパリの大学に聴講に行ったりした。そのような若者の行動をモビリティ促進政策が後押しする。イギリスの EU 離脱国民投票（2016 年）でも 18〜24 歳層の 72 ％は残留支持だった。離脱後モビリティの自由移動が制限されると，EU・イギリス双方の大きな損失となろう。

中・東欧諸国の新規加盟と労働力移動（21 世紀）

人の自由移動には，①旅行の際にパスポート・チェックなしの域内自由移動を確保するシェンゲン協定と，②移民（就業者の自由移動を含む）の自由，と 2 つの分野がある。シェンゲン協定にイギリスとアイルランドは不参加だが，EU 非加盟の EFTA 諸国（ノルウェー，スイス，アイスランド，リヒテンシュタイン）が参加し，26 カ国からなる。2004 年加盟のバルト／中・東欧諸国は，犯罪者の出入国阻止などセキュリティ対策に必要なコンピュータ情報システムを備えた後，07 年にシェンゲン加盟国となった。キプロスと 07 年以降の加盟国はまだ条件を充たしていない。

バルト／中・東欧諸国（以下，中・東欧諸国とのみ記す）の加盟は EU の国境を越える労働力移動のあり方を変えた。2004〜10 年の間に約 360 万人の労働者が中・東欧諸国から EU 15 諸国へ向かい，就業年齢（15〜64 歳）の 2.8 ％が他の EU 諸国へ移動した。

2004 年加盟の中・東欧（EU 10）国籍の労働者の EU 15（20 世紀の加盟国）での居住は，03 年末 93 万人から 10 年末 250 万人（EU 15 人口の 0.6 ％）へ増加，EU 10 人口の 2.1 ％が流出した。移動先は独英両国が圧倒的である。07 年加盟の 2 カ国（EU 2）国籍労働者の EU 15 居住は 03 年末 70 万人から 10 年末 270 万人へ増加，EU 2 人口の 7 ％超が流出した。

所得水準の低さと流出の高さ（人口比）とは相関している。所得水準の低かったバルト 2 国や EU 2 ではプッシュ要因が強い。リー

マン・ユーロ両危機は流出トレンドを強めた。

2019 年，EU 28 域内の就業年齢（20〜64 歳）の 1301 万人が他の EU 諸国に居住しており（図 8-3），同年齢層総数の 4.3 ％に上る。15 年は 1130 万人だった。主要居住国はドイツ（332 万人）とイギリス（264 万人）で，両国だけで EU 28 の 46 ％を占める。イギリスは 15 年 210 万人から増えていて，ブレグジットの影響は 19 年にはうかがえない。イギリス離脱後も，離脱以前の EU 市民の権利は英 EU 双方で維持されることになっているが，その効果であろう。続いてスペイン（141 万人），イタリア（121 万人），フランス（97 万人）である。これら 5 カ国で EU 28 の域内移動者の 73 ％を受け入れている。

各国の国籍別内訳に国ごとの特徴がみえる（図 8-3）。イタリア，スペインにルーマニア人，フランスにポルトガル人が多いのは言語の近接性によるところが大きい。スイスにも同じ傾向がある。EU 28 では，イタリア人，ポルトガル人は 20 世紀から続く移動，ポーランド人，ルーマニア人，ブルガリア人は 21 世紀の移動で，これら主要流出 5 カ国で 690 万人と過半を占める。イタリアでは大卒者に適切な就職先がなく流出するなど，産業構造高度化の立ち遅れも影響しているようである。19 年にイタリアでは流入移民の 40 ％しか雇用されていない（EU 28 は 78 ％）。

外国人の流入数ではドイツが群を抜く。移民流入が EU 離脱決定に影響したというイギリスへの EU 移民の流入は 2014 年に東欧から 7 万人，南欧から 5 万人だったが，ドイツにはそれぞれ 58 万人，18 万人と 1 桁多い。流出も多くネットの流入数は減るのだが（第 10 章図 10-4），ドイツの受け入れ能力は非常に高い。2015・16 年には 100 万人を超える流入を受け入れた。

短期労働移動　1 週間から数カ月（平均 2〜4 カ月）程度の短期移住労働も盛んである。2009 年の調査では，EU 市民の約 10 ％が他の加盟国に住んで労働したと回答し，

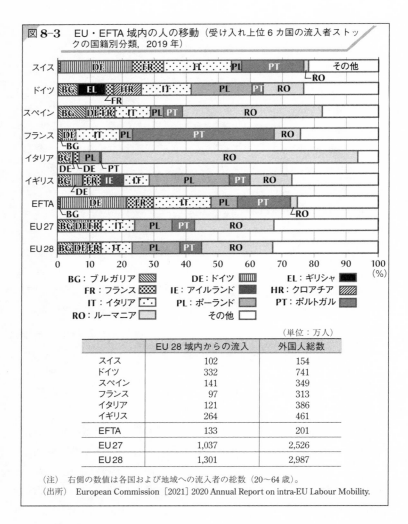

図8-3　EU・EFTA 域内の人の移動（受け入れ上位6カ国の流入者ストックの国籍別分類，2019年）

凡例:
- BG：ブルガリア
- DE：ドイツ
- EL：ギリシャ
- FR：フランス
- IE：アイルランド
- HR：クロアチア
- IT：イタリア
- PL：ポーランド
- PT：ポルトガル
- RO：ルーマニア
- その他

（単位：万人）

	EU 28 域内からの流入	外国人総数
スイス	102	154
ドイツ	332	741
スペイン	141	349
フランス	97	313
イタリア	121	386
イギリス	264	461
EFTA	133	201
EU27	1,037	2,526
EU28	1,301	2,987

（注）　右側の数値は各国および地域への流入者の総数（20〜64 歳）。
（出所）　European Commission［2021］2020 Annual Report on intra-EU Labour Mobility.

うち 51％は 2 年以下，38％は 1 年以下と述べた。先進国に出かけて高賃金を受け取って故郷に送金し貯蓄し，帰国して安い生活費で暮らす。「不完全移住」（incomplete migration）と呼ばれる出稼ぎ労働であり，1990 年代末には約 100 万人が中・東欧諸国から EU 諸

国に出かけたという。

ポーランド政府の発表では，EU 加盟後 1 年間で 41 万人が移住，うち 34 万人は季節労働者だった。25 万人がドイツ，あとはイギリス，スウェーデン，アイルランドなどに向かった。ドイツは新規加盟から 7 年間中・東欧からの移住を規制したが，季節労働者には必要に応じて労働許可を出し，無許可ベースの流入も多い。国境地域のドイツ農業はポーランドの季節労働者なしには成り立たない。ウクライナから季節労働者がポーランド農業をはじめ近隣国に大挙して流入している。

ラトビアの失業率は EU 加盟後低下したが，イギリスなどへの労働者流出が一因であった。反対に，旧ソ連諸国から多数の外国人がラトビアに流入，市民権を得て将来 EU での就業を目指している。チェコ，ポーランドでは急激な工業化で熟練労働者が不足し，スロバキアやウクライナからの移民が増えた。ハンガリーにはルーマニア西北部（旧ハンガリー帝国領土）から移民が流入している。中欧 3 カ国では土木建設や繊維工場など 3K（危険，きつい，汚い）労働に移民が従事している。

中・東欧諸国からの流出移民の年齢の特徴

EU 28 の年齢構成において 34 歳以下は 38 ％だが，EU 28 からの流入者では 44 ％を占める。35〜49 歳層は EU 28 では 20 ％，流入者では 29 ％である。49 歳以下をとると，EU 28 の 58 ％，流入者では 73 ％になる。若年層の流入が主流である。とりわけ中・東欧の EU 加盟国（EU 10 + EU 2）から EU 15 への移民は 34 歳以下が多く，低教育レベルの移民のシェアは国内の低教育レベルのシェアより高い。多国籍企業の従業員や高学歴者の移住も増えている。だが，中・東欧諸国で高等教育を受けた移民が EU 15 で低賃金の低・中スキル労働に従事している事例も少なくない（down-skilling）。

企業の雇い主が短期の在外勤務を要求する形の在外短期労働が注目されている。1996年採択の**配属労働者指令**（Posting of Workers Directive or Posted Workers Directive：PWD）が 98 年から実施された（EU 指令なので各国国内法に転換して実施）。EU 運営条約の「単一市場におけるサービスの自由移動」の規定を法的基礎とする。「越境派遣労働者指令」という意訳が実態を表している。マクロン仏大統領が 2017 年の就任直後にポーランドを訪問した際に PWD を批判し改正を主張したため，改めて話題になった。

いわゆる移動労働者「mobile worker」は他の EU 諸国に移動して現地で職を求め現地の企業で労働し，税金と社会保障賦課金を支払い，現地の労働者との平等待遇を享受する。配属労働者は，労働者を送り出す国に存在する企業に所属し，一時的に他の EU 加盟国でサービス労働をするので，現地の労働市場に統合されていない。したがって，送り出し国の労働条件（法律）が適用される。配属が半年以内なら送り出し国で税を支払い，2 年以内なら社会保障賦課金も送り出し国で支払う。ただし，**ソーシャル・ダンピング**が起きないように，受け入れ国の最低賃金の適用など一定の縛りがある。また，ドイツやフランスの企業の配属労働者が東欧に派遣されれば，配属先の最低賃金ではなく，賃金を含めてより有利な本国企業の労働条件が適用される。

配属労働者の送り出し国は，多い順にポーランド（全体の約 4 分の 1，国内労働者数の 2.5 ％），ドイツ，フランス，スロベニア，スペイン，スロバキア，であった。ドイツ，フランスなどは多国籍企業の配属も多いかもしれない。2011 年の配属労働者数 120 万人のうち，低所得国（東欧）から 48 万人（40 ％），中所得国（地中海 4 カ国）から 14 万人（11 ％），高所得国から 59 万人（49 ％）であった。15 年に約 200 万人（自営の配属労働者を含む）に増えた。10 年代に年率 7 ％超で増加，10〜15 年に 41 ％増えた（ヤミ労働もあり，統計

の信頼性に問題がある）。業種は建設業，あらゆる種類のサービス業，シェアは低いが「農業その他」もある。

　たとえば，イギリス企業がハンガリーの企業に300人の労働者のリクルートを依頼し，配属労働者はイギリスでサンドイッチをつくる。イギリスの最低賃金でもハンガリー人労働者には高い。「勤勉によく働く」とイギリス企業の経営者には好評である。効率は上がり，利潤も増える。ポーランドのような大送り出し国では失業者が減り，税と社会保障賦課金も国庫に入るので，この制度を高く評価している。EU 28の被雇用者総数の0.9％を占めるにすぎないので影響は小さいという意見もあるが，先進国の労働者や労働組合に競争圧力，賃金低下圧力が強まり，さらに制度批判が先進国で強まっている。

　送り出し国が東欧のケースでは問題も多い。上のサンドイッチづくりのケースでは，賃金を支払うのはイギリス企業ではなくハンガリーの企業である。イギリスの最低賃金が支払われる保証はない。ヤミ労働，派遣労働者の搾取，賃金を支払わないで派遣企業が消えてしまうなど，制度の悪用も少なくない。先進国の労働組合からの「ソーシャル・ダンピング」という批判も的外れとはいえない。

　制度の厳格な適用を求める「執行指令」（Enforcement Directive）をEUは2014年に採択し，16年6月までに加盟国の国内法に転換された。先進国の労働組合は「同一地域では同一労働同一賃金」原則を主張するが，東欧諸国は「サービスの自由移動原則に違反」と反対し，賃金格差はEU単一市場の自然の姿であり，「執行指令」で十分と主張する。欧州34カ国の経営者団体連合「ビジネスヨーロッパ」も同じ意見である。

　欧州委員会は2016年3月，配属労働者に関するルールの修正を提案，欧州議会の雇用・社会問題委員会の修正意見も取り入れて，18年6月に採択，新指令は20年7月30日に発効した。新指令では配属労働の期限を12カ月以内とし（18カ月まで延長できるが，配

属労働者を雇用した経営者は改めて申請が必要），賃金をはじめとして
受け入れ国の規則が適用される（もはや最低賃金ではなく，残業手当
なども現地労働者と同じように支払う）。違反した経営者には罰金が
賦課される。

　2020年春以降，新型コロナ危機の中で配属労働者の派遣が困難
になるという新たな問題が生じている。

3 難民の大量流入とEUの新しい挑戦
●EU・トルコ協定と新たな対策

難民流入危機と加盟国
の対立

　2015年にEUで125万人（ドイツで110万
人）の難民申請が行われた（14年比倍増）。
ドイツへの集中はメルケル首相が在ハンガ
リーのシリア難民を念頭に無制限受け入れを宣言したので，スマー
トフォンを駆使する現代の難民は内戦激化のシリア人を先頭にドイ
ツに押しかけたのである（第10章図10-4）。14年のロシアのクリ
ミア半島占領に対してアメリカなどとともに経済制裁を課したEU
に報復するために，シリア駐在のロシア軍が激しい空爆を行い，
EUに向かう難民の大量国外流出を策したとの見方もある。

　近隣諸国からEUへの非合法の流入のルートは6つある（図8-4）。
①東国境ルート（ウクライナ・ベラルーシ・ロシア），②東地中海ル
ート，③西バルカンルート，④アルバニア・ギリシャルート，⑤中
央地中海ルート，⑥西地中海ルート，である。

　シリア難民は密航請負業者に高額を支払い，トルコ経由でギリシ
ャの島（トルコに隣接）に渡る（②のルート）。シェンゲン圏の難民
取扱いを定めるEUのダブリン規則では，難民が最初に流入した加
盟国が難民登録，適格検査，衣食住の世話，医療，子どもの教育な
ど初期対応を引き受ける。難民の他国への移動は禁止となっている。
だがギリシャは施設の水準を含めダブリン規則初期対応の条件を満

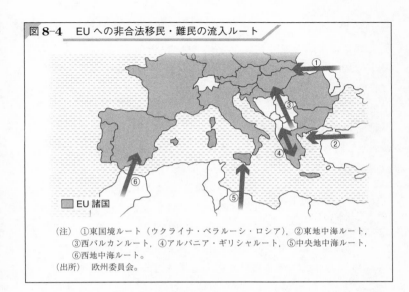

図8-4　EUへの非合法移民・難民の流入ルート

（注）　①東国境ルート（ウクライナ・ベラルーシ・ロシア），②東地中海ルート，
　　　　③西バルカンルート，④アルバニア・ギリシャルート，⑤中央地中海ルート，
　　　　⑥西地中海ルート。
（出所）　欧州委員会。

たしておらず，また1日2000人を超える流入は政府の対応能力を
超えていた。難民登録も適格検査もせずにマケドニアに送り出した。
難民は③のルートを北上してハンガリー（シェンゲン圏入口）に向
かい，オーストリア経由でドイツに入った。大量流入にハンガリー
政府は8月に国境沿いに鉄条網を設置，難民の流入ルートはクロア
チア→スロベニア→オーストリアに転換した。8月下旬，ドイツは
ダブリン規則を停止し，すべての難民にドイツでの申請を命じた。

　EUは9月に緊急の内相理事会を開き，難民12万人を加盟国（イ
ギリスなどシェンゲン協定の適用除外国を除く）で分担する案を賛成
多数で決定したが，ハンガリー，チェコ，スロバキア，ルーマニア
の4カ国は反対，やがて大量・急激な流入に対して，オーストリア，
ドイツ，スウェーデンなど各国が国境検査を復活し，2016年に入り，
スロベニアも鉄条網を設置した。オーストリアはバルカン9カ国を
招集して難民流入抑制協議を毎週ウィーンで実施，協議国のマケド
ニアは4月鉄条網を設置し，③のルートは閉鎖された。ヴィシェグ

ラード4カ国（チェコ，ハンガリー，ポーランド，スロバキア）は首脳会議で流入拒否に合意した。ドイツでも15年末，ケルンでの難民集団の女性への暴行事件をきっかけに世論が硬化し，極右の「AfD（ドイツのための選択肢）」党が翌年3月のドイツ東部諸州の選挙で大きく伸びた。

難民大量流入はこうして，シェンゲン協定の一部停止（単一市場の機能を弱め EU 経済に膨大なコスト），極右政党伸張，テロ問題，EU 難民政策の行き詰まりをもたらした（**難民流入危機**）。

EU・トルコ協定による 流入抑制と現況

メルケル独首相は2016年3月にトルコとEU の難民送還協定交渉を発表，わずか10日で合意，3月20日に発効した。この**EU・トルコ協定**は，EU に流入する「不法移民」（生活向上などのために難民を装う移民）がトルコを通過してギリシャに流入すれば，ギリシャで逮捕してトルコへ送り返す。EU から不法移民を1人トルコに送り返すと，トルコからシリア難民1人を受け入れる（「1対1スワップ」）。EU は支援金60億ユーロをトルコ政府に供与し，トルコ人のビザなしの EU 旅行許可，EU 加盟交渉再開などを承認した。

西バルカン・ルート閉鎖と EU・トルコ協定の効果は大きく，2016年後半から難民流入は激減した。17年にギリシャの島に流入する難民は島の収容所に入れられ，大陸への移動は難しくなった。シリアやアフリカからの難民はリビアから粗末なボートで地中海を渡ってイタリアに流入する⑤のルートに切り替えた（図8-4）。イタリアに難民流入が集中し，15年から4年間で60万人が流入したが，EU レベルの解決策は進まず，イタリアでは EU 批判の左派ポピュリスト「5つ星運動」，移民排斥を掲げる右派ポピュリストの「同盟」への支持が高まり，18年3月の総選挙では1位と2位を占め，6月連立政権となった。なお，リビアで難民は非人道的措置を被っている。

グローバル化に対応できず経済・政治・社会が混乱し，ひどいケ

ースでは内戦状態となっている破綻国家が EU 近隣には少なくない。国連などの推計では，トルコ，シリアから北アフリカに至る地中海沿岸諸国には 2015 年時点で 2500 万人の失業者（うち 700〜800 万人は 15〜24 歳の若者）がいた。アフリカの人口は 50 年までに倍増して 20 億人を超える。今後，この地域からの難民大量流出の可能性は大きくなる。こうした事態を防止するため，欧州委員会は 16 年 9 月「欧州対外投資計画」（EEIP）を提案し，EU 予算などから 33 億 5000 万ユーロを拠出して，民間投資などに保証を与え，アフリカと近隣諸国に最大 440 億ユーロを EU 加盟国が支援すれば，最大倍額の投資を実現できる，とした。現地に企業と雇用を創出し，移民・難民の流出を食い止めたいとの意図である。

　不法移民の取り締まりや国境の監視などでシェンゲン協定各国の国境管理当局間の協力を進めるために，EU は 2004 年に欧州対外国境管理協力機関（Frontex）を組織したが，15 年の難民危機により，シェンゲン 26 カ国から人員を 1500 人に増やし，装備を強化して，16 年 10 月欧州国境沿岸警備隊がスタートした。しかし，決め手になるわけではない。EU レベルの難民対応には東欧諸国が反対し，制度化は難しい。EU はとまどっているが，難民の流入圧力は強い。長期的に対応を迫られることになろう。

　なお，反政権派への弾圧がやまないベラルーシに対し，EU は 2021 年 6 月，肥料や石油製品など同国の基幹産業を対象に経済制裁を発動，従来の制裁を強化した。対抗してルカシェンコ政権はイラクから難民志望者を航空機で呼び寄せ，4000 人をリトアニアへ流入させた。21 年末にかけてポーランド国境で難民とポーランド軍が鉄条網をはさんで対峙している。上記の 6 ルートの①が使われた。①はウクライナからチェコやポーランドへの多数の合法移民のルートになり，中・東欧諸国の労働力不足を緩和している。しかし，経済制裁への反撃に利用したのは，ルカシェンコ政権が初めてのようである。

4 地域的不均衡と EU 地域政策
●地域格差を是正するために

南への拡大と EU 地域政策の改革

EU の地域政策が本格化したのは，スペイン，ポルトガルが 1986 年に加盟してからである。EU の農業人口はほぼ 2 倍となり，「国民 1 人当たり GDP（購買力平価換算）が EU 平均の 75 ％以下」と EU が定義する「低開発地域」の居住人口は 5000 万人以上増えた。一般に 1 人当たり所得の低い地域ほど失業率は高く，インフラストラクチャー賦存度は低く，農業のウェイトが高い。インフラ整備・職業教育・農業改善など，EU 地域政策は強化を迫られた。ドロール EC 委員長（当時）は 87 年 2 月，地域政策予算の倍増と運営方式改善とを同時に進める「ドロール・パッケージ」を発表した。87 年から 92 年までに EU 予算の農業（CAP）支出を 50 ％まで引き下げ，対応して地域政策資金を倍増する。西ドイツ・コール政権が約 300 億マルクもの追加負担を引き受け，「ドロール・パッケージ」による新地域政策がスタートした。

EU 地域政策の改革

新政策では EU 地域政策の 3 基金を統一的に運用し，資金をもっとも困難な地域に集め，地域開発のプログラム方式によって優先目標の達成と政策管理の効率化を目指す。

①欧州地域開発基金（ERDF）は投資・インフラ建設と近代化，国境地域開発など

②欧州社会基金（ESF）は人（若者を重点的に職業教育など）

③欧州農業指導保証基金指導部門（EAGGF-Guidance）は農業と農村（漁村）の改善と開発

そして，次の 5 目標が設定された。

目標 1：「低開発地域」の開発と構造改善（3 基金。ERDF の 80

％を投下）

目標2：衰退産業地域の構造改善と産業再建（ERDF，ESF）

目標3：長期失業との闘い（ESF）

目標4：若者の雇用促進（ESF）

目標5（5a）：農業構造改善（EAGGF-Guidance），（5b）：農村地域開発（3基金）

　目標2は，石炭，鉄鋼，繊維，造船など衰退産業への地域経済の依存度が高く，地域失業率がEU平均以上，工業の雇用がEU平均以上で雇用減退の地域のインフラ転換と労働者の職業訓練を支援する。目標3・4は，長期失業者や若年失業者に職業教育を最大6カ月間実施し，雇用への復帰を支援した。

　1992年の**構造基金**（上記3基金）からの純受け取り（GDP比）は，当時の主要な受け取り国（「結束4カ国」といわれた）ギリシャ・ポルトガル・アイルランドで2％台，スペイン0.5％と飛躍的に高まった。1993〜2000年の第2次中期財政計画で構造基金支出はさらに実質67％増加し（「ドロール・パッケージⅡ」），これら4カ国の受け取りは再度倍増した。

　マーストリヒト条約では，通貨統合を念頭に，地域格差是正の**「結束基金」**（Cohesion Fund：Cohesionは「格差是正」を意味する）を設置した。国民1人当たりGNI（国民総所得）がEU平均90％以下の国（上述の「結束4カ国」）にEU財政から「ネットワーク」建設資金を拠出，1990年代に「**欧州横断ネットワーク**」（TEN）の建設に着手した。高速鉄道網・鉄道網，高速道路網など交通ネットワーク（TEN-T），電力・天然ガスなどエネルギー供給網，電気通信網を建設し，周縁地域と中心地域との結合を強めた。20世紀末のEU地域政策は「結束4カ国」のインフラ建設・職業教育などが中心であった。

　結果をみよう（図8-5）。南欧3カ国の国民1人当たりGDPを仏独伊3大国と比較すると，新規加盟の1980年代から国民1人当た

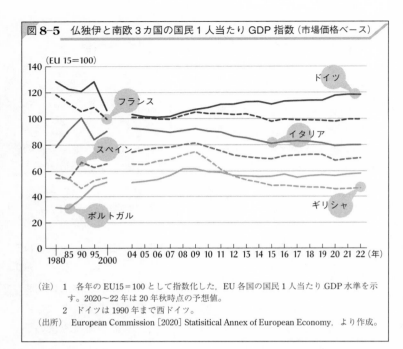

図 8-5　仏独伊と南欧 3 カ国の国民 1 人当たり GDP 指数（市場価格ベース）

(注)　1　各年の EU15＝100 として指数化した，EU 各国の国民 1 人当たり GDP 水準を示す。2020〜22 年は 20 年秋時点の予想値。
　　　2　ドイツは 1990 年まで西ドイツ。
(出所)　European Commission [2020] Statisitical Annex of European Economy，より作成。

り GDP は順調に高まり，スペインとポルトガルは 80〜2004 年に，またギリシャは 90〜04 年に 20 ポイントも上昇した。ギリシャは 04 年のアテネ・オリンピックのための膨大な投資や借金による背伸びも影響しているが，3 カ国への EU 地域政策のバックアップは成功したようにみえる。

　しかし，21 世紀初頭のユーロ加盟直後の低金利の時期にこれら南欧 3 カ国を特徴づけていたのは，財政支出と資金借入によるバブル主導景気で，設備投資より消費と不動産投資の膨張であった。リーマン危機でバブルが破裂すると，09 年をピークに 3 カ国とも EU 15＝100 とする「GDP 指数」は下落，10 年からユーロ危機が追い打ちをかけた（第 7 章参照）。ギリシャの落ち込みは 19 年まで続き，EU 15 との格差は 1990 年レベルに逆戻りした。ポルトガルの落ち

込みは小さく，2010年代後半に社会党コスタ政権の下で徐々に取り戻している。イタリアはピークの90年100から80近くまで大きく落ち込んだ。若者の国外流出などもあり，経済再建が基本的に重要な課題となっている。労働生産性をユーロ圏北部諸国やドイツ並みに引き上げないと，単一通貨圏の競争圧力が働いて所得を引き上げることができない。新型コロナ危機からの復興を目指す「次世代EU」の巨額の給付・融資はこれらの国にGDP比2桁で供与される。それを経済効率引き上げに活用できるかが課題となる。

なお，2019年に「GDP指数」が120を超える国はアイルランド，ルクセンブルク，オランダ，オーストリア，スウェーデン，フィンランドで，ほぼすべて西北欧の小国である。

| 21世紀のEU地域政策 |

EU地域政策は7年ごとのEU中期財政計画MFFに対応するようになった。

2000〜06年と07〜13年の構造基金による所得移転の状況を比較すると（図8-6），中・東欧の国民1人当たり純受け取りが大きく増え，南欧3カ国は減少した。図はEU財政への拠出を考慮した国民1人当たり純受け取り額（各国の物価水準を考慮した購買力平価基準）のユーロ表示である。

2007〜13年に地域政策は重点を新規加盟の中・東欧に移し，大改革された。国別の受け取り額では，ポーランドが673億ユーロ（07年GDP比22％）で第1位，以下スペイン352億ユーロ（同3.3％。以下億ユーロを省略），チェコ267（20％），ドイツ（東部ドイツ）263（1％），ハンガリー253（25％），ポルトガル215（13％），ギリシャ204（9％），ルーマニア196（16％），と続く。このように，21世紀の地域政策の主な対象は中・東欧（と東部ドイツ）および南欧3カ国である。14〜20年MFFでもほぼ同じ方針が採用された。

これらの資金は各国拠出の資金と合体してプログラムを実施できた場合に生きてくる。1990年代から2006年にかけて，アイルランド，スペインは完全にEU資金を消化し交通インフラの質を飛躍的

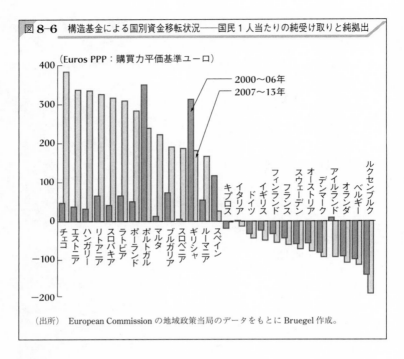

図 8-6　構造基金による国別資金移転状況──国民 1 人当たりの純受け取りと純拠出

（Euros PPP：購買力平価基準ユーロ）

2000〜06年
2007〜13年

（縦軸目盛：400, 300, 200, 100, 0, −100, −200）

チェコ
エストニア
ハンガリー
リトアニア
スロバキア
ラトビア
ポーランド
ポルトガル
マルタ
ブルガリア
スロベニア
ギリシャ
ルーマニア
スペイン
キプロス
イタリア
ドイツ
イギリス
フィンランド
フランス
スウェーデン
オーストリア
デンマーク
アイルランド
オランダ
ベルギー
ルクセンブルク

（出所）　European Commission の地域政策当局のデータをもとに Bruegel 作成。

に高めたが，ギリシャの消化率は低く，50 ％以下の年もあった。計画を策定・実施する能力のある政府・官僚・公務員，そして事業を担当する民間企業（外国企業を含む）が揃わないと完全消化に行き着けないのである。

　EU 地域政策の発動からプロジェクト終了までのフローチャート（概要）は，①欧州委員会によるガイドラインの公表と欧州議会・閣僚理事会による採択（決定）→②地域と協議して加盟国が実施プログラムの記載された国家戦略枠組みを策定→③プログラム採択（援助の実施）→④プログラムのモニタリング，評価，予算審査（欧州委員会地域政策当局の「活動年報」における公表）→⑤プログラム終了と事後審査，となっている。

　EU の支援が決定されると，基金から資金が提供され，EIB 貸付

なども動員される。加盟国は資金の使途について詳細な実施プログラムを提出する。プログラムの執行，EU法令へのコンプライアンス，適切な予算執行などがEUによってチェックされ，不適切なら予算の執行留保もありうる。「低開発地域」に投資する企業は，域外企業もEUと構成国・地方政府から資金援助を受け，失業者を雇用して職業訓練をする企業には賃金補助がなされる。なお欧州委員会のガイドラインはリスボン戦略，環境政策，欧州2020のようなEUの基本方針との整合性を重視する。

EIBによる地域政策の補完

EIB（欧州投資銀行）はEUに直属する公的金融機関であり，「EU Bank」を名乗っている。EU 27カ国から出資を受け，格付けはトリプルAの債券を発行して資金調達し，EU諸国や域外諸国（EU非加盟の東欧近隣諸国，ACP〔アフリカ，カリブ海，太平洋地域〕諸国，北アフリカ諸国，EU加盟候補国など）に低利で融資する。融資対象はインフラ（鉄道・道路など交通，エネルギー，水供給など），産業支援，教育，農漁業と農村開発などであり，格差縮小や投資支援に貢献できる。

2009〜13年の5年間にEIBは3357億ユーロの融資に調印（金額はEU地域政策の7年分に匹敵），EU域内には2973億ユーロ，EU域外に384億ユーロであった。国別では，スペイン478億ユーロ（以下，億ユーロを省略），イタリア440，ポーランド257，ポルトガル111，ギリシャ79，アイルランド29で，EU地域政策と重点国が重なった。19年には722億ユーロの融資を行い，中小企業，気候変動，環境保護を重視している。21〜30年の10年間で合計1兆ユーロの投資支援に踏み切る。グリーン化・デジタル化というEUの基本方針を支援する。

中・東欧諸国のキャッチアップ（逆転から回復へ）

経済水準の向上は民間の動向，加盟国とEUの政策に依存する。中・東欧諸国が社会主義経済（共産圏）から体制転換して市

場経済に進む過程で経済再建にもっとも大きな影響を与えたのは外国直接投資（FDI）であった。EU コア諸国を中心に，米日韓などからも，低賃金生産基地あるいは市場の将来性を評価する企業や銀行などが進出し，経済基盤の構築や所得水準の上昇に大きく貢献した（中・東欧各国への直接投資額は第 2 章図 2-3 参照）。中・東欧と西北欧の貿易は企業内貿易を含めて急増した。EU は 20 世紀末から中・東欧諸国に「加盟前援助」を実施し，加盟後は上述したように地域政策資金をつぎ込んだ。

　中・東欧諸国の EU 15 に対するキャッチアップの動向を「GDP 指数」でみてみよう（図 8-7）。近年上位 3 カ国はスロベニア，エストニア，チェコで，ポルトガルをやや上回る水準に届いた。エストニアは IT 立国に成功し，スロベニアは 2008 年のユーロ加盟時に，危機に巻き込まれて 10 ポイント近く落ち込んだが，10 年代後半の回復は著しかった。人口が 100 万〜200 万人ほどの極小国でユーロ圏の地方経済として積極的に対応し，多国籍企業に頼らず，製造業や情報系に技術をもつ国内企業が育っている。チェコを合わせてこれら 3 カ国が EU 15 レベルにどこまで接近できるだろうか。

　続いてリトアニアとスロバキアで，ギリシャはこれら 5 カ国に追い越され，ラトビアと並んだ。スロバキアは 1995 年チェコの 65 ％の水準だったが，自動車などドイツの製造業基地となって危機でも落ち込むことなく地位を上げ（2013 年の自動車生産台数は 97 万台），2006 年にハンガリーを抜いた。

　ハンガリー，ポーランドはリーマン危機の落ち込みは小さいがその後の経済停滞が長引いて，小国の後塵を拝している。1990 年代後半から 21 世紀初頭まで中欧の「ポーランド，ハンガリー，チェコ」3 カ国が注目され，日本企業の進出もこの 3 カ国に集中したが，チェコとハンガリーは危機前すでに熟練労働力不足の面で成長の限界に達し，危機後の経済停滞が長引いた。

　ルーマニア，ブルガリアは着実にキャッチアップしているが，国

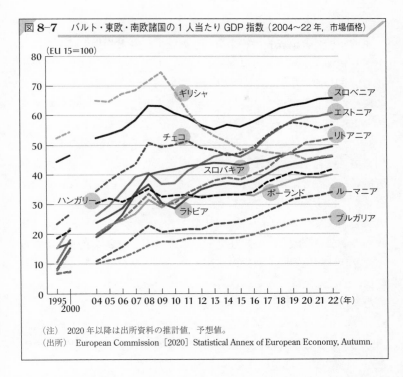

図 8-7　バルト・東欧・南欧諸国の1人当たり GDP 指数 (2004〜22年, 市場価格)

(EU 15=100)

ギリシャ
スロベニア
エストニア
チェコ
リトアニア
スロバキア
ハンガリー
ポーランド
ルーマニア
ラトビア
ブルガリア

1995　2000　04 05 06 07 08 09 10 11 12 13 14 15 16 17 18 19 20 21 22 (年)

(注)　2020年以降は出所資料の推計値，予想値。
(出所)　European Commission [2020] Statistical Annex of European Economy, Autumn.

民1人当たり GDP は EU 15 の3分の1と4分の1のレベルである。
「GDP 指数」の上昇には両国からの若者の移民流出が大きく作用し
ている。国内に職が見つからないで滞留するより，EU 諸国に職を
見つけ，所得を母国の家族に送るパターンの方がベターには違いな
いが，国の経済力向上に不安が残るのも事実である。とりわけ過疎
地帯の惨状は目を覆うばかりである。

　2020年初の時点で法定最低賃金（時間当たり）を比較すると，最
低のブルガリアで 1.87 ユーロ（以下，ユーロを省略），ドイツは 9.35
と5倍である。中欧と南欧を比較すると，ポーランド 3.50，ギリシ
ャ 3.76，ポルトガル 3.83 とほぼ同一水準である。南欧諸国のユー
ロ危機による凋落と中・東欧諸国のキャッチアップとにより，双方

の賃金水準が並び，将来の展望が気になるところである。

　東欧諸国の経済成長の将来をどう展望すべきだろうか。ポーランドがリーマン危機・ユーロ危機の時期にも経済成長率はプラスを維持し，また他の諸国もその2つの危機を乗り越えてキャッチアップに戻ったので，将来を楽観視する意見もあるのだが，現地の経済を掘り下げたエキスパートの意見は悲観的・批判的である。

　ハンガリー在住の日本人研究者は同国を中・東欧諸国のモデルと捉えて，批判する。進出してきた多国籍企業に依存しすぎて政府も労働者も自立性に乏しい「借り物経済」になり，国民は政府の給付金を当てにする「国庫経済」となっていて，双方が体質化して経済成長を阻んでいるという（盛田［2021］）。同書が暴露するオルバン政権のひどい腐敗と，その与党を選挙民の3分の2以上が支持するハンガリー国民の政治意識の落差にはショックを覚える。共産主義時代の国民意識は今なお生きているようである。ポーランドでも同様だろう（アプルボーム［2021］）。

　コペンハーゲン・ビジネススクールのコーネル・バンは，東欧諸国の経済成長モデルは低賃金労働，外国の産業資本のやる気（のなさ），消費主体で投資に目を向けない金融部門に依存しすぎているので，将来にわたって経済停滞のリスクは高いという。チェコからルーマニアに至るまで，高齢化，大量の移民流出，職業訓練制度の破綻が起きているし，国と企業の研究開発投資が小さすぎて韓国などと比べるべくもなく，政府の資金投下（ベンチャー資本，投資銀行，高付加価値部門の育成ための）も乏しい，としている。

地域政策の効果──統合への求心力を生み出す

EU 地域政策の役割はポスト・ユーロ危機の時期にさらに高まった。TEN（欧州横断ネットワーク）の交通網・エネルギー供給網・電気通信網への投資やその他の投資によって EU 周縁国の成長率を引き上げ，雇用増進に貢献しなければならない。

　EU は中・東欧諸国が加盟候補となった時から「加盟前戦略」

（pre-accession strategy）によって，運輸・情報通信・環境インフラ
や農業構造改善，農村開発などを推進し，EU 加盟の後押しをした。
今日も加盟前支援が行われており，トルコの受け取りがもっとも大
きい。準加盟候補の西バルカン諸国にも支援が行われ，勢力圏拡大
に乗り出したロシア，中国との対抗が続く。

EU 経済統合の研究者ジャック・ペルクマンスは，「EU はルール
であり，お金ではない」といっている。確かに EU はルールを定め
て統合を促進し，加盟国を一体として動かすことによって「規模の
経済」を実現し，政治的にも大きな力を得ている。財政政策は各加
盟国の権限であり，EU 財政の規模は EU・GDP の 1 ％程度にすぎ
なかった。しかし，2020 年代には EU の財政支出は「次世代 EU」
の巨額支出ではね上がり，EIB 融資も加わる。21〜25 年に拠出さ
れる復興基金の受け取り予定額（融資を含む）が GDP 比 10 ％を超
える国は 7 カ国，EU 地域政策からの受け取りの大きい国が並ぶ（第
5 章参照）。EU の周縁諸国や加盟候補国にとって「EU はルールで
あり，お金である」。

EU 地域政策は格差是正に貢献し，周縁諸国の EU への求心力を
生み出している。そのトレンドは将来さらに強まると予想される。
南欧諸国や中・東欧諸国の経済成長を支え，EU 中心と周辺をネッ
トワークでつないでいる。その効用は大きいのだが，中・東欧諸国
では政府や首相個人が地域政策資金を流用する，計画通りの地域振
興政策を実施できないなどの問題も指摘されて久しい。それでも，
EU の地域政策のいっそうの充実が望ましい。「次世代 EU」の資金
は GDP 比では，南欧・東欧諸国に手厚い。国内政策で補完して，
国民 1 人当たり GDP を引き上げる競争が始まっている。

演習問題

seminar

 1 EU および加盟諸国の失業率の特徴を説明してみよう。

2 EU 雇用政策，モビリティ政策について評価してみよう。

3 難民の大量流入に対する EU の反応をどう評価するか。日本の現状と対比して論じてみよう。

4 EU 地域政策と EU 周縁国との関わりについて，20 世紀末と 21 世紀とを比較してみよう。

5 中・東欧諸国の EU 平均へのキャッチアップのトレンドはリーマン危機後どうなったのか。国をグループ分けしてなぜそのような違いが生じたのかを考えてみよう。

6 中・東欧諸国，南欧諸国の中からいくつかを選び，経済成長の水準とその推移を捉え，EU 統合との関連を調べてみよう。

7 EU 地域政策の意義について考えてみよう。

■ ■ ■ **参 考 文 献** ■ ■ ■ ■ ■ ■ ■ ■ ■ ■ ■ ■

アプルボーム，A.（三浦元博訳）［2021］『権威主義の誘惑——民主政治の黄昏』白水社

小山洋司［2017］『EU の危機と再生——中東欧小国の視点』文眞堂

田中素香［2016］『ユーロ危機とギリシャ反乱』岩波書店（岩波新書）

田中素香［2007］『拡大するユーロ経済圏——その強さとひずみを検証する』日本経済新聞出版

盛田常夫［2020］『体制転換の政治経済社会学——中・東欧 30 年の社会変動を解明する』日本評論社

European Commission, Employment and Social Developments in Europe (ESDE).（EU 雇用年次報告。年ごとに特集あり）

OECD, Employment Outlook.（OECD の雇用年次報告書）

第 III 部　EU 諸国の経済と統合

第9章 フランスとEU経済

ディリジスムからの脱却

●本章のサマリー

　戦後フランスはド・ゴールの下で，ヨーロッパの復権を目指して，EU統合を主導した。「ディリジスム」（国家主導主義）による戦後改革はめざましい成果を上げたが，やがて官僚統制と介入主義とが強まり国際競争力は低下し，失業率が急騰した。

　1981年に失業との闘いを掲げて社会党のミッテランが大統領に就いたが，企業の全面国有化と計画経済化に走り，「ミッテランの実験」は失敗に終わった。以後，大統領と首相とのポストを左右2大政党間で分かち合う，「コアビタシオン」（保革共存）が3度も繰り返され，15年間に9年に及んだ。

　2007年に政権に就いた中道右派のニコラ・サルコジは，フランス社会モデルを自己責任によるリスク選択のアングロサクソン型への転換をはかったが，10年のユーロ危機で挫折した。12年には反緊縮，金持ち憎悪，企業敵視を叫ぶ社会党のオランドが大統領に就き「ジャコバン社会主義」を展開した。景気は低迷し支持率は急落した。17年には政治経験がなく，「右でも左でもない」39歳の若きマクロンが彗星のように登場し，親EUを訴え，決戦投票で，極右の女性候補，マリーヌ・ルペンに圧勝した。

　2018年11月，マクロンは環境対策から燃料税の引き上げに踏み切ったが，車が不可欠な地方の低所得者層は激しく抵抗し，「黄色いベスト運動」が7カ月にもわたって燃え盛った。マクロンは22年春に大統領選挙を迎えるが，新型コロナ禍対策のまずさ，金持ち優遇，地方軽視などで，彼への幻滅が生じている。

KEY WORDS

本章で学ぶキーワード

第5共和政　混合経済　EU統合　ディリジスム　パリ＝ボン枢軸　ミッテランの実験　競争的ディスインフレ政策　保革共存（コアビタシオン）　フランス社会モデル　サルコジスム　ジャコバン社会主義　フレキシキュリティ　黄色いベスト運動

1 戦後フランス経済の特質

● EU 統合を主導する

ゴーリスムの遺産

19 世紀半ば以降，フランスの国際競争力は低下の一途をたどり，軍事力も弱体化してナチス・ドイツの占領を許した。第 2 次大戦後，フランスは特異な姿勢を貫くことになるが，レジスタンス（抵抗運動）を指揮してフランスをナチス・ドイツから解放した，ド・ゴール将軍のカリスマ性と分かちがたく結びついている。シャルル・ド・ゴールは戦後首相として復興を指揮した後，政権を降りた。だが 1958 年のアルジェリア危機の勃発で再登場が求められ，大統領に就いた。**第 5 共和政**を開き，以後 10 年にわたり，フランスの失われた栄光の回復に努めた。

ゴーリスム（ド・ゴール主義）がもたらした「フランスの特異な姿勢」とは，第 1 に，資本主義でもなく社会主義でもない第 3 の道を志向し，**混合経済**（mixed economy）を目指したことである。実際には官僚統制と公的セクターの肥大化とにより歪められた，修正資本主義にほかならない。戦後改革では，大規模な国有化（インフラと金融）と計画化（近代化 5 カ年計画）とを進め，公的セクターの肥大化が著しくなった。

第 2 は，戦後覇権国家となったアメリカに抗して距離を置き，反米の姿勢さえ躊躇しなかった。イギリスはアメリカとのアングロサクソンの絆を最優先させ，冷戦の最前先に置かれた西ドイツはアメリカの核の傘に頼らざるをえなかった。だがフランスは，アメリカによる世界支配体制（パクス・アメリカーナ）に対して果敢な挑戦を試みた。米，英の核の独占に挑んで独自核武装に踏み切り，NATO では政治同盟にはとどまったものの統合軍事機構からは離脱した。また IMF・ドル体制の打破を狙って金本位制への復帰を

Column ⑤ ディリジスムと産業のマルサス主義，保護主義 ∽∽∽∽∽

つい最近まで，「フランス人は経済に弱い」との定評があったが，これはラテン系民族に共通する。理由の第1は，利潤追求は神の教えに背く，とするカトリックの主張にある。禁欲による利潤追求を賞賛するプロテスタンティズム（マックス・ウエーバーの説）とは，対照的である。利潤追求の背教性と，しかし避けて通れぬ経済活動との間で激しく引き裂かれてしまうフランス人は，この矛盾を国家の介入で切り抜けようとする。利潤追求も国家が主体となれば免罪されよう。フランスでディリジスム（国家主導主義）やエタティスム（国家管理主義）が正当化されるゆえんである。

第2に，「人口増加は，悲惨と失業をもたらす」とのマルサス主義が，戦前のフランス産業界を支配した。経営者は過当競争と過剰生産とを嫌い，変化や拡張を退けた。フランスでは大規模な飢饉や黒死病，戦乱（ユグノー，フロンド，大革命，ナポレオン遠征）による大量死の歴史が豊富であり，人口は生産力に見合うように調節されてきた。

第3に，フランス資本主義の後発性にある。産業革命に成功し，「世界の工場」として君臨するイギリスのすぐ隣で，50年遅れで「離陸」(take off) を急がなくてはならなかった。コルベールは王立マニュファクチュールを設立して産業を育成し，ナポレオンは大陸封鎖令（1806年）を公布して英製品を締め出した。ディリジスムと保護主義とによる，上からの工業化にほかならない。民間の企業活動は育たず，国営企業の比重が高まらざるをえなくなり，保護主義への傾斜が強まった。

画策し，保護主義に傾斜してナショナル・チャンピオンの育成に努めた。他方で，ソ連や中国など社会主義国といち早く国交を結び，アメリカを牽制した。

第3は，EU統合の盟主として，EEC（欧州経済共同体）の結成からEU（欧州連合）への展開を主導した。戦後，米ソの谷間に沈んだヨーロッパの復権を目指して戦略を立て，EU統合の設計図を引いたのがフランスである。

かつて欧州全域を巻き込んだ普仏戦争から第1次, 第2次大戦へ至る3次の戦争は, いずれも独仏間の抗争に端を発している。この再来を防ぐべく, ジャン・モネが「モネ・プラン」を打ち上げた。彼はボルドーのコニャック製造業者の家系に生まれ, 若くから輸出業務に携わり国際感覚を磨いた。後に国際連盟の事務局次長にまで上り詰め, 国際金融界で活躍した。「モネ・プラン」とは, 独仏間を不可逆的・運命的に結びつけ, 欧州各国が互いに主権を放棄・共有することでこれを支える, との独創的なアイディアであった。

この着想を実現したのが仏外相ロベール・シューマンであったが, 彼は仏独間でかつて領土を奪い合ったロレーヌ地方に出自をもち, 両国籍間を行き来して辛酸をなめた。それゆえ, 仏ロレーヌ地方の鉄鉱石と独ルール地方の石炭とを結びつけることで戦後復興に不可欠な鉄鋼生産を可能にし, 欧州各国でこれを共同管理する制度を構想した。

1952年にはフランス, 西ドイツ, イタリア, オランダ, ベルギー, ルクセンブルクの6カ国より成るECSC (欧州石炭鉄鋼共同体) が発足し, モネが初代委員長に就いた。1958年にはこの6カ国により, EURATOM (欧州原子力共同体) とEECとが設立された。こうしてEU統合の盟主となったフランスだが, EUにはフランスの制度, 概念, 慣習が多数導入され, 長い間フランス語が圧倒的な地位を誇ることになった。

EU統合の基礎を築いたのはド・ゴール仏大統領とアデナウアー独首相とのコンビであり, パリ＝ボン枢軸と呼ばれた。1970年代にはジスカールデスタン仏大統領とシュミット独首相とが, EU統合を指揮した。73年と79年に2度のオイル・ショックが勃発して欧州通貨は動揺したが, その安定化のために79年にはEMS (欧州通貨制度) が設立された。80〜90年代にはミッテランとコールの

コンビが，市場統合の創出や EU（欧州連合）への昇格，ユーロ誕生を実現する。90 年代末から，シラク・シュレーダー時代を迎え，2003 年にはアメリカによるイラク戦争への反対で両者は共同戦線を組んだ。20 年にはマクロンとメルケルとが主導し，新型コロナ禍に苦しむ EU へ，とくに南欧諸国や東欧向けに，巨額な欧州復興基金を発足させた。

こうしてパリ゠ボン枢軸によって，EU 統合は以下の 3 点で大きく進展した。第 1 に，EC の「拡大」である。大陸ヨーロッパに距離を置き，主権放棄をためらったイギリスは当初 EEC 加盟を望まなかった。だが EU 統合のめざましい進展を前に，1961 年に加盟申請するが，ド・ゴールはイギリスの加盟がアメリカによる「トロイの木馬」だとして，これを拒否した。69 年に内政対立からド・ゴールが辞任し，親米のポンピドゥーに代わり，73 年にイギリスはアイルランド，デンマークとともに加盟を果たした。この EC の北への拡大に続き，81 年にはギリシャが，86 年にはスペインとポルトガルとが加盟して，EC は南へ拡大し，独裁政権が倒れ，民主化が実現したためである。その後，冷戦終焉を迎えてヨーロッパは動揺するが，ミッテランは早急な EC 東方拡大による再構築を決断した。

第 2 に，EC の「深化」である。1979 年の第 2 次オイル・ショック以降，ヨーロッパはスタグフレーション（停滞とインフレとの同時進行）に苦しみ，「ユーロ・ペシミズム」に陥った。85 年にミッテランによって仏財務相から欧州委員長へと送り込まれたジャック・ドロールが，ユーロ・ペシミズムからの脱却をねらって翌 86 年に，単一欧州議定書（SEA）のとりまとめに成功する。EC 諸国は 92 年末までに合計 260 項目に上る非関税障壁の撤廃に努め，市場統合を実現することになった。その結果，早急な通貨統合が求められたが，マルクの消滅に抵抗するドイツをなだめるべくミッテランは，東西ドイツ再統一の早期承認を決断した。

第3に，EC から EU への昇格である。EU 統合は財政同盟を頂点とする経済統合から，政治統合へ，さらには安全保障の包摂，共同防衛へと進化を続ける。冷戦終焉とドイツ統一とを受けとめるべく，ミッテランは市場統合，通貨統合，政治統合の3統合の同時発進を指揮し，1993年，これがマーストリヒト条約として結実した。

2 競争的ディスインフレ政策の展開
●強いフランを目指して

「実験」の失敗からコアビタシオンへ

フランスの最大の特質は絶対王政以来のディリジスム（国家指導主義）にあるが，「ミッテランの実験」の失敗で，これとは真逆の市場経済化が加速した。1981年，失業率が急騰し，24年ぶりに社会党のミッテランが大統領に就いた。73年のオイル・ショック以降，世界は低成長時代を迎え，79年の第2次オイル・ショックを契機に米・英・日など主要国は小さな政府と規制緩和とによる新自由主義に転換していた。だがミッテランは社会主義イデオロギーに災いされ，時代遅れの大きな政府（ケインズ主義）とディリジスムへの回帰に固執した。公務員給与や社会保障給付を引き上げ，大企業8000社と投資・商業銀行のすべてを国有化し，経済の全面計画化を断行した。だが2年間に3回ものフラン切り下げ（対マルク合計27.5％）に追い込まれ，対外赤字は急騰し，失業率も拡大した。2年で実験は失敗し，ドロール財務相が緊縮政策（ドロール・プラン）への劇的な転換を決めた。

以後，左右を問わず，歴代政権は「競争的ディスインフレ政策」（désinflation compétitive）をマクロ政策として堅持するに至る。インフレ抑止と通貨価値の維持とを最優先させる政策であり，「フランス経済のドイツ化」といっていい。実験は失敗したが，極度の中央集権制と硬直的労使関係にメスが入った。他の西欧諸国ではすでに

戦後改革で実現していた，地方分権化と労働者の権利拡大とが遅ればせながらフランスで実現することを意味した。

1986年の総選挙で社会党が大敗し，ミッテラン大統領の下でゴーリストのシラク首相が誕生した。大統領は軍事・外交を，首相は内政を，それぞれ専管する棲み分けとなり，**保革共存（コアビタシオン：cohabitation）**と呼ばれる。コアビタシオンは大統領任期7年と下院（国民議会）任期5年とのずれから生じたものであり，その後も2回繰り返され，15年間に9年に及んだ。民意の不透明化が著しくなって憲法改正が避けられず，2002年のシラク再選以降，大統領任期は5年に短縮された。

1986年に誕生したシラク新首相は，2年後には大統領選挙を迎える。「競争的ディスインフレ政策」を堅持しつつも，彼は世界の趨勢に遅れまいと，急進的な新自由主義改革を急いだ。民営化や，後に「ミニ・ビッグバン」と呼ばれる金融市場の自由化・国際化，また工業品価格の統制撤廃，解雇事前許可制の廃止，労働時間の柔軟化など，次々と急進改革が断行された。これまでの手厚い国家庇護に浸りきっていた庶民層は，すなわち「基底のフランス」は，深刻な不安を掻き立てられ，88年に迎えた大統領選挙ではシラクに復讐し，ミッテランに「奇跡の復活」を許すことになった。ミッテランはシラクの失敗から学び，以後，改革は封印し，保革間の政策収斂が進んだ。

マクロ政策の4つの柱

「競争的ディスインフレ政策」の柱は4つあった。第1は「強いフラン」(franc fort)である。実験失敗後，ミッテランはEMSへの残留と欧州協調とを受け入れたため，フランのドイツ・マルクへのペッグ（釘付け）が維持されることになる。輸入価格は低下してディスインフレが進む（図9-1）。フランは安定し，以後10年以上切り下げはなく，1999年のユーロ誕生が可能になった。

第2は，賃金上昇の抑制である。ドロールは物価・賃金の4カ

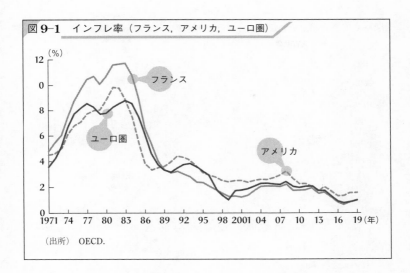

図9-1 インフレ率（フランス，アメリカ，ユーロ圏）

12 (%)

0

8

6

4

2

0

1971 74 77 80 83 86 89 92 95 98 2001 04 07 10 13 16 19(年)

フランス

ユーロ圏

アメリカ

（出所） OECD.

月凍結，物価スライド制の廃止，公的部門での歳出抑制を大胆に進めた。この結果，実質賃金の上昇が生産性の伸びを大きく下回ることになり，1984 年以降，企業収益の回復は著しく，自己金融比率も上昇した（図 9-2）。市場競争が激化して企業競争力の引き上げを迫られたため，民間労組が賃金抑制を受け入れ，争議が激減した。

　第 3 は，財政均衡である。1984 年に GDP 比で 3.6 ％に達した社会保障を含む財政赤字は，その後低下を続けて 90 年には 1.5 ％にまで低下する。90 年代に入ると景気低迷で再び財政赤字は膨らむが，ユーロ誕生が近づき，その参加条件たる「財政赤字を GDP 比3 ％以内」の達成が至上命題になった。95 年冬には，シラク大統領下のジュペ首相が激しいデモやストライキに耐えて，抜本的な社会保障改革，「ジュペ・プラン」を実現した。

　第 4 は，規制緩和である。1985 年以降，歳出抑制と並行して所得税と職業税（事業活動への課税），法人税が引き下げられ，家計と企業の負担軽減がはかられた。価格も自由化され，84 年には金融市場の自由化が始まった。86 年にはシラク首相が国有企業の民営

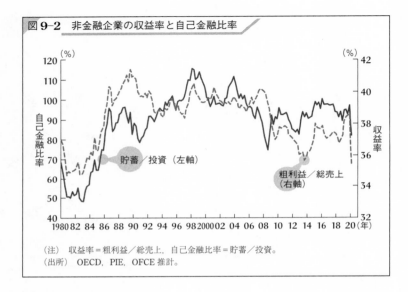

図9-2　非金融企業の収益率と自己金融比率

（注）　収益率＝粗利益／総売上，自己金融比率＝貯蓄／投資。
（出所）　OECD，PIE，OFCE 推計。

化を開始した。

　こうして，競争的ディスインフレ政策の成功でフランスは大きく
変貌した。第1に，成長優先・インフレ容認の国から，欧州一の低
インフレ国に変身した（図9-1）。第2に，フランの対マルク相場
は安定を続け，利子率ではドイツを下回る「異変」さえ生じた。第
3に，企業収益が回復して第1次オイル・ショック以前の水準に戻
り（図9-2），投資も活発化した。第4に，企業競争力が強化され
たため，貿易黒字は 1992 年から 2005 年まで 10 年以上も継続した
（図9-3）。

フランス経済のヨーロ
ッパ化

　EU 統合の進展と競争的ディスインフレ政
策の堅持とで，フランス経済の開放も進ん
だ。輸出は 1960 年代に対 GDP 比で平均
14 ％以下であったが，その後急速に伸びて 2018 年には 32 ％に達し，
貿易収支は 1992 年以降 10 年間以上黒字を続けた（図9-3）。この
結果，以下の3点が明確化した。

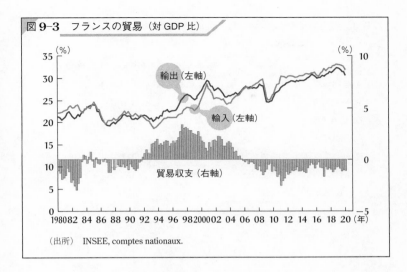

図9-3 フランスの貿易（対GDP比）

（出所）　INSEE, comptes nationaux.

　第1は貿易のヨーロッパ化である。輸出先では1950年に旧植民地市場の比重は，西アフリカ中心のフラン圏向けとアルジェリア，チュニジア，モロッコの北アフリカ向けとで4割近くに上った。EC（欧州共同体）の発足で逆転し，66年には欧州大陸向け輸出が倍増して42％に達し，旧植民地国向けは37％から14％へと激減した。フランス輸出入の域内依存度は88年にそれぞれ61.6％と56.4％だったが，95年には68.5％，63.0％へ増大した。その後，低下に転じ，2018年に57.9％，59.5％になった。

　第2に，金融市場の自由化と国有企業の民営化とである。ミッテランの実験失敗でフラン切り下げと経済停滞とに見舞われ，国債の大量発行が不可避になった。フランスは戦後，健全財政を旨としてきて，金融市場は未発達であった。だがこれまでの手厚い制度金融を受けられなくなった企業は，市場からの資金調達を急がざるをえない。ロンドンは1986年に大規模な金融制度改革，「金融ビッグバン」を開始するが，パリではすでにその2年前，84年には証券市場の包括的自由化・国際化が始まり，「ミニ・ビッグバン」と呼ば

表9-1　企業の資金調達

（単位：10 億 ECU）

	1980 年	1990 年	2000 年
A. 自己金融	28.2	97.6	126.7
B. 株式発行	7.9	33.7	113.7
C. 社債発行	2.6	15.1	42.7
D. 銀行借入	18.1	56	60
E. 外部金融合計（B＋C＋D）	28.6	104.8	216.4
銀行借入比率（%）（D/E）	63.0	55.0	28.0
株式調達率（%）（B/E）	28.0	31.0	52.5

（注）　A：内部貯蓄＋投資援助＋その他資本移転
　　　　B：金融市場証書と社債
（出所）　*L'état de la France*［2005］p. 201.

れた。企業の資金調達は，間接金融（銀行融資）から直接金融（株式や社債の発行）へと急速にシフトした（表9-1）。

　1986 年にシラク首相が民営化を開始すると，「ミニ・ビッグバン」がこの受け皿となった。社会党政権下を含めて以後 20 年にわたって，4 次にわたる大規模な民営化が進められた。欧米の年金ファンドなど外資の参入が相次ぎ，2003 年の上場大企業 40 社（CAC 40）の外資比率は平均 44 ％にまで達した。アメリカ 7 ％，日本・ドイツ 10 ％，イギリス 16 ％を大きく引き離した。金融，保険，自動車，食品，コスメティック，ブランド製品の分野で，多数の仏企業が多国籍化し，今や世界を舞台に活躍する。

　そして第 3 に，1980 年代後半の EU 競争政策がもたらした衝撃であり，伝統的ディリジスムからの脱却が迫られた。国家介入の阻止，公的独占の規制，保護主義への制裁が加速し，フランス・ビジネス文化は急変した。巨大国有銀行，クレディ・リヨネが巨額不良債権を抱えて倒産に瀕したとき，欧州委員会は公的資金の注入を断固拒否し，民営化に追い込んだ。「競争政策がフランス資本主義の

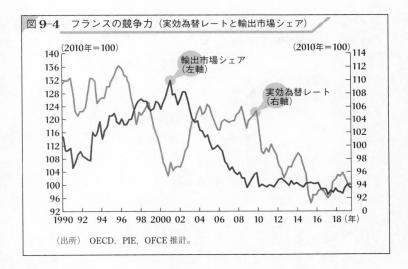

図9-4　フランスの競争力（実効為替レートと輸出市場シェア）

（2010年＝100）　　　　　　　　　　　　　　　　　　（2010年＝100）

輸出市場シェア（左軸）

実効為替レート（右軸）

（出所）　OECD, PIE, OFCE 推計.

モデルを一変させた」（ミエルト EU 競争委員）のである。

　1997～2001 年の 5 年近くヨーロッパは好況に恵まれ，92～04 年にフランスは貿易黒字を達成し（図9-3），内需の急騰でスペインに次ぐ活況を呈した。90 年代前半にはこれまで繰り延べられてきた投資が再開され，ディスインフレと賃上げ抑制とでドイツやイギリス，アメリカに比して価格と労働コストで競争力を改善させた。失業者は 313 万人から 283 万人へ減少した。

　2001 年以降，アメリカが ICT バブル崩壊で不況入りすると，フランスは実効為替レートの上昇に苦しめられた（図9-4）。03 年以降は，労働市場改革で劇的にコスト削減に成功したドイツとの間で競争力格差が急拡大した。ユーロ誕生後，南欧諸国（GIIPS）は消費・不動産ブームに沸いたが，やがてバブルは弾け，08～09 年には金融危機とユーロ危機に直撃される。フランスの貿易は一方でドイツ市場を締め出され，他方で南欧市場の疲弊で打撃を受け，輸出市場シェアは 03 年以降一貫して低下を続けた（図9-4）。

3 サルコジからオランド，マクロンへ

●フランス社会モデルの将来

サルコジのアングロ・
サクソン流改革

2005 年の晩秋，パリの郊外団地で警官の暴行に怒った移民の子弟が，駐車する自動車の焼き討ちの挙に出た。またたく間に全国 200 カ所に波及し，3 週間にわたって燃え盛った。戦後フランスは，手厚い社会保障と強力な雇用保護によるフランス社会モデルを誇ってきた。だが失業と社会的排除とに直撃される移民の子弟は，絶望的反抗に走る。

フランス社会モデルは 3 つの危機に直面した。第 1 に，シニア層で労働力率（生産労働人口に占める就業者＋失業者の比率）が極端に下がった。ミッテランが失業対策の目玉に据えた早期退職制度がその元凶であり，1985 年から 2011 年に 65 歳以上の男性労働力率は 4.2 から 2.8 ％に低下した。日本も 37.0 から 28.4 ％へ下がったが，アメリカでは逆に 15.8 から 22.8 ％へ，イギリスも 8.5 から 13.1 ％へ，ドイツも 5.1 から 6.7 ％へ増大していた。就業率は 2000 年代初めに上昇をみたものの，国際比較ではなおきわめて低い（図 9-5）。労働力供給が制約され，年金財政は悪化する。

第 2 に，雇用の不安定化である。「フランスでは毎日 3 万人の雇用が生まれるが，大半は有期雇用契約であり，毎日 3 万人の退職者が出る。先進国で雇用不安がもっとも激しい国といえる」（政府報告）。

第 3 に，労働時間短縮が労働者の分断を加速する。ジョスパン社会党内閣により，2000〜02 年に週 35 時間労働法が導入された。雇用を確保できた豊かな労働者はさらなるバカンスを楽しめるが，失業者には関係なく，貧しい時間給労働者には，大幅賃金カットが待ち受ける。

2007 年の大統領選挙で，危機に瀕した「社会モデル」の救出を

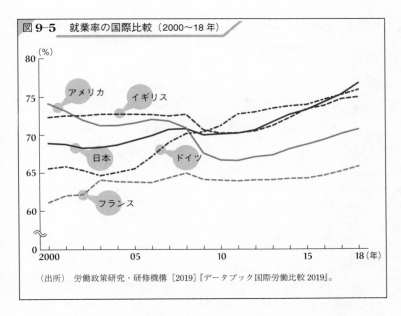

図9-5　就業率の国際比較（2000〜18年）

80 (%)

75

アメリカ　イギリス

70

日本　ドイツ

65

フランス

60

0
2000　　　05　　　　10　　　　15　　　18 (年)

（出所）　労働政策研究・研修機構［2019］『データブック国際労働比較2019』。

訴えて，サルコジが勝利した。彼は「68年5月」がもたらした「労働蔑視」から決別し，「長く働き，多く稼ごう」と呼びかけた。国家財政の肥大化（図9-6）を変えるには，「国家庇護への依存」から決別し，アングロ・サクソン流の「自己責任によるリスク選択」に転換すべきだ，と訴えた。大統領就任後，矢継ぎ早に改革を進め，08年には第5共和政憲法の過半を書き換えた。成長加速の改革，規制緩和（価格交渉の自由化，大店法の緩和，大学への自主権付与）と公務員の削減，労働市場の近代化（週35時間制の柔軟化，労働組合の特権見直し，ストライキ時のミニマム・サービスの保障）などが次々と実現した。年金改革では10年秋に，引退年齢を60歳から62歳へ引き上げ，満額受給年齢を65歳から67歳へ延長させた。大学外のエリート養成の高等教育機関，グランゼコールについては，移民や労働者階級の子弟への割当て入学を認め，アメリカ流積極的格差是正措置（affirmative action）の初の導入に踏み切った。サルコジス

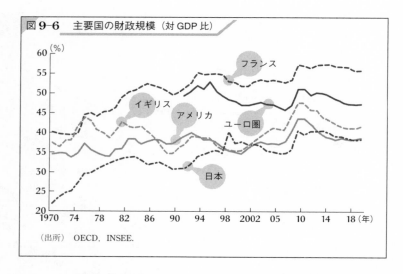

図9-6　主要国の財政規模（対GDP比）

（出所）　OECD, INSEE.

ムとは「自助努力と競争」という右派のイデオロギーを掲げて，
「結果の平等」という左派の目的を達成しようとする，稀有な試み
といえる。

ジャコバン社会主義か
ら親EU・プロビジネ
ス政策へ

ユーロ危機に直撃されて，サルコジは緊縮
策への転換に追い込まれた。2012年の大
統領選挙では，社会党のオランドが反緊縮
と金持ち憎悪，企業敵視を訴えて，17年ぶりに大統領の座を右派
から奪い返した。オランドはバラマキ政策（各種手当の引き上げ，
教員など公務員増員，社会住宅建設，62歳への年金受給年齢引き上げの
一部撤回）を展開する一方，ジャコバン社会主義を鮮明にした。時限
立法ながら高額所得者へは75％に達する制裁的課税（富裕税が加わ
り85％）を突きつけ，キャピタルゲイン（資産の値上り益）課税の
倍増を発表した（32％から60％へ。イギリス28％，ドイツ26％）。
若き起業家が増税に怒り，フェイスブックやツイッターを駆使して
自称「ピジョン（カモの意）の反乱」に決起し，共産党さえ反旗を
翻した。増税は見送られたものの，ロンドン，ブリュッセル，カリ

フォルニアを目指して，若きビジネスパーソンの頭脳流出が止まらず，学卒者の海外移住は，3割に達した。経済はガタガタになり，大企業では工場閉鎖が続き，失業率は10％を超えた。オランド支持率は，史上最低の13％にまで急落した。

2017年4月に大統領選挙を迎えたが，不人気のオランドは再選断念に追い込まれ，社会党からは無名の極左活動家アモンが出て敗北への道をひた走った。共和党からは元首相のカトリック原理主義者が名乗りを上げたが，秘書手当の偽装が暴かれ，左右2大政党の候補がともに失速した。すっぽり空いた中道空間を，「右でも左でもない」，39歳の新人エマニュエル・マクロンが彗星のように現れて票を根こそぎさらった。高級官僚出身でロスチャイルド投資銀行の経営者に転じたマクロンは，オランド内閣で経済デジタル相に抜擢されたものの，政治経験は一切ない。親EUの「共和国前進」（LRM）を急遽立ち上げ，徒手空拳で選挙に挑んだ。決戦ではフランス・ファーストを叫び，ユーロ離脱でぶれまくった女性極右候補，マリーヌ・ルペンを大差で下した。

2010年暮れから中東では，民主化を求める「アラブの春」が始まった。やがて各地で紛争が噴出し，難民・移民の群れがヨーロッパに押し寄せる。15年に，メルケル独首相による難民受け入れ発言を引き金に，100万人を超える難民・移民がドイツ，東欧，ヨーロッパ各国を襲った。各地で極右ポピュリストが，反移民，反テロ，さらには反EUを掲げて勢力を伸ばした。

2017年，フランスでマクロンが大統領選で勝利すると，ヨーロッパ各地で極右ポピュリストは失速し，彼はヨーロッパの救世主とまで称えられた。マクロン与党，「共和国前進」は総選挙でも大勝し，フレキシキュリティ（労働市場柔軟化＋雇用保護）を中核とするスカンジナビア型社会モデルの本格展開に挑んだ。失業・医療保険の改革や細分化した年金制度の一本化，公務員12万人の削減などを進めて原資を生み出し，大型減税，EU防衛力強化基金，エネル

ギー・デジタル単一市場，職業訓練の拡充に当てる構えである。先導役が，すでに成立させた労働市場改革であり，国民の支持は6割を超えた。マクロンは「ヨーロッパ・プロジェクト」を掲げる唯一の西欧指導者といえるが，目標は，ユーロ圏改革と経済政策の成長モードへの転換である。

防衛協力についても，EU唯一の核保有国で国連安保理事会常任理事国たる，フランスの果たす役割は大きい。ブレグジット（英のEU離脱）とトランプ大統領の誕生とを受けて，2019年11月，マクロンは「NATOは脳死状態だ」と断言した。NATOは機能不全で，アメリカは頼りにならない。ヨーロッパは「戦略的自立」を急がなければならないと主張し，フランスがEU議長国に就く22年前半までに結論を得たいとする。

2021年4月，EUは，日米と呼応して中国を睨んだ「インド太平洋戦略」を策定した。フランスはインド洋にはレユニオン，南太平洋にはニューカレドニアなどの海外領土を有し，数千名の兵力と少なからぬ艦船，航空機を駐留させている。21年に入るとフリゲート艦を日本近海に送り日米と共同訓練し，水陸両用艦の派遣で離島防衛の演習を実施した。英，独も，極東への艦船派遣を行った。

マクロンの内外での活躍はめざましいが，その「エリート臭」や「金持ち優遇」，傲慢さへの大衆の反発は小さくない。2018年秋には，「黄色のベスト」（救命胴着）をまとった地方のワーキング・プア（低所得者）による反乱が勃発し，7カ月間続いた（黄色いベスト運動）。土曜日ごとに集まり，パリや地方都市のロータリーを占拠して反政府デモを展開した。商店や銀行などの略奪放火を繰り返し，警官，憲兵への暴行事件も頻発した。きっかけはマクロンが環境保護を理由に，燃料税の大幅引き上げと車の速度制限とに踏み切ったことにあり，車が不可欠な地方の低所得者層が直撃された。激しい抵抗を前にマクロンは，直ちに増税の撤廃，最低賃金の引き上げ，各種手当の支給などを約束し，「国民討論会」を全国展開してワーキン

グ・プアの不満に耳を傾けた。他方でマクロンは，厳しい治安維持法を制定して暴徒鎮圧に躊躇しなかった。

2020年2月以降，フランスでも新型コロナ禍が急拡大した。経済の維持にこだわったマクロンは，当初，専門家の意見を聞かず，マスク，検査，ワクチンなどで後手に回った。00年にWHO（世界保健機関）から「世界で最も優れている」とのお墨付きを得ていた仏医療体制だったが，長年の緊縮財政の結果，実態は医療崩壊の瀬戸際にあった。マクロンは外出禁止令の発出と学校閉鎖とに舵を切り，テレビ演説で「ウイルスとの闘いは戦争だ」と繰り返した。だが科学的根拠が乏しい主張と，上から目線とで不評を買った。

2022年の次期大統領選挙が迫る21年5月，地域圏選挙が行われ，与党「共和国前進」が大敗した。ルペンの党も大きく票を減らし，替わって17年の大統領選で失速した社会党と共和党とが勝利した。与党は地方基盤が弱く，新型コロナ禍対策の失敗やマクロンの傲慢さが嫌われたためである。マクロンがルペンを意識して，治安対策やイスラム過激派へ厳しい姿勢を強めた結果，中道や左派の離反を招いた。

他方，ルペンが2017年の大統領選でマクロンに大差で敗れた際に，フロン・ナショナル（FN）は解党の危機に見舞われた。彼女は現実路線に舵を切る決断をし，「脱悪魔化」による極右のイメージチェンジを加速させてきた。反ユダヤ主義の暴言を繰り返す父親，前党首のジャンマリー・ルペンを党から追放する一方，党名を「国民連合」（AN）へ改称した。思い切った雇用政策を訴えて青年・学生層の取り込みを狙い，最近5年間で，若者の支持率は18％から29％へと急騰した。

2022年4月に迎える大統領選挙で，マクロンとの決戦に臨む候補は混沌としている。とりわけテロ勃発や治安の悪化で，秩序維持を重視する中道右派や極右の候補への有権者の支持が急速に高まり，左翼は振るわない。マクロンは強硬な反テロ，反移民に舵を切り，

防戦に努めているが，ルペンの「脱悪魔化」戦略も修正を迫られる。

演習問題 *seminar*

1 ディリジスムの見直しが必要となったのは，なぜだろうか。

2 競争的ディスインフレ政策について，まとめてみよう。

3 ポスト冷戦に際して，フランスはどのような姿勢をとったのか。

4 サルコジのアングロ・サクソン流改革の意義は何か。議論してみよう。

5 マクロン登場によって，戦後続いた左右対立の政治構造は，大きく変わるのだろうか。

■ ■ □ **参考文献** □ ■ □ ■ ■ ■ ■ ■ ■ ■ ■ ■

長部重康［1995］『変貌するフランス──ミッテランからシラクへ』中央公論社

長部重康［2006］『現代フランスの病理解剖』山川出版社

長部重康［2018］「新たな仏独関係の構築でよみがえる EU」国際貿易投資研究所（ITI）http://www.iti.or.jp

長部重康［2018］「マクロン改革はフランスとヨーロッパを変えるか」『世界経済評論』1・2月号

長部重康編［1983］『現代フランス経済論──歴史・現状・改革』有斐閣

長部重康編著［2016］『日・EU 経済連携協定が意味するものは何か──新たなメガ FTA への挑戦と課題』ミネルヴァ書房

柴田三千雄・樺山紘一・福井憲彦編［1995］『フランス史 3　19 世紀なかば〜現在』（世界歴史大系），山川出版社

藤井良治・塩野谷祐一編［1999］『先進諸国の社会保障 6　フランス』東京大学出版会

ドイツの EU 主導の意義と限界

●**本章のサマリー**

　ドイツは第 2 次大戦末期に米ソ両国に挟撃されて敗戦に至り, 東西に分割された。資本主義の西ドイツは EC 統合を推進し, 開放的な市場経済と福祉国家を打ち立てた。ドイツ・マルクは EU 通貨協力の支柱だった。社会主義東ドイツは 1990 年崩壊し, ドイツは再統一された。コール首相 (当時) はマルク放棄を受け入れ, EU 通貨統合は実現した。東ドイツ併合の重荷でドイツ経済は約 10 年間低迷したが, その後 EU 最強の経済へと復活し, リーマン・ユーロ両危機の中で輸出を伸ばし「独り勝ち」となった。

　メルケル政権は 2005 年から 16 年続き, 経済は繁栄し国内政治は安定した。ユーロ危機でドイツは EU の「盟主」となって危機を沈静化したが, 他方でドイツ主導の財政緊縮を南欧に押しつけ, EU に南北対立をもたらした。メルケル首相の難民大量受け入れはドイツと EU に混乱をもたらした。メルケル首相は 20 年「復興基金」をマクロン大統領と共同提案し, EU 統合は気候変動をバネに活性化した。国内では難民大量流入を機に極右政党 AfD が伸びた。21 年の連邦議会選挙により, ポスト・メルケル時代を SPD 中軸の 3 党連立政権が担うことになった。ドイツの若者は気候変動へ政治意識を高めており, グリーン化を進める EU でのドイツの役割が高まると期待される。

KEY WORDS

本章で学ぶキーワード

西ドイツ　ドイツ・マルク　社会的市場経済　ドイツ連邦銀行　メイン・バンク制　ライン型資本主義　ドイツ再統一　シュレーダー改革　安定・成長協定　大連立　ドイツの独り勝ち　ユーロ危機　メルケル政権　AfD　ボン＝パリ枢軸　EMS　EU 復興基金　グリーン党　ポスト・メルケル

1 ドイツの経済と政治の特徴

●安定を志向する伝統尊重の社会

現代ドイツの概要　ドイツは 20 世紀に，ドイツ帝国，ワイマール共和国，ファシスト国家，そして東西ドイツ分割という 4 つの国体を経験し，1990 年のドイツ再統一に至った。大波乱の 20 世紀を経て今日がある。

ファシスト国家は第 2 次大戦に敗れ，西部は米英仏に，東部はソ連に，また首都ベルリンはそれら戦勝 4 カ国に分割占領された。1949 年，西部は資本主義のドイツ連邦共和国（西ドイツ），東部は社会主義のドイツ民主共和国（東ドイツ）を建国した。西ドイツはライン河沿いの小都市ボンを首都とし，ECSC 時代から EU 統合を主導し近隣市場を獲得して，開放的な資本主義体制を発展させた。90 年までに世界最大の輸出国，西欧随一の経済となり，ドイツ・マルクは世界でもっとも安定した通貨になった。

東ドイツは社会主義の下で旧プロシャ地域の大地主制を解体して土地を国有化し，計画経済の「東欧の優等生」となったが，ヨーロッパ共産主義崩壊の中で瓦解し，その 5 つの州を西ドイツが吸収合併して 1990 年ドイツ再統一がなった。ドイツ東部は直ちに EC に編入，ベルリンはドイツの主権下に移され，ドイツは戦後初めて完全主権を獲得した。91 年連邦議会で 2000 年までの首都移転（ベルリンへ）が決まった。

東欧諸国の EU 加盟によってドイツは EU 中心に位置する大国となった。35 万平方キロの国土は EU 第 4 位，人口・経済規模は EU 最大，2019 年の人口は 8309 万人（EU 27 の 18.5 ％）である。GDP は 19 年に 3 兆 4490 億ユーロ，EU 27 の 25 ％，ユーロ圏 19 カ国の 29 ％を占める。人口のほとんどはゲルマン人，宗教は新教徒が北部，ローマ・カトリックが中南部を中心に，それぞれ全人口の約 30 ％

を占める。第2次大戦の敗戦で居住国を追われ，西ドイツに流入したゲルマン人の割合は高い。在住外国人（20〜60歳）は741万人（19年），その55％は1960年代以降労働者として流入したトルコ人とその末裔でありシェアが高い。2010年代には，イスラム圏から，そして東欧諸国から，移民・難民が流入した。

| ドイツの政党と政権 | 西ドイツおよび統一ドイツにおける2大政

党は保守系のCDU/CSU（キリスト教民主同盟／社会同盟），労働組合を基盤とする中道左派のドイツ社会民主党（SPD）である。経済自由主義を掲げる自由民主党（FDP）との3党時代が長く続いたが，20世紀末から多党化が進み，環境保護派のグリーン党（緑の党），左派党（旧東ドイツの共産党系とSPD左派の離党者が2005年に結成し07年統一），2013年には極右ポピュリスト政党AfD（ドイツのための選択肢）が創設され，6党が並立している。

　戦後はCDU/CSUがFDPとの連立政権を1966年まで維持，66年不況により2大政党の「大連立」政権，69年からSPD・FDP連立政権が82年まで続いた。82年，コール首相率いるCDU/CSUがFDPと連立して98年まで16年余り長期政権を維持し，ミッテラン仏大統領と協力してユーロ導入を主導した。98年にSPDとグリーン党が連立しシュレーダー首相の「赤緑政権」，2005年から21年までアンゲラ・メルケル首相がCDU/CSUを率いて，FDPと1期，SPDと3期の連立政権を組み，長期政権を維持した。

　1982年からの約40年間に首相は3人，国民はいったん選ぶとその首相に長期間国政を委ねる。同じ期間に日本では約20人も首相が交代した。経済実績も対照的である。メルケル時代，ドイツの多くの経済指標は一貫して改善した（新型コロナ禍の20年を避けて2005年と19年を比較）。国民1人当たりGDPは3万ユーロ弱から4万ユーロ強へ，税収は4500億ユーロから8000億ユーロへ増大し，失業者数は約500万人から220万人へ減少した。その時期に日本は，

国民 1 人当たり GDP が 417 万円から 429 万円と，ほとんど増えていない。EU の友邦に囲まれたドイツと，中国・韓国・北朝鮮・ロシアという緊張をはらんだ周辺国との関係にある日本，という対照性も際立つ。

社会的市場経済と物価
安定の重視

西ドイツは**社会的市場経済**の経済政策思想を採用した。1940〜50 年代にレプケ，オイケンなどの経済学者，ミュラー−アルマック，エアハルトなど CDU 系の政治家によって唱道されたその思想の基本は，国家は市場競争が十全に機能する経済秩序を創出する（「秩序政策」。反独占政策など市場の順調な機能を実現する諸政策）とともに，他方で市場がもたらす社会的リスク（失業，貧困など）に対して国民に安全を保障する「社会的国家」（Sozialstaat；social state）の創設を強調する。社会的市場経済の主張は秩序を強調するので，「Ordo 自由主義」といわれる（Ordo はラテン語で秩序）。その自由主義の主張は米英両国の新自由主義と同種の市場至上主義である。

第 1 次大戦後にドイツを襲った戦前比 1 兆倍もの超インフレによる中産階級の没落を強く意識し，インフレは投資や経済取引を攪乱して市場経済を危機に陥らせるとし，物価安定こそが社会安定の基盤だと考える。物価安定は西ドイツの国民の総意だった。インフレ抑制の均衡財政を強く主張し，ケインズ学派に対立する。

リスボン条約の EU 条約は第 3 条で，EU は「競争力の高い社会的市場」を基盤の 1 つとしてヨーロッパの持続的発展のために活動すると規定し，社会的市場経済の思想を採択した。ただそこでは，完全雇用と社会的進歩を目指すと強調されており，ドイツ流より豊富化されている。

物価安定を任務とする**ドイツ連邦銀行**は政府からの独立性を法律によって保証され，「第 2 の政府」といわれるほど国民の厚い信頼を受けていた。ドイツのこの伝統を引き継いで，物価安定は ECB

（欧州中央銀行）の至高の政策目標となっている。

　だが，2010 年代には低い物価上昇率が続き，物価安定を強調する意義が低下してしまった。ドイツでも気候変動，所得格差是正，デジタル化など新しい課題が重みを増している。

輸出依存の経済成長

　ドイツの輸出の主役は伝統的に，自動車（部品を含む），一般機械（産業用など），電気・電子・光学機器，化学品（医薬品を含む）の 4 項目であり，それだけで輸出の過半を占める。機能別に分けると，投資財（輸入国で設備投資に充てられる）が輸出総額の 45 ％程度，消費財（耐久消費財と非耐久消費財）が 15 ％超，中間財が約 30 ％である。

　中間財は完成品になる前の部品や半製品である。ドイツ企業は 1980 年代の単一市場統合の時期にスペインやポルトガルを含めて EU にサプライ・チェーンを展開し，90 年台半ば以降に新興諸国にサプライ・チェーンを構築していった（自社工場，子会社，取引先企業などの構築と取引の連関〔chain〕の形成）。ドイツとの間で濃密な貿易取引が行われている。とくに重要なサプライ・チェーンはチェコ，ポーランド，ハンガリー，スロバキアの中欧 4 カ国（ヴィシェグラード 4：V4）と中国である。ドイツは双方と自動車・同部品，電気機械類などを貿易しているが，V4 も中国からさまざまな部品を輸入し，加工してドイツに輸出する三角形のサプライ・チェーンが形成されている。中国の加工能力が高まるにつれて，V4 およびドイツ国内企業との部品・中間財部門での競争が熾烈化している。

　ドイツの商品輸出に占める中国・ロシア・トルコなど新興国のシェアが急上昇し，EU 域内でも中・東欧諸国（主として近隣の V4）が伸びた。EU のシェアは 2007～09 年平均の 64 ％から 13 年 57 ％に低下した。1990 年代にドイツ大企業はヨーロッパでの売上シェアが圧倒的だったが，21 世紀に多くが世界企業へ脱皮した。

　ドイツ企業はグローバル・サプライ・チェーン（GSC）との間で巨額の部品・中間財を輸出しまた輸入する。たとえば，イギリスと

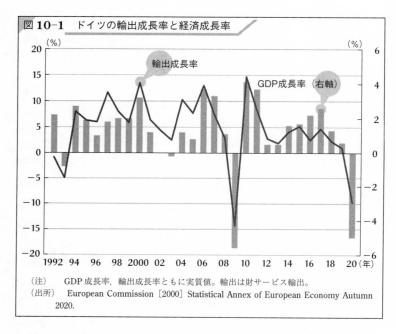

図 **10-1** ドイツの輸出成長率と経済成長率

(注) GDP 成長率，輸出成長率ともに実質値。輸出は財サービス輸出。
(出所) European Commission［2000］Statistical Annex of European Economy Autumn 2020.

の間で乗用車エンジンを完成させるまでにドイツとイギリスなどとの間を半製品が幾度も行き来する。したがって，GDP に占める輸出入のシェアは非常に高くなる。商品・サービス輸出がドイツGDP に占めるシェアは，2001 年の 34.8 ％から 17 年 47 ％へ急激に高まった。同じ 17 年にフランス，イタリアは 31 ％だったから，ドイツのグローバル・サプライ・チェーン取引の活発さが群を抜いていることがわかる。

ドイツは EU 諸国などへ投資財（資本財）を供給するので，EUの景気が上昇し設備投資が増えると，ドイツの対 EU 輸出が伸び，EU の好況を後追いして景気が盛り上がる。これは西ドイツ時代のパターンだが，輸出が好況を牽引するパターンは 2010 年代半ばまで持続した。その後，純輸出（輸出－輸入）はもはや経済成長を牽引せず，2010 年代後半には内需主導成長の色彩が強まった（図 10-

1）。経常収支は 15・16 年に GDP 比 8.7 ％の大幅な黒字となったが，10 年代末は 6 ％台に低下した。異例の高さである。

<table>
<tr><td>ドイツ企業構造の特徴
──メイン・バンク制
と中小企業</td></tr>
</table>

ドイツでは大企業から中小企業まで銀行からの資金借入依存度が高い。銀行は企業経営に深く関わり，経営関連の情報を提供し，経営にアドバイスを行う。「メイン・バンク制」である。

ドイツの銀行は 2 種類に分かれる。第 1 はあらゆる金融業務（預金・貸付，証券業務など）を担当する「ユニバーサル・バンク」で，商業銀行（都市銀行，地方銀行），貯蓄銀行，信用協同組合などが該当する。第 2 は専門金融機関で，不動産信用機関，特別目的銀行である。

ドイツでは中小企業の役割が大きい。ミッテルシュタント（Mittelstand）と呼ばれ，標準的には，従業員 249 人以下・年間売上高 5000 万ユーロ以下の企業を指す。家族経営も多く，従業員も地元の住民が多い。不況期にはワークシェアリングで解雇を回避するなど，労使の連帯意識が強い。20 世紀の世界大戦で 2 度敗れたドイツでは伝統的な大金持家計は消滅し，代わりに，ハンブルク，ミュンヘン，フランクフルトのような豊かな大都市や成功している何百という中小都市においてミッテルシュタント（中産階級という意味もある）が上位 10 ％の資産家に位置する。工場など生産設備は税制上も優遇され，資産家家計を引き継ぐ。まったく資産をもたない底辺家計（総家計数の約 40 ％）の対極に位置している。ドイツ社会の安定と保守性の基盤の 1 つである。2010 年代半ば，ドイツの企業数約 250 万社のうち 99 ％以上がミッテルシュタントで，付加価値生産額の約半分，従業員の約 60 ％を雇用していた。建設業・卸小売業など非製造業でとくにシェアが高い。

ドイツの輸出主要部門のうち，自動車，化学，電気・電子機器の 3 部門では，フォルクスワーゲン，BMW，ダイムラーベンツ，BASF，シーメンスなど大企業の役割が大きいが，それら大企業に

原材料，部品などを供給する下請けや機械部門，さらに消費財部門の多くで，ミッテルシュタントが貢献する。また，ドイツ工業の高品質を支えるマイスター制度の徒弟訓練の大部分を引き受け，若年労働者のスキル向上にも大きな役割を果たしている。

中国は最近，質の高い経済発展をはかるためにこうしたドイツの手法を学ぼうとしている。

| ライン型資本主義 | 企業は利害関係者（stakeholder）全体，つまり経営者・株主だけでなく，従業員の利害をも重視し，終身雇用，小さい賃金格差，従業員との協議による経営などを特徴とする。格差の小ささが共同体意識を生み，社会は安定する。**ライン型資本主義**といわれ，アングロ・サクソン型資本主義と対比される。

ドイツの株式会社には監査役会が置かれ，経営者＝取締役会を監視する。監査役会には株主側と労働組合から半数ずつの代表が会社の最重要方針を意思決定し，取締役会とともに企業戦略を決定する（第6章参照）。1976年の共同決定法による。このように，労働組合は経営方針にも重要な役割を果たす。ライン型の特徴の1つである。

アングロ・サクソン資本主義は1980年代から金融市場依存型（「マネー資本主義」）を強めた。企業は主として証券市場で株式や社債を発行して資金を調達する。株主（shareholder）の価値を最上位に置き，経営者は株価を最重要視する。企業業績が悪化すると，最後に雇用された者から順にレイオフされ，失業する。

1980年代，当時ライン型とされていた日独両国の国際競争力が強くなり，ライン型が高く評価されたが，90年代には，日本はバブル崩壊から「失われた10年」，ドイツも再統一から経済停滞に陥った。対照的にICT（情報通信技術）革命を巧みに取り入れたアメリカ，金融立国イギリスの勢いが強まって，「マネー資本主義」がライン型を圧倒，日独両国もアメリカ型の新自由主義に追随する流れになった。正社員の減少と非正規・一時雇用という不安定な就業

形態が急速に増大した。ドイツの大企業は工場を中・東欧に移すと脅して労働組合に賃金や労働条件の引き下げを呑ませた。労働組合と経営者団体の間で交渉・締結されてきた産業別包括協定の地位も徐々に低下し、企業ベースの賃金交渉が増えた。

だが、マネー資本主義は2008・09年のリーマン危機により自己崩壊した。その時ドイツでは機械製造部門などで中小企業を含めてワークシェアリングが実施された。労働時間を短縮して雇用を維持し、減少した賃金の3分の2を政府が補償した（シュレーダー改革で法律化）。職は守られ、危機後の新興国への輸出急増に素早く対応できた。ライン型の伝統の成果といえる。

共同決定法制定の時期には製造業を中核とする第2次産業が雇用の約50％を維持していたが、2010年には25％に低下し、サービス産業の雇用が75％に増えた（第1次産業は1％）。今日でも製造大企業では共同決定法がまだ有効に機能しているという意見もあるが、評価は分かれる。サービス産業では労働組合の形成は困難が伴い、製造業でも東部ドイツでは労働協約もなく、労働組合も弱い。労働者の間で賃金格差が開き、また資産家と労働者の所得格差も米英両国ほどではないが、拡大した。

これに対して、大連立の左派SPDの提案にCDU/CSUが譲歩し、ドイツ政府は2013年に全国一律の最低賃金制度を導入した。当初の時給8.5ユーロはフランスやベルギーより低かった。17年に8.84ユーロ（130円換算で1150円）に引き上げられた。

2 ドイツ再統一・「失われた10年」から「独り勝ち」へ
●再統一のもたらした困難の克服

ドイツ再統一──通貨統一と東部ドイツ経済

ドイツ再統一は「対等合併」ではなく、西ドイツによる旧東ドイツ諸州の併合である（基本法第23条による）。1990年7月にすべ

て西ドイツの制度で統一された。1871年のドイツ統一は君主制で封建主義のプロシャ（プロイセン）が民主主義的伝統の強いライン河西岸地域を合わせて統一したが，1990年はその逆の形になった。

　社会主義東ドイツの国有企業は民営化，通貨は直ちにドイツ・マルクに統一，西ドイツの社会保障制度が東ドイツに移転された。東ドイツのエリートが西ドイツ人に置き換えられる「エリート交替」が起きた。東ドイツの失業者は激増，1998年2月には失業率はピークの19％となった。通貨統一により東ドイツ製品は競争力を失い，工業生産は激減した。経済力では1ドイツ・マルク＝4東マルク程度の交換率が合理的だったが，そうなると東西の賃金水準格差が4〜5倍に開き，東から西への大量移民の可能性がある。そこで，賃金や年金は1対1で交換したので，東ドイツは300％の為替平価切り上げを行ったのと同じ状況に陥ったのである。

　ドイツ政府は巨額の財政資金を東ドイツの復興につぎ込み，道路，鉄道，空港，通信設備などインフラストラクチャーや企業設備を更新し，住宅を建設し，失業手当・老齢年金，職業訓練費を支出した。1991〜2009年の資金移転の総額は，ネット額で約1兆5000億ユーロ（約200兆円），西の市民は連帯税も負担した。2000年代半ばには西ドイツのGDPの4％超が移転され，東ドイツの国内総生産にその3分の1の額を追加した。輸入は増大し，ドイツの経常収支は統一後10年間赤字を続けた。生活面での東西の格差は今日小さくなったが，東の賃金水準は西のほぼ4分の3，若者を中心に人の流出が続き，感情面の東西対立も続く。

| 「失われた10年」とシュレーダー政権の挑戦 |

再統一により低成長・インフレ・経常収支赤字の経済へ暗転したドイツは，2005年までのほぼ10年間，「ヨーロッパの病人」と呼ばれた。この「失われた10年」は，東ドイツ経済の崩壊と所得補償など再統一が最大の原因だが，ほかにも要因があった。

　第1は，過度投資の反動である。1988年からのEU単一市場統

合景気にドイツ再統一の投資ブームが続き，過剰生産能力となって
設備投資は沈滞した。建設受注額は 2005 年初めまでほぼ一直線に
下落，住宅価格は低下した。第 2 に，ドイツ企業の外国への投資
（FDI）が盛んになり，国内投資は沈滞した。ドイツの FDI 残高は
00 年から 10 年間で倍増し，10 年に 1 兆ユーロを超えた。第 3 に，
労働市場の硬直性があった。

　1998 年就任のシュレーダー政権は，ドイツ経済沈滞を克服する
改革に取り組んだ。法人税率と所得税最高税率の引き下げ，株式売
却にかかるキャピタルゲイン税の廃止，起業の規制緩和などである。
次に 2002 年 2 月，労働市場改革のためにハルツ委員会を設置した
（ハルツはフォルクスワーゲン社の当時の労務担当重役）。ハルツは改
革により 05 年までの 3 年間で失業を半減させると提言して注目さ
れ，組合代表も加わった 15 名の委員会は労働市場弾力化を答申，
03～05 年に順次実行に移された。

　失業手当の支給期間短縮（32 カ月から 55 歳未満は 12 カ月，55 歳超
は 18 カ月へ），失業者の速やかな登録義務づけと就職斡旋制度の改
善（職業安定所の改変：労働市場関連サービスを行うジョブ・センター
へ），失業保険と生活保護との統合と給付水準の引き下げなど，従
来の制度の大転換だった。また，個人会社の起業促進，家庭に雇わ
れて低賃金を稼ぐミニ・ジョブへの補助金給付（ヤミ労働対策の強
化），連邦雇用庁の連邦雇用エージェンシーへの組織改革もハルツ
改革によって進められた。

　シュレーダー首相はさらに 2003 年 3 月，「アジェンダ 2010」と
名付けた包括的な経済構造改革計画を打ち出した。①所得税引き下
げ，②長期失業者の雇用斡旋厳格化や補助水準引き下げ，③老齢年
金の引き下げや自己負担増額，介護保険料の全額負担化や年金生活
者への拡大，④ミニ・ジョブ（週 15 時間を上限とする労働）制度の
明確化──ヤミ労働防止，などである。

　これらの改革は，企業寄りの保守・リベラルからは不徹底，左派

からは「社会的国家の破壊」と攻撃されたが，財界や中道労働組合などの支援を受け，2003年末に15の法案は議会を通過した。シュレーダー改革が経済停滞の克服に貢献した点は否定できない。

こうした苦境の中で，ドイツは2002年から4年続きでEUの安定・成長協定（SGP）の定める「財政赤字GDP比3％以下」という規定に違反した。仏伊両国も不況に苦しみ，ユーロ圏3大国首脳が示し合わせて違反したといわれている。アメリカで2001年に始まった深刻な不況にEUは直撃され，株価暴落，投資銀行業の収益悪化により，ドイツ3大都市銀行のうちドレスナー銀行は01年に救済に出動した大手保険会社アリアンツの傘下に入り，08年にコメルツ銀行に買収されて姿を消した。

シュレーダー首相は2005年9月の総選挙で敗北，メルケル首相のCDU/CSUとSPDの大連立政権が誕生した。ドイツ経済は回復プロセスに入り，シュレーダー改革の果実をメルケル新政権が手にした。新政権は安定・成長協定を守り，仏伊両国も追随した。ドイツ政府は07年初めに付加価値税（日本の消費税に類似）を16％から19％に引き上げ，安定・成長協定堅持を明確にした。

「ドイツの独り勝ち」へ　リーマン危機により2009年の世界輸入は前年比2桁の落ち込み，輸出主導のドイツ経済の落ち込みは戦後最大だったが，翌10年から輸出をテコに経済成長率は目立って高くなり，失業率は低成長の12・13年にも低下を続け，16年に4.1％と完全雇用水準を達成した。12年頃から「ドイツの独り勝ち」との評価が広がった。

「独り勝ち」ではシュレーダー改革が賞揚される。「アジェンダ2010」提出の2003年に3870万人だった就業者数は，11年には4100万人に増え，税収や社会保険料が増加し，財政健全化にも貢献した。この経済面の優越によりドイツはユーロ危機下の南欧諸国の支援を決める力をもつことになり，EUにおけるメルケル首相の発言力は飛躍的に高まった。10年のギリシャ危機の際にEU外交

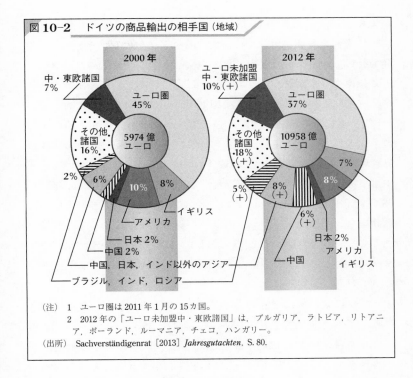

図 10-2　ドイツの商品輸出の相手国 (地域)

(注)　1　ユーロ圏は 2011 年 1 月の 15 カ国。
　　　2　2012 年の「ユーロ未加盟中・東欧諸国」は，ブルガリア，ラトビア，リトアニ
　　　　ア，ポーランド，ルーマニア，チェコ，ハンガリー。
(出所)　Sachverständigenrat [2013] *Jahresgutachten*, S. 80.

筋は「メルケルが EU の大統領だ」と評価した。

ドイツ経済復活の他の
要因

　「独り勝ち」にはほかの要因もある。第 2
の要因として，経済グローバル化に巧みに
対応したドイツ企業の海外展開がある。

　ドイツの商品輸出の相手国 (地域) シェアを 2000 年と 12 年で比
較すると (図 10-2)，中国 3 倍，ブラジル・インド・ロシア 2.5 倍，
輸出総額はほぼ倍増しているので，輸出額は 5〜6 倍に増大した。
中・東欧諸国も含めて新興国シェアが急増し，ユーロ圏は 09 年の
43 ％から 12 年 37 ％へ低下した。

　上述したように，ドイツ企業は外国直接投資によって中・東欧，
ロシア，ウクライナにも 1990 年代後半から進出，21 世紀初頭には

現地の工場，子会社や下請け会社などが低賃金で優秀な熟練労働者・技術者を多数雇用し，技術集約的な部品などの研究・開発と生産も行い，現地子会社とドイツの親会社との連結を強めた。シナジー効果により企業グループの生産性は非常に高まり，輸出，雇用，経済成長に大きく貢献した。中国進出の効果も大きかった。

「独り勝ち」の第3の要因として，ユーロ為替相場がある。国際競争力の目安となる実質実効為替相場（物価上昇率格差を勘案して計算される主要貿易相手国に対する為替相場の加重平均値）においてドイツは，21世紀初頭を通じて安定し，2005年を100として11年には96に低下した（超円高となった日本と対照的）。国際競争力の低い南欧諸国などが加盟するユーロの為替相場はドイツにとって非常に有利である。ユーロ圏内でもドイツはインフレ率の高い南欧諸国やフランスに対して競争力優位を年々強めた。ユーロはドイツ製造業にとって恵みの通貨だった。

ドイツ再統一後に慢性的赤字に陥った経常収支は2002年に黒字に転じてから拡大を続け，08年以降GDP比6％台を維持，13年には8％台，16年には約9％を記録した。日米英などの企業はドイツ企業が「不当に有利な」為替相場を利用できることへの不満がある。トランプ米政権は「EUはドイツの乗り物だ」と露骨に批判した。アメリカ，IMF，欧州委員会などは「黒字過剰」を批判し，内需拡大を勧告したが，ドイツのメルケル政権は健全財政主義が強く，受け入れなかった。だが，高速道路には穴が空き，インターネットの速度はドイツに入ると格段に落ちるなど，インフラの劣化が目立つようになり，財政支出抑制が行き過ぎているとの批判は国内でも強まった。

ドイツ銀行業の国際活動の衰退

ドイツでは州立銀行（傘下に貯蓄銀行をもつ）のような公的支援を受ける金融機関が21世紀初頭でも国内預金の半分程度を確保していたが，単一市場を管理する欧州委員会は州立銀行への支援

を批判し，2005年7月に州政府は公的支援を縮小した。州立銀行は専門知識や経験の乏しい国際業務に進出したが，バブルで盛り上がったアイスランドや南欧などへの投融資やサブプライム証券の巨額の購入などにより，リーマン危機で一気に崩壊，州立銀行3行が破綻し，11行から8行に減少した。政府の銀行救済は納税者の負担となり，銀行への激しい批判が国民の間に沸き上がった。

　ドイツ最大のドイツ銀行は，ロンドンでの金利不正操作など不祥事に関わり，アメリカではMBS（住宅ローン担保証券）の不正販売により，米司法省など銀行監督当局から巨額の賠償請求をされるなど，経営不安が続いた。投資銀行業務主体から商業銀行主体へ転換をはかっているが，収益は未だに安定しない。国際部面に打って出たドイツ銀行業は「独り勝ち」とは無縁であった。

3 メルケル時代16年のドイツの経済と政治
●経済的繁栄とヴィジョンの喪失

> メルケル時代の経済の実績

　メルケル首相就任の2005年，ドイツ経済はまだ「ヨーロッパの病人」と呼ばれていたが，リーマン危機の頃から「ヨーロッパの発電所」になった。21年12月，メルケル首相は大多数の国民に惜しまれて引退した。**メルケル政権16年の実績**をみてみよう。

　長期政権は経済実績の上に成り立つ。メルケル政権出発の2005年を基準にとると，国民1人当たりGDP成長率（実質，購買力平価基準）では05年〜19年に約20％増えてドイツがG7の中でトップ，アメリカは15％，英仏は約10％だった（図10-3(1)）。とりわけ05年から08年までとリーマン危機後12年までの伸びが際だっているが，前者はシュレーダー改革の効果とユーロ安などその他の効果（前出「独り勝ち」），後者は中国（を先頭に新興諸国）への輸出の急激な伸びが支えた（図10-3(2)，図10-2も参照）。2010年代半ばには

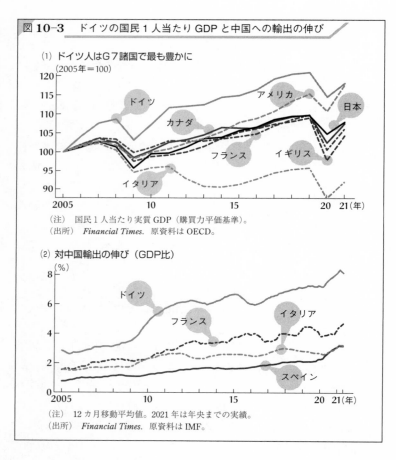

図 **10-3** ドイツの国民 1 人当たり GDP と中国への輸出の伸び

(1) ドイツ人はG 7 諸国で最も豊かに

(2005年＝100)

ドイツ　アメリカ　日本　カナダ　フランス　イギリス　イタリア

(注)　国民 1 人当たり実質 GDP（購買力平価基準）。
(出所)　*Financial Times*. 原資料は OECD。

(2) 対中国輸出の伸び（GDP比）

(%)

ドイツ　フランス　イタリア　スペイン

(注)　12 カ月移動平均値。2021 年は年央までの実績。
(出所)　*Financial Times*. 原資料は IMF。

対米輸出が大きく伸びたが，同年代末からは新型コロナ対応に成功した中国への輸出が盛り返した。輸出額では 1000 億ユーロ超のアメリカが首位だが，輸出入合計では 16 年から中国が首位，対米は大幅な貿易黒字，対中はここ 3 年間 100〜200 億ユーロの貿易赤字である。

　メルケル政権の実績の中で最も評価されているのは雇用増加である。15〜64 歳までの雇用可能な労働力に占める就労者の割合を示

す雇用率で，ドイツは約 80 ％，OECD 加盟国のトップクラスでフランスに約 10 ポイントの差を付けている。女性，外国生まれ（移民・難民）のいずれも 2005 年にはフランスと並んでいたが，メルケル時代に格差を広げた。高齢層（65〜69 歳）も短時間労働の形を含めて 7 ％から 17 ％に増えた。各階層とも所得が増えた。メルケル首相の支持率は世論調査で 50 ％を下回ったことはなく，政権末期でも 80 ％台のこともあった。各階層おしなべての雇用増は長期政権の基盤であった。

ドイツ・中国関係はメルケル首相在任中に大いに発展した。ドイツの輸出に占める中国のシェアは最近で 6〜7 ％台だが，現地生産の規模も大きい。中国には 2010 年代半ばにドイツ企業 5000 社以上が進出，10 年代半ばからドイツ自動車企業 4 社の中国生産台数は本国より多くなった（20 年中国で 480 万台，本国では 350 万台〔19 年380 万台〕を生産し 25 万台を中国へ輸出）。

メルケル首相は在任中 12 回も中国を訪問し，ドイツの財界人を大規模に同伴して商談成立に結びつけた。2020 年代，中国の人権問題，南シナ海や台湾問題などでドイツ政府の中国批判も厳しさを増してはいるが，自動車業界にとって中国は貴重なパートナーである。経済の中国依存度は米独日いずれも非常に高く，政経分離状態が維持される可能性は低くない。

難民の大量流入と EU の混乱

メルケル首相の施策で欠かせないのは難民の大規模な受け入れである。ドイツへの難民・移民の純流入は 2007〜09 年に年 10 万人以下から，11 年 30 万人台，13 年 45 万人，14 年 58 万人，そして大量流入で EU が紛糾した 15 年には 116 万人へ一気に倍増した（二重登録などで実数は 89 万人）。

ドイツの人口は，2002 年の 8158 万人をピークに減少し，11 年には 8028 万人となり，企業が若年労働者不足を心配していた時期に難民・移民の大量流入が生じた。ドイツは労働力不足という経済的

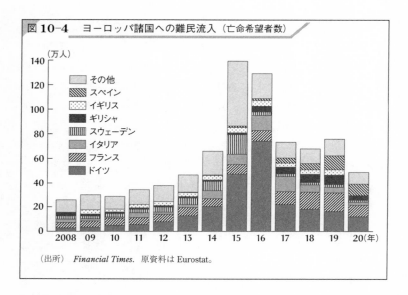

図 10-4　ヨーロッパ諸国への難民流入（亡命希望者数）

（万人）

凡例：
- その他
- スペイン
- イギリス
- ギリシャ
- スウェーデン
- イタリア
- フランス
- ドイツ

（出所）　*Financial Times.* 原資料は Eurostat。

理由だけでなく，ヒットラー時代への贖罪意識から寛大な難民政策を続けてきた。20 年にはアフガニスタンから 260 万人の難民が流出し，パキスタンとイランが合計 200 万人，EU ではドイツが最大で約 15 万人，オーストリア，フランスが数万人を受け入れた。

　亡命申請者（難民）数でドイツはヨーロッパでも群を抜いて多数を受け入れた（図 10-4）。2015 年夏にメルケル首相がハンガリーに滞留していたシリアなどの難民を「全員受け入れる」と発言すると，ネット時代ゆえたちまち流出国に伝わり，大量の難民がドイツめがけて押し寄せ，EU および加盟国では難民の受け入れをめぐって大混乱に陥った。ドイツへの流入経路のハンガリー，オーストリアそしてドイツのバイエルン州は難民流入に強く反対し，中・東欧のほとんども反対したが，メルケル首相と CDU は方針を変えなかった。

　2015 年ドイツには，シリア人約 32 万人（同年中に難民認定を受けたのは 15.8 万人）を先頭に，アフガニスタン，イラクが続き，次いで西バルカンのアルバニア，セルビア，コソボから流入した。

移民（EU 加盟の東欧諸国からが多い）・難民の大量受け入れと彼らの家族数の増加などにも支えられて，ドイツの人口は 2020 年に 8317 万人まで増えた。17 年，政権は難民受け入れ上限を 20 万人とし，19 年 6 月には移民法を改正して，移民・難民から専門人材を積極的に受け入れることにした。日本では 10 年から年間約 20〜30 万人の人口減が続き，低経済成長の最大要因とされる。国内需要の伸びが見込めないので，日本企業は国内投資を抑えて外国のサプライ・チェーンなどに投資するからである。ドイツの人口増加は経済成長と雇用増加の大きな支持要因となった。

　2014 年，ロシアがウクライナ領クリミアを占領し，「領土不可侵」の戦後ルールを破ったので，EU はアメリカなどと経済制裁を科した。ロシア軍はシリアで猛烈な空爆により大量難民をつくり出し，EU に報復したといわれる。しかし，ドイツはその難民流入をも逆手にとって経済成長の支持要因にしたのだから，誠にしぶとく，一筋縄ではいかない国である。

　2010 年代半ばまで「ドイツの人口減少トレンドは日本に次ぐ」といわれ，EU と加盟国共同の『エイジング報告書 2015 年』は，60 年に英仏両国の人口は 1000 万〜2000 万人ほど増えるが，ドイツの人口は約 7000 万人まで減ると予想した。だが，同じ報告書の 21 年版では，50 年のドイツの人口は 8260 万人と，予想は大きく修正された。ドイツは日本類似の人口減少トレンドを覆したのである。とはいえ，高齢社会化は続いている。

極右ポピュリズム政党
AfD の台頭

　ドイツでは，新政党「ドイツのための選択肢」（Alternative fuer Deutschland：Ａ ｆ Ｄ）が 2013 年 2 月に結成された。結成時の党首はハンブルク大学経済学教授のベルント・ルッケで，ユーロ危機でギリシャ救済に動いたメルケル政権を批判し，「ユーロ離脱，マルク復帰」を唱えて結党した。ルッケの呼びかけに答えて，CDU 右派など多様なドイツ保守主義・右派の政治的立場の人々が入党し

た。結党の年の13年の連邦議会選挙で早くも4.7％を得票した。

　だが，当時でもドイツ国民のユーロ支持率は高く，AfDの支持は低迷した。党内ではドイツ民族至上主義のような極右系の主張が強まり，ルッケをはじめ経済自由主義者など約2000人が2015年7月に離党，AfDは旧東ドイツを中核とする極右政党の傾向を強めた。15年夏以降のイスラム系の難民大規模流入に反対運動を繰り返して支持を拡大し，17年9月の連邦議会選挙では「反移民・反イスラム・反メルケル」をスローガンに12.6％の得票率（西部ドイツ10.8％，東部ドイツ21％）で第3党，大連立政権が形成されたので野党第一党になった。しかし，ネオナチを党内に抱え，暴力行為も頻発するその体質に旧西ドイツでは批判的な意見が多い。

　メルケル首相はCDU/CSUの中道化を推し進め，右派の力を削いでいった。大連立政権の時期にはSPDの閣僚を重用した。SPDも中道化が強まった。中道化に不満をもつ右派はAfDに，また左派はグリーン党へ流れた。双方ともに若者の支持者のシェアが高い。

　東部ドイツ各州ではAfDの支持率は一貫して高い。2021年9月の連邦議会選挙でもザクセン州とチューリンゲン州で第1党，他の3つの州でも上位を占めた。

　西ドイツが東の5州を併合し西の制度で支配した形のドイツ再統一で，ドイツ企業は低賃金の中・東欧や中国に流出し，統一から30年経っても東部ドイツに名のあるドイツ企業の本社はゼロ，そして賃金格差，人口流出，意識面など今日なお残る東西格差ゆえに，東部ドイツ住民は既存政党への不信を強め，AfDの支持率が高くなる。戦後体制のあり方も関わる。西ドイツでは第2次大戦後ヒットラー・ナチスへの反省行動を国民レベルで長期間徹底して行ったが，社会主義東ドイツではそうした行動はなかった。ドイツ民族至上主義のようなナチス系の極右思想が深刻な反省なしに残存維持されたのではないだろうか。旧東ドイツ共産党系の左派党は親ロシア・反西側の立場を貫き，AfDにはプーチン支持者が多いといわれる。親

ロシアは東部ドイツの歴史的伝統ともいわれる。

　政党幹部の暴力事件などもあって，2021 年 9 月の連邦議会選挙を前に AfD はドイツ国家情報機関の監視下に置かれた。21 年 9 月の連邦議会選挙では 10.3 ％（前回比 − 2.3 ポイント）に後退した。西部ドイツで得票率が落ち込み，党内対立も生じている。この党の体質の中にドイツの将来にとっての深刻な懸念要因が含まれていることに変わりはない。

財政緊縮とヴィジョンの欠如

　メルケル政権は「毎年の財政赤字は GDP 3 ％以内，政府債務残高は同 60 ％以内」というドイツが主導して EU で法制化した「安定・成長法」に忠実だった。財政均衡のための「債務ブレーキ」を基本法に組み入れた（新型コロナ危機により 2023 年まで効力停止）。ユーロ危機の中で危機に陥った南欧諸国やアイルランドにこの基準を厳しく要求し（財政支援の条件として），それら諸国の経済を崩壊させるのもいとわなかった（大量失業と長期不況）。ドイツ財政は 2014 年から黒字化し，19 年まで持続した。

　財政黒字は「次世代のドイツ人に税の負担をかけるべきではない」という理由づけで正当化されているのだが，国民経済や次世代にとって本当に有益といえるかどうか怪しい。ドイツの公共投資が抑制され続けたので，インフラ投資が抑制され，産業や国民の生活に不便が累積し，不満が高まった。先進国（G7 のカナダを除く 6 カ国）における政府固定投資の GDP 比は 21 世紀を通じてドイツが最低だった。グリーン化・デジタル化（教育部門なども含めて）を EU トップレベルに引き上げ，インフラを強化するには 4500 億ユーロもの公共投資が必要だったという試算が発表されている。

　グリーン化・デジタル化でドイツは北欧諸国に大きく立ち遅れている。欧州委員会は 2019 年のデータを分析し，ドイツのデジタル競争力は EU 28 の 12 位とした。項目別の分析では，「デジタル公共サービス」が 20 位，「e 政府サービスの利用」は 26 位である。

民間部門でも自動車産業は，一時世界の話題をさらった「インダストリー 4.0」のようなインターネット利用で優れているが，銀行・保険・医療・小売り・メディアなど多くの分野でデジタル化の取り組みが遅れている（第 5 章図 5-7 も参照）。

　メルケル首相の方針は世論をしっかり観察して多数意見を取り入れるという手堅いものだったが，ヴィジョンと先見性が欠けていたと批判され，メルケルもそれを認めている。

新興国の成長率低下と「独り勝ち」の終わり

新興国・途上国の GDP 成長率はリーマン危機前（2003 年から 07 年）には 7〜8 % 台，中国は 1980〜2010 年まで年平均 2 桁成長だった（IMF 統計による）。この新興国の高度経済成長がドイツの驚異的な輸出増加と「独り勝ち」を支えた（図 10-2）。その新興国・途上国の GDP 成長率は 08 年 5 % 台，09 年 3 % 弱に落ちたが，10 年 7 % 台に復帰し，11 年 6 %，12 年も 5 % 台だった。ところが，14〜19 年には続けて 4 % 台に落ち込んだ。「独り勝ち」の終わりと時期が一致する。12〜19 年にドイツの総輸出額の伸びは 21 %，対中国も 42 % 増にとどまった。00 年から 12 年の間には総輸出額は 83 % 増大し，中国向けは 6 倍と驚異的に伸びていたのである。

　先進国と新興国はグローバル・サプライ・チェーンで緊密に結びついているので，ポスト・リーマン期の先進国経済の長期停滞は新興国経済の成長率を引き下げる。新興国の社会的変化も見逃せない。所得が伸びて女性の社会進出が進んで少子化となり，やがて生産年齢人口が減少に転じて，経済成長率の構造的な引き下げ要因となった新興国は少なくない。

2021 年 9 月の連邦議会選挙と展望

メルケル首相はプロテスタントの牧師の娘としてハンブルクに生まれ，東ドイツで育ち物理学者になったが，コール首相に見込まれて CDU 入り，51 歳で首相に就任，67 歳で引退した。

　2013 年から 21 年までの大連立時代に CDU/CSU は保守中道，

SPD は左派中道へと動き，中道化が進んだ。カトリック教会や労働組合など中間組織が弱体化し，政党を選ぶ際にも個人レベルの意識の役割が大きくなった。そうすると，中道政治に反発して左翼に環境保護の緑の党（グリーン党）が台頭し，CDU 右派の一部は極右 AfD に合流した。FDP はミッテルシュタントの財界を代表して頑固に自由主義を唱える一方で，デジタル化の推進に積極的で，21 年 9 月の選挙では若者の支持が拡大した。東ドイツの共産党系の流れを引く左派党は親ロシア・親中国である。グリーン党はハードな気候変動対策で若者を引き付け，人権問題では中国批判が厳しい。

2021 年 9 月の連邦議会選挙は国民の政治意識の高さを反映して投票率は 77 ％に達した。SPD がショルツ財務相の活躍で第 1 党になった。ドイツ財務省には頑固型の財政黒字主義が伝統だったが，ショルツはそうした伝統から財務省を解放し，ケインズ主義的な人材も取り込んだ。選挙キャンペーンの中でショルツは，格差と東部ドイツを意識して最低賃金引き上げ（時間当たり 12 ユーロ），富裕層増税，EU 統合重視などを掲げたが，CDU のラシェットは増税反対など従来の路線だった。16 年もの長期政権の後だけに変化を求める国民も多く，ショルツの柔軟な発想と首相としての資質（「メルケルの後継者」）への支持が選挙戦末期に急激に広がり，SPD は得票率 25.7 ％（5.2 ポイント増），議席数 206 で第 1 党，CDU/CSU は激減し 24.1 ％（－8.9 ポイント），議席 196（49 議席減）の第 2 党，グリーン党は得票率 14.8 ％（6.4 ポイント増），118 議席で第 3 党，FDP は 11.5 ％（0.8 ポイント増），92 議席で第 4 党となった。AfD と左派党は得票率を減らした。首相就任には過半数の議員の支持が必要で，得票率の上昇した 3 党が連立交渉を成功させて，12 月 8 日にショルツ首相の下に 3 党連立政権が発足した。

新政権では，FDP のリントナー党首が財務相，グリーン党のベアボック共同党首が外相，同じくハーベック共同党首が新設の経済・環境保護相（副首相を兼任）となった。左派のグリーン党と自

由主義の右派 FDP を中道左派 SPD がまとめる形になる。

　新政権の焦眉の課題は，2021 年晩秋から激化した新型コロナ危機の抑え込みである。接種率は現状約 70 ％と低い。東部ドイツを中心にワクチン接種拒否の大衆行動が根強く，極右政党が拒否を煽っているともいわれる。新政権はワクチン接種の義務化などに進むかもしれない。グリーン化について新政権は，発電に占める再生可能エネルギー比率を 30 年までに 80 ％に引き上げ（メルケル政権では 65 ％），石炭火力発電を「できれば」ゼロにする。EV（電気自動車）の保有台数を毎年増やして，30 年に 1500 万台に引き上げる，などで合意した。

　アメリカ政府は，ドイツの NATO への貢献の引き上げ（軍事費のGDP 比 2 ％までの引き上げ等）を求めているが，SPD もグリーン党も平和主義で，安全保障問題に消極的だった。アメリカの要求にどう応えるであろうか。アメリカは，ロシアのウクライナ軍事侵攻を阻止すべく，ロシアとドイツをつなぐ天然ガスパイプライン「ノルドストリーム 2」の非稼働を求めている。メルケル政権が打ち出した「インド大西洋指針」の継承という問題もある。

　ドイツ国政史上初の 3 党連立政権は，発足当初からさまざまな難題に直面する。政策軸が大きく異なるグリーン党と FDP を束ねる新首相の手腕が問われる。

4 ドイツと EU 統合
●EU 統合にドイツはどう関わったのか

EC 統合の中軸 | EU 統合の根本は独仏の融和とヨーロッパの地位向上なのだから，大国ドイツが一貫して EU 統合の中軸にある。だが，20 世紀と 21 世紀でドイツの立場は転換した。西ドイツ時代には超国家的統合を求めて謙虚に振る舞ったが，ドイツ再統一の苦労を克服したメルケル時代になると，

EU の危機は収拾したものの，EU 諸国を自国の方針に従わせようとして反発を受けた。

　20 世紀の冷戦体制の中で東西ドイツは分断され，西ドイツはソ連圏と国境を接し，ワルシャワ条約軍の戦車が国境線のすぐ向こうに展開する厳しい安全保障情勢に直面した。EC の超国家的統合の推進（孤立しない制度づくり）が国益とみなされ，国民の EU 統合支持率は一貫して高かった。西ドイツは EC で仏英のような大国型の自己主張（内政問題を EC に持ち出す）は控え，「経済的巨人，政治的小人」といわれた。統合を飛躍させる構想をフランスが提出し，その提案を西ドイツが西欧最強の経済力で支えたときに統合は発展・飛躍した。仏独は「統合の両輪」だった。

　国際競争力に勝る西ドイツは英蘭などとともに EC の自由貿易主義を強化した。ドイツ・マルクは EMS の基軸通貨となって通貨統合を支えた（第 4 章）。西ドイツなしに EU 統合はユーロにまで発展することはできなかった。

> ボン＝パリ枢軸

独仏の統合牽引には首脳の個人的な友好関係が役割を演じたので，「ボン＝パリ枢軸」と呼ばれた（ボンは西ドイツの首都）。1950 年代末から 60 年代半ばまで，アデナウアー西ドイツ首相とド・ゴール仏大統領の間に信頼関係はあったが，まだ戦勝国・敗戦国の不平等性が残った。74 年以降，経済に通暁しリーダーシップに優れたジスカールデスタン仏大統領とシュミット西ドイツ首相が対等の協力を促進し，79 年の EMS 創設を主導した。

　ミッテラン仏大統領は 1983 年に EMS 残留を決めて単一市場統合をリードし，並行してドイツ流の物価安定政策を成功させ，ドロール委員長の巧みな指導と併せて，通貨統合への道を切り開いた。ドイツの経済界は 21 世紀のグローバル競争を考慮して通貨統合を支持したが，ドイツ国民の多くは将来の年金受給などを念頭にマルクを支持し，世論調査ではユーロ導入反対が一貫して多かった。ド

イツの敗戦を戦地で経験したコール首相は，「EU統合は戦争か平和かの問題だ。ユーロは平和を保障する」と繰り返し述べ，世論を押し切った。コール＝ミッテランはボン＝パリ枢軸第2代といえる。コール元首相の葬儀は2017年7月にストラスブールの欧州議会で執り行われた。初のEU葬に米露からも旧友が集結して弔辞を述べ感動的だったとドイツのジャーナリズムは報道した。コール政権で独仏枢軸の前期は終わる。

　世紀の転換期の仏シラク政権，独シュレーダー政権はユーロ導入をプランに沿って推進し，国際政治面では米ブッシュ政権のイラク侵略に協調して反対した。ユーロ危機ではメルケル独首相とサルコジ仏大統領は「メルコジ」と揶揄されるほど一体的に行動した。メルケル首相はその後のオランド，マクロン両大統領とも協力しつつ，ユーロ危機を乗り切り，その後もそつなくEUの諸問題に対処した。

　マクロン仏大統領は就任の年の2017年12月，ソルボンヌ大学講演においてEU統合を牽引する大きな構想を打ち出した。「EU主権」（European sovereignty）を確立し対外的にもEUの権限を強化する，EU共通予算を実現し困窮している加盟国に投資し経済安定・格差是正をはかる，EU予算のためにデジタル税・環境税・法人税の制度を導入する，ユーロ圏財務省と財務相を置く，単一市場ではデジタル化をEU主体で進める，軍事統合を進めてEU軍を置くなど，EUの連邦化戦略であった。9カ国以上の加盟国が統合で他の加盟国より先に進む「先行統合」にも言及した。そのうえで，メルケル首相の協力に期待し，新仏独条約を提案した。

　理想論にみえるが，そうではない。上述したように，ドイツの競争力に対して「安いユーロ」のおかげでドイツはユーロ圏の内外で有利な競争条件を確保でき，GDP比6〜9％もの膨大な経常収支黒字を稼いでいる。南欧諸国はドイツに対して為替相場切り下げができずに苦しんでいる。経常収支黒字の一部をEU共通予算に拠出して，南欧の困窮国を助けるのはドイツの義務であるはずだ。共通予

算ができれば，ユーロ圏財務省と財務相が必要になる。他のマクロン提案も空論ではない。

　だが，メルケル首相はリップサービスで対処し，一時フランス政府の怒りを招いた。トランプ政権に対する「EU主権」の強化などで仏独協力は行われたが，EU統合を飛躍的に前進させるパリ＝ベルリン枢軸は形成されなかった。2020年の「EU復興基金」創設が唯一の枢軸的なプロジェクトであり（第5章），両者の協力を飾る一輪の花となった。

> EU統合に対するドイツ世論の動向

欧州委員会が定期的に実施する世論調査（"Eurobarometer"）により，EU統合に対するドイツ世論の動向（1982年から2010年まで）をみると，好況期にEU統合への支持率は高くなり不況期に低下するトレンドが読み取れる。1980年代末の市場統合景気，ドイツ再統一の時期に，EU統合は「ドイツに利益」「ドイツにとってよいこと」が突出して高かった。「失われた10年」の90年代半ばに大きく低下して40％を切ったが，21世紀初頭に支持が盛り返し，ギリシャ危機の10年代前半に再び落ち込み，その後回復した。

　国内機関による2013年7月の世論調査では，「再びドイツ・マルクになる方がいいですか？」という質問に，「イエス」は35％に下がり，「ノー」が50％に上昇した。08年に56％だった「イエス」はユーロ危機の中で大きく低下し，ユーロ支持が着実に高まった。ユーロ導入から年月が過ぎ，マルクにノスタルジーを感じる世代の人口は減り続ける。17年5月実施のユーロバロメーター調査では，EUレベルの公的資金使用に75％が賛成，EU域内自由移動は91％が支持，ユーロ支持も82％と非常に高かった。20年のユーロ支持率はユーロ圏全体で75％，ドイツではさらに高い。

　だから，ドイツ政府がやる気になれば，マクロン提案はかなりの部分が実現に向かう条件は整ってきているように思われる。

1990 年のドイツ再統一，91 年のソ連崩壊
によって戦後欧州体制は根本から変更され
た。ソ連の軍事的脅威は消え，中・東欧諸
国の EU 加盟により統一ドイツは欧州中央の大国へ復活し，サプラ
イ・チェーンを中・東欧からロシアにまで発展させて，EU で断ト
ツの経済強国となり，EU において国益の主張を強め，内政問題
（国民の要求）を EU に押し出すようになった。

20 世紀にも通貨統合をめぐる「マネタリスト vs エコノミスト」
の対立などがあり，西ドイツは物価安定を強く主張して譲らなかっ
たのだが，それはフランスの押しつけに対する反発であり，自己防
衛だった。21 世紀のドイツの自己主張は EU を従わせようとする
支配の自己主張であり，質が違っている。ドイツの「覇権国化」と
もいわれたが，覇権国なら EU の共同の福祉に配慮する。ドイツの
押しつけは一方的で，クンドナニは「半覇権国」と表現している
（クンドナニ［2019]）。

「財政均衡主義」が好例である。規律重視が血肉化しているドイ
ツ人には南欧諸国の財政規律喪失が心配の種である。南欧に財政支
援すれば，底の抜けたバケツに水を注ぐように際限がないかもしれ
ない。ドイツ世論は財政資金を危機国支援にまわす「財政同盟」を
「移転同盟」(transfer union) と呼び，断固反対した。したがって，
メルケル政権は，ユーロ危機にみられたように，金融危機が極限に
達して「ユーロ崩壊」の危機が現れてから，救済に出動する。「ユ
ーロ崩壊を防ぐため」とドイツ世論を納得させる瀬戸際政策であっ
た。財政均衡意識の弱い南欧危機国を懲罰する意味ももたされてい
た。「ドイツ・ファースト」，しかし次に「EU セカンド」で手当て
をし，危機国に財政支援を発動し，ユーロ崩壊を防ぎ，EU の安定
を維持するのである。

ギリシャ，スペイン，イタリアには財政緊縮要求を突きつけ，ぎ
りぎりの時点で救済した（第 7 章）。フランスを含めた南欧と対立

になったが，北欧諸国，バルト諸国，中・東欧の一部の国がドイツに同調した。ドイツは常日頃からユーロ関係や財政規律関係などのEUルールをドイツ流に固める努力を怠らず，法制面から反対を受けないように準備してもいる。

ユーロ危機の不況の中で南欧諸国などに財政緊縮を強要し，不況の深刻化，失業急増，貧困層の生活の悲惨化，若者や専門家の国外流出などをもたらした。ギリシャは政府と国民に応分の責任はあるのだが，ユーロ圏側のミスもひどかった。ギリシャ支援のたびに欧州委員会は経済回復に超楽観的な見通しを提出したが，ギリシャ経済は3度の支援のたびに大きく落ち込んだ。GDPは合わせて25％も縮小し，政治的帰結はポピュリズムの勃興だった。

ギリシャでは2015年初めに左派ポピュリスト「急進左派連合」が政権をとり，ユーロ圏の緊縮政策に反乱を起こした。救国に立ち上がった知識人が運動の中核にいた。イタリアでは緊縮政策を主導した独仏とEUへの反感が強まり，加えて中央地中海ルート経由でイタリアに流入した難民への対応（加盟国での分担など）にEUが失敗して右派ポピュリスト・サルビーニ党首の同盟への支持が高まり，18年6月連立政権を樹立，予算や難民政策をめぐってEUとの対立が激化した。

20世紀にはもっとも親EUの国だったイタリアの変貌はショックを広げた。メルケル首相やドイツ世論も驚愕したに違いない。スペインでもフランコ独裁時代まがいのスローガンを掲げる右派ポピュリズム政党ヴォックス（Vox）が台頭した。これら南欧諸国の変貌はユーロ危機と難民大量流入の帰結の1つで，ドイツの「覇権国化」の結果ともいえた。

ドイツ憲法裁判所の判
決とEU統合

ドイツ内政をEUに押し出すもう1つの装置は，ドイツ憲法裁判所である。ユーロ制度やその改革に対して違憲訴訟が相次ぎ，判決がEUとユーロ圏を縛る。ドイツ保守主義の中に頑固な欧州懐

疑派が存在する。CSU の連邦議会議員ガウヴァイラー（弁護士出身），AfD 創設時の党首ルッケなど札付きのメンバーが憲法違反の訴訟を繰り返し，1000 名を超える支持者が共同行動することもある。

「マーストリヒト条約（通貨統合）はドイツの主権を奪う憲法違反」と訴訟を起こし，1993 年の判決は「合憲」だが，ユーロ圏でインフレが起きればドイツはユーロ圏を離脱する権利がある，と問題含みだった。リスボン条約も違憲とはならなかったが，「現在以上の統合をドイツ基本法（憲法）は認めていない」という判決だった。ユーロ危機を沈静化させたドラギ ECB 総裁の OMT も訴訟された。2020 年 5 月には APP（QE）における ECB の証券購入に憲法裁判所が「一部違憲の疑い」とクレームを付け，ドイツ連銀は証券購入から離脱すべきとした。APP は欧州司法裁判所が適法性を認めており，それを加盟国の裁判所が覆すなら EU の法秩序は成り立たない。

憲法裁判所の判決はドイツ政府の柔軟な対応を難しくする。ファン・ロンパイ元 EU 大統領（首脳会議常任議長）はユーロ危機の時期に「未曾有の事態が起きたときに必要な創造的で柔軟な EU の対応を縛り，統合の発展の障害」と憲法裁判所を批判した。APP 判決にはドイツ国内でも批判が多かった。ドイツ基本法（憲法）改正で対応する方法もあるが，リスクが大きい。EU 統合にとって重大な懸念事項の 1 つである。

ブレグジットとドイツ

イギリスは EU の軍事大国としてプーチン露政権の軍事・サイバー攻撃などの EU 加盟国への圧迫に対抗し，また EU 内の自由貿易主義の旗頭としても，ドイツにとって大事な友邦であった。だが，イギリスでは統一ドイツの台頭を「ドイツのヨーロッパ支配の強まり」と否定的に受け止める世論があり，イギリス政府もドイツ牽制のために反ドイツ志向の強いポーランドやチェコの EU 早期加盟を推進し，ユーロや連邦型統合に原理的反対の姿勢を堅持した。EU 財政の規模拡大も絶対

拒否の方針だった。保守党やイギリス独立党（UKIP）は欧州議会の反EU政党グループの中核だった。したがって、イギリスのEU離脱のドイツへの影響は複雑である。

イギリスは2016年にドイツの商品輸出の7.1％と、ドイツの輸出に占めるウェイトは高かった（輸入は3.7％）。駐在員事務所などを含めると、ドイツ企業3000社あまりがイギリスに立地し、企業のサプライ・チェーンが独英間に濃密に形成されていた。ブレグジット国民投票を境にドイツの対英貿易依存度は低下し、20年には輸出の5.5％、輸入の3.1％になった。イギリスのEU離脱に伴う英・EU通商協力協定（TCA）は英EU間の「関税ゼロ・数量制限なし」を実現したが、通関手続きが必要になり、貿易の自由度は低下した。先行きが懸念される。

メルケル政権はEU統合の発展に消極的という点でイギリスと共通だった。EU理事会の多数決決定は、国数の55％以上、法令賛成の国の人口がEUに占める割合が65％以上で法令採択となる（二重多数決制）。イギリスの離脱前は独英蘭墺とフィンランドの5カ国で人口の35％を少し超えていて、南欧寄りの法令を阻止できた。イギリス離脱後残りの4カ国合計の人口は約25％に減り、スウェーデン・デンマークを加えてもあまり変わらない。南欧4カ国とフランスの合計は40％を超えるので、ドイツに不利な法令採択の可能性が高まり、「ドイツの危機」と警告する研究者もいる。

一方、イギリスの離脱によりこれまで不可能だった経済分野以外の国家協力や統合も進めやすくなるであろう。2017年6月、独仏両政府の意を受けて兵器の共同調達・共同研究をEUと加盟国が実施する「欧州防衛基金」の創設を欧州委員会が提案した。同年12月にはEU25カ国の参加により常設軍事協力枠組み（PESCO）が設立された。共同防衛に関する研究開発、兵器の共同生産などで協力が始まっている。

ドイツでは気候変動対策に若者の関心が高
い。2019 年の欧州議会選挙では若者の支
持運動に支えられて**グリーン党**が第 2 位と
なった。「ドイツ政府は気候変動対策に怠慢」と憲法裁判所に若者
が訴訟を起こし，政府は気候中立目標年を 45 年に 5 年間早め，政
策の充実も約束した。21 年連邦議会選挙後の連立政権にグリーン
党が参加したので，若者の強い支持をバックにドイツは EU のグリ
ーン化政策においてリード役を務める可能性がある。

　グリーン党は人権にも厳しく臨む方針であり，ドイツの外交政策
に変化が生じ，EU にも大きな影響を与える可能性がある。メルケ
ル首相の下，ウクライナ，中・東欧諸国，アメリカなどの反対を押
し切ってロシアとの間で完成した天然ガスパイプライン「ノルドス
トリーム 2」にガスを通すかどうかをめぐって，ショルツ首相の
SPD（社会民主党）は積極的だが（同党にはロシアとプーチンの支持
者が少なくない），グリーン党のベアボック外相は人権などの観点か
ら批判的である。ドイツには中国ファーウェイの 5G を拒否するか
どうかの最終決定も残っている。**ポスト・メルケル時代のドイツ外
交に変化をもたらす主役はさしあたりグリーン党かもしれない。**

　EU は 2021 年秋に「インド太平洋戦略」を打ち出し，12 月には
「グローバル・ゲートウェイ構想」を発表した（終章参照）。10 年代
まで域内の危機対応に忙殺されていた EU が，20 年代になると，
コロナ危機・アメリカの影響力の衰微・中国の攻勢・イギリスの
「グローバル・ブリテン」政策などに触発されて，グローバル対応
を強め始めた。気候変動対策・グリーン化もグローバル次元の展開
が不可欠である。

　そうした EU の新動向を揺るぎなく進めるためには，フランスと
ドイツの支えが不可欠である。2022 年春の仏大統領選挙でマクロ
ン再選に進めば，独仏両国政府が EU 統合強化に向けて連携を強め
ることができよう。もっとも，リントナー財務相は健全財政支持で

知られていて，EU 加盟国の財政ルールの修正などで，フランスや南欧諸国との対立も予想される。

　銀行同盟の改善やユーロ圏共通予算などメルケル政権が残した課題にドイツがどう取り組むかは，2020 年代の EU の発展を左右する。

演習問題　seminar

1　社会的市場経済の思想はなぜ物価安定を重視したのだろうか。2010 年代以降の物価安定の時代にその存在意義はあるのだろうか。

2　資本主義の「米英型」と「ドイツ型」のどちらをあなたは支持するか，理由をあげて説明してみよう。

3　1990 年代半ば以降のドイツの低成長・高失業と 2000 年代後半以降の低失業・成長回復の要因は何かを考えてみよう。

4　ドイツと EU 統合の関係はドイツ統一以前と以後でどのように変わったのだろうか。ポイントをあげて説明してみよう。

5　ユーロ危機に対するドイツ政府の対応を箇条書きし，その特徴を個々に議論し，最後に総合評価を引き出してみよう。

6　新型コロナ危機はドイツの EU に対する方針をどのように変更させたのだろうか。「復興基金」創設に関わらせて説明してみよう（第 5 章の復興基金の説明も参照）。

■ ■ ■ 参考文献 □ ■ □ ■ ■ ■ ■ ■ ■ ■ ■ ■ ■

ヴァイス，V.（長谷川晴生訳）［2019］『ドイツの新右翼』新泉社

唐鎌大輔［2011］『アフター・メルケル──「最強」の次にあるもの』日本経済新聞出版

クンドナニ，H.（中村登志哉訳）［2019］『ドイツ・パワーの逆説──〈地経学〉時代の欧州統合』一藝社

田中素香［2007］『拡大するユーロ経済圏──その強さとひずみを検証する』日本経済新聞出版社

田中素香［2016］『ユーロ危機とギリシャ反乱』岩波書店（岩波新書）

伴野文夫［2021］『2050 年，未来秩序の選択』NHK 出版

藤澤利治・工藤彰編著 [2019]『ドイツ経済——EU 経済の基軸』ミネルヴァ書房

藤本建夫 [2008]『ドイツ自由主義経済学の生誕——レプケと第三の道』ミネルヴァ書房

ベルガー，J.（岡本朋子訳）[2016]『ドイツ帝国の正体——ユーロ圏最悪の格差社会』早川書房（筆者注：原題は『ドイツは誰のものか？』である）

森井裕一編著 [2016]『ドイツの歴史を知るための 50 章』明石書店

第11章

イタリア・その他の EU 諸国と EU 経済

多様性を生かしつつ統合へ

●本章のサマリー

　EU 加盟国のうち，フランス，ドイツ，イギリスを除く 12 カ国の経済と EU 統合との関わりを概観する。

　イタリアは，大きな南北格差をかかえ公共部門が肥大化し，中小企業が活躍する大国である。ユーロ危機以降経済は不調が続き，新型コロナ禍により医療・社会体制は困難に陥ったが，2021 年のドラギ新政権の発足で復興が期待される。

　スペイン，ポルトガル，ギリシャの南欧 3 カ国では，ユーロ導入後のバブル景気は破綻した。ユーロ危機に直撃されて経済は大きく落ち込み，大量失業に苦しみ，ポピュリズムが勢を得た。ようやく 2010 年代末に，復興への足がかりをつかんだ。

　中世以来の歴史を共有するベネルクス 3 国（ベルギー，オランダ，ルクセンブルク）は，EU 原加盟国として EU 統合に貢献したが，21 世紀には進路を異にする。オランダはイギリスの EU 離脱後，その主張を引き継ぎ，北欧諸国とともに財政健全主義を主導し，仏独による EU 統合主導に対抗する。オーストリアはオランダに従うが，国内の極右勢力の動きが EU を揺さぶる。アイルランドは EC 加盟後，低い法人税のおかげゆえに多国籍企業の基地となり，独自の発展を遂げる。

　北欧 3 カ国はイノベーションと ICT（情報通信技術）に強く，福祉国家形成にも力をそそぐ。スイスは域外にとどまるが，EU との間で多くの 2 国間協定を結んでいる。

KEY WORDS

本章で学ぶキーワード

GIIPS　メッツォジョールノ　中小企業の活躍　社会民主労働党　再征服　全ギリシャ社会主義運動（PASOK）　小国開放経済　ケルトの虎　ポピュリズム　自由党　「倹約4カ国」　中立主義　デジタル化　大きな政府　EEA（欧州経済領域）　スイス・EU 協定

1 イタリア

●混合経済からの脱却

2010年のユーロ危機で南欧・周辺諸国は脆弱性を露わにし，PIIGS（ポルトガル，イタリア，アイルランド，ギリシャ，スペイン）と揶揄されたが，さすがに後に，GIIPS に改称された。ユーロ導入後，インフレが終息すると，これらの国では国内金利が大幅に低下したため，ドイツなど北の諸国から流れ込んだ低利資金を借りまくり，投資ブームに踊った。不動産バブルが膨らみ，建設，ホテル，飲食業，運輸，個人サービスなど，国際競争から切り離された非貿易財部門が肥大化し，賃金も高騰した。

だが北の諸国は，国際競争の激化を前に比較優位の貿易財生産への特化を進めるとともに，労働市場改革を加速させて競争力引き上げに成功する。ユーロ誕生で，欧州南北間の構造的インバランスはかえって拡大し，経常収支格差も顕著になった（図11-1）。ユーロ危機が深化し長期化するとともに，GIIPS 諸国は国債を売り急ぎ，利回りは急騰した。2011年夏には利回りとスプレッド（利回り格差）が急騰して「二重の危機」に見舞われ，流動性危機に陥った。ECB（欧州中央銀行）が，ギリシャに対して11年12月に VLTRO（超長期リファイナンス・オペ）を適用すると，スプレッドは急落し，さらに12年9月に OMT（国債無制限買取措置）の発動を発表すると，スペイン・イタリア国債の利回りが劇的に低下し，ユーロ危機は沈静化した（図11-2）。14年には南欧諸国がプラス成長に転じ，ギリシャを除き3年ぶりに国債入札を再開できた。南北格差も大きく縮小した（図11-1）。

イタリアはフランスなどラテン系に共通して，カトリックが社会に根を張り，共産党が強く，労働運動はイデオロギーごとに分裂している。国有企業が数多く官僚統制が強固な，「混合経済」（mixed

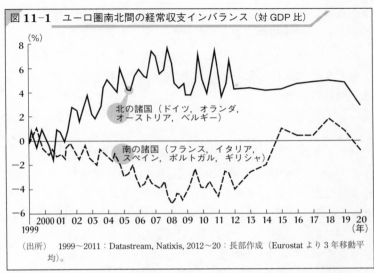

図 **11-1** ユーロ圏南北間の経常収支インバランス（対 GDP 比）

（%）

北の諸国（ドイツ，オランダ，オーストリア，ベルギー）

南の諸国（フランス，イタリア，スペイン，ポルトガル，ギリシャ）

（出所）　1999〜2011：Datastream, Natixis, 2012〜20：長部作成（Eurostat より 3 年移動平均）。

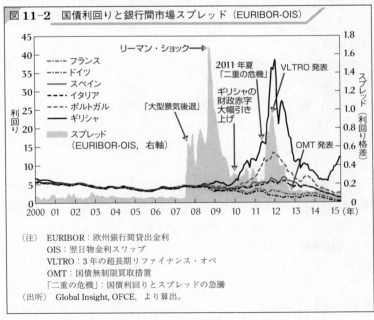

図 **11-2** 国債利回りと銀行間市場スプレッド（EURIBOR-OIS）

リーマン・ショック→

2011 年夏「二重の危機」

VLTRO 発表

ギリシャの財政赤字大幅引き上げ

「大型景気後退」

OMT 発表

- ----- フランス
- -・-・- ドイツ
- ──── スペイン
- ------- イタリア
- ------- ポルトガル
- ──── ギリシャ
- ▨ スプレッド（EURIBOR-OIS，右軸）

利回り

スプレッド（利回り格差）

（注）　EURIBOR：欧州銀行間貸出金利
　　　　OIS：翌日物金利スワップ
　　　　VLTRO：3 年の超長期リファイナンス・オペ
　　　　OMT：国債無制限買取措置
　　　　「二重の危機」：国債利回りとスプレッドの急騰
（出所）　Global Insight, OFCE，より算出。

economy）の国でもある。だがポスト冷戦とユーロ誕生とで急変を強いられ，1995年には憲法を改正して「第2共和政」に移行し，「社会国家」から「連邦制国家」へと変貌した。イタリア経済を，①強大な南北格差，②公共部門の肥大化，③中小企業の活躍の3点から概観しよう。

強大な南北格差

イタリアは中世以来，多くの都市国家に分裂しており，オーストリア，フランス，スペインなどの大国に長期占領された歴史がある。「国家統一」（リソルジメント〔Risorgimento〕）が実現したのは明治維新に先立つわずか7年前，1861年にすぎない。南北間の格差は著しく，とくに豊かな北の地方の分離独立志向が強い。1980年代後半には地域分離政党が生まれ，連邦制への移行を主張した。

リソルジメントを主導したのは北部のサルディニア王国であった。産業育成に力が注がれ，ミラノ，トリノ，ジェノヴァの北部トライアングルに巨大企業群が集まった。これと対照的に，ローマ以南の南部地方（メッツォジョルノ〔Mezzogiorno〕）には封建的大土地所有制が残った。北部の開発資金捻出のために過重な地租負担を強いられ，南部は近代化や工業化に大きく後れをとった。

第2次大戦後，イタリアは高度成長を遂げたが，メッツォジョルノは取り残された。1950年代初め，1人当たりのGDPで北・中部の半分強にとどまり，失業や貧困が深刻化した。西欧やアメリカに向けて移民の流出が止まず，マフィアがのさばり，共産党が急伸した。政府は南部対策に巨額資金を投入して，鉄鋼など重化学国営工場を建設した。伝統工業や衰退産業へは補助金や減税を与え，農業を保護し，インフラ整備に努めた。70年代以降はEUから巨額な地域開発基金を受け取れるようになり，99年には対GDP比1.2％の巨額に達した。

こうしてイタリアの南北格差は1960年代以降，縮小に向かった。だが80年代半ばに再び格差が開きはじめ，やがて30年前の水準に

戻ってしまった。2019 年に，北西部の 1 人当たり GDP 3.5 万ユーロに対して，南部は 1.85 万ユーロと半分強にとどまる。投資活動の停滞や EU の補助金削減に加え，市場統合とユーロ誕生とに翻弄された企業が投資先の選別を強め，南部から引き上げた結果といえる。

　1980 年代後半には「勤勉な北部」を「怠惰な南部」に対置し，北部の独立や連邦制導入を叫ぶポピュリズムの「ロンバルディア同盟」が誕生する。90 年代には多くの分離主義運動を糾合して，「北部同盟」（Lega Nord）に発展した。2018 年には「同盟」（Lega）に改称し，反移民，反 EU へ軸足を移した。

公共部門の肥大化

1930 年代の世界恐慌の時代に，中小企業の救済を目的にベニート・ムッソリーニが IRI（産業復興公社）を設立した。やがて巨大な持株会社に変貌し，通信，鉄鋼，海運，造船，機械，電力，航空，鉱山，金融，放送など多数の企業を抱え込み，強力な市場支配力を誇った。天然ガスや石油の国策持株会社 ENI（炭化水素公社）や，弱小電力会社 1200 社を国有化した Enel（電力公社）も設立された。民間企業の救済や南部開発の推進，雇用拡大を目的に，国営企業が乱立した。70 年代半ばに，国有セクターは生産で約 20 ％，雇用で 14 ％，投資で 34 ％を占めるまで巨大化した。政治家との癒着が甚だしく，スキャンダルが多発し，経営非効率と赤字体質とが著しかった。

中小企業の活躍

イタリア経済の第 3 の特色は，**中小企業の活躍**である。高度成長期には北部と中部に中小企業が簇生し，規模を拡大させた。機械や自動車部品から始まり，エレクトロニクスや先端部門へと広がった。2012 年に企業数で 99.8 ％，就業者数で 80.1 ％，付加価値で 68.3 ％を占めた。就業者数では EU 平均の 50.2 ％を大きく上回り 67.9 ％を占めた。

　1970 年代に西欧では所得再分配が進み，労使関係の改善がみられ，社会紛争は縮小した。だがイタリアでは 69 年の「暑い秋」以

降，労使対立が先鋭化した。75年にはスカラ・モビレ（scala mobile：賃金の物価スライド制）が導入され，実質賃金は急騰し，社会保障と医療保険の企業負担は膨張した。財政と貿易との赤字が急拡大し，そのうえ2度のオイル・ショックに直撃されて，イタリア経済は危機に瀕した。戦闘的労働組合と社会保障負担の重圧とを回避すべく，大企業は偽装分割や，脱税，社会保険の離脱に走り生き残りをはかった。

　地縁・血縁の結びつきが強いイタリアで，オイル・ショック以降，中小企業は「産地」（distretto industriale）を形成した。とくに中西部を中心に特定の業種（アパレル，皮革，貴金属，ガラス工芸，家具，食品加工，産業機械，エレクトロニクス）が産地に集積立地した。公式に認定された産地だけでも16州200カ所に及び，輸出の4分1を占める。中小企業各社は，密接な分業・協業関係を通じて経営・技術資源の相互有効活用に努め，①イノベーション能力，②組織の柔軟性，③積極的な国際マーケティングなどで成果をあげている。

　輸出品目のトップは2019年に17％の機械だが，2位は12％の繊維，衣料，皮革であり，中小・零細企業によって支えられている。1970年代には，イタリア・ファッションが高級化に成功して注目され始める。80年代にはアルマーニ，ヴェルサーチ，ウンガロ，ヴァレンティノなどが登場し，ミラノ・コレクションがパリのそれを脅かすまでになった。

1990年代初めの危機

イタリア経済の奇跡は，しかし長続きしなかった。1980年代半ばに，財政赤字の増大，社会保障の肥大化，労働コストの急騰，EMS（欧州通貨制度）加入による伊通貨・リラの過大評価などが重なり，国際競争力は低下を続けた。そのうえ北部では地域主義が過激化し，独立さえ叫ばれる事態を迎えた。冷戦終結後，90年代に入るとヨーロッパが不況に見舞われ，イタリアの社会危機は深まった。

1992年以降，検察当局は構造腐敗摘発の「クリーンハンド作戦」に乗り出し，5年にわたり脱税や収賄，マフィアとの癒着を追及した。戦後，イタリア社会党との連立で政権を握り続けたキリスト教民主党だが，元首相2名を含む，多数の政治家や官僚，財界人が摘発された。左右の既成政党すべてが，分裂・解散・改称に追い込まれ，劇的な政界再編が成った。以後，中道右派（フォルツァ〔がんばれ〕・イタリア）と中道左派（オリーブの木）との2つの政党連合に収斂し，左右間での政権交代が常態化する。

　混合経済の見直しも進んだ。①国営企業の民営化──1992年に民営化法が成立し，Enel，ENI，IRI，INA（国営保険会社）の政府持株は売却された。②インフレの終息──イタリア銀行は1982年以降，短期国債の引受を止められ，90年代に入るとユーロ参加のためにインフレ抑制が至上命題となる。80年に20％超のハイパー・インフレが，85年には8.9％へ，96年には4.0％へ急降下し，21世紀に入ると2％台で推移した。③財政赤字からの脱却──80年代に国債発行が急増したが，92年に社会党首相アマートが30％のリラ切り下げ，医療保険切り詰め，欧州税導入などを断行して，緊縮財政を貫いた。80年代に平均10％を超えていた財政赤字は，93年9.6％，96年7.0％，99年2.2％と劇的に低下を続けた。

内政の混乱から救国内閣へ

イタリアのメディア王と呼ばれるベルルスコーニはフォルツァ・イタリアを率いて首相に就いたが，1995～96年の短期政権に終わった。その後政権を奪還し，第2期（2001～05年）と第3期（08～11年）とで通算10年近く，ベルルスコーニズムを展開した。移民規制や連邦制を叫ぶ「北部同盟」と連立したため，改革は進まなかった。首相発のスキャンダル続発で政権は分裂し，経済は停滞色を強めた。

　2009年にはユーロ危機がヨーロッパを襲い，11年夏にスペインとイタリアに波及した。秋にはベルルスコーニがIMFによる監視

を受け入れて辞任し，テクノクラートで無所属のモンティが跡を継ぎ，労働市場改革や規制緩和を急いだ。だがマイナス成長と失業率の高騰は止まらず，12年末に退いた。数カ月続く混乱後，13年4月には民主党のレッタが左右大連立で危機管理にあたったが，早くも14年2月に政権を投げ出し，レンツィが後継となった。こうして2年数カ月間に，4名の首相が首をすげ替えられた。

　レンツィは39歳，史上最年少の首相で，めざましい構造改革を進めた。40％にのぼった若者の失業率を引き下げるべく，労働規制の緩和と金融改革に取り組んだ。2016年6月の地方選挙で，人気コメディアン，グリッロ率いる反EUポピュリスト，「5つ星運動」（M5S）が雇用不安に乗じてローマとトリノで，市長選を制した。レンツィは政治の機能不全をもたらす，上院の暴走を制止すべく16年末に憲法改正に乗り出したが，大差で国民投票に敗れ，外相と交代した。

　2018年の上下両院選挙後に，反移民，反EUを掲げる左右の両極，M5Sと同盟（旧北部同盟）とが連立を組むに至り，西欧で初のポピュリスト政権誕生となった。激しい勢力争いから2021年に政権運営は行き詰まり，ドラギが首班に指名されて「救国内閣」が発足した。彼はユーロ危機の際，ECB総裁としてユーロを救った。イタリアとEUの関係は，ユーロ危機，難民危機，ポピュリスト政権誕生，新型コロナ禍拡大と，過去10年間，悪化を続けてきたが，ドラギ政権の誕生でようやく修復が成った。

　折しも南欧諸国では新型コロナのパンデミックが猛威を振るい，観光の比重が高い南欧の経済的打撃は深刻化した。EUは南欧や東欧の疲弊を救うべく，2021年に「次世代EU」と呼ばれる復興基金を創設した。イタリアのRRFへの申請額はEUトップで1915ユーロ（給付金689億，貸付1226億ユーロ），その他のEUプログラムへの申請とあわせると総額は2351億ユーロに達した（第5章参照）。

2 スペイン，ポルトガル，ギリシャ
●民主化と市場経済化に励むラテン系諸国

　南欧3カ国には2つの共通点がある。第1に，1970年代半ばまで軍事独裁が続き西欧で孤立していたが，80年代に民主化と市場経済化とを進めてEU加盟を果たした。第2に，アイルランドを含めて域内の「周辺国」であるため，イタリアのメッツォジョルノ（南部）とともにEUから巨額な構造基金を受け取ることができた。だがEUの東方拡大後，東欧支援が本格化したため，南欧への援助は大きく減じた。

　ユーロ誕生を好機にGIIPS諸国は北との融合を願ったが，バブルに呑み込まれ競争力は大きく低下した。「脱工業化」（deindustriali-sation）が進み，EUの南北格差はかえって拡大した（前掲図11-1）。

スペイン）スペインは1936〜75年の約40年間，フランシスコ・フランコによる軍事独裁下にあり，西欧から孤立し（「ピレネーを越えるとヨーロッパではない」），貧しい移民労働者の欧米への輸出国にとどまっていた。だがフランコ死後，フワン・カルロス国王による王政に復帰して，民主化と市場経済化とに努めた。86年にEU加盟を果たしたが，以後，人口4600万人を数える域内「準大国」に遇されている。

　1960年代にはフランス型計画経済に倣って高度成長を実現したものの，オイル・ショック以後，75〜80年にはEU平均を大幅に下回る低成長に苦しんだ。81〜84年にはEU平均にまで回復でき，EU加盟後の86〜90年にはEU最高値を記録した。82〜96年の14年間，社会民主労働党のゴンサレスが首相として福祉国家実現を指揮した。フランスでの「ミッテランの実験」の失敗を避けるべく，市場統合へ向けて抑制的なマクロ経済運営に努め，積極的な産業再編を進めた。経済は活性化し域内貿易は拡大した。自動車，化学，

鉱業，エレクトロニクスに向けて，外資流入が加速した。

だが1990年代に入り景気後退が始まると，福祉国家の実現を急いだツケが噴出する。財政赤字は急騰して国際競争力は低下し，失業者が急増した。長期政権ゆえの政治腐敗も深刻化し，96年の総選挙では中道右派，国民党のアスナールに辛勝を許した。国民党政権は96〜2004年の8年間，ユーロ参加を最優先に，自由化や規制緩和，民営化，税制改革，財政健全化，労働市場の柔軟化，外資導入などを急ぎ，「ヨーロッパの優等生」と称えられた。

だが2004年，マドリード列車同時爆破テロ事件の対応に失敗し，社会民主労働党のサパテロ政権に代わったが，自由化路線は維持された。以後14年に及ぶ高度成長が実現でき，先進国に仲間入りした。2大メガバンクが誕生し，通信・電力・石油企業は欧州展開を進めた。また大企業は中南米への進出を急ぎ，「**再征服**」（Reconquista）と呼ばれた。

ユーロ導入後，GIIPS諸国ではインフレ率が高止まりし，実質金利は大幅低下した。ドイツや中東諸国から観光向け不動産投資が急増し，不動産価格は1995〜2006年に2倍に跳ね上がった。建設部門が肥大化し（主要国の2倍），小規模貯蓄金庫（カハ〔caja〕）の住宅融資向け不良債権が膨張した。すでに07年後半に不動産バブルは弾けていたが，08年の金融危機とユーロ危機に追い打ちをかけられ，景気引き締めへの転換が不可避となった。

2011年の総選挙で社会民主労働党は大敗し，国民党のラホイが政権に就いた。失業率は24％（若年は53％），ホームレスが街にあふれ，海外への出稼ぎも急増した。12年6月に国債利回りは7％と危険水域を超え，政府はトロイカ（IMF，EU，ECB）に最大1000億ユーロの資本注入を要請した。不動産価格はピーク時の3分の2に急落し，地方のカハなど38金融機関が大合併せざるをえなくなり，500億ユーロの不良債権が処理された。13年9月にECBがOMT（国債の無制限買取）の実施を決断するや，そのアナウンス効

果のみで，ユーロ危機は一気に収束に向かった（図11-2）。

スペインでは中世以来の強引な国家統一やフランコ独裁への反発から，自治州の分離独立への志向が強い。とくにバスク地方では60年代から政治家や学者に対する爆弾テロが燃え盛り，ようやく2018年にテロ組織の解体が実現した。他方カタルーニャ州では，政府の緊縮財政や自治権制約に反発して，17年に分離独立派が州首相を制した。これを受けて州は独立強行に出て政府との緊張が高まり，政府は自治権停止と州首相の逮捕とに踏みきった。21年の州議会選挙でも独立派が過半数を維持したものの，新型コロナ禍で政府との協力を迫られ，強硬策には出ていない。

2015年の総選挙では，緊縮策に加え，高失業と汚職問題への不満から2大政党が失速した。代わって急進左派新党のポデモス（「われわれは可能」）と中道のシウダノス（市民党）とが伸び，多極化が著しくなった。政治は不安定化し，4年間に4度目の総選挙が19年11月に行われた。過半数を占める政党はなく，EU懐疑派で移民排斥を叫ぶ新興極右，ヴォックス（Vox）が第3党に進出した。政権発足は遅れ，翌20年1月に社会労働党とポデモスによる，民主化後初の少数連立政権が発足した。20年3月以降，新型コロナのパンデミックが広がり，成長率はEUで最悪の−11％にまで落ち込んだ。

| ポルトガル |

40年に及ぶ独裁政を敷いたサラザールが1968年に退場した。だが後継政権は74年の左翼軍事クーデターで倒され，民政復帰は76年まで待たされたが，ようやく86年にスペインとともにEC加盟を果たした。92年市場統合が迫ると，産業の淘汰や不況が避けられなくなったが，巨額なEUからの構造基金の受け取りと，金融，自動車（フォード，フォルクスワーゲン），不動産，ビジネス・サービスへの外資の進出とにより，苦境を脱した。

中道右派の社会民主党と中道左派の社会党とが政権交代を繰り返

した。両党は市場志向や農業の集団化・国有化の見直し，民営化，規制緩和など，政策の方向性には大差なく，ともにユーロ参加を至上命題に据えた。農業人口は1985年の24％が2002年に12.5％へ半減した。ポルト・ワインやコルク生産に偏ったポルトガル農業は，生産性が低く，食糧消費の半分は輸入に依存していた。だが農地改革や共同農場の民営化，EU構造基金の投入などによって，近代化や商品化が進んだ。1人当たりGDPは75年のEU平均55％から2002年に82％に上昇した。その後，経済の停滞から16年には77％に下がり，20年にも77％と変わらない。

　ユーロの誕生後，ポルトガル輸出の8割がEU15向けに，3分の2以上がユーロ圏向けになって通貨変動を免れたために，物価は安定した。だが割高な賃金水準の調整は進まず，競争力は低下した。2004年のEUの東方拡大以降，フランス市場とドイツの市場での退潮が著しい。成長率ではユーロ圏で最低を10年近く続け，当時絶好調の隣国スペインの対極にあった。

　1999年のユーロ導入は国内金利の急低下をもたらし，政府・民間の借金漬けを招いた。2004年に欧州委員長に就任したバローゾは，首相時代に財政規律の遵守に努めていたが，05年に社会党政権に代わると赤字幅はGDP比5％を超え，その再建途上で金融危機，ユーロ危機に直撃された。11年には緊縮策が議会で否決され，中道右派に政権交代した。すでにトロイカによる金融支援（780億ユーロ）が決まっていたが，条件は医療費削減と付加価値税引き上げ，労働市場の柔軟化，10公社の民営化であった。財政再建途上で，会計操作が優先されて労働市場改革が足踏みしたため，マイナス成長からの脱出に後れをとった。ようやく13年末以降，急回復を果たして国債売り出しが再開され，14年5月にアイルランド，スペインに次いで金融支援は完了した。

　2015年11月には左派へ政権交代したが，構造改革や年金削減，増税は続行された。翌16年，中道右派大統領が誕生して保革共存

となり，19年の総選挙では親EUの社会党が第1党を確保した。政権の課題は，気候変動，デジタル移行，社会的不均衡の是正とされた。

ギリシャ ギリシャは戦後，オーストリア以東に位置する唯一の非共産国家として，その地政学的地位が重視された。NATOの基地が置かれ，アメリカからの援助や投資が増大した。だが1967年の軍事クーデターでEU加盟は大幅に遅れ，74年の民政化を待って，81年に実現した。

この年の総選挙で**全ギリシャ社会主義運動**（PASOK）が勝利し，以後1990～93年の短期の保守支配を除いて，左派政権が長期化した。80年代に世界の主要国はケインズ政策から新自由主義へ転換したが，ギリシャはフランスに倣い国有化や国家介入を強め，社会主義化を進めた。アメリカがNATO入りしたトルコの重視を強めると，ギリシャは歴史的なトルコ支配の屈辱から強く反発し，ソ連に接近した。他方，安全保障の確約を渋ったEUに距離を置くに至ったため，外資は海外への逃避を急ぎ，外国銀行は融資を削減した。この結果，低成長が長引き，失業，インフレ，財政赤字に苦しみ，81～90年の年間成長率はEU平均2.3％に対し，1.6％にとどまることになった。

1990年代初め，冷戦終焉でバルカン半島が不安定化すると，ギリシャの政策転換は不可避になった。保守政権が誕生して民営化（銀行，造船，ホテル，保険など200社）と規制緩和（価格統制撤廃，金融自由化）とが始まり，反欧から親欧へ急転換してCFSP（共通外交・安全保障政策）とユーロ創出とを支持するに至った。93年にPASOKは政権復帰したが，親欧政策は維持され構造改革も進んだ。95～2004年の平均成長率は3.5％に達し，EU平均の2.2％を大きく超えた。インフレ率と財政赤字とは急降下し，2年遅れで，01年にユーロに参加できた。だが「財政赤字3％未満」との加入条件は実際には充たされておらず，赤字幅4.1％は2％に粉飾されていた。

1980年代以降，工業化は進み農業も発展した。だが食肉と酪農ではEUからの輸入品に対抗できず，オリーブやワイン輸出ではスペイン，ポルトガルに水を開けられる。セメントと鉱物資源の輸出は大きいが，バルカンや中・東欧市場向けにとどまる。ギリシャはバルカン諸国の安定化を視野にその入口を抑えて，金融，食品，鉄鋼などで牽引したい。また広大な近隣市場の可能性を睨み，トルコのEU加盟に対しては，拒否から容認へと劇的に転じた。

1人当たりGDPでは2006年に，EU平均の96％まで上昇した。アテネ・オリンピックの翌年であり，アテネ国際空港や地下鉄，高速道路など，EU構造基金による整備のおかげといえる。その後ユーロ危機に直撃され，16年にGDPはEU平均の67％まで急落し，2020年には64％まで下がった。

2009年の政権交代で，再び財政赤字の大幅粉飾（当初の3％台が最終的に15％超に修正）が暴かれ，ギリシャはユーロ崩壊の震源地となった。EU最大の財政赤字国へ転落し，国債格付けは急降下してソブリン（国家信用）危機が迫った。ギリシャはユーロ圏全体のGDPの3％を占めるにすぎないが，スペイン，ポルトガル，イタリアへと危機が連鎖すればユーロ崩壊が迫る。結局，トロイカが10年春と12年春に2度の緊急融資（1100億ユーロと1300億ユーロ）を与え，11年11月にはパパデモスが首相に就き緊縮政策を受け入れた。だが15年の総選挙では反緊縮を叫ぶシリザ（Syriza：急進左翼連合）が勝利し，チプラスが連立政権を率いた。失業率26％（若者50％），GDP26％減，消費4割減と惨憺たる結果への復讐ではあったが，850億ユーロの第3次金融支援が不可避となった。こうして財政支援は8年間に及んだが，18年にようやく終了した。

2019年に発足したミツォタキス政権は，FDI（外国直接投資）の誘致や減税による成長策を進めつつ，経済のデジタル化，グリーン化の改革に取り組んでいる。00年の新型コロナ危機では，早期のロックダウンで感染拡大を抑え，政権支持率は高い。

放漫財政や4割にのぼるアングラ経済（違法活動），縁故資本主義（crony capitalism）というギリシャの悪弊は，4世紀近く続いたオスマントルコ支配（1453～1821年）の遺制といえる。小規模な同族経営や自営サービス業中心の経済構造も，脱税天国を招いた。

3 ベネルクス3国，オーストリアとアイルランド
●それぞれの経済・社会とEU

ベネルクス，アイルランド，オーストリアとEU統合

この5カ国はいずれも高所得の「小国開放経済」（SOE）であり，輸出入のEU市場への依存度がきわめて高い。5カ国とも人口増が続いている。本書の冒頭，「目次」の後の「EUの基本データ」に近年の人口と国民1人当たりGDPを示している。

1人当たりGDP（EU 15＝100）は，ルクセンブルクが280，アイルランド206と抜群に高いのだが，それだけ国民の所得が高いというわけではない。ルクセンブルクは労働人口の半分ほどが近隣の外国から通勤する「コミューター」であり，生産（GDP）はルクセンブルクで行うが，所得は自国に持ち帰るので，国民1人当たりGNI（国民総所得）はその分低くなる。アイルランドは，立地する多数の多国籍企業が利潤の本国送還（所得純流出）を行うので，それを引き去った国民1人当たりGNIはその分低くなる。2017年には約25％低くなった。

ベルギー・オランダ・ルクセンブルク3カ国（ベネルクス〔Benelux〕）は「低地地方」と呼ばれ，15世紀には絢爛たるヨーロッパ中世文化の舞台となった（ホイジンガー『中世の秋』）。16世紀末スペイン王国（ハプスブルグ家）からオランダとして独立，その後ベルギーは1830年，ルクセンブルクは1890年それぞれオランダから独立した。オランダは海上帝国として栄え，インドネシアを植民地とした。日本の徳川時代の鎖国の中で長崎の出島を通じる貿易を許さ

れて，西欧の文明と蘭学をもたらし，日本近代化に大きく貢献した。第2次大戦後3カ国は1944年合意の関税同盟を48年に立ち上げ，EECにモデルを提供した。ベネルクス3国は熱心なEU統合推進国であり，20世紀には仏独対立の仲介役ともなり，EU統合の発展に大きく貢献した。

すでに1922年ベルギー・ルクセンブルク経済同盟を形成，通貨管理はベルギー中央銀行が行った。60年ベネルクス経済同盟を創設し，対外的には単一の経済体である。

アイルランドは長い間イギリスの事実上の植民地にされて貧困に悩み，米英に向かう移民流出の国であった。1949年独立したが，経済の対英依存度は圧倒的，通貨も1820年代から英ポンドと1対1の平価で固定された従属的な通貨同盟で，金融政策の自律性はなかった。1950年代半ばから輸出志向工業化路線をとり，60年代以降は外資導入政策を展開して順調に工業化を進め，73年のEC加盟後は大陸との貿易が伸びて，輸出に占めるEC原加盟6カ国のシェアは72年の10％から79年の30％へ上昇，イギリスのシェアは60％から46％へ低下した。79年に対英通貨同盟を解消し，EMSに参加，ユーロにも加盟した。英語国，外国企業優遇税制（法人税率をEU最低の12.5％に引き下げ），EU統合への積極的な参加，これらによりアメリカ多国籍企業を中心に多数の外国企業が進出した。エレクトロニクス（デル，マイクロソフト，インテルなど），アップルなど情報系大企業，製薬企業など，ハイテク部門を中心にEU単一市場への大輸出基地となった。輸出主導の高度成長（90年代後半には年率8％超）により，「ケルトの虎」（Celtic tiger）と呼ばれた。

オーストリアはハプスブルグ帝国の中核として栄えた。ハプスブルグ帝国は資本や人の域内自由移動を保証し，「EUの先駆け」との評価もある。19世紀半ば以降領邦に近代化の制度改革をもたらした。ウィーンの経済的・文化的繁栄は今も語り草である。第1次大戦の敗北で帝国は解体，オーストリアは1930年代にヒットラー

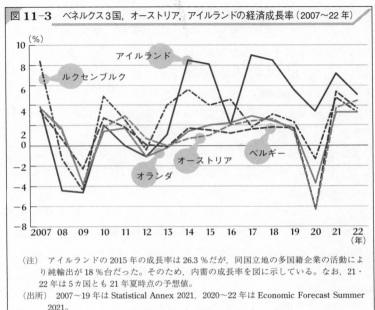

図 **11-3**　ベネルクス3国，オーストリア，アイルランドの経済成長率（2007〜22 年）

(注)　アイルランドの 2015 年の成長率は 26.3 ％だが，同国立地の多国籍企業の活動によ
　　　り純輸出が 18 ％台だった。そのため，内需の成長率を図に示している。なお，21・
　　　22 年は 5 カ国とも 21 年夏時点の予想値。
(出所)　2007〜19 年は Statistical Annex 2021，2020〜22 年は Economic Forecast Summer
　　　2021。

のドイツに併合されて第 2 次大戦にも敗北，米ソ両陣営に中立政策
をとる小国として再生した。ソ連崩壊後の 95 年に EU に加盟した。
現在の版図では 9 割を占める最多数派の民族はドイツ人で，金融政
策の考え方などはドイツとの親近性が高い。

　リーマン危機以降の 5 カ国の GDP 成長率を図示しておこう（図
11-3）。1990 年代から堅実に成長した 5 カ国すべてがリーマン危機
で大きく落ち込み，さらにユーロ危機によって不況の 2 番底に沈ん
だ。2010 年代後半に回復したが，新型コロナ危機により落ち込んだ。
22 年から回復に向かうであろう。

　21 世紀に入るとオランダの EU 統合への関わりは転換した。
2005 年の国民投票で EU 憲法条約を 62 ％の大差で否決した。オラ
ンダは，外国人を寛容主義で受け入れてきたが，アムステルダムな

どでイスラム過激派が力を伸ばし，有名映画監督の暗殺事件（04年）や教会の焼き討ち事件などが頻繁に起きて，イスラム系移民の排斥を掲げる極右ポピュリズムの**自由党**（ウィルダース党首）が勢力を伸ばした。EUは多文化主義で難民の受け入れに積極的だったが，オランダでは反発が強まり，国民の価値観の多様化を反映して多党化した。10年代から多数政党の連立政権が続き，自由民主国民党マルク・ルッテが継続して首相を務める。

　ルッテ政権はオランダのカネをEUに支出する（南欧諸国の支援など）やり方に批判的で，2020年7月のEU首脳会議では，「復興基金」5000億ユーロの給付金（返済不要）に反対して「倹約4カ国」（オーストリア，デンマーク，スウェーデン）をリードし，3900億ユーロへの切り下げとなった（第5章参照）。西北欧の小国では，南欧諸国は経済運営に締まりがなく，財政赤字を積み重ね，尻拭いを自分たちに求める，EUはそれを是認するとの批判が強い。

ベルギーとルクセンブルク

　ブリュッセルには欧州委員会，閣僚理事会，欧州議会などの本部が集中し，ルクセンブルクにはEU司法裁判所，EU統計局などがある。ルクセンブルクは製造業に外国人労働者を迎え入れた伝統をもち，1970年代からの金融立国政策により多数の外国金融機関が進出している。両国ともにEU国籍の外国人の居住が多い。

　ベルギーの産業構成はサービス部門のシェアがほぼ75％と高く，農業は1％弱，工業部門では鉄鋼，機械，化学，食品などが盛んだ。財・サービス輸出のGDP比は2019年82％とEUのトップクラス，貿易相手の過半は独仏蘭3カ国で，EU域外への依存度は低い。ベルギー経済の強さは，立地（ヨーロッパの中心），独仏に近接，EU首都の利益，などにある。EU各国からロビーイストや企業事務所が集積する。自国籍の大企業は少ないが，外国の多国籍企業が多数立地し，EU本部の拡張によりブリュッセル市街は建設続きでつねに変貌を遂げている。

ベルギー北部はオランダ語圏（フラマン地方），南部はフランス語圏（ワロン地方）だが，オランダからの独立のため一国となった（独立は 1830 年）。第 2 次大戦前は石炭・鉄鋼業など工業化の進んだワロン地方が政治面でも優勢，戦後はアントワープ港の流通機能も加わりフラマン地方の工業化が進み，政治力も高まって対立が激化，1993 年の憲法改正により 94 年にワロン地域，フラマン地域，首都ブリュッセル地域の 3 地域からなる連邦制に移行した。

　ベルギーでは長期失業者が多く，若者の失業率も高い。EU の小国で失業率が低く活力のある国はおおむね政労使の協力関係が密接で，共同体的な連帯を積極的に維持・発展させる国民的合意がある。しかしベルギーでは連邦制移行後も民族対立は持続し，100 ％を超える高い政府債務とともに，課題を残している。

　ルクセンブルクは神奈川県ほどの広さの国土で人口 60 万人超（神奈川県は約 900 万人超）である。法人税率が低く多数の外国企業が欧州本社を設置する。利子源泉課税がなく世界の金融機関が集中する。この大銀行・大企業の流入がこの国の 1 人当たり GDP の圧倒的な高さの第 1 の理由である。「税オアシス」の批判もあるが，富裕層向けの銀行活動を含めて金融セクターはおおよそ 7 万人を雇用する。ストライキのない労働風土で，製造業企業も集積し，底堅い経済成長，低い失業率，小さな経済格差を支える。

　2013 年の人口の約 45 ％が外国人で，EU でも飛び抜けて高い。周辺のベルギー，ドイツ，フランス，イタリア，そしてポルトガルなどヨーロッパ諸国からの流入である。

オランダ

　オランダは世界で活躍する貿易大国として自由主義の伝統を育んできた。北海沿岸をダムで仕切り埋立てによって国土を広げた伝統をもつ国民は計画性・協調性に富み，政労使が団結して伝統を維持・発展させてきた。外国企業にも開放的で優遇税制などで外資を呼び込む（アイルランド，ルクセンブルクとともに「過度に優遇」との批判は強い）。電気電

子機器・医療機器のフィリップス，英蘭系のロイヤル・ダッチ・シェル（石油），ユニリーバ（食品・日用品）などの多国籍企業を擁する。EU 最大のロッテルダム港と優秀な運輸業により EU 物流の中心国でもある。酪農を中心に高所得の農業も盛んだ。

北海油田の石油・天然ガスの石油収入に頼って労働組合が強くなり，財政大幅赤字，国際競争力喪失などに陥り，1980 年代初めに失業率 10 ％超の「オランダ病」になった。82 年，政労使が雇用最優先の「ワッセナー合意」に達して改革が進み，15 年後には失業率は 3 ％台となり，財政は均衡した。この「オランダの奇跡」は，①賃金抑制を組合が受け入れ，②パート労働とフルタイム労働との時間賃金を法律で同一とし，パート労働が増えて失業率が激減したことによりもたらされた。パートは女性が多く，共稼ぎで 1.5 人分の家計所得を得て家族一緒の時間を確保するライフスタイルが一般的となった。

だが，21 世紀初頭の好況期には不動産バブルが膨張し，リーマン危機，ユーロ危機によるバブル破裂と銀行の破綻，不況下での財政緊縮政策の強行などから，経済は落ち込んだが，2010 年代後半に回復し，失業率も低下した。

オランダは政労使，地方自治体などの効率的なコンセンサス（合意形成）・システム，NGO（非政府組織），NPO（非営利組織）などの活発なボランティア活動，そして空港，海港，通信設備，都市ネットワークなど時代を先取りする公共投資を誇ってきた。国民は実利的で行動も素早い。だが，世論の多様化の中で「オランダ・モデル」への収斂をどう進めていくかが課題である。

ブレグジットにより，日本の大銀行を含めてロンドンから金融機関の流入も起きた。2021 年春にはロンドンからユーロ建て株式取引がアムステルダム金融市場に大規模に移転し，活気づいている。

| オーストリア

オーストリアの EU との関わりで注目されるのは，極右ポピュリスト政党自由党の動

向である。1999 年の選挙で自由党は躍進し，国民党との連立政権を樹立した。だが，ヒットラーやナチスを肯定する党首イェルク・ハイダーの政権入りに EU 諸国は反発，交流制限など制裁に踏み切ったため，2000 年に党首を辞任した。

2015 年からの大量難民の EU 流入を受けて，16 年 12 月の大統領選挙では，自由党候補への支持が伸びてオーストリア国民も EU も緊張したが，緑の党のベレンが僅差で勝利した。

2017 年，野党自由党党首などがロシア新興財閥と，資金供与を受ける見返りに，連立政権入りした後に公共事業を発注するという趣旨の密談をした。そのビデオが 2019 年 5 月に欧州議会選挙開始の時点でドイツで報道され，ヨーロッパを震撼させた。国民党クルツ首相は直ちに捜査および情報機関を管轄する自由党のキックル内相を更迭し，自由党は政権を離脱した。自由党とプーチン露大統領（その政党「唯一のロシア」）との良好な関係は長期間維持されている。ロシアが西側政府の情報機関にまで手を伸ばしている点も衝撃を与えた。

オーストリアではワクチン接種への反対運動が活発で，接種率は2021 年末近くになっても 60 ％台前半にとどまる。第 5 波の拡大に困難を抱え，22 年の経済回復への影響が懸念されている。

アイルランド

アイルランド共和国の第 1 の公用語はアイルランド語（ケルト語の 1 つ）で人口の約25 ％が話し，第 2 の公用語である英語は全国で話されている。人口の 95 ％がローマ・カトリック教徒で，人口は 1980 年の 340 万人から 2020 年の 500 万人に増えた。1990 年代の経済発展によって熟練労働者不足となり，アイルランド人の本国帰還を世界に呼びかけ，米英両国などから年間数万人が帰国した。中・東欧諸国の EU 加盟後に多数の移民を受け入れ，建設，製造，ホテル・レストラン，金融などの部門に雇用された。

だが 20 世紀末のハイテク製品輸出基地型の成長モデルは熟練労

働者の不足などによって21世紀初頭には機能しなくなり，不動産バブル型成長に移行した。2004年頃から，アメリカの信用ブームと住宅バブルの影響を受け，在米アイルランド人投資家の本国投資もあり，アイルランド経済は過熱した。ダブリンの住宅価格は1994年から2006年までに6倍に上昇，07年サブプライム危機勃発直前に銀行資産（貸出と投資）はGDPの9倍に達した。

2007年8月，パリバ・ショックと相前後して金融・住宅バブルは崩壊，住宅価格は急落，さらにリーマン危機によって経済は恐慌型の不況へと落ち込んだ。アイルランドの3つの大手銀行は巨額の不良債権を抱えて経営が行き詰まり，実質国有化された。

政府は膨大な債務を負った主要銀行を債務保証や資本注入によって救済するとともに，財政支出削減・増税によって財政赤字の縮小を目指した。だが，対応しきれず，2010年11月，EU・ECB・IMF（「トロイカ」）に支援を申請した。「トロイカ」の支援総額は850億ユーロ，金利5.8％の3年間のローンで，財政赤字の穴埋めに500億ユーロ，銀行救済に350億ユーロを充てた。翌2011年2月の総選挙で政権交代，経常収支は黒字へ転じ，成長率も輸出主導で14年から回復した。

EUの欧州委員会は2016年8月，アイルランド政府がアップルに与えた違法な税務上の優遇措置による利益130億ユーロ（約1兆6000億円）を政府に払い戻すよう求めた（詳細は第3章第3節）。多国籍企業の税逃れをどう防ぐかは各国共通の課題で，EUの提案は世界を動かし，OECDの合意を経て法人税最低15％課税に約150カ国がひとまず合意した。今後の進展が注目される。

貿易や移民など多くの面で対英依存度が高いので，アイルランドへのブレグジットのダメージはEU加盟国中最大である。英仏海峡トンネル経由の大陸への輸出ルートを北フランスやスペイン経由に切り替えるなど，対応に追われる。北アイルランドとの国境問題も難題である。国境は複雑に入り組み，多数の貨物トラックが行き来

している。またコミューター（北アイルランド就業者の４％がアイルランドで就業）など３万人が乗用車などで，毎日自由に通過する。ブレグジットにより国境が復活すれば，税関チェックが入り，通勤も難しくなる。2019年の離脱協定でアイルランド島全体をEU単一市場に包摂する合意ができ，摩擦はあるが運用されている。だが，アイリシュ海での税関検査などで，英EU間に摩擦が生じている。長期的には北アイルランドのアイルランド共和国への統一という問題も残る。

4　その他のEU諸国とEU経済──多様性を生かしつつ統合へ

●ICT化による経済成長を模索する北欧諸国

> 北欧諸国──デンマーク，スウェーデン，フィンランド，ノルウェー

〈政治・外交体制〉　第１次大戦に際し，デンマーク，スウェーデン，ノルウェーは，基本的には中立主義の立場をとった。独仏など列強と比較すると，その軍事力，経済力は弱体だったからである。また，地理的にみて，主戦場となった地域から離れていたことも重要であった。一方，フィンランドは，1917年，革命に揺れるロシアから念願の独立を達成した。このように，北欧諸国は戦乱に見舞われることが少なかったこともあり，第１次大戦後，政治・経済情勢は比較的安定していた。その結果，政治的には労働者保護を中心とした社会民主主義勢力が拡大し，それとともに「福祉国家」への道を歩むことになる。

　しかし，第２次大戦はこれら諸国にも大きな影響を及ぼした。フィンランドは，ソ連がカレリア地峡の割譲を要求したことから，ソ連との間で「冬戦争」（1939年11月〜40年３月）が引き起こされる。さらに，第２次大戦が始まると，再びフィンランドはソ連との「継続戦争」（41年６月〜44年９月）に巻き込まれた。一方，中立主義を模索していたデンマーク，ノルウェーはドイツに侵略された。スウ

ェーデン・キルナ産の鉄鉱石を確保すること，さらにはノルウェー
に潜水艦基地を設置することなどがドイツの狙いであった。スウェ
ーデンは，ドイツ軍の域内通過（すなわち，ノルウェー・ドイツ間）
を容認しながらも中立を維持したため，戦禍に巻き込まれることは
なかった。

こうした第2次大戦は，戦後，これら地域の政治経済体制に大き
く影響する。フィンランドは，ソ連による占領を免れることができ
たものの，ソ連との友好関係を維持せざるをえず，1948年4月，
ソ連と友好協力相互援助条約を結ぶ。しかし，その後，同国はソ連
との友好関係に配慮しつつも，中立外交を独自に模索するようにな
る。また，戦争による被害が少なかったスウェーデンは，改めて中
立主義を確認するとともに，戦前からの課題であった福祉国家の建
設を進める。さらに，「連合国」側とされたデンマーク，ノルウェ
ーは，西側陣営として安保面ではNATOに参加する一方，アメリ
カの援助を受け経済再建に乗り出す。その際，社会民主党あるいは
労働党による福祉国家建設が目標となった。

しかし，1970年代に入りオイル・ショックに直面すると，イン
フレの加速，失業率の上昇に見舞われたため，国民の間で福祉国家
体制の対応能力に疑念が生じるようになった。その結果，社会民主
党を中心とする中道左派政権は退潮するようになり，不安定な連立
政権が成立するか，あるいは政府支出の削減などを訴える中道右派
が政権に就くようになる。

一方，対外関係で注目される点はEC（当時）加盟である。もと
もと北欧諸国は中立主義を志向していたことから，EECにも参加
せず，EFTAを創設し，貿易面での緊密化をはかるという緩やかな
統合を目指した。しかし，ヨーロッパの周縁部に位置する諸国のみ
で構成されるEFTAが期待通りの成果を生まなかったことから，
デンマークおよびノルウェーはEC加盟を目指す。両国は，他の北
欧諸国ほど中立志向が強くなかったためである。この結果，デンマ

ークはイギリス，アイルランドとともに1973年1月にEC加盟を実現した。ただ，ノルウェーは，EC加盟によって漁業など同国産業が競争力を喪失する懸念があったため，国民投票でEC加盟を否決した。

1990年代に入り，ソ連が崩壊するとともに，北欧諸国を取り巻く国際環境は大きく変化する。その結果，スウェーデンは中立主義を「軍事的な非同盟」と再定義し，EU加盟を果たす（95年1月）。また，フィンランドはソ連との友好協力相互援助条約を失効させ，新たにロシアとの間で国境不可侵，経済協力などを中心とする基本条約を結んだ（92年1月）。

こうした背景の下，1995年1月，フィンランドもスウェーデン，オーストリアとともにEU加盟を実現する。すなわち，伝統的に中立主義を掲げてきた北欧諸国にも「EU化」の波が押し寄せたのである。なお，92年6月，デンマークは国民投票によって，マーストリヒト条約の批准を拒否した。ドイツなど大国主導によるEU統合に対する反感が主因とされており，依然として第2次大戦の影響が残っていることを物語っていた。同国による批准拒否もあって同条約の発効は遅れたが，イギリスと同様，デンマークに特例扱いが認められたため，同国はマーストリヒト条約を批准した。また，ノルウェーは，90年代前半，再度，他の北欧諸国とともにEU加盟を目指すが，国民投票によって否決され，現在もEU域外にとどまっている。

〈経済情勢〉　北欧諸国は，高い教育および科学技術水準，比較的安定した政治体制，競争力を有する林業などを背景に経済発展を続けてきたため，その所得水準はいずれも高い。

また，1990年代に入り世界経済はICT化の波に見舞われるが，北欧諸国では高い教育レベル，ICT分野における規制緩和によって競争力を有する情報関連産業が経済を牽引するようになった。事実，この分野では，エリクソン（スウェーデン），ノキア（フィンランド）

表 11-1　EU および北欧諸国の経済成長率

（単位：％）

	2007〜11年	2012〜16年	2017〜19年	2020年	2021年
EU	0.7	1.0	2.2	− 6.0	4.8
スウェーデン	1.5	1.9	2.2	− 2.8	4.6
フィンランド	0.6	0.1	1.9	− 2.8	2.7
デンマーク	− 0.3	1.7	2.6	− 2.7	3.0

（注）　2021 年は欧州委員会による予測値。
（出所）　European Commission［2021］European Economic Forecast, Summer 2021.

表 11-2　世界幸福度ランキング上位 10 カ国

1位	2位	3位	4位	5位
フィンランド	デンマーク	スイス	アイスランド	オランダ

6位	7位	8位	9位	10位
ノルウェー	スウェーデン	ルクセンブルク	ニュージーランド	オーストリア

（出所）　国際連合（持続可能開発ソリューションネットワーク）［2020］「世界幸福度報告 2020」。

など世界的な企業が活躍している。第 6 章表 6-1 によれば，2020年時点の IMD（在スイスのシンクタンク）のデジタル競争力ランキングにおいて，デンマークは 3 位，スウエーデンは第 4 位，フィンランドは第 10 位にランクされているのである。

　こうしたデジタル化の進展もあって，新型コロナ禍については，北欧諸国は比較的軽微な影響にとどまっている。ちなみに，2021年 7 月に発表された欧州委員会の経済成長率見通しによると，北欧諸国は 20 年にコロナ禍を主因に成長率は落ち込んだものの，EU平均の − 6.0 ％より小幅な − 2 ％台にとどまっている。また，21 年についてみると，おおむね，前年の落ち込みを取り戻すまで回復している（表 11-1 参照）。

　国連が毎年発表している「世界幸福度ランキング」によると，EU 諸国は高く評価されており，とりわけ北欧諸国はこうした経済社会情勢の下，一貫して 10 位以内に入っている（表 11-2）。なお，

このランキングは，人口1人当たり GDP，健康寿命など6つの指標を基に総合幸福度が計算されている。

　今後，直面するであろう課題の1つは，歳出の見直しである。もともと北欧諸国では，社会保障費が大きなシェアを占めていた。加えて，新型コロナ禍に対応する歳出が増加したことから，GDP に占める歳出の比率は上昇している。欧州委員会によると，歳出／GDP比（2020年）は，フィンランド56.7％，スウェーデン52.9％，デンマーク54.0％となっている。フランスの62.1％，ギリシャの60.7％よりは低いものの，EU平均である53.4％より高い。新型コロナ禍が一段落した後，社会保障費をいかに削減し，「**大きな政府**」をいかに見直すかが政策課題となるであろう。

スイス

周知の通り，スイスは「永世中立国」としての立場を堅持しており，EU域外にとどまるのみならず，EFTAとEUとの間で締結された**EEA（欧州経済領域）**にも参加していない。その一方，同国はEUとの間に多くの2国間協定を締結することによって，経済関係の強化を目指している。とりわけ2001年に発効した**スイス・EU協定**は，航空，陸運，人，政府調達など7分野における自由化を規定しており，両経済関係はいっそう強化された。一方，ネスレなど大企業は，早くから多国籍化を進めることによって，EUを含め世界に拠点を設けている。また，同国金融機関は，国際的に幅広く活動を展開することにより，同国経済を牽引してきた。また，第6章で紹介したIMDは，毎年，「国際競争力ランキング」を発表しているが，2021年のランキングでは，スイスは第1位となった。同ランキングを構成する指標のうち政府の効率性が第2位，インフラが第1位となったことなどが反映されたからである。ただ，スイスは観光業に依存する度合いが高く，新型コロナ禍を経て観光客がどの程度まで回復するかが大きなポイントとなろう。

1　イタリアの「南北問題」の歴史的要因とは何か。どのような対策が講じられ，その結果どうなったかを考えてみよう。

2　スペイン，ポルトガル，ギリシャのEU加盟が1980年代まで遅れたのはなぜだろうか。

3　2010～11年にギリシャ危機が生じた。ギリシャ危機の原因について調べてみよう。スペイン，ポルトガルなど南欧諸国への波及が懸念されたが，それはなぜだろう。

4　オランダ・モデルについて検討してみよう。

5　アイルランドは世界金融・経済危機の中で激烈な危機に陥り，回復までに長期を要するのではないかと懸念されている。日本の「失われた10年」について調べ，アイルランドの経済発展の成功の理由は何であったのか，それに照らしてアイルランドの2010年代を展望してみよう。

6　ユーロ危機の原因となった，フランスも含めたGIIPS諸国の抱える欧州間南北格差の構造的問題とは何だろうか。

7　北欧諸国が，中立主義を標榜し，福祉国家を目指すようになったのはなぜか，またEU加盟によって，こうした国家のあり方がどのように変化するのかを考えてみよう。

8　北欧諸国におけるICT教育，さらにはイノベーション戦略を調べ，日本と対比してみよう。

■ ■ □ **参 考 文 献** □ ■ ■ ■ ■ ■ ■ ■ ■ ■ ■

伊藤武［2016］『イタリア現代史——第二次世界大戦からベルルスコーニ後まで』中央公論新社（中公新書）

牛島万編著［2016］『現代スペインの諸相——多民族国家への射程と相克』明石書店

長手喜典［1991］『イタリア経済の再発見——南部開発問題から産業事業まで』東洋書店

尾上修悟［2017］『ギリシャ危機と揺らぐ欧州民主主義——緊縮政策がもたらすEUの亀裂』明石書店

北原敦［2002］『イタリア現代史研究』岩波書店

斉藤孝編［1979］『スペイン・ポルトガル現代史』山川出版社

代田純［2012］『ユーロと国債デフォルト危機』税務経理協会

田中素香［2007］『拡大するユーロ経済圏——その強さとひずみを検証する』日本経済新聞出版社

田中素香［2016］『ユーロ危機とギリシャ反乱』岩波書店

馬場康雄・岡沢憲芙編［1999］『イタリアの経済——「メイド・イン・イタリー」を生み出すもの』早稲田大学出版部

原輝史・工藤章編［1996］『現代ヨーロッパ経済史』有斐閣

坂東省次編著［2013］『現代スペインを知るための 60 章』明石書店

百瀬宏［1980］『北欧現代史』山川出版社

吉武信彦［2003］『日本人は北欧から何を学んだか——日本－北欧政治関係史』新評論

渡辺尚・作道潤編［1996］『現代ヨーロッパ経営史——「地域」の視点から』有斐閣

融合が進む東西ヨーロッパ

●**本章のサマリー**

　冷戦終焉後，東西ヨーロッパの融合は進み，中・東欧とバルト3国の体制移行国（transition economies）は順調な発展を遂げた。教育水準が高く，豊富な労働力に恵まれていた移行国は，当初生産基地として登場したが，2003〜08年の高度成長後に，将来性ある消費市場に変貌した。その後，賃金上昇と労働力不足が進み，外資はトルコ，ウクライナ，アフリカ北部など，中・東欧の外縁部に向けて生産基地をシフトさせている。

　EUは移行国の制度や政策の転換を主導し，2004年に中欧，バルトから8カ国がEU加盟を果たした。07年には南東欧のルーマニアとブルガリアが，さらに旧ユーゴスラビアからクロアチアがEUに入った。

　2008年に金融危機が勃発すると，REBLL諸国（ルーマニア，エストニア，ブルガリア，ラトビア，リトアニア）は厳しい「拡張的緊縮策」を断行した。トロイカ（IMF，EU，ECB）がこれを評価して緊急支援に踏み切り，現地に進出した西欧銀行は融資引き揚げを自制し，危機は短期間で終わった。このため10〜12年のユーロ危機は限定的に止まり，14年以降，成長路線に復帰できた。

　だが難民紛争や人種対立，ナショナリズムの高揚，政治腐敗などが止まらない。ハンガリーとポーランドでは反リベラルの保守ナショナリスト政権が誕生し，司法の独立やメディアの自由が脅かされる。

KEY WORDS

本章で学ぶキーワード

移行国　中欧　中・東欧諸国　COMECON　CIS　西バルカン　ショック療法　漸進的改革　PHARE　南東欧　REBLL諸国　拡張的緊縮策　ヨーロッパの東西分断

1 ポスト冷戦と東方拡大

●21 世紀の EU 統合への新局面

市場経済への移行

1989 年にベルリンの壁が崩れた後，30 年以上が経過した。この地にはかつて 9 カ国が存在したが，東ドイツは西ドイツに吸収合併されたものの，ソ連とユーゴスラビア連邦とが解体され，チェコとスロバキアが分裂し，移行国（transition economies）は 30 カ国にまで膨れ上がった。戦後長らく東欧（Eastern Europe）と呼ばれてきたこれらの地域は，戦前の呼称，中欧（ドイツ語で Mitteleuropa；Central Europe）が復活し，今日，中・東欧諸国（Central & Eastern European Countries：CEEC）と呼ばれる。

　市場経済への移行過程は，国や地域で大きく異なる。1970 年代から並行経済（市場経済の部分的導入）を積極化させていたハンガリーでは，共産党が巧妙かつしぶとく生き残った。ポーランドは重債務に苦しんだが，農業の集団化が行われなかったためスムーズに移行でき，資源に恵まれたスロバキアでは混乱は回避された。西側諸国との交流を早くから続けてきたチェコは，それに過信して改革に遅れをとったが，逆にロシア系住民が 3 割に上ったエストニアとラトビアとは，危機意識を高めて大胆な改革を急いだ。

　他方，ルーマニアやブルガリアのように，かつて COMECON（経済相互援助会議）による社会主義分業体制に組み込まれ，それに安住してきた国では，市場経済化に対する国民の抵抗は大きかった。社会主義化の歴史が長く，資本主義の記憶に乏しい旧ソ連の CIS（独立国家共同体）諸国では，無秩序が広がりマフィアが跋扈した。これまで抑圧されてきたイスラム教は，民衆の間で影響力を高めた。

　2004〜07 年に EU の東方拡大が成った。かつては 3 割に届かなかった東西欧州間の貿易が急伸し，各国とも 7〜8 割に急騰した。

表 **12-1**　中・東欧諸国のキャッチアップ指数（EU 28 平均＝100）

	2001年	2006年	2008年	2010年	2012年	2014年	2016年	2018年	2020年
EU 28	100	100	100	100	100	100	100	100	100
ブルガリア	30	38	43	45	46	46	48	51	55
チェコ	73	79	84	83	83	86	88	92	94
エストニア	47	64	69	65	74	76	74	82	86
クロアチア	51	58	63	59	60	58	59	64	64
ラトビア	39	53	59	53	60	64	65	69	72
リトアニア	47	55	63	60	70	75	75	81	87
ハンガリー	58	61	62	64	65	68	67	71	74
ポーランド	48	51	55	62	67	68	69	71	76
ルーマニア	28	39	49	52	54	55	59	65	72
スロベニア	80	86	90	83	82	83	83	87	89
スロバキア	53	63	71	74	76	77	77	71	71
モンテネグロ	–	34	41	41	39	41	42	48	46
北マケドニア	25	29	32	34	34	36	38	37	38
アルバニア	–	22	25	29	30	30	30	30	31
セルビア	–	32	36	36	37	37	36	41	43
ボスニア・ヘルツェゴビナ	–	26	29	29	30	30	31	32	33

（注）　EU 28 の平均を 100 として，1 人当たり GDP（購買力平価）を指数化したもの。
（出所）　Eurostat.

貿易額は 1999 年の 1750 億ユーロが，金融危機の前年，07 年には 5000 億ユーロに達し，10 年で 3 倍増となった。成長率では EU15 を大きく上回り，03〜08 年には西欧の 3.5 ％に対して 5.5 ％に達し，失業率も西欧とほぼ同じにまで下がった。

　1 人当たり GDP（購買力平価）では，西欧へのキャッチアップが進んだ（表 12-1）。EU 平均の 7 割を超えた国は 2001 年に，スロベニアとチェコの 2 カ国にすぎなかったが，20 年にはスロバキア，リトアニア，エストニア，ラトビア，ハンガリー，ポーランド，ルーマニアを加えて 9 カ国に増え，8 割を超えた国も 4 カ国を数える。だがスロベニアとクロアチアを除く**西バルカン**諸国とブルガリアとは，大きく後れをとった。

市場経済への移行方式には，ポーランドや
部分的にロシアが選択したショック療法と，
ハンガリーや旧東ドイツに代表される漸進的改革との2つがある。
前者は，ハイパー・インフレの封じ込めや国有企業の民営化，金融
の自由化，マクロ経済の安定化など，必要な措置を一挙同時に進め
る手法を指す。後者は，改革に時間のかかる制度やインフラ構築，
企業家精神の涵養などを対象とする。

　ポーランドは近隣国に比べて改革に出遅れたが，ショック療法を
採用して成長のチャンピオンに躍り出た。逆に旧東ドイツでは，東
西マルク比1対1という無茶な交換比率を採用して急変を避けよう
としたが，かえって企業倒産と失業率の急騰とを招いた。CIS諸国
も漸進的手法をとり，改革は停滞した。

　ロシアは早急な民営化を急いだが，一握りの新興資本家に富が集
中し，彼らは巨額な脱税に走った。移行10年後，国内にはマフィ
アが跋扈し，貧困層は2％から50％へ急増した。

　外資への開放がリストラを加速させ，経済の実態は大きく改善し
た。西欧からを中心に金融機関の進出がめざましく，2003年にス
ロバキア，クロアチア，ブルガリア，チェコでは金融資産の8割を
外国銀行が保有した。ハンガリーでは6割強，ポーランドでは5割
に上った。FDI（外国直接投資）の純流入額は，1992年の1.6億ド
ルが10年後に20億ドルを超え，金融危機に先立つ2007年には
180億ドル弱にまで達した。新興アジア諸国に迫り，ラテンアメリ
カやカリブ海地域を大きく超えていた。金融危機で急減したものの，
その後再び上昇に転じ，ヨーロッパ全体を上回る高い伸びを示して
いる。後述のように（372ページ），金融危機への対応に成功したバ
ルト3国はユーロ危機の打撃を軽微に抑えられ，年による変動が大
きいものの大幅な拡大が続いた（図12-1）。

　FDIの出資元では，ドイツとオランダがチェコにおける50％以
上を，またハンガリーにおける44％を占める。オーストリアでも

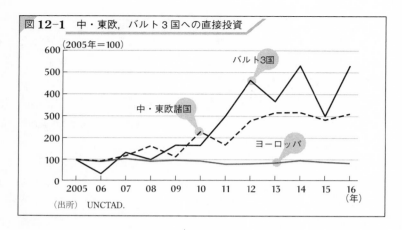

図 **12-1** 中・東欧，バルト 3 国への直接投資

（2005年＝100）

（出所）UNCTAD.

2 カ国の比重が大きい。ブルガリアとルーマニアではイタリアが首位を占め，出資元による投資先の選定にあたっては，地理的・文化的理由が大きいことがわかる。FDI の産業部門別構成をみると，チェコとポーランドではサービス部門と貿易，金融仲介の比重が高い。中欧とバルト諸国では，輸出志向投資が拡大した。受け入れ国は，雇用や輸出面での貢献に加え，技術革新や労働者の能力向上に期待している。

FDI の集積の結果，フランス東部からドイツ，ポーランド，チェコへ，またオランダからオーストリア，ハンガリーへと，中欧に伸びるそれぞれ 1000 キロに及ぶ 2 つの構造軸を中心に，いくつかの産業の極（industrial pole）が形成された。光学，自動車，エレクトロニクス，食品，化学などである（図 12-2）。

中欧諸国の平均賃金は，当初はドイツの 10 分の 1 以下であったが，その後急速に上昇し，1999 年から 2017 年に名目賃金の伸びは，スロバキアで 7.2 倍，ハンガリーで 4.6 倍，チェコで 4.2 倍，ポーランドで 2.5 倍などとなった。2021 年の最低賃金では，中欧 4 カ国でドイツの 35 ％に達し，スロベニアでは 63 ％になった。外資はトルコやルーマニア，ウクライナ，北アフリカなど，賃金の安いより外

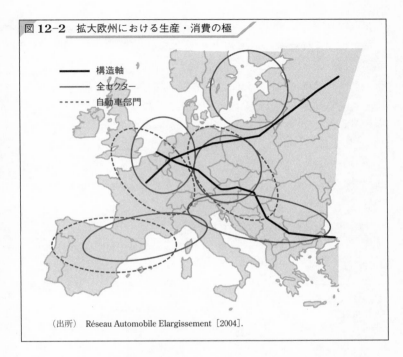

図 12-2　拡大欧州における生産・消費の極

構造軸
全セクター
自動車部門

（出所）　Réseau Automobile Elargissement［2004］.

縁部へ向けて生産基地のシフトを急ぐ。中欧の富裕化は，消費市場としての魅力を急速に高めている。

> EU の東方拡大戦略

EU は，1989 年 11 月のベルリンの壁崩壊に先立ち，すでに同年 6 月の先進国首脳会議，アルシェ・サミット（パリ）でミッテラン仏大統領の提唱により，PHARE（「ポーランド・ハンガリー経済再建援助」の略称で，仏語で「灯台」の意味）作戦の開始が決まった。その後，対象はバルト 3 国を含めた中・東欧諸国全域に広がり，市場経済への移行を支援した。

1999 年には EU 東方拡大の費用捻出のために，2000〜06 年の中期財政計画「アジェンダ 2000」が合意された。「加盟前援助」の総額は，90〜99 年の 67 億 7000 万ユーロ（年間 6 億 8000 万ユーロ）か

ら 2000〜03 年の 132 億ユーロ（同 33 億ユーロ）へと膨れ上がった。

　移行国は EU と同一の制度への早急な移行が迫られ，EU の 15 カ国と移行国とが 1 国ずつ対になる，合計 683 にのぼる「双子プロジェクト」（Twinning Projects）が実施された。農業，環境，財政，司法，内務，さらには社会政策，麻薬取り締まり，運輸，テレコム規制などが対象となった。投資支援ではアキ・コミュノテール（既存の EU 法体系）の順守を要件とし，環境，原子力の安全性，運輸の安全，労働条件，食品の販売，消費者情報，製造過程規制などの分野が重視された。

2 東欧の変貌と中欧の復活

●強まるドイツの影響力

COMECON 支配に苦し
んだ東欧

　「東欧」とは，社会主義諸国を指す政治的概念である。ソ連共産党書記長スターリンが戦後，「鉄のカーテン」（チャーチル英首相の命名）を降ろしてヨーロッパを東西に分断した，たかだか数十年の歴史しかない。東欧諸国は社会主義化されたのみならず戦後 40 年余の間，ソ連の COMECON 体制に組み込まれ，西欧経済から切断された。ソ連の利益を優先させられ，各国は経済的自立を阻止された。

　COMECON は 1949 年に設立された。目的は，アメリカ主導のヨーロッパ戦後復興計画（マーシャル・プラン）を東欧諸国に拒否させるとともに，各国を社会主義国際分業体制に組み込み，ソ連の属国にすることであった。ソ連との垂直的 2 国間貿易に組み込まれた東欧諸国は，地域間協力や水平的経済関係の構築が不可能になった。62 年以降は，産業部門・製品グループ間で各国の分担が強制され，たとえばチェコとポーランドはバス，トラック，小型トラクターの生産を放棄させられ，代わりにハンガリーにバス，トレーラー，ダ

ンプカー生産が，またブルガリアにはトラクターとコンバインへの特化がそれぞれ強いられた。競争を排除した製品別市場分割が全面化し，研究開発や価格競争へのインセンティブは失われた。80年代以降，世界の産業は省エネ・省資源化や軽薄短少化へと大きく転換したが，この動きから取り残されてしまい，90年代には先端産業をめぐる西側との格差は開く一方であった。やがてアジアなどのNIEs（新興工業経済地域）の追撃を受け，貿易赤字や累積債務が膨張し，社会主義は自壊へ向かわざるをえなくなった。

　貿易におけるCOMECONへの依存度は，ブルガリアが最高で8割強に上った。次いでチェコスロバキア，ソ連，東ドイツが6割内外，ポーランド，ハンガリーが4割強であり，自主独立路線をとったルーマニアがもっとも低く，3割5分程度にとどまった。

| 中欧の復活 |

　ポスト冷戦とともに，19世紀初頭からの「中欧」（Mitteleuropa；Central Europe）という伝統的呼称が復活した。ポーランド，チェコ，スロバキア（1992年チェコとの連邦解消），ハンガリーの4カ国に，旧ユーゴ連邦内の最先進地域，スロベニアが加わる。ギリシャを含めたバルカン半島諸国は以後，「南東欧」（South Eastern Europe）と呼ばれる。

　ドイツ語でミッテルオイローパ（中欧）とは，中世以来，東方植民によって営々と築き上げてきたドイツの経済圏である。第2次大戦後，東西に分断されたドイツは中欧を喪失し，経済的には西欧との結合を強めて共同市場の創出を急がざるをえなくなった。中欧5カ国は，ドイツ・クラフトマン（技能工）の伝統を引き継いで精密機械工業が発展し，宗教的にはカトリックを奉じ，かつ多民族国家たるハプスブルク帝国（オーストリア゠ハンガリー二重帝国）の版図に属した。このため西欧との共通点が多い。ギリシャ正教が主流で，かつて4世紀にわたりオスマン・トルコの支配にあえいできたバルカン半島諸国とは，一線を画す。

　スロベニアを除く中欧4カ国は「ヴィシェグラード4」（Visegrad

Column ⑥　西バルカン諸国の EU 加盟 ～～～～～～～～～～～～～～～～

　今日「南東欧」と呼ばれるバルカン半島諸国は，民族構成が複雑であり，ギリシャ人，ルーマニア人，南スラブ人，トルコ人，アルバニア人，ハンガリー人などが混在し，ギリシャ正教，カトリック，イスラム教が信仰される。14〜15 世紀以降，オスマン帝国の支配が続き，イスラムへの改宗者（モスレム人）が多数生まれた。19 世紀後半には支配層たるトルコ人が衰退してスラブ系独立運動が激化した。ロシアやヨーロッパ列強が介入し，露土戦争，2 次のバルカン戦争，第 1 次・第 2 次大戦が切れ目なく続き，「ヨーロッパの火薬庫」と呼ばれた。

　第 2 次大戦後，ギリシャを除きバルカン諸国は社会主義化されたが，冷戦終焉とともに自由主義経済へ復帰した。2007 年にはルーマニアとブルガリアとが EU 加盟を果たしたが，最貧国アルバニアと内乱に陥った旧ユーゴ諸国より成る西バルカンからは，加盟を実現できていない。

　西バルカンでは第 2 次大戦後，モスレム人を含むスラブ系 5 民族が，チトー大統領の下でユーゴスラビア社会主義連邦共和国（6 共和国と 2 自治州）を形成した。1980 年にチトーが死去すると経済危機が深まって民族紛争が噴出し，91 年以降，内戦に陥り 10 年に及んだ。91 年にスロベニアとクロアチアが独立宣言すると，ドイツが単独で承認してしまう。これをみてマケドニアも独立に踏み切り，ユーゴ連邦軍が各地に侵攻し内戦が始まった。スロベニアは「10 日戦争」で終わり，マケドニア内戦も軽微ですんだ。だがクロアチアでは人口の 3 分 1 を占めるセルビア人勢力が反発し，連邦軍と呼応して激しい戦いになった。92 年にはセルビア人が多いボスニア・ヘルツェゴビナで戦闘が始まり，モスレム・クロアチア人とセルビア人の間で民族浄化の殺戮戦となった。

　ポスト冷戦を迎えて，皮肉なことに，ヨーロッパで戦後初の戦争勃発となった。EU は出る幕なく，国連防護軍の展開と NATO 軍の空爆とで終結がはかられた。1995 年にはパリで和平協定，デイトン合意（Dayton Agreement）が結ばれ，ボスニアはボスニア連邦とセルビア人共和国とに分断された。セルビアは，モンテネグロとともに 92 年に連邦共和国（新ユーゴ連邦）を結成したが，2000 年選挙で独裁者，ミロシェビッチ大統領が失脚し，03 年には緩やかな国家連合に移行した。06 年にはモンテネグロが独立し，新ユーゴ連邦は完全に解体した。

イスラム系アルバニア人が9割を占めるコソボは，第2次大戦後セルビア内の自治州となった。だが1989年に自治権が奪われ，91年に独立宣言し，92年に大統領選挙を強行した。98年にコソボ解放軍とセルビア連邦軍とが武力衝突し，70万人の大量難民が流出し，民族浄化の動きが激化した。99年にはNATO軍が空爆で連邦軍を撤退させ，EUが国連，全欧安保協力機構（OSCE）と協力してコソボ復興にあたった。99年にはアメリカ，日本，国際機関の参加を得て，「南東欧安定協定」(Stability Pact for South Eastern Europe）が結ばれ，将来のEU加盟を見据えて「安定・連合プロセス」(Stabilisation & Association Process）と自由貿易ネットワークとが始まった。その後，EBRD（欧州復興開発銀行）が「バルカン行動計画」を実施し，人道援助，国際収支の悪化防止，通信・住宅のインフラ整備などに当たっている。

　民主化が進展するスロベニアは2004年にEU加盟を実現し，07年にはユーロ圏入りを果たした。これに続くクロアチアは，スロベニアとの国境紛争のため13年まで加盟を待たされた。12年にモンテネグロが交渉開始したものの，その後進展はない。アルバニアは14年の候補国認定に止まる。マケドニアは05年に加盟候補となったが，ギリシャとの国名紛争でもめ，18年に「北マケドニア」へ国名変更した。だが隣国のブルガリアが，言語や少数民族をめぐり反発を強めている。

　コソボは2008年に欧米の同意の下，再び独立宣言し，09年にEU加盟申請を行った。しかしスペインやキプロスなど，EU5カ国が国内に少数民族独立問題を抱えており，コソボ独立を認めていない。セルビアは09年末に加盟申請したが，コソボとの関係改善を迫られ，13年に両国の合意が成り翌14年から加盟交渉が始まった。17年には初の親EU大統領が誕生した。ボスニア・ヘルツェゴビナは16年に加盟申請したが，人種対立を煽る政治家の存在ゆえに候補国に認定されない。

　セルビア，アルバニア，北マケドニアの西バルカン3カ国は，EU加盟実現を待ちきれず，2021年8月にはヒト，モノ，カネの自由移動を保障する「ミニ・シェンゲン協定」を打ち上げた。西バルカンのEU加盟を支持するドイツのメルケル首相は21年秋に引退したが，ロシアや中国，トルコ，アラブ首長国連邦などが，影響力拡大に動きはじめた。

4：V4）とも呼ばれるが，これは14世紀にドナウ川貿易協力協定が結ばれたブダペスト近郊の古都の名に由来する。V4は，1992年に中欧自由貿易協定（CEFTA）を結んだ。その後スロベニアなど3カ国が加わり，7カ国で自由貿易圏の樹立を目指したが，うち4カ国が99年にEU加盟交渉を開始して，その存在意義は失われた。

　他方，イタリアの呼びかけで，1989年にはイタリア，オーストリア，ハンガリー，ユーゴスラビアの4カ国による政策協調会合（Quadrilateral Initiative）が開かれた。やがて他の中欧やバルカン諸国が加わり，92年には「中欧イニシアティブ」（Central European Initiative）に発展した。93年にマケドニア，96年にアルバニア，ルーマニア，ベラルーシとウクライナなど6カ国が加わり，その後18カ国を数えた。96年からイタリアのトリエステに本部が置かれ，経済復興，民主的制度の強化，環境，エネルギー，EUとの関係強化などで地域間協力を目指す。

3 中・東欧経済の発展

●生産市場から消費市場へ

マクロ経済パフォーマンス

GDP成長率では，中・東欧10カ国はとくに2001年以降，金融危機の08年に至るまで，EU15を上回る高成長を遂げた（5.5％対3.5％）。バルト3国が先導し，中欧5カ国がこれに続いた。金融危機後は，一時成長が低迷したものの，14年以降，復活はめざましかった。各国の1人当たりGDPの対EU27平均（2020年）では，西バルカンのボスニア・ヘルツェゴビナ（33％）やブルガリア（55％）は低位にとどまるものの，ルーマニア（72％），ハンガリー（74％），ポーランド（76％）の中位国からスロベニア（89％）やチェコ（94％）の上位国に至るまで進捗は著しい（前掲表12-1）。インフレ率では98年に59％とすさまじい上昇に苦しんだルーマニ

アだったが，2007年には4.9％にまで低下した。ポーランドはめざましく，03年に早くも0.7％と最低値を記録した。移行国平均では00年の10.9％から07年には4.7％に半減した。失業率も改善し，かつては2桁に上っていた数字がすべて1桁台に下がった。05年にバルト3国がもっとも早くこれを達成でき，ブルガリアは06年に，ポーランドは07年に，最後にスロベニアが08年に，それぞれ実現した。10～12年のユーロ危機の際には，南欧諸国で失業率が2桁に急騰したが，中・東欧諸国は1桁台に踏みとどまった。

　最低賃金（1カ月当たり購買力平価ユーロ）を比較すると（2021年），最低がブルガリア（332ユーロ，以下ユーロ省略）だが，ルーマニア（467），ハンガリー（476），ラトビア（500），クロアチア（567），エストニア（594），チェコ（596），ポーランド（619），スロバキア（623），リトアニア（642）と続く。スロベニア（1024）はギリシャ（758）とポルトガル（776）を上回り，スペイン（1108）に迫る。ちなみにフランス（1555），ドイツ（1585）となっており，最上位のルクセンブルク（2202）と最低のブルガリアとの開きは6.6倍ある。

産業の活性化

　EU 15は，東西欧州を結ぶ大市場の誕生を視野に，30年にわたって産業育成に努めてきた。その結果，東西欧州を貫くそれぞれ1000キロに及ぶ2つの構造軸を中心に，生産・消費の新たな産業の極（industrial pole）が形成された（前掲図12-2）。

　中・東欧の基幹産業たる自動車と鉄鋼部門，それにインフラの枢軸である電力について概観しよう。

　〈自動車〉　中・東欧諸国はスペインよりドイツ市場に近く，コスト，教育，伝統（ドイツ・クラフトマン）に加えて，ロジスティックス（物流）面でも有利な状況にある。最大のチェコ（全生産台数は2019年に143万台）では，フォルクスワーゲン（VW）系のシュコダと旧プジョー・シトロエン（PSA），トヨタの合弁企業，そし

て韓国の現代（ヒュンダイ）などが生産し，1996年から輸出が始まった。スロバキア（同じく107万台）にはVW，PSA，ルノー，ジャガー，起亜（現代グループ）が進出した。ポーランド（43万台）ではVW，フィアット，オペル（GM系），ボルボ，トヨタが，ハンガリー（50万台）ではアウディ（VW系）とオペル，スズキ，ダイムラーが，またルーマニア（49万台）ではダチア（ルノー系）とフォードが，さらにスロベニア（20万台）にはルノーがそれぞれ操業している。チェコとポーランドでは部品工業が発展し，VWとフィアットが主導する。

　中・東欧の乗用車市場は2003年に生産台数140万台を数え，10年後には350万台までの急成長が予測された。だが賃金上昇（チェコでは当初フランスの賃金の25％だったが，09年にその4割弱へ）でトルコやウクライナ，ロシアなど外縁部への外資のシフトが加速している。域内生産も順調に伸び続け，19年には412万台を記録した。

　2008年の金融危機後，ドイツとフランスを中心に，西欧では大規模な自動車産業への支援策が展開され，中・東欧乗用車の輸出は打撃を免れた。西欧製高級セダン車（エンジンルーム，乗車スペース，トランクルームが独立した型）より中・東欧製の安いハッチバック車（トランクルームを分ける壁がない一体型）に人気が集まったためである。生産台数では，西側が激しい落ち込みをみせたものの，移行国では横ばいを維持でき，2014年以降の拡大につながった（図12-3）。

　2020年に始まった新型コロナのパンデミックで，自動車産業も深刻な打撃を受け，総販売台数は25％減となった。同時に世界に押し寄せる気象変動，グリーン化，デジタル化の大波に洗われ，ガソリン・エンジンから電動化への激的変化への対応を迫られている。

　〈鉄　鋼〉　移行国の生産は，社会インフラ重視と消費経済の未成熟とで，低価格の汎用品が中心となった。欧州鉄鋼メーカー組合のユーロフェール（Eurofer）は，安価な製品の大量流入で西欧メーカーが打撃を受ける，と警告を発していた。だが移行国の生産シェア

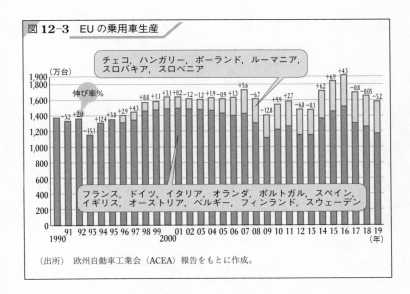

図 12-3　EU の乗用車生産

チェコ，ハンガリー，ポーランド，ルーマニア，スロバキア，スロベニア

伸び率%

フランス，ドイツ，イタリア，オランダ，ポルトガル，スペイン，イギリス，オーストリア，ベルギー，フィンランド，スウェーデン

（出所）　欧州自動車工業会（ACEA）報告をもとに作成。

は EU 全体の 10〜15 ％程度で推移し，輸出量も安定していた。やがて高度成長が訪れ，欧州の需要は高品質製品へとシフトした。

　この間，インドのミタル・スチールが東欧に進出し，各地で民営化企業の安値買収に励んだ。技術革新と更新投資とで被買収企業の経営立て直しを急ぎ，中・東欧最大の鉄鋼メーカーに躍り出た。2001 年には生産シェアの 3 割を押さえ，04 年には 5 割強にまで伸ばして，粗鋼生産 1400 万トンを実現した。ルーマニアで 500 万トン（国内シェア 97 ％），ポーランドで 400 万トン（75 ％），チェコで 300 万トン（50 ％）を生産する。その後，自動車，家電，建設用の鋼板生産にも乗り出し，輸出を急拡大させた。

　ミタルはアメリカの ISG やトルコ・メーカーなどを買収し，2005 年には世界トップへのし上がった。翌 06 年には世界第 2 位の仏系アルセロールを買収し，巨大トップ企業，アルセロール・ミタルが誕生した。ほかには US スチールが 00 年にスロバキアの大型工場を買収し，01 年に 350 万トンを生産した。04 年には 400 万ト

ンへと伸ばして黒字転換を果たし，その後セルビアへ進出した。西欧への大量輸出は抑える，との約束と引き換えに巨額な国家援助を得ていた。

ユーロ危機では，とくに建設と自動車が落ち込んだ。ヨーロッパの鉄鋼需要は最盛期の 2007 年を 3 割も割り込み，雇用も 16 ％減となった。アルセロール・ミタルは大規模なリストラを断行し，フランス，ベルギー，スペイン，ドイツの西欧諸国にとどまらず，ポーランドや南東欧でも工場閉鎖や休業に踏み切り，各国との摩擦を強めた。ようやく 13 年に底入れして緩やかな拡大に転じ，16～19 年に 2～3 ％の伸びを達成した。だが 20 年には新型コロナ禍ゆえに，前年比 20 ％近くも落ち込み，15 年ぶりのトップ陥落となり，中国の宝武集団に座を譲った。

〈電　力〉　中・東欧諸国は EU 加盟以前から，EU 電力指令に従って自由化を終えていた。西欧からの進出企業は，ドイツの E.ON（中・東欧へ）と RWE（中・東欧，南東欧へ），フランス電力公社（ポーランドへ），イタリアの Enel（中・東欧へ）などである。2003 年以降，チェコとハンガリーで自由化が進展し，スロバキアでは大口需要家への市場開放が実現した。社会主義下に結ばれた長期契約が大量に残っており，競争市場の創設に苦しんだ。07 年には EU 全体で小売市場の完全自由化が実現し，エストニアを除き，各国ともこれに包摂された。

南東欧では 2005 年にギリシャ主導の下，クロアチア，ブルガリア，ルーマニア，ハンガリー，それにイタリア，オーストリアが加わり，電力取引市場が誕生した。EU 東方拡大で加速化する外資誘致への備えであったが，余剰電力の相互売買が拡大した。翌 06 年には EU 主導で国連も加わり，南東欧向けエネルギー共同体条約が結ばれた。安全保障と環境の両面から，規制・市場の整備が進んだ。09 年にはバルト海エネルギー市場の相互接続計画が採択された。北欧における既存の北海電力市場を，バルト 3 国とポーランドとへ

延長するものであり、ドイツもこれに加わった。

　金融危機後も、電力大手間で活発な M&A（企業の買収・合併）が展開された。2009 年には EU の第 3 次エネルギー市場包括取決めが決まり、11 年にはエネルギー規制協力庁が設立され、スロベニアに置かれた。14 年に EU は各国に対して、欧州全域をカバーする単一電力市場に向けての法整備を求めた。20 年までに、総発電量の 10 ％を相互接続させるためである。

　1986 年にチェルノブイリ原発事故が勃発し、フランスとフィンランドを除き、西欧諸国は脱原発を決断した。その 20 年後、イギリス、イタリア、スペイン、ドイツなどは次々と、脱原発から稼働続行、原発新設へと舵を切った。地球温暖化への対応であり、「原発ルネッサンス」と讃えられた。だが 2011 年に福島第一原発事故が発生し、事態は一変した。ドイツは世論の硬化で再び脱原発に追い込まれ、フランスも抑制を余儀なくされた。ベルギーやイタリアも脱原発に舵を切った。オーストリアは 1978 年の国民投票で原発反対が通り、完成直前の原発が廃炉となった。

　対照的に、中・東欧諸国は原発導入への積極姿勢を崩さない（表12-2）。スロバキアやハンガリーでは発電量の半分以上が、チェコ、スロベニア、ブルガリアでは 3 分の 1 が、原発による供給である。8 割を石炭に頼るポーランドは、これまで原発空白地帯であったが、新たに 2030 年の導入を決めた。コストが安いうえに、ロシアへの過度のエネルギー依存からの脱却が至上命題となったためであり、14 年のウクライナ危機がこれに拍車をかけた。原発導入国はスロバキアを除いて、すべて電力輸出国である。低炭素の安定した電源供給国が多いことは、エネルギー安全保障や気象変動対策でのメリットが大きい。

金融危機への対応

こうして 2001 年以降、中・東欧経済は順調な発展を遂げてきたが、08 年の金融危機の勃発によって、深刻な試練にさらされることになった。2008

表12-2　ヨーロッパ諸国の原子力発電（稼働，計画，案件。2021年）

	依存度 (2019年, %)	稼働基数	出力 (MW)	建設中 (MW)		建設計画 (MW)		建設案件 (MW)		ウラニウム必要量 (トン)
ブルガリア	37.5	2	2,006	0		1	(1,000)	1	(1,000)	334
チェコ	35.2	6	3,932	0		1	(1,200)	3	(3,600)	694
ハンガリー	49.2	4	1,902	0		2	(2,400)	0		360
リトアニア	0	0	0	0		0		2	(2,700)	0
ポーランド	0	0	0	0		0		6	(6,000)	0
ルーマニア	18.5	2	1,300	0		2	(1,440)	1	(720)	187
スロバキア	53.9	4	1,814	2	(942)	0		1	(1,200)	428
スロベニア	37.0	1	688	0		0		1	(1,000)	141
ベルギー	47.6	7	5,930	0		0		0		898
フィンランド	34.7	4	2,794	1	(1,720)	1	(1,250)	0		758
フランス	70.6	56	61,370	1	(1,650)	0		0		8,701
ドイツ	12.4	6	8,113	0		0		0		587
オランダ	3.2	1	482	0		0		0		74
スペイン	21.4	7	7,121	0		0		0		1,217
スウェーデン	34.0	6	6,859	0		0		0		985
EU	26	106	104,311		(4,312)	7	(7,290)	15	(16,220)	15,364

（注）　MW＝100万W。「建設案件」は，提案されているが，計画にまで至っていないもの。
（出所）　World Nuclear Association.

年末，中・東欧20カ国向けの外国銀行（西欧系が9割）による融資総額は1兆1400億ドルにのぼり，世界融資総額の6.4％，EUのGDPの9％を占めた。リーマン・ショックで世界的な信用収縮が始まると，いち早く中・東欧諸国からの資金引き揚げが進み，通貨・株価は暴落した。09年以降，ポーランドを除き大幅なマイナス成長に陥ってしまう。

　IMFは金融危機後，2008〜09年に13カ国に対して緊急援助を実施したが，総額の8割以上が旧ソ連のCIS（独立国家共同体）を含む欧州7カ国に集中した。中・東欧では，ハンガリー157億ドル，ラトビア23.5億ドル，セルビア40億ドル，ルーマニア175億ドルなどであった。

　中・東欧諸国は3グループに分けられる。第1グループは，IMF

の支援を受けなかった堅調なポーランドとスロバキア，スロベニアである。危機後も唯一プラス成長を続けたポーランドは，巨額な財政赤字の健全化に努め，金融機関・規制当局が慎重な姿勢を崩さず外資導入を抑制した。その分国内消費への依存を高め，経常収支赤字も小幅ですんだ。スロベニアとスロバキアは史上初の独立を達成でき，国民の EU 支持は圧倒的であった。産業構造も西側に近く，順調に成長を続けた。それぞれ 2007 年と 09 年に，ユーロへの早期参加を果せた。この第 1 グループには，後に第 3 グループからエストニアが加わるが，アングロ・サクソン型経済ゆえに落ち込みは激しかったものの回復はめざましく，11 年に旧ソ連圏から初のユーロ加盟を実現できた。

第 2 グループは，ブルガリアとチェコであり，危機はさほど深刻化しなかった。ブルガリアは財政赤字がごく小規模で，チェコの負債は比較的富裕層に限られたからである。

第 3 グループは，先のエストニアのほか，ハンガリー，ルーマニア，ラトビアの 3 カ国である。共通点は，外国からの過剰借り入れと不動産価格の高騰，経常収支赤字の急騰にあった。2007 年に対GDP 比赤字幅は，それぞれ 6.2 ％，13.5 ％，22.5 ％となった。その後リーマン・ショックでバブルが弾けると，ソブリン危機（債務返済不能）に襲われ，IMF による緊急支援が不可避となった。チェコとは対照的に中・低所得者が借金漬けになり，サブプライム型（住宅ローンの不良債権化）危機といえる。

ラトビアはハンガリーとともに「金融の火薬庫」と呼ばれた。他のバルト諸国やブルガリアとともに早期のユーロ加入を目指し，自国通貨ラトのユーロ・ペッグ（固定相場化）を決めていた。この結果，為替差損リスクがなくなり，スウェーデンからは高金利を求める巨額なユーロ融資が流れ込み，高成長が実現して「バルトの虎」と讃えられた。だが産業投資に向かうより，過剰消費に走ったために，リーマン・ショック以前から，ソブリン危機が始まっていた。

バブルが弾け，2008年末にはIMFへ支援を要請し，09年の実質成長率は−17.7％に落ち込んだ。10年にギリシャ危機が深刻化すると，移行国の通貨はユーロ・ペッグ放棄の懸念から急落したが，ラトビアはIMFの緊急支援を要請しつつ，ペッグを死守した。14年にユーロ入りを果たせた。

エストニアはラトビアとは対照的に，ドイツとのデファクト（事実上）の通貨同盟を維持してきた。厳しい財政規律を遵守して財政均衡を守った。2009年にギリシャ危機が始まると，成長率が−14％に急落したが，その後のドイツと北欧の急回復を取り込み，11年には−4％半ばに戻せた。財政赤字は対GDP比8％とユーロ圏最低となり，一足早く11年にはユーロ参加を実現した。エストニアはIT先進国としても知られ，各学校にコンピュータを配備し，教材のデジタル化を進め，プログラミング教育を導入した。行政サービスのほぼすべてがオンラインで可能となり，政府のスマート化が進んだ。

ともあれ危機対応では，バルト3国が突出していた。第2次大戦後ソ連に組み込まれ，ソ連崩壊とともに1990〜91年に相次いで独立した。その後，大胆な市場経済への転換を進め，外国銀行と外資への完全開放に踏み切った。それゆえ外的ショックには弱く，金融危機の最速かつ最大の打撃を被ることになった。政府は直ちに大規模な財政調整を決断し，公務員給与の引き下げ，教育・医療・年金の歳出カット，そして増税に踏み切った。2008年の緊縮策の規模は，対GDP比でラトビア17％，リトアニア13％，エストニア9％と巨額に上った。翌09年にはルーマニアとブルガリアとがこれに加わった。財政調整を実施した各国の頭文字を合わせて，REBLL同盟と呼ばれる。

さらに2009年には，金融のシステミック・リスク（制度崩壊）回避のための「ウィーン・イニシアティブ」が，トロイカ（IMF，EU，ECB）と西欧15の母体銀行，それにルーマニア，ハンガリー，

ラトビアの3カ国政府が加わって締結された。各国政府は「銀行のバランスシート安定化に向けた緊縮策の実施」を約束し、これと引き換えに、西欧の母体銀行が資金の大規模かつ無秩序な引き揚げを自制し、必要に応じて資本注入を進める、と定めた官民協定である。この協定の結果、中・東欧諸国へのクレジット・クランチ（信用収縮）は回避された。

こうしてREBLL諸国は大胆な緊縮策の断行と、西欧母体銀行による融資の継続とによって、2011年に早くも成長路線に復帰でき、12年にはユーロ危機の深刻化を免れた。緊縮策は矛盾語法に言う**拡張的緊縮策**（Expansionary Austerity）と呼ばれたが、ラガルドIMF専務理事やヒラリー・クリントン米国務長官が絶賛した。その後、ユーロ危機でドイツとECBが南欧のGIIPS諸国に対して、拡張的緊縮策による成長復帰モデルの採用を求めた。金融危機後、EU 15の各国では、手厚い社会保障が危機へのスタビライザー（安定装置）として機能したが、これを欠く移行国では「拡張的緊縮策」の採用は避けられなくなった。だがここでは、かつてのギリシャ危機のときのように、過激な抵抗運動に火がつくことはなかった。

中・東欧においては、中道右派政権が安心して新自由主義政策を実施できたため、アジア新興国に対抗して競争力の回復がめざましかった。貿易収支は改善し、新規投資が急拡大した。ポーランドには、パソコン・メーカーのデルがアイルランドから工場を移し、台湾のエレクトロニクス企業やアメリカのコスメティック企業が投資を拡大した。クロアチアとセルビアとを除き、移行国は2014年にプラス成長に転じたが、16年に3％超えの成長国が12を数えた。これを可能にした理由は、第1に、世界景気の好転でドイツの輸出が急騰し、中・東欧の自動車関連企業が潤った。第2は域内消費の拡大であり、失業率は低下して移民労働者が本国送金を拡大させ、これを後押しした。第3に労働力不足の顕在化であり、賃金は上昇を続けた。

> 東西ヨーロッパの融合
> から対立へ

経済の安定化とともに東西ヨーロッパの融合が進んだが，近年，東西間の対立が無視できなくなった。きっかけは自称イスラム国（IS）の勢力拡大にあり，2015年にはシリアなど中東諸国から，ヨーロッパを目指して100万人を超える難民が押し寄せた。難民危機を前にEUは，域内国間で難民12万人の割当配分を決めたが，ハンガリー，スロバキア，ポーランド，チェコの4カ国がこれを拒否した。ヴィシェグラード4（V4）と呼ばれるこれら4カ国は，脱共産化と経済発展では優等生であった。だが近年，反EUの姿勢が目立ち，とくにハンガリーとポーランドでは非リベラル，反移民を掲げる権威主義政権が誕生した。政府批判のメディア規制を強化し，法の支配や司法の独立を脅かす動きが強まった。ポーランドではメディアへの外資規制を厳しくし，ハンガリーではLGBT（性的少数者）の権利抑制の新法を導入する。フォン・デア・ライエンEU委員長は「新法は恥だ，EUの基本的価値観に反する」と厳しく批判する。ハンガリーは中国製ワクチンを輸入し，セルビアなどバルカン諸国も中国製・ロシア製ワクチンの調達を急いだ。EUは治験データ不足を理由に，承認していない。

V4以外に，ブルガリア，ルーマニア，西バルカン諸国でも，ポピュリズム，ナショナリズム，政治腐敗，難民摩擦などが深刻化する。西欧主導のEU統合プロセスが停滞し，加盟国間の格差が拡大する中で，市民は置き去りにされてしまうとの不安にとらわれている。

2013年に「一帯一路」の広域経済圏構想を打ち出した中国は，中・東欧17カ国と「17＋1」を結成した。西欧諸国は**ヨーロッパの東西分断**への企てだ，として中国批判を強めるが，中・東欧，バルカン諸国の中には，期待を膨らませた国も少なくなかった。だが過剰債務の代償としてインフラ権益が奪われる，「債務の罠」への懸念も広がる。対中貿易では，輸入は拡大するが輸出は伸びず，不均

衡が広がっている。

　中・東欧の中国離れが加速するが，リトアニアは2021年に「17＋1」からの離脱を宣言し，議会は中国によるウイグル族迫害をジェノサイド（集団殺害）と認定し，台湾への貿易事務所開設を決めた。

演習問題 *seminar*

1　東欧と中・東欧の概念はどのように形成されてきたのだろうか，議論してみよう。

2　中・東欧諸国の発展の度合いは大きく異なったたが，どこに原因があるのだろう。

3　社会主義によってもたらされた体制移行国の抱える構造的問題について説明してみよう。

4　南東欧がなお不安定な原因はどこにあるのだろう。

5　REBLL 同盟の採用した「拡張的緊縮策」は，なぜ必然化され，どのような意味があるのだろうか。

6　ヨーロッパの東西分断の危機が拡大しているが，なにが原因なのだろう。解決策を探ってみよう。

■ ■ ■ 参考文献 ■ ■ ■ ■ ■ ■ ■ ■ ■ ■ ■ ■ ■

長部重康［1992］『権謀術数のヨーロッパ——社会主義壊走と欧州新秩序』講談社

長部重康・田中友義編著［1994］『拡大ヨーロッパの焦点——市場統合と新秩序の構図』日本貿易振興会

長部重康・田中友義編著［2000］『ヨーロッパ対外政策の焦点——EU通商戦略の新展開』日本貿易振興会

長部重康編著［2016］『日・EU 経済連携協定が意味するものは何か——新たなメガ FTA への挑戦と課題』ミネルヴァ書房

小山洋司［2017］『EU の危機と再生——中東欧小国の視点』文眞堂

第**13**章 イギリスと*EU*経済

EU 離脱とグローバル・ブリテンの賭け

●**本章のサマリー**

　イギリスは「世界の工場」として世界経済をリードしてきたが，19 世紀末以降ドイツやアメリカに追い上げられ没落が進んだ。こうした衰退経済のゆえに，1980 年代に入ってから，構造改革にいち早く着手した。サッチャー政権は，マネタリスト政策によりインフレを抑制する一方，基幹産業の民営化や労使の力関係の逆転を通じて衰退経済の「重荷」を取り除いた。また，ビッグバンを通じて金融市場の近代化も遂行した。

　対欧州政策においては，1973 年の EC 加盟，85 年以降の EC 市場統合への積極的関与などを通じて，イギリスは他の EU 諸国と貿易・投資面で分かちがたく結びついた。

　2000 年代前半の好調の陰で累積した金融上のリスクは，08 年の世界金融危機で顕在化した。政府・イングランド銀行の緊急対応で金融危機は乗り越え，14 年までには不況も脱した。しかし 16 年 6 月の国民投票で EU 離脱が決まって以降，20 年末に完全離脱が実現するまでの政治的混乱の中で，経済も減速し，20 年初には新型コロナ危機に襲われた。21 年よりイギリスは，独自の主権国家として，EU とは別個に，新型コロナ危機からの「より良き復興」，脱炭素，そして新しい世界戦略「グローバル・ブリテン」を進めており，その帰趨が注目される。

本章で学ぶキーワード

経済の衰退　ストップ・ゴー政策　国際通貨ポンド　EC 加盟　サッチャー革命　スタグフレーション　オプトアウト　シティ　金融ビッグバン　ブレグジット　TCA（英・EU 通商協力協定）　北アイルランド問題　新型コロナ危機　より良き復興　グローバル・ブリテン

1 戦後のイギリス経済

●経済の衰退とサッチャー革命

18世紀末から19世紀初めにかけて，世界に先駆けて産業革命を経験したイギリスは，「世界の工場」として，19世紀末まで世界の経済と政治をリードする。またイギリスの通貨ポンドは，資本主義史上最初の国際通貨として，世界の貿易決済や大英帝国からの対外投資に用いられた。

しかしながら，19世紀末には，繊維，化学，鉄鋼などの分野で，後発のドイツ，アメリカに追い上げられ（第1の衰退），両大戦間期にはアメリカに世界経済のリーダーの座を明け渡す（第2の衰退）。さらに，第2次大戦後の1960年代になるとイギリス経済の衰退は誰の目にも明白となり，アメリカだけでなく戦後復興を遂げた大陸のヨーロッパ諸国に追い越されることになる（第3の衰退）。こうした経済の衰退に遅れて呼応する形で，60年代末には，英ポンドは米ドルに国際通貨の地位を最終的に明け渡した。

戦後イギリス経済の衰退

〈「資本主義の黄金時代」の相対的「低成長」〉
第2次大戦後に始まり1974年の世界恐慌に至るまでの四半世紀に及んだ「資本主義の黄金時代」は，先進資本主義諸国にインフレなき成長と高い雇用水準をもたらした。イギリスも例外ではなく，インフレ率は他のOECD諸国をわずかに上回る5％以下に収まり，失業率も60年代に1〜2％台を維持し，73年時点でもまだ2.2％の低水準であった（図13-1）。こうした良好な経済環境下において，イギリスの実質GDP成長率も，51年から73年までの平均で2.8％（61年からだと3.1％）と，イギリス経済史上では過去最高を記録したのである。

しかし一見良好な経済パフォーマンスも，同じ時期の他の先進諸国と比較した場合には，事情が大きく異なってくる。1961年から

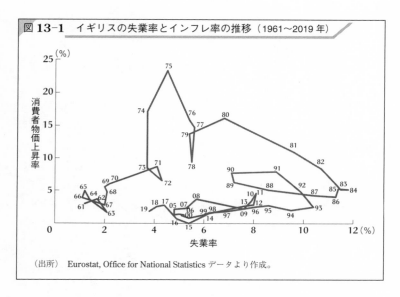

図 13-1　イギリスの失業率とインフレ率の推移（1961～2019 年）

（出所）　Eurostat, Office for National Statistics データより作成。

73 年までの実質 GDP 成長率をみるなら，日本は 9.7 ％を記録した
ほか，現 EU（欧州連合）15 カ国平均が 4.8 ％（ドイツ 4.4 ％，フラン
ス 5.4 ％），アメリカも 3.9 ％と，どれもイギリスのパフォーマンス
を凌駕していた。1 人当たり GDP 成長率も年率 2.3 ％を記録したが，
他国と比較した場合，2004 年の拡大前の EU15 を 100 として，イ
ギリスは 1961 年に 123.0 だったものが，73 年には 103.3 にまで落
ち込んだ。「資本主義の黄金時代」におけるイギリス経済の衰退は，
誰の目にも疑う余地がなかった。国内経済の衰退は，さらに対外的
にも貿易収支の赤字拡大とポンド危機を誘発した。

　〈フォーディズムへの適応不全〉　日米および大陸ヨーロッパ経済と
の比較で，戦後の世界経済の「黄金時代」においてイギリスの成長
率が相対的に低かった理由について考えてみよう。

　戦後に始まり 1970 年代央まで続く「資本主義の黄金時代」は，
①「生産性上昇率」と「労働者 1 人当たりの資本ストック」の並行
的で高い伸び率，②「生産性上昇率」に比例した「実質賃金の上昇」

によって特徴づけられる。その結果、企業の高収益が長期にわたって維持され、高水準の投資需要が続いた。また、生産性の上昇が労働者の所得の上昇に反映されたために、消費需要も拡大し続けた。フォーディズムと呼ばれる作業の標準化による大量生産システムを基礎とし、大量生産・大量消費のメカニズムに支えられたこの蓄積様式こそ、戦後の高度経済成長の核心であった。

　ところが、イギリスでは生産現場でフォーディズムが浸透しなかった結果、製造業の生産性上昇率は、ドイツやフランスの約半分の水準で推移した。また、利潤の多くが配当として株主に支払われた結果、企業の設備投資が伸びず、1950～73年の固定資本ストックの年平均上昇率は3.28％にすぎなかった（ドイツ5.35％、日本7.98％、アメリカ3.38％）。加えて実質賃金は、この低い生産性上昇率と歩調を合わせて推移した。生産性、固定資本ストック、実質賃金のこうした低い伸びのために、先進資本主義諸国の中で、イギリスだけが、低い経済パフォーマンスに甘んじる結果となったのである。こうした状態は、73年のEC（欧州共同体）加盟によりアメリカや西欧との競争が強まるまで続く。

　〈ストップ・ゴー政策〉　1944年から76年までの期間のイギリス政府のマクロ経済政策枠組みは、国内的には経済の成長と完全雇用を目標とするケインズ主義的需要管理政策であった。他方、対外的な規律として、IMF固定相場制の対ドル為替平価を守るための国際収支の均衡も重要な政策目標であった。両者はしばしば衝突を繰り返し、拡張的財政・金融政策による内需の拡大が経常収支の悪化をもたらすたびに政府は景気抑制策（ストップ）に転換し、経常収支が改善に向かうと再び景気刺激策（ゴー）をとるというストップ・ゴー政策が繰り返された。こうした不安定な政策の結果、イギリス国内の投資は阻害され、経済の相対的低成長にさらに拍車がかかった。

<table>
<tr><td>ポンドの没落と貿易構
造の変化</td><td>〈国際通貨ポンドの没落〉　産業革命により
培った工業力を基礎に，19世紀中葉には
世界に対する工業製品の輸出の4割をイギ</td></tr>
</table>

リスが占めるに至り，イギリスを中心とする世界の貿易構造が構築
された。このイギリスの国際収支をみるなら，1930年代の一時期
を除き19世紀末から1980年代に至るまで，①貿易収支の赤字，②
サービス・投資収益収支の大幅黒字，③資本収支（直接投資）の赤
字（資本流出）という基調が続いた（表13-1，図13-2）。

　また1870年代には多角的貿易決済や国際貸借の拠点として，ロ
ンドンは国際金融市場としての地位を確立した。こうして貿易面で
も投資面でも中心国となったイギリスの通貨ポンドは，国際通貨と
して第三国間の貿易決済や大英帝国からの対外投資に広範に用いら
れることになった（国際通貨ポンド）。

　第2次大戦終了後もポンドはなお貿易通貨として広範に利用され
ていたが，1960年代半ばまでには旧植民地を中心とするスターリ
ング圏以外において利用が減少し，またスターリング圏自体も世界
貿易における比重を低下させていた。さらに67年には，イギリス
の経常収支赤字により対ドル平価が49年来の2.80ドル／ポンドか
ら2.40ドル／ポンドへと切り下げられると，スターリング圏にお
ける基準通貨としての役割も喪失してしまった。国際基軸通貨のポ
ンドからドルへの移行は決定的となった。

　〈EC加盟と貿易構造の変化〉　1973年のEC加盟を通じて，イギリ
スの貿易構造も大きく変化した。第2次大戦後のイギリス経済は，
それまで培われた旧植民地諸国の英連邦との強い結びつきの中から
出発した。60年のイギリスの貿易構造（全輸出に占める地域別比率）
をみると34％がこれら英連邦諸国との貿易であり，ECは15％に
すぎなかった。しかし，その後英連邦との貿易比率は低下し続けた。
それに代わるパートナーとしては，アメリカやEFTA諸国が考え
られたが，イギリスを除くEFTA市場の規模はイギリスより小さく，

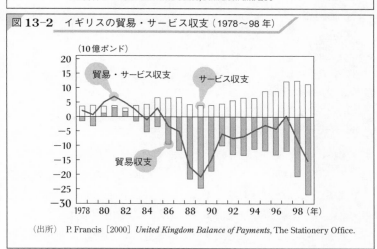

表13-1　イギリスの国際収支の推移（各期間の年平均）

（単位：100万ポンド）

	1952～62年	1963～67年	1968～72年	1973～79年
経常収支	111	−77	459	−904
貿易収支	−158	−326	−303	−3,190
貿易外収支	269	249	762	2,286
資本収支	−145	35	−89	611
直接投資	−145	−136	−99	−154
証券投資		171	10	765
調整項目	58	15	−65	1,121
総合収支	24	−27	305	828

（出所）　M. J. Artis, *The UK Economy*, Oxford University Press, 各版より作成。
　　　　原資料は Central Statistical Office, *Pink Book and ET*。

図13-2　イギリスの貿易・サービス収支（1978～98年）

（出所）　P. Francis［2000］*United Kingdom Balance of Payments*, The Stationery Office.

またアメリカとの貿易も対 EC の規模には及ばなかった。こうして
イギリスは，加盟を通じて EC を主要な貿易パートナーとして選択
することになった。イギリスの全輸出に占める地域別比率をみると，
75 年には英連邦が 16 ％，EC が 32 ％となり，60 年代と比べ両者
の関係が完全に逆転した（表 13-2）。

　この EC 加盟により EC 関税同盟の一員となったイギリスは，EC
諸国との間の関税が撤廃され，アメリカ，日本など域外諸国への関

表13-2 イギリスの貿易相手地域の推移

(単位：%)

地　域	1950年	1960年	1965年	1970年	1975年	1979年	1987年	1996年
輸　入								
EC 合計		15	15	18	34	45	53	54[1]
EC（6）	13[1]	15	15	18	30	38	44	40[1]
他の西欧諸国	12	15	16	16	15	17	14	6
北　米	15	20	20	21	13	13	12	14
アメリカ	8	12	12	13	10	10	10	13
他の先進国	16	12	12	9	8	6	9	8
石油輸出国	9	11	10	9	14	7	2	2
他の途上国	30	22	19	15	11	11	11	15[2]
英 連 邦	40	31	29	23	14	8		
輸　出								
EC 合計		15	19	21	32	42	50	57[1]
EC（6）	11[1]	15	19	21	20	34	39	41[1]
他の西欧諸国	14	14	17	20	17	14	9	4
北　米	11	16	18	18	12	12	17	13
アメリカ	5	9	11	12	9	10	14	12
他の先進国	21	15	15	12	9	6	5	7
石油輸出国	6	7	6	6	11	9	7	5
他の途上国	29	25	20	17	15	16[2]	13[2]	14[2]
英 連 邦	38	34	26	20	16	12	11	

（注）　1　ドイツ全域を含む。
　　　　2　世界の他の地域。
（出所）　L. Moore［1999］*Britain's Trade & Economic Structure*, Routledge, p. 65.

税率も EC の対外共通関税の水準にまで引き下げられることになった。イギリス市場は，アメリカ，日本，西欧との間でより直接的な競争関係に入ったのである。増大した対 EC 貿易においては，大陸諸国からの工業製品の輸入がイギリスからの輸出を上回り，不利な結果をもたらしたが，他方，サービス業は EC 加盟により利益を得た。EC 加盟はイギリス産業の脱工業化をいっそう促進する結果をもたらしたのである。

サッチャー革命　黄金時代における相対的衰退，国際収支の赤字とポンド危機，高いインフレ率と経済の大幅な落ち込み等々，イギリス経済が直面する危機が他の先進諸国よりも深刻であった分，逆に急進的な政策転換が可能となった。サッチャー革命である。

1979 年 5 月に政権に就いた保守党のサッチャー首相は，マクロ

経済政策の転換を徹底的に追求すると同時に，ミクロ面でもイギリス産業の効率化を推し進めた。

〈インフレと為替相場下落の悪循環〉　1970年代に入ると，イギリス経済を取り巻く環境は激変した。第1は，変動相場制への移行である。72年4月にスタートした欧州域内固定相場制度「スネーク」において，イギリスは国際収支の恒常的な赤字と為替相場下落圧力という大きな問題を抱え，ポンドは早くも同年6月に離脱し，主要国通貨に対してフロート（変動）するようになった。第2が，世界の先進諸国を共通に襲った1974・75年恐慌である。イギリスの実質成長率は74年に−1.7％，75年に−1.0％を記録した。この間インフレ率も，73年の9.1％から75年には24.2％まで昂進した（前掲図13-1）。70年代半ばまでにイギリス経済は，国内ではインフレと不況が同時発生するスタグフレーションに直面し，対外的にもポンド為替相場の下落圧力にさらされたのであった。国内のインフレ昂進はポンド相場の下落を誘い，ポンドの下落が，今度は輸入インフレとなって国内物価に跳ね返った。74・75年の恐慌は，実体経済に対して「黄金時代」のマクロ政策ではもはや対応できないような構造的な変化をもたらしていたのである。

〈マクロ経済政策の転換——マネタリスト的反インフレ政策〉　マクロ政策に転機が訪れたのは，1976年のポンド危機においてであった。時の労働党キャラハン政権は，IMFからの借款のための交渉を通じて，抑制的なマクロ経済政策への転換，財政削減，国内信用増加額の目標設定などについての趣意書を取り交わし，79年以降のサッチャー革命の先鞭をつけた。

1979年の保守党サッチャー政権成立後，新しいマクロ政策を具体化したのが80年3月の予算で保守党が定めたMTFS（中期金融財政戦略）であった。そこでは政府の中期的目標は「インフレ率を低下させることにあり，産出および雇用の持続可能な成長のための諸条件を創出することにある」とされ，マクロ経済政策の最優先目

標が，成長と雇用から物価安定へと転換された。

　それに伴い，目標達成のための手段も大きく転換した。第1に，ケインズ的需要管理政策が放棄され，MTFSにより財政政策への厳格な規律が課せられることになった。第2に，インフレ抑制のために割り当てられてきた所得政策（賃金上昇率に対するガイドライン）に代わり，マネタリズム的理論に支えられた通貨供給量の管理が，政策の柱に据えられることになった。実際には，財政規律も通貨供給量も目標を達成できなかったが，サッチャー政府はマネーサプライ管理と政府支出の削減に対する断固たる意志を示すことによってインフレ期待の沈静化に成功し，1980年に16.1％だったインフレ率は，83年には5.1％にまで低下した。代わりに，同じ時期に失業率は6.8％から11.5％へと増大した（前掲図13-1）。

　〈サプライサイドの構造改革〉　サッチャー政権が行ったマクロ経済政策の転換は，インフレ抑制自体を目標とするものではなかった。それは究極的には，成長と雇用の拡大のための産業側の条件を整えることにあった。そのためマクロ政策の転換に呼応する形で，サプライサイド（供給側）の構造改革が進められた。

　第1は，旧来型の産業の淘汰と効率化を促進する諸政策の採用である。民営化策がその軸であった。1979年以降，石油，鉄鋼，航空，通信，電気・ガスなどの主要産業の独占体が次々と民営化され，生産性を大きく向上させた。

　第2に，労使関係を根本的に産業主導のものへと塗り替えた。1980年以降，雇用法および労働組合法によって，クローズド・ショップ制（雇用者は組合員だけを雇用し，組合脱退者は解雇しなければならない制度）の弱体化をはかる一方で，84年の全国炭鉱労組（NUM）による合理化反対ストなどを相次いで撃破し，現場での労使の力関係も逆転させた。

　第3は，税制の改革である。1979年以降，所得税減税（最高税率を83％から40％へ引き下げ）を実施し，代わりに付加価値税を引き

図 **13-3** イギリス製造業の労働生産性の伸び（就業者1人当たり産出）

（2002年＝100）

（出所）　ONS, Productivity, Time Serise Data より作成。

上げた。法人税についても，税率を52％から35％にまで引き下げた。

　こうして，サッチャー政府は，市場メカニズム重視の政策をイギリスに定着させた。

　〈生産性上昇とイギリス経済の復活〉　サッチャー革命と呼ばれる一連の社会・経済「改革」は，イギリス経済衰退の原因と考えられてきた諸要因への挑戦にほかならなかった。その影で貧富の差の拡大，外資の浸透，金融のウィンブルドン現象などが進んだとの批判がある一方，1990年代初頭の景気後退を脱した後は，イギリス経済の復活の兆しがみえはじめ，サッチャー革命の効果が十数年経って現れはじめたという見解もある。戦後資本主義経済の大きな転換点の中で，90年代後半の「イギリスの復活」をどのように評価すればよいのだろうか。

　サッチャー革命は，製造業において黄金時代型産業の過剰設備の破棄をいち早く実現し，その過程で生産性を大きく上昇させた（図13-3）。1970年代のイギリスの労働生産性伸び率は平均2.5％であ

ったが，80年代には5.4％へと倍増した（Artis［1996］pp. 43, 44）。80年代に生産性上昇が著しかったのが鉄鋼（年平均上昇率14％弱），国有体制の下で温存されイギリス経済の重荷となってきた石炭（同約8％）などの旧来型産業であった。事実79年央から86年央にかけて，製造業の雇用は200万人減少した。80年代が戦後の「黄金時代型」産業の淘汰の時代であったことを考えれば，サッチャー政権による一連の政策は，それに対して適合的であったといえる。

　他方で，アメリカがICT革命により生産性を大きく上昇させた1990年代後半以降のイギリス製造業の生産性をみるなら，95年から98年まで伸びを鈍化させた後，99年から高い伸びを示し2001〜02年前半までの鈍化の後，再び力強い伸びを示している（図13-3）。この間，労働者1人当たりの産出高において，米仏独へのキャッチアップが進み，02年にはドイツを抜いた。労働党ブレア政権下の一連の構造改革，すなわち労働スキルの改善，競争環境の強化，ICT関連投資などの成果が現れはじめたものと考えられている。

2 単一市場へのコミットと国際金融センター・ロンドン
●グローバル・ゲートウェイとして

EC市場統合とイギリス

　次にサッチャー政権の欧州政策をみてみよう。保守党政権下のイギリスの欧州政策が消極的なものばかりであったかというと，そうではない。1992年を目標に掲げたEC/EUの市場統合（第2章）に，サッチャー政権は積極的にコミットした。

　〈EC市場統合へのコミット〉　その理由としては，第1に，市場統合の論理とサッチャー政権が推し進めてきた論理とが，一致していたからである。それは，市場原理と競争の導入→サプライサイドの過剰資本淘汰→国際競争力の強化，という論理であり，サッチャー首相はそれをイギリス内で，市場統合計画はそれをヨーロッパ・レ

ベルで，それぞれ遂行した。第2に，金融面でも，資本移動の自由化や金融機関の欧州単一免許により，欧州域内の金融センターとしてのシティ（後述）の役割が強化されることが期待できた。第3に，市場統合への積極的コミットを通じて，独仏枢軸を中心に結束を強めるECにおいて，イギリスの政治的発言力の強化が期待できた。イギリスがとくに重視した分野は，資本移動自由化，金融サービス，会計士等専門職の資格統一などであった。

　実際，市場統合計画のためにEC/EUが採択した282の指令の国内法への適用率をみるなら，1996年10月時点でイギリスは94.8％に達し，デンマーク，オランダに次いで，EU 15カ国中3位をマークしている。

　〈貿易と直接投資——EUにいっそう組み込まれる〉　市場統合計画を通じてイギリスの貿易・投資にもEC加盟以来の構造的な変化が訪れ，イギリス経済はEC/EU経済にいっそう有機的に組み込まれることになった。イギリスの輸出（製造業）に占める対EU域内輸出の比率も，44.7％（1985年）から64.4％（95年）にまで拡大し，EU 15カ国平均（67.8％）とほぼ肩を並べた。輸入をみても，同じく54.4％から59.3％にまで増大した。

　また，市場統合計画は1992年の完成を待たずにEU域内への直接投資やM&A（企業の合併・買収）を急増させた。この中で，イギリスはEU域外（アメリカおよび日本）からの対EU直接投資の受け入れ拠点としての役割を果たした。90年から93年までの域外企業による対EU投資の37％がイギリス向け投資であった。市場統合期の対英直接投資の中には，ホンダ，日産，トヨタによる現地工場の設立や，富士通によるICLの子会社化など，日本企業によるものも多数含まれる。その結果，92年時点で，イギリスの製造業約13万社のうち，1507社が外資系（うちEU 458社，アメリカ624社，日本117社）となり，イギリスの雇用の18％，GDPの24％を占めるに至った（Artis [1996] p. 235）。日本の自動車メーカーの例では

製品の7割程度が大陸ヨーロッパなどへの輸出に回っており，域外からの直接投資がイギリスと大陸ヨーロッパとの貿易面での結びつきを強める結果ともなっている。

イギリスとユーロ 　単一市場への積極的なコミットを通じて，イギリスとイギリス所在の企業は一連のビジネス・チャンスをつかむことができた。しかし One Market, One Money の掛け声のもとで EC が単一通貨の導入を標榜するようになると，サッチャー政権の統合へのスタンスは後ろ向きとなった。

　単一通貨導入の前段として為替相場の安定は不可欠だが，イギリスは 1972 年に欧州為替相場同盟（スネーク）に参加するも 2 カ月で離脱し，90 年 10 月には EMS に±6％の変動幅で参加したが，92 年秋の EMS 危機において英ポンドはヘッジ・ファンド投機筋から集中攻撃を受け，2 年足らずで離脱している。

　通貨統合を定めたマーストリヒト条約についても，イギリスはデンマークとともにオプトアウト（ユーロ非加盟の権利）を得たうえで調印している。その後も労働政権下でユーロ導入が検討されたが条件が整っていないとして見送られている。その間 2000 年代前半，イギリスはユーロ圏外で良好な経済パフォーマンスを実現した。労働党政権はリーマン危機の責任を問われて，2010 年 5 月の総選挙で敗退し，保守党と自由民主党の連立政権が成立した。キャメロン首相は，「ユーロ危機をみると，ユーロに加盟しなくてよかった」と率直に述べた。

国際金融センター・ロンドン 　ユーロに対するこうした後ろ向きの対応にもかかわらず，イギリス経済はロンドンの金融センターとしての機能により，他の EU 諸国経済やユーロ圏と切っても切れない関係にあるばかりか，一部の取引ではその中心的立地とさえなっている。逆にそうした機能がゆえに，リーマン危機以降の世界金融危機にイギリス経済は大きく翻弄されることになる。

〈シティとイギリス金融業〉　イギリスは，長い伝統に培われ，金融のエキスパーティーズ（専門知識を有するプロ）が集積する国際金融中心地ロンドン・シティを擁し，グローバルな金融取引のヨーロッパ側の窓口として確固とした地位を確立している。シティとは，ロンドンの東の地区に位置する金融中心地の別称で，ヨーロッパ域内外の大規模銀行や保険会社のほか，ロンドン証券取引所やイングランド銀行などが立地している。現代のイギリス経済は，シティの存在なしには考えることはできない。

　まず金融面でイギリスは，EU と EU 域外を結ぶゲートウェーの役割を果たしてきた。ポンドは第 2 次大戦後，基軸通貨の地位をドルに明け渡し，イギリス金融市場は一時衰退に瀕したが，1960 年代にユーロダラー（アメリカ以外の国に預金されたドル）取引を発展させてよみがえり，ニューヨークと並ぶ世界の 2 大金融センターとなった。ドルはイギリスにとって外貨であり，政府の規制が及ばないため，たとえば預金準備を中央銀行に置く必要がなく，アメリカでよりも預金には高い金利を，貸出には低い金利を適用できた。そのほか規制の及ばない自由な取引の利点も数多くあった。こうして，70 年代半ばまで主要国が比較的厳格な金融規制を敷くなか，相対的に自由な金融取引の場を提供することで，ロンドン・シティは世界有数の金融中心地として揺るぎない地位を確立したのである。

　かつてシティで一世を風靡していたのは，ロスチャイルドやベアリングなどの名前で知られるマーチャント・バンクであった。マーチャント・バンクは，委託貿易や為替手形の引受を行う貿易商会から発展した伝統的な「投資銀行」（日本の大手証券会社に相当）で，国際債の発行引受や M&A の仲介などの業務を行っていた。またシティには，証券の自己売買を行うジョバーと委託売買を行うブローカーなどが，規制に守られながら業務を営んでいた。サッチャー政権が，1986 年に実施した金融の大幅な自由化（金融ビッグバン）により，資本力のないマーチャント・バンクやジョバー・ブローカー

は，相次いで欧米の主要商業銀行の傘下に入ることになった。

　さらにロンドン・シティには，イギリス以外の大陸ヨーロッパ，アメリカ，日本など世界の主要な銀行や保険会社・年金基金などの拠点が数多く置かれている。こうして外国の金融機関が多数進出したシティはドルを使って国際金融を切り回し，イギリスのGDPの10％を生み出すほどの繁栄を誇った。リーマン危機の元凶ともなったサブプライム証券（アメリカで信用度の低いサブプライム層に対する住宅ローンを組み込んだ証券化商品）もロンドンでの販売が巨額にのぼり，ドイツやスイスなどヨーロッパの投資家（銀行を含む）はロンドンでの購入の割合が高かった。

　こうした金融センターとしてのポジションにより，ロンドンは外国為替取引においても世界最大の拠点として機能し，大陸ヨーロッパのユーロ取引の多くを担っている（詳細は第15章第2節）。

　〈世界資本フローの中軸として〉　イギリスには産油国をはじめ世界中から資金が流入し，それを使ってロンドン金融市場は世界各国に向けて貸付や投資を行う。イギリスは世界の資本の回転台となっている。リーマン危機前の2006年，イギリスの証券投資額は，対アメリカ5600億ドル，対ドイツ3700億ドル，対日本1300億ドル，そのほかユーロ圏諸国や新興国向けにも投資していた。アメリカは06年に経常収支赤字が約8000億ドルと巨額であったが，それをはるかに上回る巨額の資金が，イギリスのほか，ユーロ圏，アジア（中国とASEAN諸国），日本，中南米などから流入し，差額はアメリカ金融機関によって世界各国に投資された。アメリカからイギリス向けの証券投資は1900億ドルで，米英間は双方向の取引がとくに活発であった。

　銀行間の国際的な貸借についてもイギリスはユニークな役割を果たしている。ドル建ての銀行債権・債務をみるなら，イギリスはカリブ金融センターに次ぐ太いパイプ（残高）でアメリカと結ばれており，その太さはユーロ圏とのそれを凌駕している。他方，ユーロ

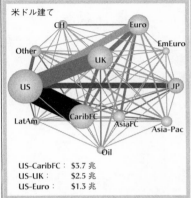

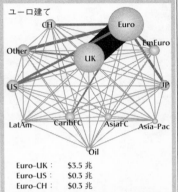

米ドル建て	ユーロ建て
US-CaribFC： $3.7 兆	Euro-UK： $3.5 兆
US-UK： $2.5 兆	Euro-US： $0.3 兆
US-Euro： $1.3 兆	Euro-CH： $0.3 兆

(注) 1 各地域所在のBIS報告銀行のクロスボーダー債権・債務の残高。線の太さは残高の大きさを表す。
2 AsiaFC：アジア金融センター（香港，マカオ，シンガポール）。Asia-Pac：韓国，中国，台湾，インドネシア，タイ，マレーシア，フィリピン，インド，パキスタン。CaribFC：カリブ海金融センター。Euro：ユーロ圏（スロバキア，スロベニア，キプロス，マルタを除く）。EmEuro：ヨーロッパの新興市場諸国。CH：スイス。LatAm：メキシコ，コロンビア，ベネズエラ，ペルー，ブラジル，アルゼンチン，チリ。Oil：OPEC諸国（インドネシアを除く），ロシア。
(出所) Fender, I. and P. McGuire [2010] "Bank Structure, Funding Risk and the Transmission of Shocks Across Counties: Concepts and Measurement," in Bank for International Settlements, *BIS Quarterly Review*, September.

建ての銀行債権・債務については，イギリスとユーロ圏との間に圧倒的に太いパイプが存在しているのである（図13-4）。このようにイギリスは，ドルとユーロ双方の取引のゲートウェイに位置して両者を結びつけているのである。

リーマン危機とイギリス銀行業の破綻

ロンドンをゲートウェイとする21世紀初頭のこうした国際金融の絡み合いにより，アメリカを震源地とするサブプライム危機は2007年8月まずフランスで顕在化し（BNPパリバ・ショック），08年9月のリーマン・ショック直後にはイギリスを含む西欧の大

銀行が相次いで破綻することとなった。09年秋にIMFが発表したサブプライム危機・リーマン危機による銀行の損失推計額は，アメリカ1兆ドル，ユーロ圏8000億ドル，イギリス6000億ドルとなっていて，GDP比でユーロ圏の23％にすぎない英銀の損失の高さがわかる。こうした大規模な損失の結果，大銀行の自己資本は大きく毀損した（ソルベンシー危機）。また米銀などはドル供給を絞り込むので短期ドル資金の調達難に直面した（流動性危機）。どちらも緊急対応が必要な急性の危機であった。

このうちドル流動性の危機に対しては，2007年12月にECB，スイス中央銀行，そしてイングランド銀行（イギリスの中央銀行）がアメリカ連邦準備銀行（FRB）とスワップ協定を結び，ドル資金供給を受け，ドル資金調達困難に直面した大銀行にドル建ての流動性を供与した。イングランド銀行はリーマン破綻から20日間に合計2400億ドルもの資金をイギリス所在の銀行に供与した。

またソルベンシー危機に対しては，イギリス政府が2008年10月に大手3行に370億ポンドの公的資金注入（＝ベイルアウト）で対応した。内訳は，RBS（ロイヤル・バンク・オブ・スコットランド）に200億ポンド（同行の株価時価総額の60％）を振り向けて事実上国有化，また直前にHBOSとの合併を発表したロイズTSBに170億ポンドであった。政府は11月以降さらに注入を続け，合計は800億ポンドに達した。

金融監督体制の見直しと銀行構造改革

イングランド銀行によるドル流動性供給，イギリス政府による銀行への資本注入といった緊急措置と並行して，イギリス金融システムの修復作業が進められた。2009年3月にはFSA（金融サービス機構）が「ターナー・レビュー」を発表し，自己資本比率規制，ヘッジ・ファンドの登録制，銀行経営者のボーナス規制などについての指針を示した。

その後，2011年2月には財務省が「金融規制に関する新アプロ

ーチ」を公表した。そこでは，従来イングランド銀行，財務省，金融サービス機構の3者が分担してきた規制監督の問題点が指摘され，イングランド銀行にその権限が集約されることになった。すなわち，イングランド銀行内に新設される「金融安定政策委員会」(FPC) がマクロ・プルーデンスを，同じくイングランド銀行の独立子会社として新設（後の17年に同行に吸収）される「健全性規制機構」(PRA) がミクロ・プルーデンスをそれぞれ担当し，市場の業務行為等の規制監督については，専門の規制当局「金融行為監督機構」(FCA) がこれに当たることになった。

さらに2011年9月には「独立銀行委員会による報告」（ヴィッカーズ報告）が出され，銀行の構造改革として「リテール・リングフェンス」が提案された。これは銀行からリテール預金を扱う部分をリングフェンス銀行として法的に独立させ，自己勘定取引などの投資銀行業務から生じる各種リスクから遮断することを目的とした改革案で，19年1月から実施されている。

3 EU 離脱とイギリス経済
●EU 単一市場からグローバル・ブリテンへ

EU 離脱決定から離脱まで

〈国民投票と EU 離脱決定（2013～16年）〉リーマン危機以降のイギリス経済の落ち込みは激しく，2009年の実質 GDP 成長率は−4.1％を記録した。失業率は，00～07年平均の5.1％から11年には8.1％へと跳ね上がった。銀行への資本注入や景気政策により財政赤字も膨張し，09年に対 GDP 比12.5％，翌10年も10.1％と2桁赤字となった。深刻な金融危機がもたらした経済停滞により10・11年と1％台の低成長が続いた。その後13年以降，民間消費，続いて民間投資が回復し，14年にはユーロ圏の1.4％を上回る2.9％成長を遂げるなどしてようやく景気回復に向かった。

約5年の間続いた自国経済やユーロ圏経済の混乱を通じ，EU経済統合の各種利益がイギリス国民にみえづらくなる一方，格差などの負の側面がEUやグローバル化と結びつけて考えられるようになったことで，EU離脱の議論が醸成されていった。

　党内外で勢いを増すEU懐疑派の懐柔や国民の支持率回復を狙い，時のキャメロン首相は，2013年1月，イギリスのEU残留の可否を問う国民投票の実施を約束し，15年5月の総選挙で保守党が勝利した後，16年6月23日に実施した。

　国民投票の結果，離脱51.9％，残留48.1％の僅差で，EUからの離脱（Brexit〔ブレグジット〕：Britain〔イギリス〕とExit〔離脱〕を組み合わせた造語）が決定した。地域別にみた場合，離脱派が多数だったのはイングランドの地方部とウェールズで，スコットランド，北アイルランドのみならず，イングランドでも首都ロンドンは残留が多数であった。世代別では18〜44歳までが残留多数，45歳を境に年齢が高いほど離脱が多数であった（遠藤［2016］第4章）。

　離脱が多数となった直接的な原因としては，2015年にシリアや北アフリカなどから130万人の難民がEUに入り英仏国境のドーバー海峡まで迫ったいわゆる「難民危機」や，人の自由移動を定めたEU単一市場を通じてEU域内からの移民流入が急増し，雇用や住宅などの点で一部の地域の住民に不安が生じたことなどがあげられる。離脱派はEUへの拠出金負担がなくなること，立法権限をEUから取り戻せること，国境管理を自分たちで実施できることなど，イギリスの「主権」「自己管理」を強調し，こうした不安を巧妙にすくい取った。

　〈離脱交渉と「離脱協定・政治宣言」(2016〜20年)〉　イギリスのEU離脱の手続きは，EU条約第50条に則って進められた。同条によれば，離脱を決めた構成国は，欧州理事会（＝EU首脳会議）に対しそのことを通知し，遅くとも通知から2年でEUから離脱しなければならない（ただしEU側の全会一致で延期は可能）。国民投票結果

を受けて辞任したキャメロン首相を継いだテリーザ・メイ首相のもと、イギリス政府は、2017年3月29日、条約第50条による離脱通知を EU 首脳会議に対して行い、原則2年以内の離脱に向け、歴史的に前例のない離脱交渉プロセスに入った。

2017年4月の EU 首脳会議（イギリスを除く）において、離脱交渉は、イギリスや EU に在住の相手国市民の権利、EU に対するイギリスの分担金の清算、アイルランドと北アイルランドの国境管理などの問題が議論される第1段階と、離脱後の英 EU 間の将来関係（通商協定など）について議論を行う第2段階とに分けて進められることとなった。17年6月に始まった交渉を通じて第1段階に十分な進展があったとされ、同年末には第2段階の交渉のための準備が開始された。18年3月には、イギリスの提案で、離脱後20年末までを移行期間とし、イギリスは EU 関税同盟・単一市場にとどまったまま離脱後の通商協定に向けた交渉を進めることになった。

その後 2018年11月には「離脱協定」および EU とイギリスの将来関係に関する枠組みを定めた「政治宣言」について欧州理事会が承認し、イギリス議会の承認手続きに入ったものの、北アイルランドとアイルランドとの間の厳格な国境管理を回避するための「バックストップ（安全網）」（後述）に関する取り決めに反対が多く、3度否決され、19年3月の離脱期限は延期となった。責任をとってメイ首相は辞任し、同年7月ボリス・ジョンソンが首相に就任した。同首相は「バックストップ」の撤回を主張したものの、EU 側は再交渉に応じない姿勢を崩さず「合意なき離脱」の可能性が高まった。最終的に、バックストップに関して若干の見直しを行ったうえで離脱協定に関する合意をみたのは10月で、その後、イギリス・EU双方の批准手続きを経て正式な離脱が実現したのはようやく20年1月31日になってからであった。

とはいえ完全離脱まではなお道半ばであり，2020 年末の移行期間終了までの間に，イギリスは EU との間で通商関係を含む将来関係の新たな枠組みを策定しなければならなかった。

〈離脱後の EU との通商関係をめぐって〉　離脱後の EU との関係については，WTO（世界貿易機関）ルールに従うだけのハードな離脱（その場合，対 EU 貿易で関税が復活）と，EU の関税同盟や単一市場へのアクセスを何らかの形で維持するソフトな離脱とに分かれ，その中間に各種の自由貿易協定（FTA）案が存在した。EU 側は，単一市場の一体性と機能が損なわれるという理由から，離脱後の EU 単一市場へのアクセス維持については否定的なスタンスを取り続けた。その結果，次第に選択の幅は狭まり，最終的には EU カナダ包括的経済貿易協定（CETA）に準じた，関税ゼロ，関税割当枠（クオータ）なしの FTA が追求された。しかし，①北アイルランドとグレートブリテン島との貿易に関する税関手続き，②イギリス周辺海域での EU 漁船の漁業権，③イギリスが EU 単一市場にアクセスする際の条件として EU が提示した「公正な競争条件の確保」（政府補助金を含む）などをめぐって交渉は難航し，通商合意なき離脱により予想される年明けの英 EU 間の各種輸送や漁業の大混乱に英 EU 双方が備える緊迫した事態となった。

2020 年 12 月 24 日，土壇場で TCA（英・EU 通商協力協定）合意が成立し，英議会の承認後，31 日に暫定発効した（正式発効は欧州議会が批准した翌 21 年 4 月。その際，欧州議会はイギリスの EU 離脱が「歴史的誤り」であるとする付帯決議を圧倒的多数で承認している）。TCA 合意にあたり，ジョンソン首相は「自分たちの法律と運命をとりもどした」と述べた。

〈単一市場から FTA へ〉　TCA は，① FTA のほかにも，②市民の安全保障のためのパートナーシップ，③新たな英 EU 関係のガバナンス枠組みを含む包括的協定となっており，5 年ごとに定期レビュ

ーが実施され，必要な見直しが行われる。経済統合の観点から見た場合，TCAは，関税同盟のFTAへの置き換えと，単一市場からの離脱という2つの意味をもつ。

第1に，EU関税同盟（域内関税ゼロ＋対外共通関税）から離脱したものの，①EUとの貿易についてはFTAにより無関税が維持され，WTOルールに基づく関税の復活は回避された。他方で，②EU以外の諸国との関税は，EUが世界各国・地域と締結しているFTAを，イギリスがほぼ同じ条件で引き継ぐ「継続協定」を矢継ぎ早に締結することにより対応した。日英間でも，日EU・EPA（経済連携協定）をおおむね踏襲する形で2021年1月より日英EPAが発効している。

第2に，1992年市場統合の際に270を超えるEU法を通じて撤廃した非関税障壁（物理的障壁・技術的障壁・税障壁）については，広範な分野で復活した。物理的障壁については，単一市場創設の際に撤廃した国境での通関手続きが約30年ぶりに復活し，物流に遅れや混乱をもたらしている。人の移動についても国境チェックが復活し，90日を超えない旅行以外はビザが求められることになった。イギリスの低技能労働者の受け入れはとくに厳しくなった。技術的障壁については，専門資格の相互認証はなくなり，また金融サービスの単一免許などについては，（緩い規制でEU単一市場にアクセスし「いいとこどり」をすることがないようにするための）EUによる「同等性評価」がなされず，TCAの補充協定で継続協議されることになった。税障壁についても，イギリスは独自に付加価値税や法人税の引き上げを実施・検討しており，復活しつつある（表13-3）。

〈漁業権問題での妥協〉 イギリスはEU共通農業政策（CAP）・共通漁業政策からも離脱した。漁業に関しては，離脱後のイギリス周辺海域での漁業権については，従来通りEU構成国漁船の操業を求めたEUと，自国水域の自主管理により当初漁獲高の6割削減を要求したイギリスとの間の隔たりが大きく交渉は難航したが，最終的

表 **13-3** TCA（英・EU 通商協力協定）の概要

分　野	TCA	項　目
人の自由移動	×	国境検査なし
	×	ペット・パスポート
	○	ビザなし旅行（180 日の期間のうち 90 日間）
	×	ビザなし旅行（90 日間超）
	△	他の EU 諸国での労働・勉学・居住の権利
	×	ローミング料金なし
財の貿易	×	摩擦なき貿易
	○	関税なし／割当てなし
	△	通関手続きなし
	×	衛星植物検疫（SPS）なし
	△	原産地規則手続きなし
	△	漁業協定
	×	EU の国際協定による便益
サービス貿易	×	金融サービス・パスポート（域内単一免許）
	×	職業資格の容易な相互承認

（注）　EU 離脱前はすべて○であった。△は，英・EU 通商協力協定により特別な条件が課されたもの。
（出所）　European Commission［2020］*EU-UK Relations: Big Changes Compared to Benefits of EU Membership*，より作成。

には，5 年半の経過措置を経て 25 ％削減することで妥結した（その後は毎年協議）。

〈北アイルランド問題と連合王国の弱体化〉　北アイルランドでは，イギリスとの一体性を重んじる「ユニオニスト」と，地続きのアイルランドとの一体性を重んじる「ナショナリスト」との間の紛争が30 年以上続いたが，1998 年のベルファストでの和平合意により終止符が打たれた。イギリスの EU 離脱は，この北アイルランド問題を再燃させることになった。本来であれば離脱後は EU 加盟国アイルランドとイギリスの北アイルランドとの間で通関手続きを含む国境管理が復活することになるが，ベルファスト合意を尊重する形で，離脱協定の議定書（プロトコル）では「バックストップ（安全網）」が定められ，紆余曲折の末，両者の間には国境管理を設けず，通関検査は北アイルランドと英本土の間で実施することとなった。しか

しTCA合意後もユニオニスト側の不満は収まらず政治的緊張が続いている。またTCA合意発表を受け，スコットランドのスタージョン自治政府首相が，住民投票によりスコットランドの独立を実現してEUに戻ると表明するなど，総じてブレグジットはイギリスには大きな遠心力となって作動しはじめている。

EU離脱とイギリス経済

〈合意なき離脱ショックは回避も停滞続く〉
イギリスは（程度の差こそあれEU 27も），経済統合理論が教える「統合の利益」のうち「関税同盟の利益」と「単一市場の利益」のすべてまたは一部を失うことになる。長期的には，貿易・外国直接投資の減少，R&D投資の減少と生産性の低下，移民の純流入の減少などのマイナス効果が，EU離脱後の規制緩和，EUへの拠出金カット，新たなパートナーとの貿易創出などからくるプラスの効果を大きく凌駕する，とするシミュレーションがIMFなどの国際機関やイギリス財務省などから出されている。

　「離脱協定」が合意をみた2018年11月にイングランド銀行が出した報告書『EU離脱のシナリオと通貨・金融の安定性』では，英EU間の通商協定がまとまらずに「合意なき離脱」となった場合，16年の国民投票で残留となった場合と比較して23年時点でGDPを最大10.5％引き下げると試算されていた。結局「合意なき離脱」という最悪の経済ショックは瀬戸際で回避されたものの，離脱および離脱後の通商協定をめぐる不透明な状況が4年半続いた結果，産業界も金融業界も投資を手控え，拠点の一部を他のEU諸国に移動するなどの動きが相次いだ。その間イギリスの経済成長率は，順調に景気回復を続ける他のEU諸国や先進諸国をしり目に，国民投票で離脱を決めた16年から19年は1％半ばで低調に推移した（4年平均でイギリス1.5％に対してEU 27は2.1％，European Commission [2021] *European Economic Forecast*, Spring 2021, pp.130-131，図13-5）。

　〈ポンド為替相場〉　2016年の離脱決定により，ポンド為替相場も

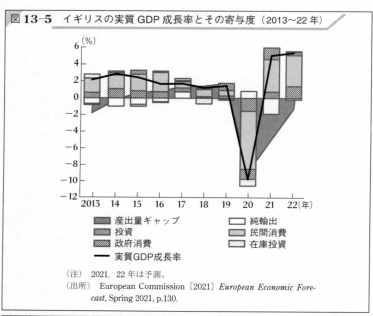

図 **13-5** イギリスの実質 GDP 成長率とその寄与度（2013～22 年）

凡例：
- 産出量ギャップ
- 投資
- 政府消費
- 純輸出
- 民間消費
- 在庫投資
- 実質GDP成長率

（注）　2021，22 年は予測。
（出所）　European Commission［2021］*European Economic Forecast,* Spring 2021, p.130.

図 **13-6**　ポンドの対ユーロ為替相場の推移

（ユーロ／1ポンド）

（出所）　ECB ウェブサイト Statistics より作成。

大きく下落し，対ドルでは 6 月 23 日の 1 ポンド 1.49 ドルから 7 月 6 日には 1.29 ドルへと下げ 30 年来の安値を記録した。対ユーロ相

場は，07年から09年初に至る世界金融危機により一時1ポンド＝1ユーロ近傍まで大きく下落した後，15年には一時1.4ユーロまで戻していたが，16年6月の国民投票以降大きく下落した。離脱決定以降は，おおむね1ポンド＝1.1〜1.2ユーロのレンジの中で，交渉が行き詰まるたびに下落を繰り返した。20年末のTCA合意による完全離脱後も当該レンジから抜け出してはいない（図13-6）。

4 「より良き復興」とグローバル・ブリテン
●「主権国家」としての独自戦略の行方

「合意なき離脱」による大規模経済ショックは，離脱協定やTCAの瀬戸際の合意・批准により回避できた。しかし2020年初からの**新型コロナ危機**は，それと同レベルのショックをイギリス経済にもたらすこととなった。

〈**新型コロナによる大規模経済ショック**〉　新型コロナウイルス感染症（COVID-19）によるイギリスの感染者数・死者数は，対人口比で見るとアメリカ並みで最悪（2021年9月までに国民の約12％が感染し，0.2％の13万人超が死亡）で，2度にわたる厳格なロックダウンによる消費急減の影響で，2020年度の実質GDP成長率は−9.8％（EU 27は−6.0％）と大きく落ち込んだ。21年に入ると，TCAの下での通関や非関税障壁の復活などにより貿易が縮小し，輸出の回復の遅れから純輸出が大きく落ち込んだものの，ワクチン接種の開始時期とスピードは先進国中最速で，21年夏には各種の行動制限を撤廃した。

〈**新型コロナ危機対応の財政・金融政策**〉　新型コロナがもたらした経済危機に対してEUがSURE（緊急時失業リスク軽減のための一時的支援策）や復興基金（次世代EUなど）で対応する中，EUを離脱したイギリス政府は，2020年4月から21年9月まで，一時帰休となった従業員に雇用主を通じて給与の80％を払い戻す自宅待機制

度を通じて雇用をつなぎ止め，20年の失業率を4.4％に抑えた。また21年4月からは2年間の年限で，設備投資を行った企業の法人税のスーパー控除などで対応した。そうした新型コロナ危機対応の財政措置の規模は20〜21年でGDPの16％におよんだ。その結果，政府債務残高は20年より対GDP比で100％を超えるに至っている。そのため，政府は21年夏以降，国民保険料や法人税の引き上げの議論を開始しており，国民や産業界とのせめぎあいが始まっている。

イングランド銀行は，2020年3月，政策金利のバンク・レートをリーマン危機時の0.25％をさらに下回る0.1％に引き下げ，量的緩和（QE）も再開した。さらに各種金融調節手段（ILTR：インデックス長期レポ，CTRF：条件付きタームレポファシリティ）を通じて潤沢な資金供給を行い，同年4月からは中小企業向けに銀行経由で低利資金（TFSME）を1年半にわたって供給し続けた。

〈イギリス独自の成長戦略とグローバル・ブリテン〉　EUからの完全離脱を果たして間もない2021年3月，イギリス政府は，新型コロナ危機後を見通した主権国家としての独自の成長戦略「より良き復興」（Build Back Better）を公表した。これは，①インフラ整備（ブロードバンド，道路・鉄道，地域など），②人々のスキル向上（教育制度の改革），③イノベーション（R&Dへの政府投資，規制改革，技術革新投資への金融支援，世界からの高スキル人材獲得，中小企業への最新技術実装など）の3つの分野への重点投資を通じて，イギリス経済の足枷となっている生産性を向上させ，イギリスにとって優先順位の高い「経済全体の底上げ（地域格差是正）」「気候中立（Net Zero）支援」「グローバル・ブリテンの支援」を目指すという戦略である。

このうち，第1の経済全体の底上げについては，離脱のプロセスで遠心力が働きはじめている北アイルランド，スコットランド，ウェールズ経済のかさ上げを，従来のEU構造基金に代わる共同繁栄基金を通じて行う。第2の気候中立支援は，EUが進める欧州グリーンディールのイギリス版といえるが，イギリスが得意とする洋上

風力, 低炭素水素発電, CCUS（二酸化炭素回収・利用・貯留）, 電気自動車などへの重点投資がなされる。

　第3のグローバル・ブリテンは, EU離脱後の世界戦略としてイギリス政府が追求してきた戦略で, 2021年3月には「競争時代のグローバル・ブリテン——安全保障・防衛・開発援助・外交に関する統合レビュー」という文書が公表されている。同文書では, インド太平洋地域が, イギリスにとって経済・安全保障・価値の共有の点できわめて重要な地域として特別の節を設けて取り上げられている。通商面では, EUがFTAを締結していなかったオーストラリア・ニュージーランドとのFTA, 旧英連邦6カ国を含む環太平洋経済連携協定（TPP 11）への参加（21年6月より交渉開始）, ASEANとの対話強化などが掲げられている。他方で, 中国に関しては2019〜20年の香港における民主派への弾圧以降, キャメロン政権時代の親中政策から転換しているものの, 中国はイギリスの輸出の6.4％を占め米独仏蘭に次いで5位, 輸入の9.4％を占め独米に次いで3位（ともに2019年の財貿易）となるなど深く結びついており, 同文書では「わが国の安全保障と価値を守」りつつ「貿易・投資における関係を強化」するというスタンスとなっている。

　以上「より良き復興」および「グローバル・ブリテン」は, イギリスがEUの制約を受けずに「主権国家」として約半世紀ぶりに策定した最初の独自戦略であり, そこから新たに得られる経済利益が, EUの関税同盟・単一市場からの離脱で失った統合の利益をどの程度補完できるのか, その成果を見極めていく必要がある。

演習問題　　　　　　　　　　　　　　　*seminar*

1　1980年代までの1世紀に及ぶイギリス経済の衰退の原因について, 考えられることをまとめてみよう。

2　サッチャー革命の成果と問題点について, 多面的に論じてみよう。

3 なぜイギリス経済が世界金融危機により大きな影響を受けたのか，さまざまな角度から論じてみよう。

4 イギリスの EU 離脱の是非について経済的観点から論じてみよう。

■ ■ ■ **参 考 文 献** ■ ■ ■ ■ ■ ■ ■ ■ ■ ■ ■ ■ ■

伊藤さゆり［2016］『EU 分裂と世界経済危機――イギリス離脱は何をもたらすか』NHK 出版（NHK 出版新書）

遠藤乾［2016］『欧州複合危機――苦悶する EU，揺れる世界』中央公論新社（中公新書）

金井雄一［2014］『ポンドの譲位――ユーロダラーの発展とシティの復活』名古屋大学出版会

斉藤美彦［2014］『イングランド銀行の金融政策』金融財政事情研究会

斉藤美彦［2021］『ポスト・ブレグジットのイギリス金融――政策・規制・ペイメント』文眞堂

庄司克宏［2016］『欧州の危機――Brexit ショック』東洋経済新報社

庄司克宏［2019］『ブレグジット・パラドクス――欧州統合のゆくえ』岩波書店

須網隆夫・21 世紀政策研究所編［2018］『英国の EU 離脱と EU の未来』日本評論社

田中素香編［2019］「特集 英国・EU の異次元生存戦略」『世界経済評論』7・8 月号

田中素香編［2021］「特集 コロナ禍欧州の飛躍」『世界経済評論』9・10 月号

Artis, M. J.［1996］*The UK Economy*, 14th ed., Oxford University Press.

第 **IV** 部

EU の対外通商関係と
地域的基軸通貨ユーロ

第**14**章　*EU と対外通商関係*

新次元に入った EU 通商政策

SUMMARY

●本章のサマリー

　EU 域内の GDP 合計は，2020 年時点で 15.2 兆ドル（世界経済の GDP に占めるシェアは 17.9 ％で，アメリカに次いで世界第 2 位）に達するなど，世界経済においてきわめて重要な地位を占めている。こうした巨大な経済規模を背景に，EU は通商政策を通じて多くの地域・国と密接な通商関係を構築してきた。また，近年の EU 通商政策は，単なる貿易関係の強化に加えて，環境面，さらには社会的・政治的分野をも対象としつつある。いわば EU が重視する価値を普及しようとする動きである。

　本章では，EU が主要地域との間でいかなる関係を築いてきたのか，築こうとしているのか，さらには，これらによって EU は何を目指そうとしているのかについて，主として経済・貿易面を中心として各地域別に論じることにする。なお，EU の通商あるいは貿易政策そのものはすでに第 3 章で述べられているため，ここでは各地域との関係で重要とみられる点に焦点を絞ることにする。

KEY WORDS

本章で学ぶキーワード

WTO 改革　貿易摩擦　日 EU・EPA　ASEM　コネクティビティ　包括的投資協定（CAI）　コトヌー協定

1 EU 通商政策の歴史

●新たな段階に入った EU 通商政策

EU 通商政策の形成　　1952 年に ECSC（欧州石炭鉄鋼共同体）が設立されて以来，ヨーロッパは EEC（欧州経済共同体）を設立するための「ローマ条約」に基づき，68 年には関税同盟を完成させた。これにより，域内の関税障壁を除去するだけではなく，対域外関税についても共通化した。

EU の通商政策は，GATT（関税と貿易に関する一般協定）および WTO（世界貿易機関）に基づく多国間貿易システムの強化についても重点を置く一方，独自の FTA（自由貿易協定）をベースとする政策を実施するようになる。その際，EU の FTA は，貿易障壁を取り除くことによる経済的利益を求めるだけではなく，非 EU 加盟国の加盟準備や EU 加盟国の旧植民地の経済発展の促進など，政治的および外交的な目的も有していた。

2000 年代に入ると，BRICs（Brazil, Russia, India and China）の台頭など，EU を取り巻く国際経済環境に大きな変化が生じるようになった。また，01 年から始まった WTO のドーハ開発アジェンダ交渉は，先進国と開発途上国の間，さらには先進国間の対立により，行き詰まりをみせるようになった。

本格化した FTA 交渉　　こうした状況の下，欧州委員会は 2006 年 10 月に「グローバル・ヨーロッパ——世界における競争」と題する政策文書を公表した。これは，WTO を通じた多国間主義を尊重する一方，いっそうの関税障壁除去，知的財産権，競争政策，政府調達の調和など非関税障壁の除去・軽減の重要性を強調し，これらの目的に向けた動きを加速しようとするものであった。さらに，この政策文書では，経済規模，成長の可能性，貿易障壁のレベルなどといった基準により交渉の対象国・地域を選

択した。ASEAN，韓国，メルコスール（MERCOSUR：南米南部共同市場），インド，ロシアなどである。実際，同文書が公表されて以降，EU は上記の国・地域との FTA 交渉を開始することになる。さらに EU は，07 年 5 月に韓国との FTA 交渉を開始し，15 年 12 月に発効させている。

　また，欧州委員会は，2010 年 11 月に「貿易，成長，世界問題」と題する新たな政策文書を公表した。アメリカ，中国，日本，カナダを戦略的貿易相手国とし，貿易関係の強化を目指すことが主たる内容である。これにより，EU は 13 年 7 月からアメリカとの間で TTIP（環大西洋貿易投資連携協定）交渉を開始した。

　ただ，EU の市民社会（Civil Society）および NGO/NPO は，TTIP の内容が EU の規制システムと消費者の安全性に悪影響を与える可能性があるという懸念を表明した。また，EU 韓国 FTA は 2011 年 7 月から暫定的に適用されていたが，実際には EU の対韓国輸出が伸び悩んでおり，FTA の有効性について疑念が生じていた。EU の対域外輸出総額に占める対韓国輸出のシェアは，08 年の 1.9 ％から 12 年に 2.1 ％へと上昇したにすぎない（欧州委員会貿易総局による）。

新たな段階に入った
EU の FTA 政策

　EU の FTA および貿易政策を取り巻くこれらの重要な問題に対応するため，欧州委員会は 2015 年 10 月に「すべての人のための貿易——より責任のある貿易および投資政策に向けて」と題する政策文書を公表した。サービス貿易，電子商取引，人の移動などの分野により重点を置くことにより，EU 産業の競争力強化を目指すことが本文書の主要な内容である。

　さらに，TTIP 交渉中に提起された市民社会からの懸念に応えて，交渉プロセスの透明性を高めるために，貿易交渉に関して加盟国，欧州議会，労働組合を含む市民社会との対話を促進するとした。また，「すべての人のための貿易」は，民主主義，人権の尊重，法の支配などの EU の価値，さらには持続可能な開発や国際的な労働基

準の重要性も訴えている。したがって，EU の FTA 政策は，貿易問題を扱うだけではなく，環境面，さらには社会的および政治的分野も網羅し，より包括的かつ新しい段階に達した。2015 年 10 月以降，EU の FTA 政策は新たな次元に到達したといえるであろう。後述するように，日 EU・EPA は，こうした EU の FTA 政策の発展を強く反映している。

また，2021 年 2 月，欧州委員会は「開かれた，持続可能で，積極的な貿易政策」と題する新たな政策文書を公表した。そこでは，EU が重視する環境・デジタル政策の実現が盛り込まれている。また，同年 1 月に成立したバイデン米政権と協力し，WTO の改革を実現，公正で持続可能な貿易ルールを導入することをも主張している。

この文書は，次のような柱で構成されている。まず第 1 は，「開放性」で「ポスト・コロナの景気回復と移行経済」との副題をもつ。すなわち，経済成長が著しい新興国などと貿易協定を締結することにより，通商面から EU の経済成長を促進することの重要性が指摘されている。一方，EU は 2050 年に域内の温暖化ガスの排出量を実質ゼロにまで引き下げることを目標としているが，その目的を達成するため，環境やデジタル製品に関する貿易を活性化する方針が盛り込まれている。第 2 は，「持続可能性」に関連する。副題は「グリーンに対する意欲を貿易政策の核心に」である。地球環境や労働条件の改善につなげるため，WTO 内に「貿易・気候イニシアチブ」を設けるなどにより，持続可能な貿易の推進を提案している。これを反映し，EU が今後結ぶ貿易協定には温暖化対策の国際枠組みが設けられることになるであろう。

第 3 は，「EU の権利と価値を防御する積極的なアプローチ」である。不公正な貿易慣行から企業，とりわけ中小企業や市民を守ることが主たる目的となっており，必要ならばアメリカや中国などに対しても強い姿勢でのぞむとされている。また，場合によっては，

重要な原材料や製品を他国に対して過度に依存しない産業構造の変革を目指すとした。

また，必ずしも通商政策とはいえないが，2021年7月，欧州委員会が提案した「Fit for 55」と称される政策パッケージが貿易に及ぼす影響も注目される。これは，2030年の温室効果ガス削減目標を1990年比で，少なくとも55％削減を達成するための政策パッケージである。現行法の改正案と新法の提案から成る13の法案で構成される提案であり，今後，加盟国および欧州議会による論議が続くであろう。その内容は，23年にも環境規制の緩やかな国からの輸入品に事実上の関税ともいえる「国境炭素税」を暫定的に導入すること，および，ハイブリッド車を含むガソリン車など内燃機関車の新車販売を35年に禁止することからなっている。前者は，鉄鋼業をはじめとする日本の素材産業，後者はハイブリッド車を重視してきた日本車メーカーにとって大きな貿易障壁となりかねない。

EUとWTO

ここでは，WTOに焦点を当ててEUのスタンスを紹介したい。GATTは，1947年の発足以来，8回に及ぶ多角的交渉を繰り返してきたが，それぞれについてEUは主要な交渉当事者となった。なかでも注目を浴びたのは，86年から93年まで交渉が続けられたGATTウルグアイ・ラウンド交渉である。この交渉で，十分とはいえないものの農業部門に対して自由・無差別な国際貿易に関するルール導入が実現した。同交渉では，関税率のさらなる引き下げ，アンチ・ダンピング税の規律強化，サービス貿易に関するルールの適用がはかられ，加えて紛争処理の機能が強化されるなど，多くの分野で貿易の自由化がいっそう進んだ。また，同交渉の結果，GATTを発展させ，95年よりWTOが発足したことは，EUのみならず世界各国の貿易政策にも大きな影響を及ぼしたといえる。

ただ，ウルグアイ・ラウンド交渉では十分な合意を形成するには至らず，積み残された分野がいくつか存在する。いわゆるビルトイ

GATT のウルグアイ・ラウンド交渉妥結に伴い，1995 年 1 月に設立された国連の一機関である。なお，EU は WTO 協定上で認められた「関税地域」として加盟している。GATT が，自由・無差別原則に基づいてモノの貿易に関するルールを定めたのに対して，WTO では，モノのみならずサービス，投資，知的財産権などについてもルールを規定している。また，貿易面での紛争について，「紛争処理機関」の機能を強化した点も重要である。このことによって，ルールに基づいた貿易紛争の解決が可能になった。このため，近年，貿易問題を WTO に提訴する件数が急増している。ただ，貿易自由化交渉が関税の引き下げを中心とするものから，農業・サービス貿易など関税以外の分野に広がるにつれ，WTO 加盟国間の利害が錯綜するようになり，自由化交渉は行き詰まるようになってきている。

ン・アジェンダと呼ばれる農業およびサービス貿易などである。こうした分野を含め，さらに新たな貿易体制を形成することを目的として，2001 年 11 月以来，WTO は「ドーハ開発アジェンダ」と称される交渉を開始した。対象となっている分野は，農業，サービス貿易，投資，貿易円滑化，政府調達，競争などであり，貿易拡大を可能とするような体制づくりを目指すものであった。なお，こうした分野において，EU は主要な交渉当事者となっている。ただ，たとえば農業問題などは日・米・EU をはじめとする先進国間でも合意形成が容易でなく，さらに農業・サービス貿易などの分野でも先進国・開発途上国間で対立が続いており，交渉は膠着状態に陥った。

　こうした状況の下，すでにみた「開かれた，持続可能で，積極的な貿易政策」のなかで，欧州委員会は WTO 改革に対する立場を述べている。すなわち，①デジタル貿易，サービス，投資に関する新しいルールの交渉を続けること，②産業補助金に関する厳格な規則を設けること，③国有企業を規制するための規則を制定することなどである。なお，②および③については，中国を念頭に置いていると考えられる。

2 日・EU 通商関係

日欧貿易摩擦

次に，日本・EU 間の通商関係についてみ
ておきたい。日本と EU の経済関係は，か
つて「貿易摩擦」一色であったといっても過言ではない。その背景
には，日本の出超が恒常的に続いていたという状況が存在する。表
14-1 によれば，長期間，日本の対 EU 貿易黒字が継続してきたこ
とがわかる。なお，近年，EU からの輸入は増加していることもあ
って，貿易インバランスは逆転，すなわち，日本の入超となってい
る。

こうしたなかで注目される点は，日本・EU それぞれにとって，
相手の重要性が低下していることである。たとえば，2000 年時点
で日本の輸出に占める対 EU 輸出のシェアは 16.3 ％であったが，
その後，次第に低下し，20 年には同 9.2 ％となっている。輸入につ
いては，00 年の 12.3 ％から 20 年には 11.4 ％へと低下した。EU か
らみても同様であり，域外輸出に占める対日輸出のシェアは，00
年の 5.4 ％から 20 年には 2.8 ％へ，また，域内輸入については，同
期間に 9.3 ％から 3.2 ％へと低下している。

次に，商品別内訳をみてみよう（2020 年実績）。日本の輸出につ
いては，自動車のシェアが 14.6 ％にも達していることが目立つ。
加えて，原動機（要するにエンジン），自動車の部品など自動車関連
製品を加えると，輸送用機器のシェアは 24.3 ％に達している。また，
自動車部品を含め，工業品の部品輸出が多くみられる点も特徴であ
る。すなわち，自動車本体を例外として，日本の対 EU 輸出は，日
系企業あるいは欧州企業に対する部品供給が中心になりつつあると
いえるであろう。一方，輸入に目を転じると，同じ時点で医薬品
（全体に占めるシェアは 19.8 ％）が最大の輸入品目であり，自動車

表 14-1　日・EU 貿易の推移

(単位：億円)

年	日本の対EU輸出	日本の対EU輸入	貿易インバランス
1980	49,233	23,796	25,437
1985	47,680	21,269	26,411
1990	77,339	50,707	26,632
1995	66,001	45,797	20,204
2000	84,319	50,429	33,890
2005	96,518	64,701	31,817
2010	76,158	58,210	17,948
2015	75,614	78,406	−2,792
2020	71,777	80,889	−9,112

(注)　貿易インバランスとは，輸出−輸入。
(出所)　財務省「貿易統計」。

(同 9.7 %) がそれに次いでいる。

　長期的にみて貿易インバランスが傾向的に拡大しつつあったとい
う点を背景に，EU は輸入数量制限など日本に対しさまざまな手段
を講じることによって，輸入を抑制しようとした。いわゆる「貿易
摩擦」である。このため，日本企業は EU 域内に生産拠点を設ける
など，外国直接投資（FDI）を拡大することにより市場を確保しよ
うとしてきた（図 14-1）。貿易摩擦が軽減された近年でも，EU 市
場の重要性を認識した日本企業は積極的に対 EU 投資を行っている。

対 EU 直接投資

　既述したように，貿易摩擦をめぐって対立
を繰り返してきた日・EU 関係であるが，
1990 年代以降，その関係は改善するようになった。①冷戦崩壊後
の世界経済の安定を実現するためには，世界経済に占めるウェイト
が圧倒的な日本・アメリカ・EU という 3 極の協力が重要であるこ
と，②日本の対欧投資が活発となり，現地の雇用拡大，さらには技
術移転に寄与していることなどが主因である。

　このような背景のもと，1991 年 7 月の「日・EC 共同宣言」以降，
日・EU 首脳会議，外相会議，閣僚会議が定期的に開催されている。

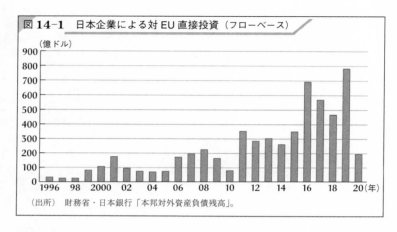

図 **14-1** 日本企業による対 EU 直接投資（フローベース）

(億ドル)

(出所) 財務省・日本銀行「本邦対外資産負債残高」。

こうした会議を通じて，双方とも規制緩和をいっそう進めることなどを確認している。その後，重視されたのは，**日 EU・EPA**（日 EU 経済連携協定）の締結である。日本は，それまでシンガポール，メキシコをはじめとしていくつかの重要な貿易相手国と経済連携協定を締結し，その結果，貿易量は一段と拡大してきた。こうした動きを日・EU 間でも実現しようとしたのである。その際，日本側からは，EU における自動車・家電の高関税が貿易拡大を妨げる要因になっているとの指摘がなされた。たとえば，カラーテレビ・ビデオモニター，多機能液晶ディスプレイモニターが 14 ％，そのほか，乗用車（10.0 ％），DVD レコーダー（14.0 ％）など，高関税が課せられていた。

一方，EU 側では，ワインやチーズなど農産物に対する関税が高いこと，依然として日本には非関税障壁が残存していることに対する不満が強かった。政府調達が海外企業に対して閉鎖的であること，あるいは医療機器・医薬品の承認手続きが複雑かつ長期間を要することなども問題とされた。

日 EU・EPA

こうした点に関する交渉を経て，日 EU・EPA は，EU と日本の間の政治協力を促進

する「日・EU 戦略的提携協定」(Strategic Partner Agreement. 2018月 7 月，双方が署名）とほぼ並行して交渉が妥結，日 EU・EPA は 2019 年 2 月に発効した。その目的は，貿易障壁を撤廃ないしは削減することにより，日 EU 間の貿易投資関係を強化することにある。また，TPP と同じレベルの自由化と包括的な貿易ルールを規定している点も重要である。一方，EU の農林水産物の輸入拡大により，国内の農林水産業への影響が及ぶ可能性がある。事実，EU から日本への輸出関税に関しては，表 14-2 のように，チーズについて（これまで 29.8 %）が 16 年間で段階的に廃止され，ワイン（15 %または 1 リットル当たり 125 円）は直ちに廃止される。チョコレート菓子と革製品は 11 年で撤廃される予定である。チーズと豚肉は輸入全体のわずかな割合を占めるにすぎないが，関税の撤廃による国内の酪農および畜産業への影響は大きいとみられる。

一方，日本製品に対する EU の関税については，最大の輸出品目である自動車（税率 10 %）は 8 年で廃止され，自動車部品の約 90 %については，即時に撤廃された。日本酒，緑茶，調味料（醬油），果物と野菜，肉と乳製品は直ちに撤廃された。また，関税以外についても，貿易，金融，投資，情報通信，特許，商標，地理的表示（Geographical Indication：GI）などの知的財産の保護も本協定に含まれている。

このうち，たとえば，地理的表示の保護に関しては，食物では，カマンベール・ド・ノルマンディ（フランス），ニュルンベルガー・ブラートブルスト（ドイツ），リューベッカー・マジパン（ドイツ），三輪素麺（日本），神戸ビーフ（日本），鳥取砂丘らっきょう（日本）など，また，飲料ではボルドーワイン（フランス），スコッチ・ウィスキー（イギリス），山梨ワイン（日本）などが対象となった。

この EPA は，二国間貿易に影響を及ぼすだけではない。日・EU は，持続可能な開発に対する互いの責任を再確認することに加えて，気候変動に関するパリ協定の実施に責任があると明確に述べた最初

表14-2 日EU・EPAの主要な内容

電子商取引・知的財産などに関するルール整備
・「シャンパン」「神戸ビーフ」など地理的表示の保護など
・政府調達の対象拡大など

EUの関税			日本の関税		
品 目	現在の関税	発効後	品 目	現在の関税	発効後
緑茶	0〜3.2%	即時撤廃	ワイン	15%または1リットル当たり125円	即時撤廃
牛肉	12.8%+100kg当たり€141.4〜€304.1	即時撤廃	ナチュラルチーズ	29.8%	輸入枠内で16年目に0%
水産物	0〜26%	即時撤廃	チョコレート菓子	10%	11年目に0%
アルコール飲料	0〜100リットル当たり€32	即時撤廃	衣類	4.4〜13.4%	即時撤廃
乗用車	10%	8年目に0%	鞄・ハンドバッグ	2.7〜18%	11年目に0%

（出所）外務省［2018］「経済上の連携に関する日本国と欧州連合との間の協定」。

の自由貿易協定といえる。すなわち，本協定には「貿易と持続可能な開発」に関する包括的な章が設けられており，そこでは労働，安全，環境保護，消費者保護などに関して非常に高い基準が設定されているのである。

なお，2020年12月，欧州委員会はEUの「貿易協定の実施に関する評価報告書」を発表したが，これによると，日EU・EPAの結果，19年の双方向貿易は前年比5.8%増加，とりわけEU産食品類の対日輸出は同16%程度も増加し，本協定は効果をあげていると結論している。

後述するように，2020年1月，イギリスはEUから正式に離脱した。これに伴い，この日EU・EPAはイギリスに適用されないことになる。イギリスには多くの日本企業が進出しており，また，日英間の貿易は双方にとって重要である。このため日英両国間では，日EU・EPAとほぼ同内容から構成される日英EPAが21年1月に

発効している。

3 EUとアメリカの関係
●新たな関係に入るか両地域の関係

アメリカの対欧政策と
貿易摩擦

　EUにとって，アメリカとの関係はたんに「緊密」という以上のものがある。第2次大戦後だけをみても，戦争直後，アメリカによる「マーシャル・プラン」という大規模な支援がなければ，ヨーロッパ経済の急速な復興は不可能であったといえるであろう。また，アメリカとソ連による冷戦体制が成立して以来，安全保障面でも，アメリカのプレゼンスなしにはヨーロッパの安定は実現しなかったであろう。

　しかし，EEC，EURATOMが創設された頃から，アメリカの対欧政策は微妙に変化するようになる。アメリカにとってみると，こうした地域統合によってヨーロッパが安定し，経済的にも回復するようになることは，ソ連との対抗上，好ましいことは間違いなかった。ところが，他面，ヨーロッパがアメリカ産業あるいは企業に対して排他的な通商政策を実施する可能性があった。このため，アメリカは，貿易政策面についてみると，GATTを活用することによってECの保護主義化を牽制するようになる。ケネディ米大統領が，いわゆる「ケネディ・ラウンド交渉」を提唱したのもこの頃である。その際，たとえば，GATTの多角的交渉に農業分野を含めるか否かで，すでに欧米対立が生じている。一方，アメリカ企業は，1960年代の段階で早くもヨーロッパ側の保護主義的措置導入を警戒し，ヨーロッパへの直接投資によって市場を確保しようとした。ヨーロッパ側からみて，「アメリカの挑戦」とされる動きである。

　これ以降，欧米間では，しばしば貿易摩擦が激化する。たとえば，1963年，アメリカ産鶏肉がEECから締め出されたとして関税譲許

を撤回するといった「事件」が生じた。いわゆる「チキン戦争」である。また，その後も80年代にかけて，EC製の鉄鋼輸出，ECのエアバスに対する補助金をめぐる問題など，次々にEC・米関係は貿易摩擦に見舞われるようになった。さらに，ECは85年に市場統合計画を発表するが，これに対して，アメリカは繰り返し「ヨーロッパの要塞」(Fortress Europe) 批判を行っている。

新たな欧米関係の模索　しかし，1990年代になると，冷戦体制の崩壊を契機に，新たな欧米関係を構築しようとする動きが目立つようになる。すなわち，91年11月，「アメリカ・EC宣言」で合意したことなどである。同宣言には，①年2回，首脳会議，閣僚会議（アメリカ側は国務長官，EC側は対外関係担当委員および各国外相），事務レベル協議を開催すること，②アメリカ・EC双方は，民主主義，安全保障，市場経済原理，多角的貿易制度の強化といった点で共通の目的を有しており，その推進のためにいっそうの協力を進めること，などが盛り込まれている。農業分野などにおける貿易摩擦が続いているにもかかわらず，このような合意が成立した背景には，冷戦崩壊後，世界政治経済の安定・発展のためには2地域間の協力が不可欠であるとの認識が強まったことを指摘できよう。

　こうした米・EU間の協調関係は，1990年代半ばに至り，さらに発展する。すなわち，95年12月，マドリードで開催された米・EU首脳会議において，いっそう幅広い協力を進めるため，「新大西洋アジェンダ」および共同行動計画という2つの文書が署名されたことである。それらの内容は次のように要約できる。①世界平和と安定の促進，②グローバルな課題への取り組み（犯罪・テロ・麻薬対策，衛生・環境問題など），③世界貿易の拡大，④さらなる欧米関係の緊密化などである。

　また，1998年5月には，新大西洋アジェンダを拡充した「大西洋経済パートナーシップ」が発足し，これによって技術面での貿易

障壁を除去し，多国間貿易自由化を促進することで合意が成立している。事実，その後，相互認証協定（98 年 12 月発効），検疫協定（99 年 7 月署名）など，両地域間の貿易障壁は次々に除去されつつある。

　もともと両地域の関税率は低水準であり（平均で 3 ％以下），貿易促進のためには，非関税障壁の除去が必要との認識が強い。たとえば，税関手続き，あるいは基準・認証に関する制度差などである。さらに，2013 年 6 月，EU とアメリカは両地域間の包括的な自由貿易協定ともいえる TTIP の交渉が開始された。米・EU 間の規制・非関税障壁撤廃あるいは軽減が目的である。この協定が発足すれば，大西洋を挟んで巨大な経済圏が形成されるため世界経済に及ぼす影響は大きく，交渉の行方が注目されていた。ただ，17 年 1 月，アメリカでトランプ政権が成立し，同政権による「アメリカ・ファースト」政策もあって TTIP 交渉は進まず，19 年 4 月には正式に交渉を終了し，今日に至っている。

　こうした背景の下，依然として貿易紛争が絶えないことも事実である。1990 年代に入ってからも，ウルグアイ・ラウンド交渉における EU の共通農業政策改革，遺伝子組み換え作物の表示義務，さらにはエアバスに対する補助金問題などが懸案となっている。

> **EU とバイデン政権**

このように個別分野では依然として対立点は存在するものの，アメリカにおけるバイデン政権の成立（2021 年 1 月）を契機に，再び両地域の緊密化に向けた動きが始まっている。2021 年 6 月には米・EU 首脳会議が開催され，長年の懸案となっていた双方の大型民間航空機メーカー（エアバスとボーイング）への補助金問題の紛争解決に向けた一連の新たな協力枠組みが交わされている。また，この首脳会議においては，貿易投資，新型コロナウイルス対応，気候変動，安全保障など多岐にわたる論点について議論が交わされ，「刷新された環大西洋パートナーシップに向けて」と題した共同声明が発表された。加えて，

この首脳会議では，既述したように，WTO 改革についても，共同で取り組む旨の表明がなされた。

政治面における米欧関係

ここで政治面における欧米関係を若干みておこう。もともと冷戦時代には，アメリカの軍事力あるいは軍事的プレゼンスなしには，強大な軍事力を有していたソ連の脅威からヨーロッパを防衛することは不可能であった。一方，アメリカ側でも，西側全体の安全保障という観点から，NATO などの枠組みを通じて積極的にヨーロッパ大陸に関与してきた。

ただ，2016 年秋の大統領選挙中，トランプ前大統領はイギリスの EU 離脱を称賛し，あるいは NATO を「時代遅れ」と批判するなど，米欧間の関係は良好とはいい難かった。アメリカが地球温暖化を防止するためのパリ協定から離脱したこと，さらには「アメリカ・ファースト」の一環として保護主義的措置を導入する構えをみせたことも，こうした亀裂を大きくした。しかし，21 年 1 月にアメリカでバイデン政権が発足するとともに，地球規模の課題解決には両地域の協力が不可欠であるとの認識が強まっており，既述したように両地域の首脳会議が開催されるなど，関係の改善が進みつつある。

4 EU とアジアの関係

●新たな関係の模索

アジアの成長と相互関係の進展

第 2 次大戦後，かつて EU 諸国の植民地であったアジア諸国は次々に独立するとともに，ヨーロッパ諸国はアジアから，事実上の撤退を余儀なくされた。一方，アジア諸国も，太平洋を挟むアメリカとの経済的あるいは政治的関係のほうが重要であった。かろうじてヨーロッパとアジアを結ぶ絆といえば，かつての宗主国と植民

地の間で2国間協定が結ばれていること，あるいはEU・ASEAN定期閣僚会議が1978年以来，細々と開催されてきたことがあげられるにすぎなかった。また，東ティモール，天安門事件さらにはミャンマーの政治体制などをめぐり，アジアとEUの間で「人権問題」に関する対立があったことも重要である。とくに，人権問題については，後述するように，近年も対立が激しくなっている。

しかし，アジアの経済発展がめざましいものになるにつれ，EUでもこの地域に対する包括的な協力関係を確立する必要性が主張されるようになった。このため，1994年7月，欧州委員会は「新アジア戦略に向けて」と題する報告書を発表し，この中で両地域間の協力関係を促進・強化すべきとしている。その内容を要約すると，①アジアにおけるEUのプレゼンスを高める，②アジアの安定に貢献する，③アジアの経済発展を支援する，さらには，④アジアにおいて民主主義・人権尊重の強化に貢献する必要があることなどである。

このような背景の下，シンガポールのゴー首相とバラデュール仏首相との会議を契機に，EUとアジアの会合が1996年3月，バンコクで開催された。第1回ASEM（Asia-Europe Meeting；アジア欧州会合）である。議題となったテーマは，安全保障，経済協力，貿易・投資，環境，科学技術交流など幅広い分野に及んでいる。EUとアジアの協力は政府間にとどまらず，両地域のビジネス界から構成されるASEMビジネス・フォーラムが設けられ，定期的に会合を開催し，協力関係の強化をはかっている。このASEMは，その後も継続的に首脳会合，さらには閣僚・事務レベルなどさまざまな会合が開催されている。ちなみに，2018年10月には第12回首脳会合がブリュッセルで開催され，経済・財政問題，あるいは地球規模の課題などについて議論されている。また，この会合において，EUはアジアとの「コネクティビティ」（連結性）の強化という表現をキーワードとして，アジア重視，いわば「アジアへの軸足移動」を

明確に示した。なお，第13回は，当初，20年11月にプノンペンで開催される予定であったが，折からの新型コロナ禍により延期されている。この ASEM の参加国は当初，EU 側は15カ国（当時のEU加盟国）および欧州委員会，また，アジア側は ASEAN（当時は7カ国）プラス日・中・韓の計10カ国であった。しかし，EU および ASEAN 双方で加盟国数が増加し，現在では計51カ国，2機関にまで拡大し，EU とアジアのほぼ全域をカバーするに至っている。

　既述したように，1990年代半ばに至るまで，EU とアジアとの関係は緊密といえるものではなかった。「人権」「貿易と環境」「貿易と労働基準」といった問題では，むしろ対立する場面も多かったといえる。ただ，アジアの発展可能性を考慮し，EU としても，アジアといかなる協力関係を築くことができるかを模索する時代に入ってきたといえるであろう。アジア側にとっても，EU からの資金・技術あるいは知的支援は，その経済発展にとって重要であるという認識は強い。なお，既述した「コネクティビティ」であるが，欧州委員会によれば，持続可能で，包括的，かつルールに則った連結性とされている。このうち，持続可能な連結性とは，両地域が気候変動や環境破壊に対応することを意味する。また，包括的な連結性というのは，陸海空の交通ネットワーク，インターネットから衛星に至るデジタルネットワーク，LNG，電力網，再生可能エネルギーの効率化に至るエネルギーのネットワークを含む。このように，EU のアジア戦略は，市場の効率性，透明性，国際的ルールの遵守を強く謳っている。中国による一帯一路をはじめとする対外経済戦略のあり方とは対照的である。ただし，EU は中国を敵視したり，あるいは排除したりといった動きをみせているわけではない。

| EUとアジア主要国との2国間関係 |

　次に，EU とアジアの主要国との2国間関係を若干みておきたい。まず中国との関係であるが，中国が対 EC との関係改善に乗り出した1970年代から，両地域では首脳の往来がみられるように

なった。その結果，78 年 4 月には，EC・中国貿易協定が署名され，中国に対して最恵国待遇の付与，自由化品目の拡大などが実施された。また，85 年 5 月には EC・中国貿易経済協定が署名された。そこでは，新たに工業，農業，エネルギー，運輸・通信，科学技術など幅広い分野で協力を促進することが目的とされている。しかし，89 年 6 月の天安門事件によって，EU は政府高官の交流禁止，経済協力の中止，文化交流の制限などの措置を講じた。加えて，EU は対中武器禁輸措置を導入し，今日にまで至っている。

1990 年代に入ると，こうした措置は次第に解除され，中国経済の発展とともに両地域間の経済交流は活発化しつつある。また，2000 年代に入り，中国が WTO 加盟を果たす（01 年）とともに，EU は中国に対して WTO 加盟に伴う約束の履行を求め，かつ，中国が国際的な責任を分担する必要があることについて提案を行っている。さらに，06 年 10 月には，「EU・中国——より緊密なパートナー」と題する対中国戦略を公表し，両地域の関係をいっそう強化することを呼びかけている。また，EU と中国は 14 年から交渉を続けていた包括的投資協定（CAI）を締結することで，20 年 12 月に至り大筋合意した。①中国における EU 企業の投資保護，②市場アクセスの自由化，③公正な競争条件の確保，④持続可能な発展と環境・労働における保護の 4 点が柱となっている。ただ，21 年 5 月，欧州議会は批准を凍結することを決議した。新疆ウイグル自治区での人権侵害問題が主たる理由であり，今後，批准・発効できるか不透明となってきた。なお，20 年 11 月，日中韓を含めたアジア 15 カ国が東アジア地域包括的経済連携地域（RCEP）に署名した。これにより，世界 GDP の 3 割近い規模をもち，成長可能性が高い経済圏が成立することになる。EU からみると，こうした地域に足がかりをもちたいという一方，RCEP で経済的には最も大きな中国が主導権を握る可能性は否定できないとの見方が強い。

次に韓国との関係であるが，EU にとって関心事項となったのは，

1980 年代に入ってからである。すなわち，造船，自動車，電気製品などの対 EC 輸出が急増するにつれて対韓国貿易インバランスが目立つようになり，貿易摩擦が発生したからである。こうした背景の下で，83 年 3 月から EC・韓国閣僚会議が開催されるようになっている。また，96 年 10 月には，両地域間の経済関係強化，産業・科学などの分野で交流を促進することで両国間の合意が成立している。さらに，2001 年，EU は韓国との間で貿易協力枠組み協定を，11 年には，韓国との間で自由貿易協定を発効させた。これにより，EU 市場における韓国製自動車の価格は，最終的には 10 ％近く低下するなど，双方の貿易はいっそう拡大すると見込まれた。

　次にインドとの関係であるが，1963 年に当時の EEC とインドの間で外交関係が樹立されたことから始まる。その後，通商協定，通商協力協定の締結などを受け，94 年には「パートナーシップと開発のための協力協定」が結ばれたが，これは現在の EU・インド経済関係の法的基盤となっている。2000 年代に入ると，01 年から首脳会議が年 1 回開催されるようになった。さらに，04 年 11 月にはハーグで開催された第 5 回首脳会議において，インドは EU にとって「戦略的パートナー」とされた。その後，貿易交渉は停滞していたが，21 年 5 月，EU とインドの首脳会議が開催され，その結果，「バランスのとれた野心的，包括的で相互に有益な貿易協定」の交渉を再開することで合意している。

　また，北朝鮮との関係であるが，北朝鮮の国際社会に対する関与を拡大させることを目的として，EU は日・米・韓とともに食糧支援，朝鮮半島エネルギー開発機構（KEDO）への資金供与などを実施した。また，2001 年 5 月には，EU は北朝鮮と外交関係を樹立，さらに，多くの EU 加盟国も外交関係を有しており，こうしたチャネルを利用し，EU および多くの EU 加盟国は朝鮮半島の非核化および安定を呼びかけている。

5 EU と開発途上国との関係

●新たな展開をみせる EU の開発支援策

EU と開発途上国への
経済援助政策

次に開発途上国との関係を概観してみよう。
その際，重要とみられる点は，ロメ協定，
それを引き継いだコトヌー協定（Cotonou
Agreement）である。EU 加盟国のいくつかは，かつて多くの植民
地を有していた。第 2 次大戦後，これら植民地は独立したが，その
後も旧宗主国との間には，最恵国待遇など特別の関係を維持してい
た。たとえば，フランスが旧仏領アフリカ諸国との間で結んでいた
ヤウンデ協定，イギリスが旧英領アフリカ諸国との間で結んだアル
ーシャ協定などである。やがて EU が共通通商政策を策定するよう
になると，EU がこれらの協定を包括するようになり，その結果，
締結された協定がロメ協定である。このロメ協定は，4 次にわたっ
て更改され 2000 年に失効した。これを受けて締結された協定がコ
トヌー協定である。

2000 年 6 月，ベナンのコトヌーにおいて，EU と ACP（アフリ
カ・カリブ海・太平洋地域）77 カ国との間で有効期間 20 年のコトヌ
ー協定が調印されたが，そのポイントを要約すると次のようになろ
う。

(1) 政治対話——民主主義および人権を尊重，汚職を防止し，
「よい統治」（good governance）の重要性を確認する。また，非
政府組織の参加も促進する。

(2) 開発協力——STABEX（輸出所得安定化制度）および
SYSMIN（鉱産物生産・輸出能力維持制度）は廃止する。そのう
えで，各国別に個別プログラムを作成し，実施する。また，
EDF（欧州開発基金）を通じる特別資金協力を増額する。

(3) 貿易——対 ACP 特恵を廃止することにより，WTO に整合

的な体制とする。ACP 諸国間で地域統合を形成する。そのうえで，これら諸国グループと EU との間で WTO に整合的な経済パートナーシップ協定が締結される。

　ロメ協定に代わり，このような内容からなる協定が締結された背景として重要な点は，ロメ協定が ACP 諸国の貿易および経済発展にあまり効果がなかったことである。事実，いくつかの国では経済成長率は低水準にとどまり，また，政治不安が繰り返された。このこともあり，1975 年から 96 年までの間，EU（15ヵ国）におけるロメ協定締結国の貿易シェアは，輸出で 8.1 ％から 3.0 ％へ，また，輸入でも 7.9 ％から 3.8 ％へと大きく低下している。このようにロメ協定が十分な効果を上げなかった一因は，援助を受ける ACP 諸国に援助を有効に活用しうる政治的体制が十分には整備されていなかったことにある。コトヌー協定が政治対話を重視するゆえんである。いわば，援助を受ける側にも義務を要求しようとするのである。なお，このコトヌー協定は，「ポスト・コトヌー協定」が発効するまで，有効とされている。

　2021 年 4 月，EU と ACP 諸国は，「ポスト・コトヌー協定」に合意した。その柱は，①人権，民主主義，人が中心の社会，②平和と安全保障，③人間と社会開発，④環境の持続性と気候変動，⑤包含的で持続可能な経済成長と開発，⑥移民と移動などから構成される。この「ポスト・コロヌー協定」がいつ発効するのか，また，ACP 諸国の経済発展をどの程度まで促進するのか，注目されるところである。

6 EU とその他の主要地域・国との経済関係
●安定的関係の構築に向けて

EU とイギリスの関係

　まず対イギリス関係について述べておきたい（詳細は第 13 章参照）。イギリスは，1973

年，アイルランド・デンマークとともに EU に加盟した。その後，
EU における主要国として，EU の中で存在感を示してきた。しかし，
2016 年 6 月に実施された EU 残留をめぐる国民投票において同国
民は離脱を選択した。その後，離脱交渉は紆余曲折を経て，20 年 1
月末，同国は正式に EU から離脱した（ブレグジット）。離脱交渉の
過程で問題となった点の 1 つは，EU とイギリスの貿易関係である。
これについては，21 年 5 月に至り，新たな自由貿易協定が発効した。
本協定のポイントは，①相互に関税をゼロとすること，②相互間の
ヒト・モノ・サービスの自由移動は終了，③イギリスは EU 単一市
場から脱し，相互間で通関手続きが復活，④金融など各種の規制・
監督をイギリスと EU で分離などである。

EU とラテンアメリカ
との関係

次に，いくつかの主要地域との経済関係を
概観してみたい。まず，ラテンアメリカ諸
国との関係であるが，多くのラテンアメリ
カ諸国はかつてスペインやポルトガルなどの植民地であったことか
ら，さまざまな分野で緊密な関係を維持してきた。こうした 2 国間
の関係に加えて，1995 年 12 月，EU はメルコスール（MERCOS-
UR：当時の加盟国は，ブラジル，アルゼンチン，パラグアイ，ウルグア
イ）との間で EU・メルコスール間協力枠組み協定に調印，99 年 7
月に同協定は発効した。さらに，2000 年 4 月には，両地域の間で
連合・自由貿易協定締結のための交渉が開始された。また，10 年
にマドリードで開催された EU・ラテンアメリカ首脳会議では，農
業問題により交渉が中断していた EU・メルコスール間の自由貿易
協定に関して交渉を再開することで合意した。その後，交渉は容易
ではなかったが，19 年 6 月 28 日，EU とメルコスール構成 4 カ国は，
長年にわたって交渉が行われてきた自由貿易協定の内容の大筋に関
して，政治合意に達したことを公表した。この EU とメルコスール
の通商協定は，物品貿易に関するものだけでなく，サービス貿易，
貿易の技術的障壁（TBT），衛生植物検疫（SPS），政府調達，競争

政策，知的財産，政府系企業に関する規律など20近い章から構成される包括的なものとなっている。

EU と地中海諸国との
関係

歴史的にも結びつきが強い地中海諸国に対して，EU は以前から，工業製品について自由なアクセスを認めてきた。すなわち，1964年にトルコ，70年にマルタ，72年にキプロスとの間で連合協定（Association Agreement）を締結したことなどである。さらに，EU と地中海諸国との関係を一段と発展させる契機となったのは，95年11月にバルセロナで開催された第1回 EU・地中海諸国会議による欧州・地中海パートナーシップ（EUROMED）である。この会議で合意された「地中海宣言」（「バルセロナ宣言」と称される）の主たる内容は，①自由貿易圏を形成すること，②資金協力を拡大すること，③政治および安全保障に関する対話を強化することなどにより，両地域間の関係強化をはかるというものである。同会議は，その後も自由貿易圏形成，あるいは欧州投資銀行（EIB）などを通じた資金協力の拡大などをテーマに開催されている。一方，「バルセロナ宣言」以来，EU は地中海諸国との間で2国間の連合協定を次々に締結するようになっている。たとえば，チュニジア（98年），モロッコ（2000年），イスラエル（00年），エジプト（04年），アルジェリア（05年），レバノン（06年）などである。また，2008年7月には，EUROMED を強化することを目的として，「地中海連合」（UfM）が設立され，地中海地域の15カ国が参加している。具体的には，人的資本の開発と持続可能な開発促進が柱となっている。

このように，EU が地中海諸国に対して優遇措置を実施しようとしている背景には，この地域の安定が EU の安定にとっても必要だからである。逆にいうと，もし地中海諸国が政治的混乱に見舞われれば，たとえば多数の難民が EU に流入する可能性がある。しかし，EU にとって地中海諸国の重要性は他の地域と比較して必ずしも高いとはいえない。また，上記した自由貿易圏構想にしても，その歩

みは着実であるとはいいがたい。したがって，トルコ，キプロスなどは，むしろ EU 加盟によって，経済発展をはかろうとしてきた。2004 年，中・東欧諸国とともにキプロスが EU 加盟を実現した背景となっている。

7 EU と加盟候補国との関係
●28 番目の加盟国となったクロアチア

クロアチアは，1991 年，旧ユーゴスラビアから独立を果たしたが，国内でセルビア人勢力と内戦状態となった。このため，同国は EU 加盟により安定した政治経済体制の形成を目指し，2005 年，EU との間で加盟交渉をスタートした。その後，EU の既加盟国であるスロベニアがクロアチアとの海洋国境問題を提起したことなどから交渉が遅れたが，11 年 6 月には加盟交渉が終了し，13 年 7 月には同国の加盟が実現した。

トルコは，1987 年に EU 加盟申請を行った。1999 年には加盟候補国となったものの，トルコの司法制度・人権保護などについて，EU からの批判は根強く，2005 年に開始された加盟交渉は行き詰まっており，加盟の見通しは立っていない。なお，貿易面では，95 年に EU との間で関税同盟が形成されている。

次に，北マケドニアであるが，同国も 1991 年，旧ユーゴスラビアから独立を果たした。同国も EU からの支援を期待し，EU 加盟を目指した。ただ，マケドニア呼称問題（同国自身は「マケドニア共和国」と呼んでいた）などによりギリシャとの関係悪化がネックとなった。マケドニアがギリシャ古来の由緒ある地名であり，この名称を使用することは，ギリシャのマケドニア地方に対する領土要求の野心を示すものとしてギリシャが反発していたからである。このため，2005 年に EU 加盟候補国とされたものの，その後，交渉は進展しなかった。19 年に至り，同国は正式国名を「北マケドニア

共和国」に改名した。この結果もあって，20年3月に開かれたEU
理事会において，北マケドニアの加盟交渉開始が承認された。

　さらにアイスランドであるが，EEAに加盟する一方，シェンゲ
ン協定に参加するなどにより，EUとの関係強化を図ってきた。一
方，水産資源保全問題などでEUとの足並みが揃わず，EUには加
盟申請を行ってこなかった。ただ，同国は金融の自由化を進展させ
つつあったところに折からのユーロ危機が直撃，同国の政治経済は
混乱に見舞われ，08年，IMF・EU加盟国などから支援を受けるに
至った。こうした背景の下，09年，同国はEU加盟を申請，EU側
も10年から加盟交渉を開始したが，漁業問題などEU加盟へのハ
ードルは高く，その後，交渉は進んでいない。

演習問題 seminar

　1　日EU・EPAが双方の経済および社会，さらには世界経済およ
び社会に対して，どのような影響を及ぼすのか，考えてみよう。
　2　地域統合が域外に対して，いかなる影響を及ぼすのか，さらには，
GATT第1条（無差別原則）と同第24条（自由貿易協定・関税同
盟の締結）との関係について考えてみよう。
　3　現在，開発途上国がどのような問題に直面しており，その経済発
展を促進するため，先進国はどのような政策を実施すべきかを整理
してみよう。

■ ■ □ 参考文献 □ ■ ■ ■ ■ ■ ■ ■ ■ ■ ■ ■

川野祐司［2021］『ヨーロッパ経済の基礎知識』文眞堂
久保広正［2003］『欧州統合論』勁草書房
久保広正・田中友義編［2011］『現代ヨーロッパ経済論』ミネルヴァ
　書房

第15章 世界経済の中のユーロ

ユーロ基軸通貨圏の発展と展望

●本章のサマリー

1980年代後半，ヨーロッパでは，ドイツ・マルクが地域的国際通貨となり，米ドルから自立したヨーロッパ独自の金融・通貨圏が出現した。この欧州金融・通貨圏は，99年の通貨統合によりユーロ圏へと発展し，世界は米ドルとユーロとの複数基軸通貨体制の時代に入った。

ユーロは，民間の貿易・国際投資の建値通貨として，また基軸通貨国以外の諸国の為替相場運営の基準通貨や公的準備通貨などとして，ユーロを導入していないEU諸国・加盟候補国，さらには近隣のアフリカや中東などで広く利用され「ユーロ基軸通貨圏」を形成している。他方，グローバルなレベルでは，ドルは基軸通貨としての地位をなお維持しており，それは世界の外国為替市場でのドル取引のシェア増大にも表れている。またユーロの外国為替取引ではロンドン市場のシェアが圧倒的に高く，ブレグジット後の動向が注目される。

2つの基軸通貨ドル・ユーロ間の為替相場は，ユーロ創設後の約10年間で下落期と上昇期を経験した後，2008年央以降，世界金融危機とユーロ危機の中で乱高下を繰り返した。ユーロの対ドル相場は，両地域のマクロ経済状況のみならず，金融政策のスタンスや政策金利の格差などに影響されながら，同様の変動を続けることになろう。

現在EUでは，ユーロの国際的役割を強化する施策が検討されており，その成果に注視する必要がある。

本章で学ぶキーワード

ユーロ圏　ユーロ基軸通貨圏　通貨の国際化　為替媒介通貨　国際通貨　ユーロ化　ERM II　並行通貨

1980年代後半，EMS（欧州通貨制度）内の高度な金融政策協調を通じて，域内為替相場の安定と，資本の自由移動を含む域内単一市場が実現した（第2章，第4章）。これら一連の動きに呼応して，80年代後半以降，国際金融市場や外国為替市場のレベルでも脱ドルが進み，西ドイツ・マルクを核とする独自の欧州金融・通貨圏が出現し，以下にみるユーロ圏やユーロ基軸通貨圏の基礎となった。

1 ユーロの国際的利用

●地域的基軸通貨として機能

ユーロ圏とユーロ基軸通貨圏

　1999年のユーロの導入により，ユーロを自国の通貨（法貨）として利用する諸国からなるユーロ圏（Euro Area または Euro-zone）と，ユーロを各種の国際通貨として利用する諸国からなるユーロ基軸通貨圏が出現した。

　従来，国際通貨としての機能を歴史的に果たしてきたポンドやドルと比較した場合，ユーロは，諸国通貨の統合の産物であるという点で特殊である。こうした特殊性ゆえに，ユーロ参加諸国が増えてユーロ圏が拡大するのに応じて，ユーロが国際通貨として利用される領域（ユーロ基軸通貨圏）は縮小する。

　当初11カ国からスタートしたユーロ圏だが，その後も，ユーロ通貨圏諸国の参加が相次ぎ，2021年現在EU 27カ国中19カ国が参加している。ユーロ圏19カ国の経済規模は，人口3億4238万人，GDP 11兆3590億ユーロで，アメリカ（同3億2846万人，18兆3886億ユーロ），中国（同14億5万人，12兆9310億ユーロ）に比肩し，日本（同約1億2626万人，4兆4485億ユーロ）の約2.5倍の大経済圏である（米中日の人口は19年データ，それ以外は20年データ）。

　経済規模が大きく，貿易や投資の開放度が高い諸国（中心国）では，自国が関わる貿易や国際投資など各種の国際取引に自国通貨が

利用されれば（＝**通貨の国際化**），自ずと当該国通貨の各種の国際的シェアも上昇することになる（1980年代の日本円や2010年代以降の人民元などが典型例）。そうした経済規模の大きい中心国通貨が，さらに，当該国が関与しない周辺の第三国間の貿易や国際投資で建値通貨として民間で用いられたり，第三国通貨間の交換の際に**為替媒介通貨**として用いられたりする場合，当該通貨は上述の国際化の枠を超えて**国際通貨**として機能していることになる。

| 民間の国際取引におけるユーロ |

以上を踏まえ，先ず民間の国際取引（貿易・投資）でのユーロの利用状況についてみていくことにしよう。

〈貿易契約・決済通貨〉　図15-1は，世界の貿易（輸出）に占める地域別シェア（左）と契約通貨別シェア（右）の推移を示したもので，ユーロ圏のシェア低下にかかわらず，ユーロ建てシェアは40％台後半を維持しているのがわかる。この図に含まれているユーロ域内貿易分を除くと，ユーロ建て比率は約30％となり，ドル建ての約50％に次ぐ規模になる（ECB［2021］*International Role of the Euro*, June, p. 65.）。

ユーロは何よりもユーロ圏諸国の対域外貿易で契約・決済通貨として広く利用されており，2020年のユーロ圏の対外貿易（域内貿易を除く）に占めるユーロ建ての比率は財の輸出と輸入でそれぞれ59.7％と51.3％，サービスの輸出と輸入でそれぞれ61.5％と52.1％となっている。

次に，同じ図15-1により貿易（輸出）額のシェアと貿易契約通貨とのシェアを比較した場合，米ドルの利用がアメリカの世界貿易シェアを大きく上回っていることがわかる。このことは，グローバルにみた場合，アメリカが関与しない第三国間の貿易においてドルが貿易契約・決済通貨として広範に利用されていることを示唆している。他方で，ユーロ建て輸出のシェアは，ユーロ圏による輸出シェアを若干上回っており，これは，ヨーロッパからアフリカに広が

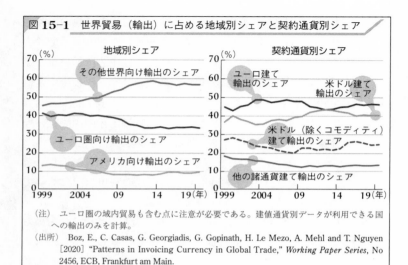

図 **15-1**　世界貿易（輸出）に占める地域別シェアと契約通貨別シェア

（注）　ユーロ圏の域内貿易も含む点に注意が必要である。建値通貨別データが利用できる国
　　　への輸出のみを計算。
（出所）　Boz, E., C. Casas, G. Georgiadis, G. Gopinath, H. Le Mezo, A. Mehl and T. Nguyen
　　　〔2020〕 "Patterns in Invoicing Currency in Global Trade," *Working Paper Series*, No
　　　2456, ECB, Frankfurt am Main.

るユーロ基軸通貨圏における，第三国貿易契約・決済通貨としての
利用によるものと考えられる。2004 年に EU 加盟を果たした中・
東欧諸国やバルト海諸国では，加盟に先立つ数年前から貿易契約・
決済通貨のドルからユーロへの転換が始まり，加盟時にはユーロ圏
以外の貿易にもユーロを第三国通貨として用いるようになっていた
（一部諸国はその後さらにユーロを導入）。20 年現在ユーロ未導入の
EU 諸国のうち中・東欧諸国では，輸出入ともに 60〜80 ％がユー
ロ建てとなっている。同様のユーロへの切り替えは，北マケドニア
などの EU 加盟候補国でも観察されている。

　このようにユーロは，ヨーロッパや近隣地域の経済主体が関与す
る貿易では契約・決済通貨として広く利用されているものの，グロ
ーバルなレベルでの第三国間の貿易契約・決済通貨としては，ドル
が引き続き支配的な役割を果たしている。

〈国際投資通貨〉　国際資本移動の表示通貨（＝投資通貨）として，
ユーロはどの程度利用されているのだろうか。図 15-2(1)は世界の

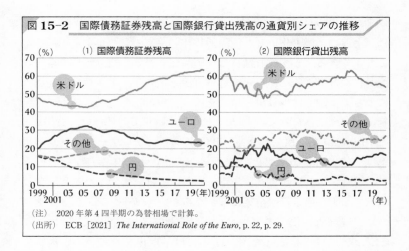

図 **15-2** 国際債務証券残高と国際銀行貸出残高の通貨別シェアの推移

(注) 2020 年第 4 四半期の為替相場で計算。
(出所) ECB［2021］*The International Role of the Euro*, p. 22, p. 29.

国際債務証券残高の通貨別シェアの推移をみたものである（ECB に
よる狭義の定義により「資金調達者が居住する国の通貨以外の通貨で発
行」された分を集計しており，前述の「国際通貨」の概念に近い）。
2020 年末の残高は 16 兆 5550 億ドルで，内訳はユーロ 23.2 %，ド
ル 61.7 %，円 2.9 %となっている。ユーロ建ての比率は 00 年代後
半に 30 %を超えて推移した後，縮小に転じ，20 年末にはドルのシ
ェアの 3 分の 1 程度となっている。デンマーク・スウェーデンなど
ユーロを導入していない EU 諸国や国際機関が，比較的ユーロ建て
での資金調達を選好している。他方，ドル建てのシェア拡大は，リ
ーマン・ショック以降，ドル建て債務証券の発行を拡大してきた新
興市場諸国の経済主体によるところが大きい。

　新型コロナ危機への対策として，EU が開始している 1000 億ユ
ーロの SURE（緊急時失業リスク軽減のための一時的支援策）や 7500
億ユーロの「次世代 EU」（NGEU）の原資は，EU によるユーロ建
ての EU 債の発行による。2020 年 10 月より発行が開始されたこれ
ら高格付けの欧州共同債は，すでに世界の投資家に販売され，ユー
ロの国際投資通貨としての役割強化に貢献しつつある。

また国際銀行貸出・預金に占めるユーロ（ドル）の比率について
は，上述の「国際化」と「国際通貨化」双方のレベルから把握する
ことができる。まず投資通貨の「国際化」という観点から，ユーロ
圏所在銀行によるユーロ建て対外貸出・預金や，アメリカ所在銀行
によるドル建て対外貸出・預金を広く含む，世界のクロスボーダー
貸出・預金全体をみてみよう。2020 年末時点での残高は，貸出が 9
兆 1630 億ドル，預金が 9 兆 790 億ドルで，うちユーロ／ドルの比
率は，貸出が 26.0 ％/52.7 ％，預金が 25.4 ％/55.4 ％となっている。
この場合，ユーロ建てクロスボーダー預金・貸出の主たる利用者は，
ユーロ圏所在の銀行や企業にほかならない。リーマン・ショック後
のユーロ圏所在銀行のデレバレッジを反映して，08 年以降ユーロ
のシェアは低下を続けたが，17 年には下げ止まっている。次に第
三国間の「国際通貨」としての利用という観点から，ユーロ圏やア
メリカの経済主体による自国通貨建て対外貸出・預金などを除外し，
第三国間の貸出・預金全体に絞って集計した場合，20 年末時点で
の残高は，貸出が 2 兆 8460 億ドル，預金が 3 兆 30 億ドルで，うち
ユーロ／ドルの比率は，貸出が 16.4 ％/54.3 ％，預金が 17.0 ％
/53.8 ％となっている。時系列でみてもユーロのシェアはほぼ 10
％台で推移しており（図 15-2(2)），50 ％台を堅持するドルになお遠
く及ばない（ECB［2021］*The International Role of the Euro*, Statistical
Annex より）。

　このようにユーロは国際的な投資通貨としてもドルに次ぐシェア
を保持しているものの，多くはユーロ圏の経済主体が関わる取引の
大きさによるものであって，域外の第三国間での利用は，貿易取引
と同様，ヨーロッパとその隣接地域が中心となっている。

公的国際通貨としてのユーロ

民間レベルでの貿易や国際投資で結びつき
の強い地域内では，通貨当局も中心国が提
供する国際通貨を基準に，自国通貨の為替
相場の安定を目指す場合が多い。その際に基準となる通貨を為替標

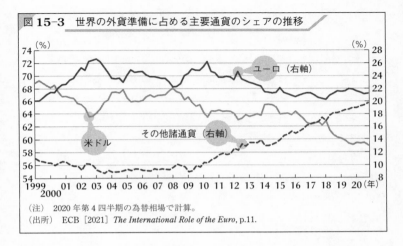

図 15-3　世界の外貨準備に占める主要通貨のシェアの推移

(%)　　　　　　　　　　　　　　　　　　　　　　　　　　(%)

ユーロ（右軸）

その他諸通貨（右軸）

米ドル

1999　01　02　03　04　05　06　07　08　09　10　11　12　13　14　15　16　17　18　19　20（年）
2000

（注）　2020 年第 4 四半期の為替相場で計算。
（出所）　ECB［2021］*The International Role of the Euro*, p.11.

準通貨と呼ぼう。為替の安定は，通貨当局による外貨準備を用いた
外国為替市場介入などを通じて実現するため，民間の国際通貨や為
替標準通貨として機能する通貨は，介入・準備通貨としても広範に
保有されることになる。

　〈為替標準通貨〉　IMF の世界の為替相場制度に関する年次報告書
によれば，2020 年現在，ドルは，世界 38 カ国で為替相場固定の際
のアンカー（為替標準通貨）として利用されており，全体の 19.8 ％
を占めているものの，10 年の 26.5 ％と比較すると影響力を低下さ
せている。ユーロをアンカーにしている諸国は 25 カ国で，全体の
13 ％を占め（10 年は 14.8 ％。なお ERM II〔後述〕採用国が実際にユ
ーロを導入すれば国数が減ることに注意），ドルに次いでおり，シェ
アも維持している（IMF［2021］*Annual Report on Exchange Arrange-
ments and Exchange Restrictions 2020.*）。ユーロをアンカーにしている
諸国・地域の詳細については第 3 節に譲るが，ユーロ基軸通貨圏と
ほぼ重なる。

　〈公的外貨準備〉　世界的にみて，外貨準備の筆頭はドル（2020 年
末で 59.0 ％）であり，ユーロ（同 21.2 ％）がそれに続いている（図

15-3）。しかし 2008 年の世界金融経済危機を境に，中国やロシアなどを中心に外貨準備のドル離れが着実に進み，カナダ・ドルや人民元などの諸通貨へのシフトと多様化が一貫して進行している。ユーロは，ギリシャ政府債務危機に始まるユーロ圏の混乱の中で新興諸国を中心に手放す動きが生じ，そのシェアは 10 年末の 24.9 ％から 17 年末には 20.4 ％にまで低下したものの，下げ止まって 20 ％近傍で現在に至っている。

公的国際通貨として，ユーロは，ドルに次ぐポジションをおおむね保持し続けている。中国など新興市場諸国の台頭の中で，ドルは公的国際通貨の機能を徐々に衰えさせているが，ユーロがその穴を埋めているわけではない。

2 ユーロとドルの為替取引と為替相場
●基軸通貨──グローバルとリージョナル

ドルとユーロの外国為替取引シェア

〈為替媒介通貨〉　第 *1* 節でみた民間の貿易や国際投資で建値通貨として用いられる通貨は，その決済のために外国為替銀行経由で外国為替市場に持ち込まれる。外国為替市場では多様な諸国の通貨（たとえば A, B, C, D……V）が取引されるが，それぞれの通貨ペアの間で直接取引（例 A ⇒ B）するよりも，ドルなどの取引量の多い通貨（V）を間に挟んで取引（A ⇒ V ⇒ B）した方が，時間的に早く取引が成立し，かつ価格的にも手数料（売買スプレッド）が安上がりにすむ場合が多い。ここで用いられる通貨 V を為替媒介通貨（Vehicle Currency）といい，外国為替市場では，通貨 V は，第 *1* 節でみた貿易契約や国際投資通貨としてのシェアをはるかに超える規模で取引されることになる。

〈外国為替市場におけるユーロとドル〉　以上のことを念頭に置きながら，BIS（国際決済銀行）が 3 年に 1 度実施している世界の外国為

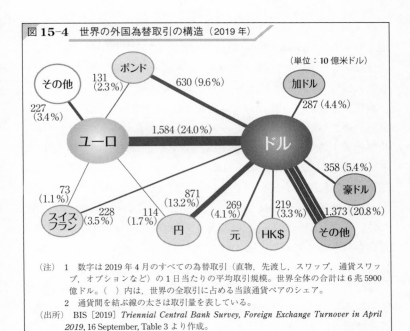

図 **15-4**　世界の外国為替取引の構造（2019 年）

（単位：10 億米ドル）

ポンド
その他
加ドル
ユーロ
ドル
スイス
フラン
円
元
HK$
豪ドル
その他

131
(2.3%)
630 (9.6%)
287 (4.4%)
227
(3.4%)
1,584 (24.0%)
358 (5.4%)
73
(1.1%)
228
(3.5%)
114
(1.7%)
871
(13.2%)
269
(4.1%)
219
(3.3%)
1,373 (20.8%)

（注）　1　数字は 2019 年 4 月のすべての為替取引（直物，先渡し，スワップ，通貨スワッ
プ，オプションなど）の 1 日当たりの平均取引規模。世界全体の合計は 6 兆 5900 億ドル。（　）内は，世界の全取引に占める当該通貨ペアのシェア。
　　　　2　通貨間を結ぶ線の太さは取引量を表している。

（出所）　BIS［2019］*Triennial Central Bank Survey, Foreign Exchange Turnover in April 2019*, 16 September, Table 3 より作成。

替市場の通貨別取引データに基づき，ユーロ導入後の世界の主要通貨間の為替取引構造を概観してみよう（図 15-4）。2019 年 4 月の調査では，全世界の為替取引（直物，先渡し，スワップ，通貨スワップ，オプションなどの全取引）合計は，6 兆 5900 億ドル（1 日平均）であった。

　このうち，ドルが通貨ペアのどちらかに介在する取引は全体の88.3％と圧倒的なシェアを誇っており，しかもリーマン・ショック後 2010 年の 84.9％から一貫してそのシェアを上昇させている。それに対して，ユーロのシェアは，ユーロ圏政府債務危機の影響もあって，10 年の 39.0％から 13 年には 33.4％，16 年には 31.4％へと低下した後，19 年は 32.3％と下げ止まっている。以下，日本円（16.8％），英ポンド（12.8％），オーストラリア・ドル（6.8％），カ

ナダ・ドル（5.0 %），スイス・フラン（5.0 %）と続くが，16 年比
で 4.8 ポイント，シェアを落とした日本円を除きシェアに大きな変
化はない。これらのグループのすぐ後に，近年シェアを急増させて
きた人民元（4.3 %），香港ドル（3.5 %）が迫っている。

　次に，通貨ペア（図 15-4 では通貨と通貨を結ぶ線の太さ）に注目し，
世界の為替市場の全体構造をみてみよう。何よりも，グローバルな
基軸通貨ドルと地域的基軸通貨ユーロとの間の取引が 1 兆 5840 億
ドル（24.0 %）と全体の軸を形成していることがわかる。次にこれ
ら 2 つの基軸通貨を比較した場合，ドルとの間で一定規模の直接取
引がある通貨が圧倒的に多く，しかもその多くはドルと単独で結ば
れていることがわかる。ドルは次々に台頭してくる新興市場諸国の
通貨も引き寄せている。円，ポンド，スイス・フランなどの主要通
貨は，ユーロとの間にも直接取引が存在しているものの，その規模
はどれもドルとの間の取引には遠く及ばない。ドルやこれら主要通
貨を除くと，ユーロとの直接取引は，ヨーロッパ域内や隣接地域の
小規模通貨に限られている。このように，ドルとユーロとの間の為
替取引面での非対称性は際立っている。

　以上より，グローバルにみた場合，ドルが為替媒介通貨として機
能し，しかもその機能を強化していることがわかる。ユーロは，ヨ
ーロッパ域内や隣接地域の小規模通貨に対してのみ為替媒介通貨と
して機能しているにすぎない。

> ユーロ外為取引センタ
> ーとしてのロンドン

ユーロに関連する外国為替取引の多くは，
ユーロ圏内ではなくイギリスで行われてい
る。ロンドンは外国為替市場においても世
界最大のセンターとなっており，イギリスだけで世界全体の為替取
引の 43.1 %を占めている（BIS［2019］*Triennial Central Bank Survey*）。
ユーロの外国為替取引に限ってもロンドンはハブ市場の機能を高め
ており，イギリスのシェアは 2001 年の 34 %から 19 年には 48 %に
上昇し，アメリカの 18 %，ユーロ圏の 13 %を，大きく引き離して

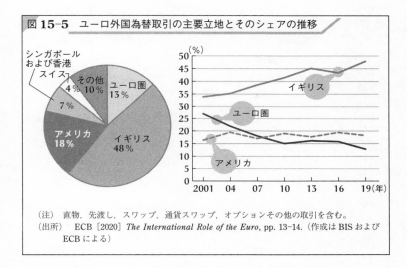

図 **15-5** ユーロ外国為替取引の主要立地とそのシェアの推移

シンガポール
および香港

スイス

その他 10%

ユーロ圏 13%

4%

7%

アメリカ 18%

イギリス 48%

イギリス

ユーロ圏

アメリカ

2001 04 07 10 13 16 19(年)

（注）　直物，先渡し，スワップ，通貨スワップ，オプションその他の取引を含む。
（出所）　ECB［2020］*The International Role of the Euro*, pp. 13-14.（作成は BIS および
ECB による）

いる（図 15-5）。ユーロ圏内では，フランスでの売買高がドイツを
抜いて首位であるが，ロンドンと比較すると非常に小さい。

　ロンドンは，金融・会計・法律などの専門家が集積し，強力な通
信インフラを有し，高い流動性を誇る。そのため外国為替市場にも
取引が集中し，集中の結果，さらに流動性が高まるという自己強化
作用も働く。そのため，イギリスの EU 離脱後も，ユーロ関連の各
種外国為替取引においてロンドンが有する優位性に大きな変化はな
いものと考えられている（ECB［2019］*The International Role of the
Euro*, pp. 12-13）。

対ドル為替相場変動と
その要因

　以上のようにドル－ユーロ間の外国為替取
引は，世界の外国為替取引の骨格となって
いる。そこで形成されるユーロ・ドル相場

は，ユーロ圏経済やアメリカ経済のみならず，自国の為替相場運営
の基準にドルやユーロを据えている世界のすべての諸国の経済に影
響を及ぼす。以下では，ユーロの誕生以降の対ドル為替相場の動き
を，4 つの時期に区切ってみてみよう（図 15-6(1)）。

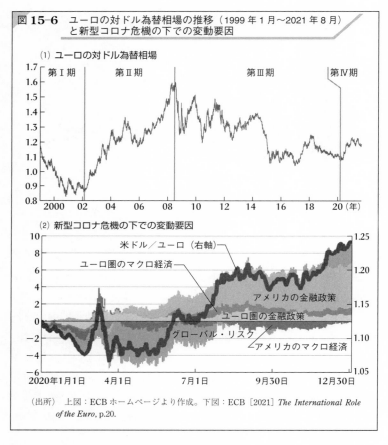

図 **15-6**　ユーロの対ドル為替相場の推移（1999 年 1 月〜2021 年 8 月）
と新型コロナ危機の下での変動要因

(1) ユーロの対ドル為替相場

第 I 期　　第 II 期　　　　　第 III 期　　　　第 IV 期

2000　02　04　06　08　10　12　14　16　18　20（年）

(2) 新型コロナ危機の下での変動要因

米ドル／ユーロ（右軸）
ユーロ圏のマクロ経済
アメリカの金融政策
ユーロ圏の金融政策
グローバル・リスク
アメリカのマクロ経済

2020年1月1日　　4月1日　　7月1日　　9月30日　　12月30日

（出所）　上図：ECB ホームページより作成。下図：ECB［2021］*The International Role of the Euro*, p.20.

〈第 I 期「初期下落期」（1999 年 1 月〜2001 年末）〉　ユーロは,
1999 年 1 月の導入時の 1 ユーロ＝1.17 ドルから, 2000 年 10 月の
0.83 ドルまで, 2 年間かけて約 30 ％下落した。主因は, 90 年代央
以降 ICT 革命を先導したアメリカの相対的な高成長に起因する欧
米間の金利格差がもたらした, ユーロ圏からアメリカへの資本流出
にあった。ECB による外国為替市場への介入は, 域内の物価安定
という最終目標に従属するが, 急激なユーロ安は輸入財価格の高騰

を通じて域内物価に上昇圧力をもたらす。そのため ECB は 2000 年 9 月と 11 月にドル売り・ユーロ買い介入を合計 4 度にわたり実施した（以降 21 年現在まで対ドルでの為替市場介入はいっさい行われていない）。

〈第Ⅱ期「上昇期」（2002 年 1 月～08 年 7 月）〉　2002 年当初の 1 ユーロ＝0.85 ドルから 05 年の一時的な下落を挟みながら上昇を続け, 08 年 7 月には 1.60 ドルと, 底値から 2 倍近いユーロ高となった。02 年のユーロ高への転換は, アメリカ経常収支赤字拡大への懸念のほか, ICT バブル崩壊後のアメリカ経済の想定外の落ち込みによるもので, FRB は政策金利を 01 年以降 6.5 ％から 1 ％まで急激に引き下げ, 01 年 3 月には ECB の政策金利と逆転している。サブプライム危機前のドル・ユーロ相場は米欧のこうした金利格差によってかなりよく説明できる。07 年からのユーロ高はとくに急激であったが, ECB による市場介入は実施されなかった。

〈第Ⅲ期「リーマン・ユーロ危機と対応期」（2008 年 7 月～20 年 2 月）〉リーマン危機後のドルに対するユーロ為替相場トレンドはさらに 6 つの時期に分けることができる。①2008 年 9 月のリーマン危機の直後にはドル資金への需要が急増しドル高となったものの相場は 09 年にかけて不安定であった。②10 年初からのユーロ危機期でも当初大きく落ち込んだ為替相場は第 1 波危機が解消して 11 年初めにかけて戻したが, ユーロ危機第 2 波から 12 年の第 3 波にかけて 1.2 ドル水準にまで下落した。しかし, ③12 年 7 月のドラギ ECB 総裁のロンドン演説（第 7 章）以降, FRB が QE3（第 3 次量的緩和策）で金利を引き下げる中で ECB は対抗する政策を打てず, ユーロは上昇して 14 年春には 1.4 ドルに迫り, フランスやイタリアの輸出産業は「ユーロ高」に苦しんだ。しかし, この時も ECB による為替市場介入はなかった。④14 年 6 月に ECB がマイナス金利政策による非標準的金融政策（NMP）を開始する一方, アメリカは同年秋に量的緩和策（QE）を終了し, 小刻みな利上げを開始した。

すると，ユーロ相場は大きく下落を始め，15年3月のECBによる QEの実施にも押されて，1ユーロ＝1.05ドルから1.15ドルの間を 動く「低位安定」期が17年春まで継続した。QEによる低金利の 持続と並んで，ユーロ安が輸出増を通じてユーロ圏経済の活性化を 後押しした。⑤17年に入ると，NMPによりユーロ圏経済が回復 して力強さを増すと，好調なユーロ圏経済を背景としたグローバル 投資の流入などによりユーロは上昇を続け，18年2月には1ユー ロ＝1.25ドルとなった。⑥18年2月以降は，ECBはQEの規模 （証券買い入れ額）の縮小に着手したが，アメリカ側の力強い経済成 長とFRBの機動的な金融引き締めを反映しユーロは下落を続けた。

〈第IV期「新型コロナ・ショックと対応期」（2020年3月～21年8月）〉 2020年3月以降，世界は新型コロナ感染症の急拡大という未曾有 の事態に直面し，ユーロ圏でも，イタリア・フランスなど全域に新 型コロナ感染症が急拡大した。新型コロナ・ショック直後の3～5 月は「安全資産への逃避」が生じ，ユーロは対ドルで下落したもの の，夏までにはその動きも止み，さらに新型コロナ・ショックに抗 するアメリカFRBの強力な金融緩和を反映し，ユーロ為替相場は 20年を通じて強含みで推移した（図15-6(2)）。EU側でもECBの 「パンデミック緊急購入プログラム（Pandemic Emergency Purchase Programme：PEPP）」や「次世代EU」（第5章）の立ち上げなどを通 じて，前回のユーロ危機時のような域内分裂を通じたユーロの信認 低下を回避することに成功した。新型コロナ危機からの経済正常化 に向け，米欧双方の量的緩和縮小のタイミングがもたらす米欧政策 金利差の動向に注目が集まっている。

　以上のように，金融グローバル化の時代に誕生したユーロの対ド ル為替相場は，アメリカとユーロ圏との間の景気循環のズレなどの 実物面の要因のみならず，政策金利の相違やグローバル投資を行う プロの投資家の予想など金融的要因にも大きく突き動かされ，中長 期的にも短期的にも大きな変動を経験してきた。米欧間で政策協調

の枠組みが構築されない限り，今後も同様の為替相場変動が続くものと考えられる。

グローバルな基軸通貨
ドルと地域的基軸通貨
ユーロ

以上みてきたように，ドルとユーロという2つの基軸通貨の関係は非対称である。

ドルは，アメリカ経済の力量をはるかに超えて，貿易や投資の建値として，また外国為替取引の媒介として，世界中で利用されている。新興市場諸国通貨の台頭により為替標準通貨や準備通貨の分野においてはドル離れがゆっくりと確実に進行してはいるものの，民間の投資通貨や為替媒介通貨としては，ドルはその地位をいっそう強化している。中国の台頭などによるアメリカ経済の相対的地位低下にもかかわらず，グローバルなレベルではドルが基軸通貨としての地位をなお維持している。

ユーロの国際的な取引規模は確かにドルに次いで大きいが，それは，ユーロが第三国間の貿易・投資や為替取引で国際通貨として世界で広範に利用されているからではなく，当事国であるユーロ圏の経済主体による貿易や国際投資の規模がそもそも大きく，そこで建値や決済に利用されていることによる。とはいえ，ユーロ圏を囲むEU諸国，他のヨーロッパ諸国，アフリカなどの地域において，ユーロは地域的基軸通貨としての役割を確実に担っている（＝ユーロ基軸通貨圏）。

3 ヨーロッパおよび近隣地域の基軸通貨として
●ユーロ基軸通貨圏の展開

ユーロ基軸通貨圏の広
がり

表15-1は，ユーロを自国の法貨として利用しているユーロ圏（ユーロ導入の1999年11カ国から順次増えて2015年に19カ国）を中心に広がるユーロ基軸通貨圏を，①ユーロ未導入のEU諸国（含EU内極小国家），②EU加盟候補国，③その他諸国・地域の3つの

表 15-1 為替相場制度をユーロにリンクさせている諸国・地域（2021年3月現在）

地 域	為替相場制度	国 名
ユーロ未導入のEU加盟国およびEU内極小国家	ユーロ化	サンマリノ，モナコ，バチカン，アンドラ
	ERM Ⅱ	デンマーク，ブルガリア，クロアチア
	管理フロート制	ルーマニア
	（参考：自由フロート制）	（スウェーデン，ポーランド，チェコ，ハンガリー）
EU加盟候補国・潜在的候補国	一方的ユーロ化	モンテネグロ，コソボ
	対ユーロのカレンシーボード制	ボスニア・ヘルツェゴヴィナ
	ユーロを参照とした為替安定取極	セルビア，北マケドニア
	管理フロート制	トルコ，アルバニア
その他	ユーロ化	フランス海外領土の一部
	対ユーロ固定相場制	CFAフラン圏（西アフリカ14カ国），CFPフラン圏（太平洋のフランス海外領土），コモロ，カーボヴェルテ，サントメ・プリンシペ
	ユーロを含むバスケットに対する為替安定取極	モロッコ
	ユーロに対するクローリング・ペッグまたはクローリング型取極	シンガポール，ボツワナ，アルジェリア，チュニジア
	SDRもしくはユーロを含む他のバスケットに対する固定もしくは管理フロート	ベラルーシ，サモア，フィジー，クウェート，リビア
	ユーロを含む他の為替相場管理取極	中国，アンゴラ，シリア，バヌアツ

（出所）ECB［2021］*The International Role of the Euro*, A3 をもとに作成。

カテゴリーに区分したうえで，それぞれのカテゴリーにおいて各国当局が自国の為替相場運営にユーロをどのように組み込んでいるかを，為替標準通貨の観点からまとめたものである。

第1に，ユーロを導入していないEU諸国（およびEU内極小国家）のうち，①バチカンやモナコなどの欧州極小国は，正式なEU加盟国ではないものの，もともとイタリア・リラやフランス・フランなどを使用しており，ユーロ導入後EUとの協定によりユーロ化した。②ユーロ未導入のEU諸国は，ユーロ導入時に創設されたERM Ⅱ（Exchange Rate Mechanism Ⅱ：為替相場メカニズムⅡ）を通

じて，自国通貨の為替相場をユーロに固定する義務を負っている。ERM II 参加国は対ユーロ中心レートを定め，固定為替相場制をとる。介入は参加国の中央銀行が実施し，介入通貨はユーロである。デンマークは 1999 年のユーロ創設当初から ±2.25 ％で ERM II に参加しているものの適用除外（オプトアウト）条項によりユーロ導入は回避している。ブルガリア（従来，カレンシーボード採用）とクロアチアは，2020 年 7 月から対ユーロ ±15 ％の変動幅で ERM II に参加した。ユーロ導入のためには，最低 2 年間にわたって ERM II 内で為替を安定させる必要があり，両国はその登龍門に差しかかったことになる。両国の外貨準備に占めるユーロの比率も高く，ブルガリア 99.9 ％，クロアチア 86.7 ％となっている。③ルーマニアは，ERM II を標榜しながらも，なお管理フロート制を採用している。

　第 2 に，EU 加盟候補国（潜在的候補国を含む）は，西バルカン諸国とトルコだが，トルコとアルバニアを除き，何らかの形で，ユーロに為替相場を固定している。とくにモンテネグロとコソボはセルビアから独立したものの，通貨面では独自通貨を発行せず，協定なしに一方的にユーロ化を行っている。

　第 3 に，その他の国・地域のうち，アフリカの CFA フラン圏は，CEMAC（中部アフリカ経済通貨共同体）6 カ国と WAEMU（西アフリカ経済通貨同盟）8 カ国の合計 14 カ国からなる高度成長エリアで，フランスをはじめとする EU 諸国との伝統的つながりから対ユーロ固定相場制度を採用している。EU への貿易依存度が高いマグレブや中東諸国の一部，さらにアジアでは中国やシンガポールが，ユーロを含む通貨バスケットを基準に自国通貨の為替相場を運営している。

ユーロ圏の求心力とその限界

ユーロ基軸通貨圏の中核に存在するユーロ圏は，複数の国民通貨の統合により創設され，その後も，周辺のユーロ基軸通貨圏を包摂しながら拡大することが可能になっている点で，歴史的にもユ

ニークな存在である。

　1999 年 1 月，デンマークは ERM II の変動幅±2.25 ％，ギリシャは±6 ％の変動幅で ERM II に参加した（ギリシャは 2001 年にユーロを導入）。その後，21 世紀の EU 新規加盟国のうち 7 カ国が±15 ％の変動幅で ERM II に順次参加した。その後，2007 年にスロベニア，08 年にキプロス，マルタ，09 年にスロバキア，11 年にエストニア，14 年にラトビア，15 年にリトアニアが，それぞれユーロを導入した。08 年以降，世界金融経済危機やユーロ危機が続く中にあっても，世界で広範に利用可能なハード・カレンシーとしてユーロは求心力を保持し続けたのである。

　〈バルト 3 国の経済危機とユーロ導入〉　貿易依存度の高い EU 域内の小国開放経済にとって為替相場安定は必須である。だが，リーマン危機やユーロ危機では，投機筋に狙われて通貨危機に追い込まれるなど，対ユーロ固定相場制の維持に苦労した。一例として，ラトビアではリーマン危機後同国 2 位のパレックス銀行（民族系）が破綻し，危機を深めた。2009 年 1 月，市民暴動が発生して政権交代し，IMF，EU，スウェーデンなど近隣諸国から合計 75 億ユーロの緊急支援を得て，危機は一段落した。3 国とも GDP と同規模の対外借り入れ（ユーロ建て）があったため，対ユーロ固定相場制の放棄による自国通貨安で輸出を増加させ景気回復を目指すという選択肢は採用不可能であった。そのため，ユーロ導入を展望しつつ固定相場制を死守し，公務員給与や民間賃金を切り下げるなどして競争力を回復（これを内的切り下げ〔internal devaluation〕と呼ぶ），比較的短期間で経済成長を回復し，上述したようにユーロ導入を果たした。こうしてバルト 3 国は，ユーロ圏本体が南欧諸国の政府債務危機により危機に直面している中，相次いでユーロ導入に突き進んでいった。

　〈求心力が働かない中・東欧諸国〉　バルト 3 国のケースは，経済ショックに対して「内的切り下げ」という，犠牲を伴う事後的調整手

段に訴求することが可能な諸国のケースであり，そうした手段を容易に動員できない小国開放経済にとっては，非対称的ショックの発生を未然に防止し，ショック後の機動的で柔軟な調整を可能とするメカニズムの構築が不可欠となる。ユーロ危機以降，ヨーロピアン・セメスターを軸とする経済同盟やユーロ圏財務省の創設などを含む財政同盟など，ユーロを支える制度のいっそうの整備・強化が進められてきた（第7章参照）。

だがそれは，ユーロ圏に参加する諸国からすれば自国の権限のいっそうの放棄にほかならず，国内問題へのEUの介入を嫌う非ユーロ圏中欧諸国のユーロ導入をさらに遠ざける結果となっている。たとえば，ポーランド，ハンガリーはリーマン危機により通貨・経済危機に陥ったが，EU・ECB・IMF（いわゆるトロイカ）から支援を受けて回復した。ユーロ加盟へも一時前向きになったが，ユーロ危機による財政緊縮など南欧諸国の窮境をみて，自国通貨を維持する方針に転換した。チェコを加えた中欧3カ国はERM IIにも不参加である。これら諸国では，ユーロ導入による各種ベネフィットよりも自国の各種政策が縛られるコストが勝っているものと考えられており，両者のバランスを逆転させる何らかの事態が生じない限りユーロ導入には向かわないであろう。

ユーロ未導入 EU 加盟国および EU 加盟候補国における並行通貨として

ユーロ化を行っている諸国以外でも，ユーロは，ユーロ未導入EU加盟国やEU加盟候補国において，自国の通貨と並行して流通する並行通貨（parallel currency）として広範に利用されている。自国の金融システムや通貨への信頼が低い場合，代替の取引手段としてユーロ紙幣を用い，代替の貯蓄手段としてユーロ建て預金をしたり，ユーロ建てでローンを組んだりする。ユーロ圏に隣接する観光立国にはツーリストがユーロ現金を大量に持ち込むし，ユーロ建ての各種送金もある。さらに将来ユーロが自国通貨となるという期待も一部の諸国にはある。

ユーロ圏外で流通するユーロ現金（紙幣）は，ユーロ紙幣が導入された 2002 年以降 15 年まで増加を続け，銀行経由で公式に「輸出」された額から「輸入」された額を差し引いた「純輸出」額の累計は，15 年には 1800 億ユーロを超え，21 年初時点でも約 1600 億ユーロが流通している。これに旅行者や移民労働者などによる流出分を加えると，ユーロ紙幣総流通額の 30〜50 ％（19 年時点）がユーロ圏外で流通しているものと考えられている（ECB［2021］*Occasional Paper Series*, No. 253）。銀行経由のユーロ紙幣の「輸出」額は，20 年に新型コロナ禍による旅行制限により半減したものの，「輸出」先は，ユーロ未導入の EU 諸国が 21 ％，EU 域外の西欧が 36 ％，同東欧が 24 ％，アフリカが 8 ％などとなっており，ヨーロッパのシェアが圧倒的に高い。

　国内の預金や貸出全体に占めるユーロ建てのシェアは，西バルカンの EU 加盟候補国でとくに高い。2020 年末時点で，シェアが低い北マケドニアでも預金の 36.7 ％，貸出の 41.4 ％が，またシェアが高いセルビアでは預金の 54.9 ％，貸出の 62.5 ％がユーロ建てとなっている。ユーロ未導入の EU 諸国でも，バルカン半島のクロアチア・ブルガリア・ルーマニアは同様に全預金・貸出の 30〜50 ％程度がユーロ建てとなっている。他方，同じ EU 諸国でも，ユーロ導入に背を向けている中・東欧諸国では押しなべてユーロのシェアは低く，ハンガリーで預金の 17.9 ％，貸出の 23.0 ％，チェコで同 7.0 ％，14.1 ％，ポーランドで同 7.5 ％，10.3 ％となっている。

ユーロの国際的役割の強化策

　2019 年のユーロ誕生 20 周年を前に，ユンケル欧州委員長（当時）はユーロの国際的役割強化策の策定を訴え，18 年 12 月にはそのための勧告が出された。勧告では，ユーロの国際的役割が強化されることで，国際取引を行う企業の為替リスクや関連コストを低減させ，資金の国際的運用・調達両面から欧州の家計・企業・政府に有利な選択肢を提供し，国際金融システムの安定化にも資すると

された。そのために，①ユーロを支えるユーロ圏内金融システムの強化，②国際金融におけるユーロの役割強化，③エネルギー，一次産品，輸送といった戦略的部門でのユーロの利用拡大の方針が示された。

さらに2021年1月，欧州委員会は「EUの経済・金融システムの開放性・強さ・強靱性を強化するための新戦略」を発出した。米トランプ政権（当時）による多国間主義に反する行動を念頭に「EUの戦略的自律性」を高めることを目的としたもので，EU金融市場インフラの強化やEUによる各種制裁の統一的実施とともに，第1の柱として掲げられたのがユーロの国際的役割の強化であった。その内容は，①通商協定やEUの金融関連規制を通じたユーロ建て債券，コモディティおよびコモディティ関連金融商品の取引拡大，②欧州委員会による，次世代EUおよびSURE関連債券の域外投資家への販売促進，貿易契約通貨としてのユーロの利用促進，③グリーン分野でのグリーンボンド（環境債）などの利用促進，④デジタル分野でのデジタル・ユーロの導入検討などとなっている。

ユーロが果たすべき国際的役割に関するEUとしてのこうした「上から」の戦略的施策が，実際の市場においてどのような成果をもたらすことになるのか，注視する必要があろう。

演習問題

1 通貨の「国際化」と「国際通貨化」の違いは何か，まとめてみよう。

2 ユーロによる地域的な基軸通貨圏の特徴をまとめてみよう。それはドル圏とどのように違っているのだろうか。

3 ユーロの対ドル為替相場の変動の原因およびその影響について検討してみよう。

4 ユーロがユーロ圏の外部で広く国際的に利用されることのメリッ

トとデメリットについて考えてみよう。

■ ■ ■ **参考文献** □ ■ ■ ■ ■ ■ ■ ■ ■ ■ ■ ■ ■ ■

小川英治編［2019］『グローバリゼーションと基軸通貨――ドルへの
　挑戦』東京大学出版会

奥田宏司［2020］『国際通貨体制の論理と体系』法律文化社

川本明人［2018］『外国為替・国際金融入門（第2版）』中央経済社

高浜光信・高屋定美編著［2021］『国際金融論のエッセンス』文眞堂

田中素香・岩田健治編［2008］『現代国際金融』有斐閣

蓮見雄・高屋定美編著［2021］『沈まぬユーロ――多極化時代におけ
　る20年目の挑戦』文眞堂

藤田誠一・松林洋一・北野重人編［2014］『グローバル・マネーフロ
　ーの実証分析――金融危機後の新たな課題』ミネルヴァ書房

European Central Bank（ECB）, *The International Role of the Euro*，各
　年号

2020年代のEUと中国, そしてインド太平洋

EU中国関係の新たな展開を中心に

●本章のサマリー

EUと中国との関係は, 21世紀に貿易・外国直接投資（企業進出）・「一帯一路」の3つの次元で大きく発展した。中国は貿易でアメリカに次ぐ第2位の相手国になり, 中国企業のEU進出も加速した。2020年代にはさらに価値（民主主義・法の支配など）の第4次元が加わり, EU中国関係はEUのみならず日本や世界にとっても重要な地位を占めるようになっている。

EUとイギリスは中国との経済関係を深めたが, やがて中国の露骨な技術窃取や「一帯一路」路線への反発を強め, 2010年代後半には防衛措置をとるようになった。

中国はリーマン危機後のインフラ部門の過剰生産能力のはけ口として, 外に対して「一帯一路」, 国内ではインフラ・住宅投資主導の経済成長路線を進めてきたが, 不動産部門が過剰生産に陥り, 経済成長モデルの転換を迫られる危機の時期を迎えている。

中国の香港国家安全維持法による民主主義抑圧, ウイグル族への人種差別はEUの中国制裁を引き起こしたが, 中国が報復制裁したことから, EU中国関係において価値の問題が前面に出てきた。2020年からEU・イギリスともに民主主義重視を強め, インド太平洋戦略を開始した。EUと仏独英3カ国は日本にとって重要なパートナーとなっている。

KEY WORDS

本章で学ぶキーワード

中国の台頭　象のチャート　外国直接投資（FDI）　一帯一路　FDI審査制度　包括的投資協定（FDI）　共同富裕　オルバン政権　制裁　債務の罠　Quad（クアッド）　インド太平洋戦略

1 21世紀のEU・中国関係の発展

●経済関係の大発展から価値へ

第2次大戦後の冷戦時代はソ連崩壊により終了したが、21世紀に入ると中国の台頭がめざましく、2010年代末には米中「新冷戦」といわれる覇権争いの時代が再来した。

中国共産党政権成立の1949年以後の時代を、習近平主席は、①毛沢東段階（建国の時期、1977年まで）、②鄧小平段階（富国の時期、2012年まで）、③習近平段階（強国の時期、進行中）と3つに区分した。毛沢東段階は原始共産制といえるような農業集団化（人民公社）や都市の単位制の下で国民の平等を第一とした。しかし、文化大革命で10年も混乱が続いた後、鄧小平主席は「豊かになる者が先に」と先富論を説いて経済の改革開放を進めた。華僑資本と外国企業が中国に進出して輸出主導の中国の台頭の時代が始まった。人民公社解体により農民の一部は都市で農民工となって、最大2億8000万人と中国労働者の3分の1に達し、低賃金は長期化したが、2000年代半ばに地域的に賃金上昇が始まった。

世界規模の所得格差の
変動と「象のチャート」

経済グローバル化を受け止めた新興諸国が経済成長率を高めた。1988年の所得別階層（世界規模）を基準に、リーマン危機勃発の2008年までの20年間に各所得階層の所得がどれだけ伸びたかを示したブランコ・ミラノヴィッチ（元世界銀行エコノミスト）の通称「象のチャート」が世界的に注目された。中国など新興国の富裕層・中間層と先進国の最富裕層の所得は大きく上昇したが、先進国の中低所得層（主として製造業労働者や非管理職労働者）の所得はほとんど伸びなかった（図終-1）。

EU先進国の賃金上昇は図よりも顕著だったと「チャート」への

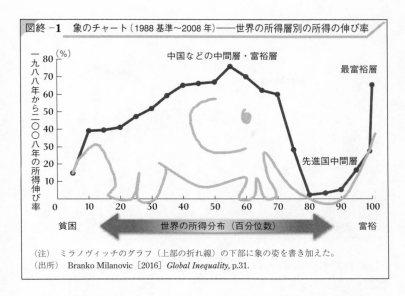

図終-1　象のチャート（1988 基準～2008 年）──世界の所得層別の所得の伸び率

一九八八年から二〇〇八年の所得伸び率

中国などの中間層・富裕層

最富裕層

先進国中間層

世界の所得分布（百分位数）

貧困　　　　　　　　　　　　　　　　　　　　富裕

（注）　ミラノヴィッチのグラフ（上部の折れ線）の下部に象の姿を書き加えた。
（出所）　Branko Milanovic［2016］*Global Inequality*, p.31.

批判もあるのだが，EU でもブルーカラー層の窮状があり，1990 年代からの日本の賃金停滞は「チャート」そのもの，アメリカでも製造業は大きく傾いた。

　ICT 化やオートメーション化が先進国の中低所得層の所得停滞の原因とする説もあるが，先進国企業のグローバル化・オフショア化の影響はきわめて大きかった。新興国では先進国企業が大規模に流入して雇用を増やし中間層や富裕層の大幅な所得上昇となった。また世界の最富裕層は ICT 大企業などの経営者層やトップレベルの資産家層などで，時代に乗って所得水準を引き上げた。

中国企業の EU 進出と
FDI 審査制度の導入

　EU・中国関係は 2010 年代末まで，貿易・外国直接投資（企業進出）・「一帯一路」の 3 つのレベルで発展してきた。貿易は 20 世紀末から大発展している（第 3 章図 3-7 参照）。1997 年から 2019 年までのユーロ表示の倍数（概数）では，最大の貿易相手アメリカに対して輸出 3 倍，輸入 2 倍だが，対中国は輸出 14 倍，輸入 12 倍，

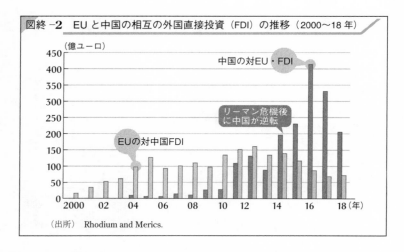

図終-2 EUと中国の相互の外国直接投資（FDI）の推移（2000〜18年）

（億ユーロ）

中国の対EU・FDI

リーマン危機後
に中国が逆転

EUの対中国FDI

（出所）　Rhodium and Merics.

　EU の貿易収支赤字は 19 年約 2000 億ユーロにまで膨張した。ICT
製品や部品のほか EV（電気自動車）用電池などに不可欠のチタン
やビスマスなど多種類の希少金属も中国から輸入している。

　中国の WTO 加盟（2001 年）により EU 企業は**外国直接投資（FDI）**
で中国に進出したが，リーマン危機後には中国企業の EU 進出が圧
倒した（図終-2）。2018 年までに中国の FDI 累積額は対米で 1400
億ドル，対 EU は 1800 億ドルになった。FDI は先進国から新興国
へ，が一般的パターンだが，中国国有企業は補助金を受けて先進国
に進出し，民間企業が続くというパターンをとった。

　FDI には相手国企業との合併・買収（M&A）と単独進出のグリ
ーンフィールド投資がある。中国の FDI は銀行・ICT 部門でグリ
ーンフィールド，他の業種で M&A が多く，金額的には M&A が圧
倒的である。EU では多業種で多数の EU 企業を買収して，相手企
業のもつ技術を取得した。中国政府は 2015 年「中国製造 2025」を
発表し，10 ほどの先端技術分野でまず技術強国となり，世紀半ば
までに世界一になると宣言した。翌 16 年から中国企業はドイツや
北欧などでハイテック部門の M&A を大規模に実施した。

「一帯一路」戦略による
東欧進出――EU 分断策

リーマン危機をみて中国の指導層は，米欧への軽蔑感と中国体制への自信を深めた。リーマン危機を乗り切るために中国政府が2009 年に実施した 4 兆元投資は民間を巻き込んで不況を克服したが，投資が行き過ぎて膨大な過剰生産物と過剰生産能力を生み出し，12 年には経済成長率は 7 ％台に下落した。過剰はとりわけインフラ投資部門に顕著で，過剰を海外に吐き出すしかなかった。中国はインフラ不足の途上国や新興国でインフラ投資を続けていたが，13 年秋に「一帯一路」戦略を打ち出し，投資を加速した。

この戦略の触れ込みは，ユーラシア大陸の西のヨーロッパと東の中国を鉄道・道路・航空の交通で結び（「一帯」），沿線の途上国もインフラ投資や FTA で支援する。ヨーロッパとの海路も整備する（「一路」）。中国からカザフスタン，ロシアを通ってドイツなどヨーロッパと結ぶ鉄道のコンテナ定期便が動き出し，年々貨物量は倍増した。中国と途上国を「運命共同体」として結びつける「Win-Win のプロジェクト」と習主席は自画自賛したが，中国の勢力圏を世界に広げる戦略だった。

「一帯一路」のインフラ投資プロジェクトは金額的にアジアとアフリカが中軸だが，全世界に広がっている。ヨーロッパでも旧共産圏の東欧 16 カ国（うち EU 加盟は 11 カ国）と「16＋1」という協議・協力組織を立ち上げ，李克強首相が東欧の主催国にほぼ毎年乗り込んで，基調演説を行い，2 カ国協議でインフラ投資や種々の協力を約束する。中国の国家開発銀行など国有銀行が融資し，中国企業がインフラ投資を実施する。受け入れ国は債務を負う。

中国はリーマン危機の中で，ギリシャに投資し，ポルトガルやスペインに M&A や国債購入などで援助して，南欧諸国との関係を深めた。「16＋1」は東欧諸国を EU 中軸諸国から引き離す EU 分断策だと欧州委員会は当初から警戒していたが，ハンガリーのオルバン長期政権は反 EU・親中国路線を強化し，中国から種々の利益を

引き出す路線を徹底している。

　2019 年春にはギリシャが「16＋1」に正式参加を認められ，「17 ＋1」になった。同じ時期に，ポルトガルとイタリアも「一帯一路」覚書に署名し，中国の援助を求める方針を明らかにした。

パートナーから競争相手，そして体制的ライバルへ

ドイツは中国との貿易関係がとくに強い。EU 28 の対中輸出の 40 ％以上を占め，自動車部門を中核に 5000 社以上のドイツ企業が中国に進出している。2015 年まで中国を「パートナー」とみなし，中国企業の FDI も無条件承認，自由に進出を許していた。だが，16 年虎の子のハイテク企業を買収され，中国を「競争相手」と捉え直して，17 年から FDI 審査制度を強化し，中国企業によるドイツハイテク企業の取得を阻止するようになった。

　EU も，2016 年に中国の要求した市場経済国ステータス（Market Economy Status：MES）の承認を拒否し，中国企業のダンピングへの対抗措置を強化した。外国直接投資では，FDI 審査制度の導入へ動いた。EU では 17 年に欧州委員会が提案し，19 年法令採択，20 年秋から実施された。FDI の申請を受けた加盟国は欧州委員会と他の加盟国に相談し，外国企業による FDI を共同で審査し，ハイテク技術・国有企業・デューアルユース（軍民両用）技術などが関わる場合には FDI を阻止できる（拒否の最終決定権は FDI 受け入れ国がもつ）。EU 加盟国も FDI 審査を強化した。中国企業の自由な EU 進出に一定の制約がかかった。

　中国との包括的投資協定（CAI）の動向も重要である。中国企業は EU で自由に行動できるが，中国に進出した EU 企業は中国で法律・規制に阻まれ，合弁や技術移転を強制され，中国企業と同等の活動ができない。EU は「投資の漸次的自由化，投資家への制限の除去，投資家・投資保護の法的枠組みの設定」を要求し，14 年から交渉を継続したが，中国は合意を拒否し，引き延ばしていた。

　2019 年 3 月，欧州委員会は中国を「体制的ライバル」（systemic

rival）と位置づけた。中国が共産党独裁の下で資本主義経済を運営
し，国有企業の海外進出を補助金で支援し，民主主義，法の支配と
いった EU の基本的価値に背反する行動が増えていた。体制を異に
する対抗国という面を無視できなくなったのである。EU も加盟国
も，中国をパートナー・競争相手・体制的ライバルと三様に位置づ
けている。主体により時期によりケースによりいずれかの規定を使
う。中国を覇権争いの競争相手とするアメリカと明確に区別される
ヨーロッパ流の対応である。

2 中国の所得格差の拡大と不動産バブル崩壊
●格差是正税制の不在と成長モデルの満期

資本主義化と所得格差
の拡大

鄧小平主席が 1978 年に着手した改革開放
は，毛沢東の原始共産制タイプの人民公社
（農村）と単位制（都市）を解体し，商工業
社会への移行を進める大改革だった。鄧は「社会主義市場経済」と
呼んだが，共産党独裁の下で資本主義を形成することを企図した。
経済特区をつくって華僑資本や先進国企業を呼び込み，やがて特区
を全国に広げて外資を通じて新しい技術や経営手法を取り入れた。

　米欧諸国は中産階級が増えていけば民主主義中国に発展すると期
待して，関与政策によって中国の経済発展を支援した。中国は
2001 年に WTO に加盟，世界の多国籍企業の流入が加速し，「世界
の工場」になった。10 年に GDP 規模で日本を抜いて世界第 2 位，
製造品の輸出で世界第 1 位となり，以後 2 位に大差を付けていった。

　毛沢東時代の共産党員は「労農兵」重視だったが，江沢民主席の
時代に資本家・経済エリートの共産党入党を許可した。資本主義化
により力をつけた経済エリートを政治エリートが取り込み，同盟を
結んだのである。

　トマ・ピケティなど 4 名の研究者による中国の所得格差の調査に

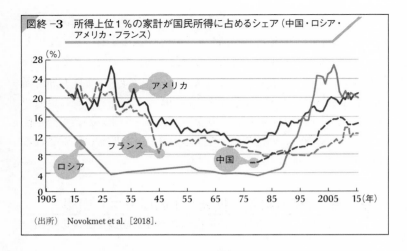

図終-3 所得上位1%の家計が国民所得に占めるシェア（中国・ロシア・アメリカ・フランス）

（出所）Novokmet et al.［2018］.

よれば，所得上位10％の家計と下位50％の家計それぞれの所得が国民所得に占めるシェアは1970年代末にはともに27％程度だったが，「先富論」の時代に所得格差が開き始め，江沢民時代に大きく広がり，2000年代半ばに上位10％のシェアは40％を超えた（Novokmet et al.［2018］）。先進国（第5章図5-1参照）と比べると，2010年のイギリス並みで，格差は非常に大きくなった。上位1％の国民所得に占めるシェアは6％程度から10年代半ばには16％にまで上昇，アメリカより低いが，フランスより高い（図終-3）。下位50％のシェアは15％に下がった。6億人以上が月収1000元（約1万7000円）以下という。

私有財産の額は1978年には国民所得とほぼ同額だったが，2015年その5倍に膨張した。資産構成は不動産が最大で91年国民所得の60％だったが，90年代半ばからの10年間に住宅価格上昇に伴って急増し，15年には182％になった。次いで株式以外の金融資産が増え，2000年代半ば以降株式のシェアが高まった。企業経営者の資産と所得が大きく増えたことになる。

| 幻想の「共同富裕」 | 習近平主席は2021年「**共同富裕**」を唱えて，大企業経営者に寄付を迫った。慌てて寄付 |

した ICT 企業経営者もいた。だが，「共同富裕」の実現には制度が必要である。まず累進所得税，不動産税，相続税など税制である。いずれの税制も中国にはない。現行の法人税と付加価値税（中国では増値税という）では格差是正の効果はない。12年に習主席は不動産税を計画したが，大都市のめぼしい不動産を共産党幹部が保有しているのでブロックされたという。不動産税は21年7月に主要都市で導入されたが，富裕層の投機によりマンション価格が暴騰し，その抑制のための導入であって，趣旨が違っている。

　社会主義国では国有企業から国家財政資金を徴収するので，所得税はないのが普通である。EU加盟の中・東欧諸国のいくつかは民主化後にフラット税（所得の15％など一律の税率で徴収）を導入した。今日も累進税になっていない。

　ピケティは，1980年代以降先進国で拡大した所得格差の原因を所得税制と相続税制の改悪にみていた。上述のように3つの税のない中国の状況はもっと悪い。富裕層は所得をまるごと収得する。中国では「紅2代，官2代，富2代」という。紅は毛沢東の共産主義革命運動に参加した党幹部で貴族扱い，官は高級官僚，富は金持ち，である。近代税制がないので，富は代々受け継がれ，特定の家族により富裕階級が形成されやすい。孫立平・清華大教授は2011年，中国の社会構造が固定化し，「分断社会，階級対立，貧富格差の固定化・拡大，絶望感が広がり，公正正義が履行されず」，社会が不安定化していると警告を発していた。共産党独裁の資本主義には腐敗が避けられない。法の支配を強化して腐敗を取り締まると，共産党の裁量の余地がなくなる。「中国の腐敗の規模は世界的に見ても尋常ではない」（ミラノヴィッチ［2021］p. 216）。

┌─────────────────┐
│ 不動産バブル崩壊と成 │
│ 長モデルの消滅   │
└─────────────────┘

中国の現下の大問題は，不動産部門から広がる金融危機である。リーマン危機後の過剰生産を国内では住宅建設で乗り切った。中国では土地は国有なので，地方政府は農民を追い出して土地を確保し，土地は国有のため土地の使用権を住宅ディベロッパーに高値で売って財源とする（地方政府関係者などの腐敗問題の源泉）。ディベロッパーは銀行借入で住宅地を購入して開発し，広大な住宅街にして高層マンションを林立させて高値で売って大儲けする。不動産部門が中国の GDP に占める比率は 2016 年 28.7 ％と圧倒的に高くなった（アメリカでは 17 年に 17.3 ％）。高層マンションの大量の建設は鉄鋼をはじめ過剰生産に陥ったインフラ部門の商品のはけ口となり，また新築住宅の居住者は家電品一式を揃えるなど，巨大な需要が生み出される。2 桁成長は 00 年代に終わったが，10 年代もかなり高い経済成長を実現できた。住宅ローンが増え，不動産企業は銀行からの借金を増やし，政府は採算を無視してインフラ投資を進めるなど，家計・企業・政府，いずれの部門も債務を膨らませ続けた。債務主導成長でもあった。

　だが，都市部では持ち家比率が上昇し，投機も加わってマンション価格も暴騰し，深圳や北京では 2018 年に年収の 40 倍を超えるなど，この成長モデルは限界に達した。21 年，不動産最大手の恒大集団が高層マンションの供給過剰などから経営危機に直面し，他の不動産大手もドル建て社債の債務不履行など苦境に陥っている。不動産部門に貸し込んだ銀行に危機は波及し，4 大国有銀行の株価も落ち込んでいる。土地売却も行き詰まり，地方政府は財源に窮している。経済成長モデルの転換は避けられないが，新モデルの姿はみえず，経済成長率が中期的に下がる可能性は高い。格差を意識して政府は学習塾の非営利化や ICT 大手の活動抑制など，経済成長を抑える行動を余儀なくされている。

　「共同富裕」は幻想に終わるのではないか。愛国心教育と監視社

会化を強め，世論を締め付け，「不穏分子」は逮捕する。こうした専制的な政治が強まっている。そうしたトレンドをネットを使って増幅する「愛国ブロガー」や「ネットナショナリスト」が増えている。だが反発も強まる。国内世論をそらすために台湾と戦争というような方向へ事態が進まないことを望みたい。

3 EUの中国対応の転換とインド太平洋戦略
●インド太平洋をめぐる新たな動き

戦狼外交と香港国家安全維持法

ヨーロッパに中国関係の決定的な転機をもたらしたのは，2020年の中国政府の①戦狼外交，②香港国家安全維持法（国安法）だった。新疆ウイグル自治区におけるイスラム教徒への人種差別（100万人を強制収容所で「教育」，女性に対する人口抑制措置など）はその前から問題にされていたが，①②と重なって深刻化した。

「戦狼」（wolf warriors）とは中国映画のタイトルで，米軍特殊部隊を打ち破る中国軍人を指している。中国で記録的な入館者を獲得した。新型コロナ危機に際して中国政府が医療品などを支援し，見返りに「感謝状」などを要求するので，当該国から批判が出ると，中国外交官が居丈高に相手国政府などを攻撃する。戦狼外交は先進諸国で評判が悪く，中国批判を盛り上げた。②により香港の民主主義は圧殺された。「1国2制度」を香港返還後50年間維持するというイギリスとの約束を踏みにじったとして，ジョンソン英政権は激怒し，7月，ファーウェイ製品の全面排除（2027年まで。部品キットの購入は20年末以降禁止），香港在住者の移住受け入れ促進，香港との犯罪人引渡条約停止，国際的な権利侵害事件の加害者（中国も念頭）への経済制裁措置などを次々に打ち出した。

イギリスが離脱したEUは①②に対して明確な態度をとらなかった。中国と習近平への批判は大衆レベルでも盛り上がったが，メル

ケル独首相は EU 理事会議長国の立場を利用して，2020 年 12 月 30 日，習近平主席との間で CAI（包括的投資協定）に暫定合意した（EU 首脳会議も承認）。習政権は 14 年に始まった CAI 交渉で合意を拒否し引き延ばしてきたが，バイデン新大統領が選挙勝利直後に米欧協調を打ち出した途端に豹変し，1 カ月足らずで暫定合意に至った。メルケル首相はかねてからドイツ大企業の立場・意見を重視してきたが，任期 16 年間の最後まで中国との通商を重視する立場を貫いた。

　なお，香港国安法からうち続く中国の香港民主主義抑圧をみて，欧州委員会は批判声明の発出を EU 外相理事会に諮った。だが，ハンガリー政府が 2 度にわたって阻止した。外交政策は EU では全会一致制のため 1 国でも拒否すると動きが取れないのである。ハンガリーでは 2022 年の選挙に向けて野党統一戦線の対抗が進んでおり，10 年から続く**オルバン政権**の行方が注目される。

EU 中国関係──2020 年代の展開

EU は「グローバル人権侵害制裁レジーム」を 2020 年 12 月に採用し，人権問題を外交政策全会一致原則の対象外とした。そしてイギリス・カナダとともに 21 年 3 月に人種差別の新疆ウイグル自治区官僚 4 名に**制裁**を発表した。中国政府は直ちに制裁をし返した。これは，欧州議会議員から民間の研究者までを含み，EU の控えめな制裁とのバランスを失していた。EU で反発が広がり，欧州議会は 5 月「中国が制裁を解除しない限り，投資協定（CAI）の批准プロセスを停止する」との決議を圧倒的多数で採択した。欧州議会が批准しないと CAI は発効しない。メルケル首相主導の EU 首脳会議合意を欧州議会が覆し，「時代は変わった」と感じさせた。

　「一帯一路」にも幻滅が広がり，逆風が吹いた。ルーマニアは中国が約束した原子力発電 2 基の工事着工が進まないとして，2020 年 6 月に契約を破棄した。「一帯一路」に高速道路建設を要請したモンテネグロは，過大債務を中国に返済できない「**債務の罠**」状態

となり，21年4月EUに泣きついた。チェコの上院議長が台湾を訪問し，蔡英文総統と会見した。バルト3国への中国の直接投資はいずれも1億ドル以下で，期待を裏切られたリトアニアは「16＋1」離脱を21年3月に公表し，8月には首都ビリニュスに台湾代表部を置くと発表，中国はリトアニアの輸出品を港湾に留め置く，大使召還などの制裁措置を発動した。その後も，欧州議会代表団やEU加盟国の議員・政府関係者の台湾訪問が続き，フランス下院は台湾をWHO総会などに参加させるべきとの決議案を可決した。イタリア政府は21年，同国半導体企業への中国企業の株式公開買付を阻止した。ドラギ首相は「一帯一路」覚書における中国の影響力を削減したといわれる。

　欧州委員会は，国家や公共団体から補助金を受ける外国企業（事実上，中国企業）が単一市場でEU企業と競争すれば，公正な競争条件が損なわれるとして，2020年6月に新提案を行った。これは3つのケースに対応している。①補助金で競争力を強めた外国企業の競争には罰金や是正措置を求める。②EUで企業買収を企図する外国企業には欧州委員会への通知を義務づけ，欧州委員会が承認するまで買収は成立しない。外国政府の補助金の支援があれば，是正を求め，買収禁止もありうる。③EUでの公共調達に参加する外国企業に申請を義務づけ，補助金などを受けていてアンフェアなら公共調達から閉め出す。この提案が法律化されれば中国企業のダメージは大きい。

　「中国はパートナー」とする位置づけをEUの各主体は排除していないが，トレンドは「体制的ライバル」の方へと動いている。

　　　　　　　　　　　　ドイツ外務省は2020年9月に「インド太
ドイツの「インド太平洋指針」　　平洋指針」を発表した。ドイツが東アジア
　　　　　　　　　　　　政策を打ち出すのは初めてで，「EUの方針の手本」の意味をもたせていた。「インド太平洋地域は21世紀の国際秩序形成にとって鍵となる。中国，アメリカ，日本が地域の3

大国で，4番目にインドが入る。世界の33のメガシティの22はこの地域に存在する」と経済面の重要性を強調している。次に，政治においては，「覇権国中国との2極構造の固定化は危機の元になる」として，米中対立に危機感を示し，「ドイツはこの地域の民主主義国および価値パートナーとして肩を組む」，「ASEANを中心にこの地域の多国間主義の強化に取り組む」とし，中国を含めて地域の安定を求めた。経済，政治，安全保障のバランスの観点から，中国のみとの協力に偏らず，インド太平洋地域に多様なパートナーを見出す必要があるとの認識を固めたのである。

　旧ASEAN6カ国に韓国・台湾・香港を加えたNIEs・ASEAN9カ国に対するドイツの輸出シェアは2012年の3.0％から19年の4.1％に上昇した（中国は7％台）。中国重視のドイツにとっても，新型コロナ危機下のグローバル・サプライ・チェーンの混乱，半導体不足による自動車生産への制約などは不安の種であり，ドイツ企業のグローバル・サプライ・チェーンを「China＋1」に広げる先にASEAN諸国を考えている。そうしたドイツの方針も読み取ることができる。

英仏独の軍艦派遣と「アングロ・サクソン同盟」

中国の軍備拡張と威圧的な対外行動が法の支配や航行の自由に立脚する国際秩序への脅威になっているとの懸念は，2021年6月のイギリス・コーンウオールでのG7会合で共通認識となった。G7は，データ管理，法人税改革，ワクチンの途上国への供与などでも西側の政府間協調の必要性を強調した。バイデン大統領を迎えたNATOのブリュッセル会合でも中国に対する懸念が示された。

　ヨーロッパの大国が動き出した。イギリスは新鋭空母クイーン・エリザベスを東シナ海へ送った。米海軍の航空機と艦艇，オランダのフリゲート艦が同行し，空母打撃群を形成しており，東シナ海で海上自衛隊，アメリカ・カナダの海軍も参加して，共同訓練を行った。フランスはすでに原子力潜水艦とフリゲート艦を南シナ海に派

遣し，仏陸軍は日米の離島奪還の演習に参加した。ドイツもフリゲート艦を送った。メルケル政権らしく上海寄港を打診したが，中国が断った。

オーストラリアに原子力潜水艦8隻を供与し共同訓練するとして米英豪3カ国は2021年9月AUKUS（オーカス）を結成した。EU離脱のイギリスが先鋭的な形で参加した。アングロ・サクソン軍事同盟ともいわれる。しかし，潜水艦発注をめぐってフランスと対立が生じた。

「自由で開かれたインド太平洋」を標語にアメリカ，日本，オーストラリア，インドの4カ国によるQuad（クアッド）は2020年外相会議，21年2度の首脳会議によって形を整えた。インド太平洋における法の支配，航行の自由，紛争の平和的解決，自由貿易などの理念を掲げるが，中国による台湾有事への懸念を共有する。台湾から東南アジアに至る地域には半導体生産など電子製品製造企業が集積している。この地域を4カ国の連携で守ると，21年9月の首脳会議声明は強調した。安全保障の大義の下で台湾を含めた新たな通商秩序を構築するとの方向性も打ち出した。ASEAN重視はドイツの「インド太平洋指針」と共通する。

EUのインド太平洋戦略

欧州委員会は2021年4月に「インド太平洋戦略」を提案した。EUにとってのインド太平洋地域の経済的重要性を強調したうえで，民主主義・法の支配・人権・航行の自由などの価値観を繰り返し強調し，その実現を強く訴えている。それを受けて同年9月，EU外相にあたるボレル外交・安全保障上級代表と欧州委員会が「インド太平洋における協調のためのEU戦略」を発表し，EU理事会が承認した。インド太平洋地域は世界GDPの60％を生産し，世界経済成長の3分の2を生み出し，2030年までに出現する新中産階級24億人の90％はこの地域由来になる，デジタル経済の最前線，グローバル・サプライ・チェーン，国際貿易，投資の中心地域

でもある，とインド太平洋地域の経済的重要性を強調した。その地域の最大の投資家・開発援助提供者であり貿易パートナーであるEUはその地域への関与を強めるとして，EUの方針を説明する。

　グリーンで持続可能な，ポスト・コロナの経済的・社会的発展をこの地域と協力して推進する。FTAを推進し，国際法・航行の自由を守り，EU加盟国の海軍の展開を確保する。その地域のすべての国に対して包摂的（inclusive）に対応し，中国にも多面的な関与を行い，協力を進め，平和で繁栄するインド太平洋で一翼を担うよう中国を激励する，という。人権問題には対話から貿易措置までEUのあらゆる手段をもって対応するが，人権侵害には制裁をもって臨む。中国には是々非々の対応を進める方針である。

　具体的方針を列挙しているので，グループ化して示しておこう。

- ・貿易協定およびGVC強化：マレーシア，タイ，オーストラリア，インドネシア，ニュージーランド，フィリピン，タイ（FTA交渉の再開を含む）
- ・デジタル連携とデジタル連携協定：地域全体
- ・投資協定：インド
- ・地域とのGVC強化，デジタル連携協定，研究・技術開発協力
- ・地域とのグリーン連合の形成
- ・海洋ガバナンスの強化（漁業管理），海洋安全の確保
- ・日本，インドとの連結性連携（Connectivity Partnership）

　このように，EUの「戦略」の方針は総花的で，各分野を具体的にどう進めていくのかまでは明らかではない。もっとも，半導体生産の世界最先端をいく台湾のTSMCにオランダの企業が生産装置を納入するなど，デジタル連携への手がかりはもっている。FTAについても，韓国（発効は2011年），ベトナムとシンガポール（20年発効），日本（EPA：19年発効）と発効させており，オーストラリアとの合意も近い。だが，その他のASEAN諸国やインドとのFTA

交渉は進んでいない。

アジア太平洋の主力はやはりその地域の諸国である。Quad が
2021 年本格的に始動した。半導体・電子製品企業が台湾と ASEAN
諸国に集積しており，台湾侵攻を含めて中国の脅威が増大する中で，
アメリカはこの地域が中国の支配下に入れば，自国のデジタル産業
が崩壊する恐怖を感じている。EU 諸国にアメリカほどの切迫感が
あるようにはみえない。距離は遠く，中国の脅威もかつてのソ連や
今のロシアほどには感じられていない。しかし，それゆえに EU の
インド太平洋戦略は意味があるともいえる。中国にとって EU は貿
易でも FDI でも重要な地域である。その EU が是々非々の態度で
中国に迫ってくれば，中国は Quad とは別の意味で真剣に対応せざ
るをえない。

ただし，中国を動かすには実力行使できなければならない。上述
したリトアニアからの輸出差し止めには，リトアニアで生産する外
国企業の製品（部品）の輸出も含まれていて，ドイツ企業がリトア
ニアで生産しているので，中国の制裁はリトアニアを超えて EU へ
の攻撃となっている。欧州委員会は 2021 年 12 月，「第 3 国による
経済的威圧から EU および加盟国を保護する規則」を提案した。多
数決決定で法令化できる共通通商政策の規則である。これを速やか
に立法化して中国に対抗する力を示さなければ，「はりこの虎」と
いわれかねない。インド太平洋に対する EU の「戦略」の重みが早
くも問われている。中長期的には EU の「戦略」は今後のインド太
平洋の情勢の進展をにらみながら，焦点を定めていくことになろう。

おわりに

欧州委員会のフォン・デア・ライエン委員
長は，2021 年 12 月 1 日「グローバル・ゲ
ートウェイ構想」を発表した。域外のインフラ整備を支援するため，
EU が 27 年までに最大 3000 億ユーロ（約 38 兆円）を投資する。環
境やエネルギー対策，デジタル化，交通網，医療，研究・教育分野
に重点を置いて，融資や債務保証を行う。民主主義の価値を広げ，

高い品質と透明性を確保し，環境保護を促すとしており，中国の
「一帯一路」に対抗する狙いがあるのは明らかである。途上国に中
国以外の選択肢が生まれる。気候変動対応・グリーン化で世界を先
導する EU にとって，アフリカや南米などでのグリーン水素の製造
への支援など融資先は多い。

　米中間の覇権競争にロシアが絡んで，世界は地政学的にも緊張の
時代を迎えている。民主主義の EU が，アジア太平洋や世界の途上
国支援に地政学的観点から介入する意義は非常に大きい。

■ ■ □ **参 考 文 献** □ ■ ■ ■ ■ ■ ■ ■ ■ ■ ■ ■ ■ ■

サイラグル，S.，A. カヴェーリウス（秋山勝訳）［2021］『重要証人
　　——ウイグルの強制収容所を逃れて』草思社

田中素香［2021］「EU から見た国際秩序——EU 中国関係」須網隆
　　夫・21 世紀政策研究所編『EU と新しい国際秩序』日本評論社

ミラノヴィッチ，B.（西川美樹訳）［2021］『資本主義だけ残った——
　　世界を制するシステムの未来』みすず書房

Novokmet, F., T. Piketty, Y. Yang and G. Zucman［2018］"From
　　Communism to Capitalism: Private versus Public Property and
　　Inequality in China and Russia," *AEA Papers and Proceedings*, Vol.
　　108, pp. 109−113.

年・月		事　　項
1948	1	ベネルクス関税同盟発足
	4	欧州経済協力機構（OEEC）発足
1949	1	COMECON（コメコン：経済相互援助会議）設立。東西冷戦の激化
1950	5	シューマン・プラン発表（5月9日）
1951	4	欧州石炭鉄鋼共同体条約（パリ条約）調印
1952	5	欧州防衛共同体（EDC）条約調印
	7	パリ条約発効
1954	8	EDC 条約，フランス議会で否決
1957	3	欧州経済共同体（EEC）/ 欧州原子力共同体（EURATOM）条約（ローマ条約）調印
1958	1	ローマ条約発効，EEC と EURATOM 発足
1959	5	欧州自由貿易連合（EFTA）創設
1960	8	ベルリンの壁の構築
1963	1	仏独友好協力条約調印。ド・ゴール仏大統領，イギリスの EEC 加盟を拒否
1967	7	欧州共同体（EC）の下に3共同体の機関が統合（EEC に代わり EC が呼称として使われる）
1968	7	EC 関税同盟完成
1969	12	ハーグ首脳会談，統合の「完成，拡大，深化」と欧州政治協力促進決議
1970	10	経済・通貨同盟（EMU）に関するウェルナー報告
1971	2	EC 理事会，EMU 決議採択
	5	マルク単独フロート（第1次 EMU，事前崩壊）
	8	ニクソン米大統領，金ドル交換停止などの新経済政策発表（IMF 固定相場制崩壊）
1972	4	EC 為替相場同盟（スネーク）始動（「トンネルの中のへび」）
	6	スネークからイギリス，アイルランド，デンマークが離脱
1973	1	EC 第1次拡大（イギリス，アイルランド，デンマーク），EC 9カ国へ
	3	スネーク変動相場制へ移行（共同フロートへ「トンネルから出たへび」）。イタリア，スネーク離脱
1974	1	フランス，スネーク離脱（75年7月復帰し，76年3月再離脱）
1975	2	EC，ACP 46カ国とロメ協定調印（第1次ロメ協定，発効は76年4月）
1979	3	欧州通貨制度（EMS）スタート
	6	欧州議会第1回直接選挙（以後5年ごと）
1981	1	第2次拡大（ギリシャ），EC 10カ国へ
1983	3	仏フラン危機，ミッテラン仏大統領 EMS 残留決定，物価安定の経済政策へ転換
1984	2	技術情報分野での共同研究計画「ESPRIT」（エスプリ）を採択
1985	1	ジャック・ドロール EC 委員長就任
	6	EC 委員会，「域内市場白書」を理事会に提出。ミラノ欧州理事会「白書」採択
	12	ローマ欧州理事会，「単一欧州議定書」（Single European Act）合意（86年2月調印）
1986	1	第3次拡大（スペイン・ポルトガル），EC 12カ国へ
1987	7	単一欧州議定書（SEA）発効
1988	2	ブリュッセル欧州理事会，EC 財政改革（「ドロール・パッケージ I」）を承認
	6	ハノーバー首脳会議（EMU 研究のための「ドロール委員会」設置）
1989	6	マドリッド欧州理事会，「ドロール委員会報告」を承認し，EC 通貨統合へ。スペイン EMS 参加
1990	6	西ドイツ，フランス，ベネルクス3国，国境チェック廃止のシェンゲン協定に調印
	7	両ドイツ通貨統一（ドイツ通貨同盟。旧東ドイツ，ドイツ・マルク採用）
	7	EMU 第1段階開始

	10	東西両ドイツ統一（政治統合。旧東ドイツに西ドイツの制度適用）。旧東ドイツ地域 EC に包摂
	10	英ポンド，ERM（EMS の為替相場メカニズム）参加（変動幅 ±6%）
1991	11	EC，チェコスロバキア，ハンガリー，ポーランドと欧州協定仮調印
1992	2	**マーストリヒト条約調印**
	4	ポルトガル・エスクード ERM 参加（変動幅 ±6%）
	6	デンマーク，国民投票でマーストリヒト条約の批准を拒否（93 年 5 月 2 回目の国民投票で批准賛成へ）
	9	EMS 危機，英ポンドとイタリア・リラ ERM 離脱
1993	1	域内市場統合完成，EC 単一市場スタート
	8	EMS 危機，ERM の変動幅を ±15%に拡大
	11	**マーストリヒト条約発効，EC は EU（欧州連合）へ発展**
1994	1	EMU 第 2 段階開始（欧州通貨機関〔EMI〕設立）。EU＝EFTA の欧州経済領域（EEA）条約発効
1995	1	**第 4 次拡大（オーストリア，スウェーデン，フィンランド），EU 15 カ国へ**
	1	オーストリア・シリング ERM 参加
	3	シェンゲン協定発効
	12	マドリッド EU 首脳会議，単一通貨の名称をユーロに，ユーロ導入新手順決定
1996	3	第 1 回 ASEM（アジア欧州会合）バンコクで開催（以後 2 年ごとに開催）
	10	フィンランド・マルカ ERM 参加
	11	イタリア・リラ ERM に復帰
	12	ダブリン EU 首脳会議：安定・成長協定，ERMⅡ，ユーロの法的枠組み合意。ユーロ紙幣デザイン決定
1997	7	欧州委員会，「アジェンダ 2000」公表
	10	**アムステルダム条約調印**（発効は 99 年 5 月）
	11	EU 雇用サミット，雇用政策採択
1998	5	ブリュッセル特別 EU 首脳会議にてユーロ加盟 11 カ国を決定，ドイセンベルグ ECB 総裁指名
	6	欧州中央銀行（ECB），ドイツ・フランクフルトに設立
1999	1	EMU 第 3 段階開始（非現金分野にユーロ導入）。未加盟のデンマーク，ギリシャと ERMⅡ 創設
2000	3	リスボン欧州理事会，10 年間で知識基盤社会づくりを目指す「リスボン戦略」を採択
	6	コトヌー協定，アフリカ・ベナンのコトヌーにて調印（ACP 77 カ国参加）
	9	デンマーク，国民投票でユーロ導入を否決
	12	ニース欧州理事会，アムステルダム条約改正（ニース条約）で合意
2001	1	**ギリシャ，ユーロ導入。ユーロ加盟国 12 カ国へ**
	2	ニース条約調印
	6	アイルランドが国民投票でニース条約批准を否決
	12	ラーケン欧州理事会，EU の将来の制度設計を討議する EU 諮問会議（コンヴェンション）開催決定
2002	1	**ユーロ現金（紙幣，硬貨）流通開始**，各国紙幣・硬貨と並行流通
	3	**ユーロの専一流通開始**。第 1 回コンヴェンション開催（座長ジスカールデスタン）（～03 年 7 月まで）
	3	デンマーク国会，ユーロ導入を否決
	7	ECSC 条約，50 年の期限満了により失効
2003	2	**ニース条約発効**
	9	スウェーデン国民投票でユーロ導入を否決
2004	5	**EU 第 5 次拡大（その 1）。中・東欧諸国など 10 カ国が加盟し，EU 25 カ国へ**
	10	EU 憲法条約調印（コンヴェンションの草案を基礎に 25 カ国首脳合意で条約を決定）
2005	3	ブリュッセル欧州理事会，安定・成長協定の財政規律を緩和
	4	EU，ブルガリア，ルーマニアとの EU 加盟条約に調印
	5	キプロス，ラトビア，マルタ ERMⅡ 参加

	5	フランス国民投票で EU 憲法条約否決（批准反対 55％）。それ以前に 9 カ国が批准済み
	6	オランダ国民投票で EU 憲法条約否決（批准反対 62％）。EU，EU 憲法条約批准手続き延期へ
2006	3	ブリュッセル欧州理事会，成長，雇用創出を目指す「新リスボン戦略」採択
2007	1	ブルガリア，ルーマニア EU 加盟（第 5 次拡大その 2）。EU27 カ国へ
	1	スロベニア，ユーロ導入。ユーロ加盟国 13 カ国へ
	3	ベルリン特別欧州理事会，「ベルリン宣言」採択（ローマ条約調印 50 周年記念）
	8	BNP パリバ・ショック（世界金融危機の幕開け）
	12	EU 加盟国，「リスボン条約」（EU 憲法条約に代わる基本条約）調印
2008	1	キプロス，マルタがユーロ導入。ユーロ加盟国 15 カ国へ
	6	アイルランド，国民投票でリスボン条約批准拒否
	9	リーマン・ショック勃発，激烈な世界金融危機・経済危機へ
	10	ユーロ圏首脳会議，金融危機対策で合意
	10	ハンガリー通貨危機，ECB および EU（IMF と共同で），中・東欧諸国への金融支援を強化
	12	ブリュッセル欧州理事会，欧州経済復興計画（EERP）で合意
2009	1	スロバキア，ユーロ導入。ユーロ加盟国 16 カ国へ
	2	EU 金融監督制度改革のための「ドラロジエール報告」発表
	3	ブリュッセル欧州理事会，ハンガリーなど中・東欧諸国金融支援で合意
	6	第 7 回欧州議会直接選挙
	10	ギリシャ新政権，財政赤字見直し（大幅赤字判明。3.6％から 12.7％へ）
	10	アイルランド，国民投票でリスボン条約批准に賛成
	11	欧州理事会，初代常任議長にファンロンパウ・ベルギー首相を選出
	12	リスボン条約発効
2010	3	ブリュッセル欧州理事会，EU 新経済戦略「欧州 2020」に合意
	5	ギリシャ危機激変，EU・IMF・ECB のトロイカが，ギリシャ緊急支援 1100 億ユーロと，他の南欧諸国向けの緊急支援策 7500 億ユーロとに合意
	11	アイルランドへ EU・IMF が 850 億ユーロの緊急支援を決定
2011	1	エストニア，ユーロ導入。ユーロ加盟国 17 カ国へ
	1	EU 金融監督制度スタート（ESRB＋ESFS）
	1-6	ヨーロピアン・セメスター開始
	5	財政危機のポルトガルへ「トロイカ」780 億ユーロ金融支援決定
	6	ユーロ危機第 2 波（～12 年 1 月）
	7	欧州理事会，第 2 次ギリシャ支援・EFSF 強化決定
	10	EU 加盟国首脳，ギリシャ政府の対民間債務 50％カット，EFSF 強化，財政規律強化で合意
	10	ギリシャ，パパンドレウ首相「トロイカ」のギリシャ政策を国民投票にかけると発表
	11	ギリシャ，パパンドレウ首相辞任，パパデモス内閣へ
	11	イタリア，ベルルスコーニ内閣辞職，マリオ・モンティ内閣へ
	11	ECB 第 3 代総裁マリオ・ドラギ就任，政策金利を 1.5％から 1.25％へ引き下げ
	12	欧州理事会で新財政条約（TSCG）合意（イギリスとチェコは不参加）
	12	ECB，政策金利 1％へ引き下げ。3 年物 LTRO 4890 億ユーロを金利 1％で 523 の銀行へ供与
2012	2	ECB，3 年物 LTRO 5300 億ユーロを金利 1％で 800 の銀行へ供与
	2	ユーログループ，ギリシャに対する第 2 次支援等を決定
	3	ギリシャ政府の対民間債務 53.5％切り捨て（元本減免）を実施
	4	ユーロ危機第 3 波（～8 月），ギリシャ離脱危機，スペイン銀行危機
	5	仏大統領選挙で社会党オランド氏選出
	6	スペイン，銀行部門に 1000 億ユーロ支援をユーログループに要請
	6	ギリシャ再選挙で与党連合（ND と PASOK）勝利，サマラス内閣へ
	6	欧州理事会，銀行同盟の創設に合意

	3	ECB，預金ファシリティ金利を−0.4％，MRO（主要政策金利）金利を0.05％から0％へ引き下げ。QE 開始
	4	ギリシャ当局，EU・トルコ合意に基づき不法滞在移民・難民のトルコ送還開始
	6	**イギリス国民投票で EU 離脱を決定（離脱 51.9％，残留 48.1％），キャメロン首相辞意表明**
	7	イギリス，メイ政権発足。フランス・ニースでテロ事件。ドイツでテロ事件相次ぐ
	8	イギリスイングランド銀行，7 年 5 カ月ぶりに主要政策金利を過去最低の 0.25％に引き上げ，QE を約 4 年ぶりに再開と発表
	9	EU27 カ国，ブラチスラバで首脳会議（イギリスを除く初の首脳会議）
	10	EU とカナダ，関税の 99％の撤廃等を定めた FTA（自由貿易協定。CETA）に調印（ブリュッセル）。EU にとって G7 諸国と初の FTA.
	11	アメリカ大統領選挙，トランプ勝利し，翌年 1 月第 45 代大統領に就任
	12	オーストリア大統領選のやり直し決選投票で緑の党ファン・デア・ベレンが移民規制派のホーファーを破り勝利
2017	1	メイ英首相，単一市場に残らない「ハード Brexit」を明言
	2	EU 欧州議会が EU カナダ FTA（CETA）を承認
	3	EU 首脳会議，5 月で任期満了となるトゥスク常任議長（「大統領」）再任
	3	メイ英首相がトゥスク大統領に EU 離脱を正式通告
	4	イギリスを除く EU27 カ国首脳会議，離脱指針を全会一致で採択
	5	フランス大統領選挙（決選投票），マクロン 66％で勝利，ルペン 34％
	6	トランプ米大統領，「パリ協定」離脱を表明
	6	イギリス下院総選挙，メイ首相率いる保守党は 318 人で過半数割れ
	7	ロンドン所在の金融機関，欧大陸金融市場への移転計画を次々発表
	7	日 EU・EPA，大枠合意
	7	G20 サミット，ハンブルクで開催。米政権のパリ協定離脱・NATO 防衛義務などをめぐって米欧対立。メルケル首相は「欧州自立」を表明
	11	欧州委員会，自動車の CO_2 排出量に関する規制発表。2030 年に 21 年比 30 ％削減を要求
	12	EU 首脳会議，加盟国の防衛協力「常設軍事協力枠組み」（PESCO）の実働開始を歓迎
2018	2	ドイツ，CDU/CSU と社会民主党（SPD）が大連立政権樹立合意（3 月発足）
	5	イタリア，法学者コンテを首相に，議会多数派の「5 つ星運動」（左派ポピュリスト）と「同盟」（右派ポピュリスト）の連立政権発足
	5	EU，一般データ保護規則（GDPR）の運用開始
	6	スペイン，政治資金不正問題でラホイ国民党政権崩壊，社会労働党サンチェス内閣発足
	7	イギリス，メイ首相が EU 関税同盟に残留などのソフト路線に変更。反対のデービス EU 離脱担当相，ジョンソン外相が辞任
	7	欧州委員会，米グーグルに過去最高の 43 億 4000 万ユーロの支払いを命じたと発表
	8	ギリシャが EU 金融支援枠組みから脱却。2010 年から続いた支援から卒業。EU/IMF などが実行した融資額は約 2887 億ユーロ（約 37 兆円）
	9	EU 欧州議会がハンガリー・オルバン政権のメディア統制や法の支配弱化政策を批判し，EU の制裁手続き開始を求める提案採択
	10	EU 加盟国が，域内販売の乗用車（新車）の CO_2 排出量を 2030 年に 21 年比 35 ％削減する方針を決定
	10	ドイツのバイエルン州，ヘッセン州の議会選挙でメルケル首相の与党大敗，AfD 躍進。首相は 21 年までの首相任期の後辞任と表明
	10	イタリア政府の 19 年予算案を欧州委員会が差し戻し再提出を要求（初）。GDP 比 130 ％を超える赤字拡大を認めず
	11	フランスでマクロン政権のガソリン税値上げ（環境保護目的）に抗議する「黄色ベスト」運動が始まる
	12	TPP11（CPTPP）発効
2019	1	イギリス，メイ政権の離脱合意案をめぐり下院で紛糾

	3	イギリス下院，1月に否決したメイ政権のEU離脱協定案を2度否決。3月末日のEU離脱を延期することで英EU合意
	3	欧州委員会，米グーグルがインターネットの検索連動型広告での圧倒的シェアを乱用したとして，14億9000万ユーロの支払いを命じる
	4	マクロン仏大統領，黄色いベスト運動への新たな施策として，中間層を主な対象として50億ユーロの所得税減税を実施と表明
	5	**欧州議会選挙，投票率50％超。中道右派・中道左派の2大会派は議員数合計が初めて過半数を割る。リベラルとグリーンが躍進**
	7	EU首脳会議，欧州委員長候補にフォン・デア・ライエン・ドイツ国防相，EU大統領にミシェル・ベルギー首相，外交安保上級代表にボレル・スペイン外相を指名
	7	欧州議会，フォン・デア・ライエン国防相の欧州委員長就任を承認，女性が初めてEU行政のトップに
	7	イギリス保守党が離脱強硬派のジョンソン前外相を新党首に選出
	9	イタリア，8月の同盟と5つ星運動の連立政権崩壊を受けて，5つ星運動と民主党連立による新政権成立，コンテ首相が続投
	10	ポーランドで下院選挙（定数460），与党「法と公正PiS」が235議席で大勝，野党連立の「市民連立」は134議席
	10	英ジョンソン政権，EUと再交渉し，新離脱協定案および新政治宣言（案）で合意
	11	ECB，経済悪化に対応しAPPを月200億ユーロのペースで再開
	12	**1日，フォン・デア・ライエン欧州委員会がスタート。10日後に「欧州グリーンディール」発表**
	12	イギリス下院選挙，保守党がイングランド北部・中部の労働党地盤でも勝利して圧勝。スコットランドでは同国民党が勝利
2020	1	スペイン，社会民主労働党とポデモスの連立政権（サンチェス首相）発足。オーストリア，国民党・緑の党連立政権発足
	1	イギリス，離脱協定の「移行期」に入る
	2	EU欧州議会，イギリス離脱による議席減。751から705に
	3	欧州委員会，「欧州気候法」を発表。欧州グリーンディールの柱となる
	3	**中国武漢発の新型コロナ危機，欧米に拡大し，パンデミック，イタリア，スペインで医療崩壊，ドイツなど国境封鎖**
	3	ECB，購入額7500億ユーロのパンデミック緊急購入プログラム（PEPP）を設定
	3	欧州委員会，EU加盟国の財政赤字上限3％を一時停止。新型コロナウイルスの猛威を前に，例外条項を初めて発動
	4	EU各国の新型コロナウイルス感染者・死者数は4月から減少，ロックダウン（都市封鎖など）や集会禁止などを順次緩和へ
	4	財務相理事会，5400億ユーロを限度に加盟国の新型コロナ医療関係などに融資を決定（貸出条件を緩めESM，EIBなどが融資）
	4	ECB，TLTROの金利引き下げ，パンデミック緊急長期リファイナンスオペ（PELTRO）を打ち出す
	5	ドイツ憲法裁判所が，ECBが実施するQE（量的緩和策）の一部がドイツ基本法（憲法）に違反と判決
	5	マクロン仏大統領とメルケル独首相，復興基金5000億ユーロ（60兆円）の創設を提案（18日）
	6	ECB，PEPPの購入額を増額。6000億ユーロ（約73兆5000億円）増やし1兆3500億ユーロ，21年6月まで継続と発表
	6	ECB，ユーロ圏外の中央銀行にユーロ建て債券担保のユーロ流動性ファシリティEUREP創設を発表，国際通貨ユーロ強化策
	7	**EU首脳会議，17～21日の交渉で7500億ユーロ（92兆円）の復興基金に合意**
	7	ユーロ圏の4～6月期のGDP下落は年率−40％。新型コロナ禍ロックダウンなどの影響
	7	ブルガリアとクロアチアがユーロ為替相場メカニズムERM2に参加を決定
	7	ドイツ連邦議会が2038年までに石炭火力発電所全廃の「脱石炭」法案

		を可決，2022年末までの脱原発も決定
	7	EU，サイバー攻撃を理由に北朝鮮・中国・ロシアの3団体と個人に制裁を発表（サイバー攻撃に絡む制裁は初）
	8	EUとベトナムのFTA発効（ASEANではシンガポールに次いで2国目）。段階的に双方の関税の99％を撤廃する
	8	EU，フン・セン・カンボジア政権による野党弾圧を批判し，同国への関税優遇措置を一時停止
	10	EU，ロシアの野党指導者ナワリヌイ氏への薬品投与事件をめぐり，ロシア制裁，イギリスも制裁
	10	EU各国で新型コロナ危機第2波。10月末以降ロックダウンなど再導入
	11	米大統領選挙，民主党バイデン候補306票でトランプ大統領232票を大きく引き離し勝利確定
	12	2021年から27年までのEU予算（中期財政枠組みMMF），復興基金を含め1兆8240億ユーロ（18年価格）で承認
	12	クリスマス前日，EU英FTA合意，その後暫定承認。移行期間終了し，イギリスは12月31日にEUを完全離脱
	12	習近平主席とメルケル首相が主導して，EU（首脳会議）と中国が包括的投資協定（CAI）に合意
2021	1	アメリカ，トランプ支持者の集会で大統領の示唆を受け，一部が暴徒化して米国議会に乱入。警官1人を含む5名が死亡
	1	バイデン大統領就任
	2	イギリス，CPTPPへの参加を要請。加盟交渉へ
	2	コンテ首相が辞任，マリオ・ドラギ新首相が「国民連帯」内閣を率いる
	3	EU首脳会議，ユーロの国際通貨化推進で合意
	3	EU，イギリス・カナダとともに中国のウイグル自治区4名の人権侵害に対し制裁発動
	3	中国，EUの制裁に対抗して制裁発動。欧州議会・加盟国議会の議員，EU機関・中国問題専門家など広範囲が対象
	5	**欧州議会，中国がEU制裁を解除しない限りCAI批准に応じないとの方針を圧倒的多数で可決**
	5	フランス陸軍，自衛隊・米軍と九州で共同訓練
	6	EU，「次世代EU」の復興債の初の発行で200億ユーロを調達（7倍の需要），年内に800億ユーロ調達予定
	7	欧州委員会，50年気候中立に向けた長期計画"Fit for 55"，および国境炭素調整措置CBAMを提案
	7	ECB，2003年設定の金融政策目標の消費者物価上昇率「2％以下だが，2％近傍」を「2％」に改め，曖昧さを解消
	7	G20財務相・中銀総裁会議は，国際的な法人課税の新ルールで大枠合意。10月国際合意成立
	8	アフガニスタンの首都カブールにタリバン進撃，英独仏の米軍撤退延期要請を無視し米軍30日完全撤退
	9	イギリスの最新鋭空母クイーン・エリザベスの空母打撃群（英米蘭海軍）横須賀港入港。自衛隊と共同訓練
	9	EU，インド太平洋戦略を発表。地域との多様な連携，台湾との関係強化など盛り込む
	9	ドイツ連邦議会選挙，SPD第1党，第3党グリーン，第4党FDPが3党連立政権へ交渉合意
	10	ポーランド憲法裁判所，国内法がEU法に優越する分野もあると判決，EUとポーランド政府対立へ
	10	欧州委員会，加盟国の復興基金計画申請は早期に承認したが，ポーランドの計画の承認を留保
	11	ドイツ海軍フリゲート艦ハンブルク日本寄港，自衛隊と合同訓練
	12	欧州委員会，「グローバル・ゲートウェイ構想」発表
	12	ドイツ，SPDショルツ首相の下で3党連立政権発足

ACP（African, Caribbean, Pacific Associables）　アフリカ・カリブ海・太平洋地域
APP（Asset Purchase Programme）　（ECB の）資産購入プログラム
ASEAN（Association of South-East Asian Nations）　アセアン：東南アジア諸国連合
ASEM（Asia-Europe Meeting）　エイセム：アジア欧州会合
Brexit（Britain と Exit の合成語）　ブレグジット：イギリスの EU 離脱
BIS（Bank of International Settlements）　ビス：国際決済銀行
CAI（Comprehensive Agreement on Investment）　包括的投資協定（EU と中国）
CAP（Common Agricultural Policy）　キャップ：共通農業政策
CDO（Collateralized Debt Obligation）　債務担保証券
CDS（Credit Default Swaps）　クレジット・デフォルト・スワップ
CEBS（Committee of European Banking Supervisors）　欧州銀行監督者委員会
CESR（Committee of European Securities Regulators）　欧州証券監督者委員会
CETA（Comprehensive Economic and Trade Agreement）　EU カナダ FTA（包括的経済貿易協定）
CFSP（Common Foreign and Security Policy）　共通外交・安全保障政策
CIS（Commonwealth of Independent States）　独立国家共同体
CJHA（Cooperation in the Field of Justice and Home Affairs）　司法・内務協力
COMECON（Council for Mutual Economic Assistance）　コメコン：経済相互援助会議
CRD（Capital Requirements Directive）　資本要件指令
CU（Customs Union）　関税同盟
EAGGF（European Agricultural Guidance and Gurantee Fund）　欧州農業指導保証基金
EBA（European Banking Authority）　欧州銀行監督機構
EBRD（European Bank for Reconstruction and Development）　欧州復興開発銀行
EC（European Communities）　欧州共同体
ECB（European Central Bank）　欧州中央銀行
ECSC（European Coal and Steel Community）　欧州石炭鉄鋼共同体
ECU（European Currency Unit）　エキュ：欧州通貨単位
EDF（European Development Fund）　欧州開発基金
EEA（European Economic Area）　欧州経済領域
EEC（European Economic Communities）　欧州経済共同体
EFSF（European Financial Stability Facility）　欧州金融安定ファシリティ
EFTA（European Free Trade Association）　エフタ：欧州自由貿易連合
EIB（European Investment Bank）　欧州投資銀行
EIOPA（European Insurance and Occupational Pensions Authority）　欧州保険・

年金監督機構

EMI（European Monetary Institute）　欧州通貨機関

EMS（European Monetary System）　欧州通貨制度

EMU（Economic and Monetary Union）　エミュ：経済・通貨同盟

EONIA（Euro OverNight Index Average）　イオニア：ユーロ翌日物無担保金利加重平均

EPA（Economic Partnership Agreement）　経済連携協定

EPC（European Political Cooperation）　欧州政治協力

ERDF（European Regional Development Fund）　欧州地域開発基金

ERM（Exchange Rate Mechanism）　為替相場メカニズム（EMS の）

ESCB（European System of Central Banks）　欧州中央銀行制度

ESDP（European Security and Defence Policy）　欧州安全保障・防衛政策

ESF（European Social Fund）　欧州社会基金

ESFS（European System of Financial Supervisors）　欧州金融監督システム

ESM（European Stability Mechanism）　欧州安定機構（メカニズム）

ESMA（European Securities Market Authority）　欧州証券市場監督機構

ESRB（European Systemic Risk Board）　欧州システミックリスク理事会

EU（European Union）　欧州連合

EURATOM（European Atomic Community）　ユーラトム：欧州原子力共同体

FDI（Foreign Direct Investment）　外国直接投資

FRB（Federal Reserve Board）　アメリカ連邦準備制度理事会

FSAP（Financial Services Action Plan）　金融サービス行動計画

FTA（Free Trade Agreement）　自由貿易協定

GATT（General Agreement on Tariffs and Trade）　ガット：関税と貿易に関する一般協定

GATT・UR（GATT Uruguay Round）　ガット・ウルグアイ・ラウンド

GDP（Gross Domestic Product）　国内総生産

GIIPS（Greece, Itary, Ireland, Portugal, Spain）　ユーロ圏の南欧 4 カ国＋アイルランド。GIPS あるいは PIGS は南欧 4 カ国

GNI（Gross National Income）　国民総所得

GSC（Global Supply Chain）　グローバル・サプライ・チェーン

GSP（Generalized System of Preferences）　一般特恵制度

GVC（Global Value Chain）　グローバル・バリュー・チェーン

HICP（Harmonized Index of Consumer Prices）　統合消費者物価指数

ICT（Information and Communication Technology）　情報通信技術

IMF（International Monetary Fund）　国際通貨基金

ISDS（Investor-State Dispute Settlement）　投資家・政府間の紛争調停

LSE（London Stock Exchange）　ロンドン証券取引所

LTRO（Longer-Term Refinancing Operation）　長期リファイナンシング・オペ（レーション）

M&A（Mergers and Acquisitions）　企業の合併・買収

MERCOSUR（Mercado Comun del Cono Sur）　メルコスール：南米南部共同市

場

MFN （Most-Favored Nation） 　最恵国

NAFTA （North American Free Trade Agreement） 　ナフタ：北米自由貿易協定

NATO （North Atlantic Treaty Organization） 　ナトー：北大西洋条約機構

NCBs （National Central Banks） 　ユーロ加盟国中央銀行

NICs （Newly Industrializing Countries） 　新興工業国

NIEs （Newly Industrializing Economies） 　新興工業経済国・地域

NMP （Non-Standard Monetary Policy） 　非標準的金融政策

NTB （Non-Tariff Barrier） 　非関税障壁

OECD （Organization for Economic Cooperation and Development） 　経済協力開発機構

OEEC （Organization for European Economic Cooperation） 　欧州経済協力機構

OMT （Outright Monetary Transactions） 　ECB の国債無制限買取措置（「一方的貨幣取引」）

OSCE （Organization for Security and Cooperation in Europe） 　全欧安保協力機構

PEPP （Pandemic Emergency Purchasing Program） 　パンデミック緊急購入プログラム

PESCO （Permanent Structured Cooperation） 　常設軍事協力枠組み

PHARE （Poland and Hungary Assistance for Restructuring Economy） 　ポーランド・ハンガリー経済再建援助

PIIGS （Portugal, Italy, Ireland, Greece, Spain） 　GIIPS を参照

PJCC （Police and Judicial Cooperation in Criminal Matters） 　警察・刑事司法協力

QE （Quantitative Easing） 　量的緩和策

RIAs （Regional Integration Agreements） 　地域統合協定

SDR （Special Drawing Rights） 　IMF 特別引出権

SEA （Single European Act） 　単一欧州議定書

SGP （Stability and Growth Pact） 　安定・成長協定

SMP （Securities Market Programme） 　証券市場プログラム

SOE （Small Open Economy） 　小国開放経済

SRF （Single Resolution Fund） 　単一破綻処理基金

SRM （Single Resolution Mechanism） 　単一破綻処理メカニズム

SSM （Single Supervisory Mechanism） 　単一銀行監督メカニズム

TARGET （Trans-European Automated Real-time Gross settlement Express Transfer System） 　ターゲット：汎欧州即時グロス決済システム

TLTRO （Targeted LTRO） 　的を絞った LTRO

TPP （Trans-Pacific Partnership） 　環太平洋経済連携協定

TTIP （Transatlantic Trade and Investment Partnership） 　環大西洋貿易投資連携協定

UKIP （United Kingdom Independence Party） 　イギリス独立党

VAT （Value-Added Tax） 　付加価値税

WHO （World Health Organization） 　世界保健機関

WTO （World Trade Organization） 　世界貿易機関

事項索引

人名索引

現代ヨーロッパ経済〔第6版〕
Contemporary European Economy
(6th ed.)

有斐閣アルマ

2001 年 9 月 30 日　初　版第 1 刷発行
2006 年 5 月 10 日　新　版第 1 刷発行
2011 年 10 月 25 日　第 3 版第 1 刷発行
2014 年 11 月 25 日　第 4 版第 1 刷発行
2018 年 3 月 20 日　第 5 版第 1 刷発行
2022 年 3 月 20 日　第 6 版第 1 刷発行

著　者	田中素香 （た　なか　そ　しげ　こう　やす）	長部重広 （おさ　べ　しげ　ひろ　まさ）	久保田健 （く　ぼ　た　けん）	岩田健治 （いわ）

著　者　田中素香　中部素重　素重広　香康正
　　　　長久岩　部保田　重広健　康正治

発行者　江　草　貞　治

発行所　株式会社　有　斐　閣
　　　　郵便番号　101-0051
　　　　東京都千代田区神田神保町 2-17
　　　　http://www.yuhikaku.co.jp/

組版 有限会社 ティオ／印刷 株式会社理想社／製本 牧製本印刷株式会社
©2022, S. Tanaka, S. Osabe, H. Kubo, K. Iwata. Printed in Japan
落丁・乱丁本はお取替えいたします。
★定価はカバーに表示してあります。

ISBN 978-4-641-22191-8